KB252666

세 상 보 는 눈 이 넓 어 진 다

국립중앙도서관 출판시도서목록(CIP)

한국의 논점 2014 /
[최준선 외 지음]. — 서울 : 동아일보사, 2014
    p. ;   cm

ISBN 979-11-85711-03-4 13320 : ₩16800

칼럼(기사)[column]
한국 사회[韓國社會]

304-KDC5
300.2-DDC21   CIP2014012424

이 도서의 국립중앙도서관 출판시도서목록(CIP)은
서지정보유통지원시스템 홈페이지(http://seoji.nl.go.kr)와
국가자료공동목록시스템(http://www.nl.go.kr/kolisnet)에서
이용하실 수 있습니다.(CIP제어번호: CIP2014012424)

한국의 논점 2014

동아일보사

명쾌한 논리와 해법으로
'세상 보는 눈' 넓혀주길 기대하며…

대한민국은 갈등하고 있다. 국회에서, 관가(官街)에서, 기업에서, 법정에서, 학교에서, 거리에서 이념, 계층, 세대, 지역, 이해관계를 달리하는 집단들의 골 깊은 갈등과 날선 대립이 이어지고 있다. 자고 일어나면 새로운 논쟁적 이슈가 불거져 또다른 갈등의 마중물을 붓는 격이다. 완고한 갈등의 대척점에서 발화한 배타적 편가르기, 편협한 진영논리의 불길이 분별 없이 번져나가며 한국사회의 잠재역량을 훼손하고 통합을 가로막는 형국이다.

그러나 갈등사회의 깊숙한 지층에는 활화산 같은 역동성이 숨쉬고 있는 것도 사실이다. 우리가 지난 수십 년간 성취한 고속·압축성장은 복잡다기한 갈등을 양산했고, 그런 갈등을 속전속결로 봉합하고 치유하는 과정이 일정 부분 다시 고속성장의 밑거름이 된 선순환 시스템이 분명 작동했다. 선진사회는 갈등이 고질병으로 만성화하기 전에 공론의 장(場)으로 끌어내 다양한 이해관계자들의 절충과 타협을 통해 정답에 가장 가까운 해법을 모색한다. 그러면서 사회는 한 단계 더 성숙해진다.

정답에 가장 가까운 해법, 최대 다수가 공감할 묘안을 찾아내기 위해 필요한 것은 시대의 흐름을 깊고도 넓게 읽어내는 안목과 통찰력이다. 갈등의 직접적 이해당사자이든 아니든 논쟁적 사안의 소용돌이에서 한 걸음 비켜나 냉철한 관찰자의 시각에서 본질을 파악하려는 균형감각도 필수다. 얽히고설킨 실타래 속 실낱 하나하나의 의미를 간과하지 않는 치밀함, 그리고 무엇보다 우리 사회의 통합과 변혁을 좌우할 갖가지 논쟁적 이슈들에 대한 관심과 열정이 절실하다. 오늘을 살아가는 한국인이 견실한 사회구성원으로서 갖춰야 할 덕목들이다.

《한국의 논점 2014》는 바로 이런 덕목들을 기르고 벼리는 데 초점을 맞춘 책이다. 2014년 오늘 한국사회를 달아오르게 하고 있는 정치·경제·사회·문화 분야 핫이슈 53가지를 한 권에 담아 해당분야 최고의 전문가들이 각 사안의 숨은 배경을 상술하고 명쾌한 논리로 갈등의 핵심을 짚었다. 꼼꼼한 분석과 객관적인 해석, 설득력 있는 전망과 해법이 독자들의 세상 보는 눈을 넓혀줄 것으로 믿어 의심치 않는다.

53가지 이슈는 국내 최고 권위의 시사잡지 〈신동아〉와 〈주간동아〉가 최근 1년간 매월, 매주 다뤄온 수십 가지 주제 중에서도 가장 논쟁적이고 흥미롭고 사회적 파급력이 클 뿐 아니라 다층·중층·복층의 이해관계가 얽혀 있어 전문가의 '가이드'가 필요한 주제들로 선별했다.

이들의 친절한 설명에 귀기울이다 보면 정부와 의사협회가 '의료민영화'라는 똑같은 용어를 얼마나 다른 의미로 해석하는지, 코레일과 철도노조가 KTX 자회사 설립 논란 때 내건 명분의 이면에 어떤 민낯이 숨어 있었는지를 깨닫고 무릎을 칠 것이다.

독자의 이해를 돕기 위해 각 주제와 관련된 핵심 키워드에 대한 보충설명을 본문 아래쪽에 따로 넣었다. 가령 국가정보원 개혁방안을 제대로 이해하려면 국정원의 '국내파트'가 어떤 곳이고 국정원의 '기획조정권'이란 무엇을 의미하는지를 먼저 알아야 하기 때문이다. 이들 키워드 설명만 따로 모아 놓아도 '최신 시사상식용어 소사전'으로 실속 있게 활용할 수 있을 것이다.

국정원 간첩증거 조작사건, 만신창이 숭례문 복원사업 등 사안의 전말에 대해 보다 입체적인 분석과 상세한 해설이 필요한 주제들은 각 파트 말미에 '핫이슈'로 다른 주제보다 지면을 늘려 배치했다. 자체 완결성을 지닌 심층

리포트로 무게감 있는 읽을거리를 제공한다. 아울러 권말에는 2013~2014년의 쟁점 사안들을 한눈에 볼 수 있도록 시간 순서대로 정리해 참고할 수 있도록 했다.

　다양한 필자가 다양한 주제를 다양한 시각으로 풀어낸 이 책은 시사 흐름을 꿰뚫어 보려는 일반인은 물론, 수능과 논술시험을 준비하는 수험생, 대기업·공기업 취업준비생, 승진을 앞두고 있거나 비즈니스 역량을 강화하려는 직장인 등 다양한 독자들의 요구를 만족시킬 것이다.

2014년 4월

〈한국의 논점 2014〉 기획위원 **이형삼**

경제

사회

문화

정지

1

2014년 1월 새누리당이 발의한 '통신비밀보호법 개정안'에 우려와 의혹의 눈길이 쏠리고 있다. 국정원이 휴대전화를 쉽게 감청할 수 있도록 제도화, 합법화하자는 취지의 법안이다. 휴대전화 사용이 일상화한 시대에 간첩이나 테러 첩보를 위해 불가피하다는 주장은 일견 타당하지만 권력을 견제하고 국민의 사생활을 보호하기 위해서는 치밀한 법 매뉴얼이 필요하다.

권력 견제와 사생활 보호, 두 마리 토끼 다 잡을 수 있을까

1990년대 초였다. 필자는 통신비밀보호법 초안을 만드는 일에 참여했다. 불법도청을 수면으로 드러내 통제할 건 통제하고 필요한 경우 감청이란 이름으로 허용하려는 것이 입법취지였다. 법은 정말 신중하게 만들어야 한다. 독소가 있는 걸 모르고 만들었다간 국민에게 엄청난 피해를 줄 수 있기 때문이다.

도청을 감청으로 바꾸어 법적 허가증을 주려면 도청 실태를 먼저 알아야 할 것 같았다. 그때도 도청에 대한 공포가 사회에 만연했다. 한 검사는 전화로 친구와 한 얘기를 정보기관 담당관이 다 알고 있더라고 하면서 꺼림칙해했다. 국

가보안법 사범을 무죄석방
하고 지방으로 좌천된 판사
도 마찬가지였다. 친구와
전화를 했는데 지역 정보관
이 그 사실을 알고 있더라
는 것이다. 공직자의 통화
내용을 엿듣는가 하면 해외
주재 공관에서 외무부 본부
로 오는 전문을 중간에서
가로채 외무부를 장악하는

일명 휴대전화 감청법을 추진하려면 국가정보원이
권력에 휘둘리지 않도록 제도적 장치를 마련하는 것이 우선이다.
사진은 국가정보원 청사.

것 같았다. 기자들이 데스크로 송고하는 내용도 사전에 확인하는 것 같았다.

정보기관의 도청은 공공연한 비밀이었다. 어떤 사람의 여자관계나 돈 관련 내용을 도청해 그 내용을 수사기관과 언론에 흘리면 그 사람의 정치·사회적 생명은 끝이 났다. 대통령선거전에서 국가권력이 한쪽 후보를 위해 도청하면 선거의 공정성은 파괴됐다. 대통령의 통화라고 안전할 수 없을 것 같았다. 대통령의 통화를 엿듣고 그 의중을 제일 정확히 아는 사람이 실질적인 권력을 틀어쥐는 셈이다.

유선전화를 쓰던 그 시절 시내 각 전화국이 서로 연결돼 있고 그들과 연결된 하나의 유령 전화국이 정보기관 내부에 있는 듯했다. 그뿐 아니었다. 각 전화국에서 전화 배선에 접근할 수 있는 직원들에게 매달 일정액을 지급하면서 불법

통 신 비 밀
보 호 법

통신 및 대화의 비밀을 보호하고 통신의 자유를 신장하기 위해 1993년 제정됐다. 누구든 정당한 법적 절차 없이는 다른 사람의 우편물을 검열하거나 전화통화를 녹음 또는 감청하거나 타인간의 대화를 녹음 또는 청취하지 못하는 등 엄격하게 규제하고 있다. 통신비밀보호법에 위배되는 불법 검열이나 불법감청에 의해 취득한 정보 및 자료는 재판에서 증거능력이 인정되지 않는다.

감청에 동원하는 것 같았다. 아령같이 무겁고 둔탁한 휴대전화가 시중에 나올 무렵이었다. 필자는 남산의 높은 탑과 63빌딩의 옥상을 올려다보면서 앞으로 그곳에 서울 전체의 휴대전화를 도청하는 장비가 설치될지 모른다고 생각했다.

공공연했던 정보기관 도청

필자는 세계 정보기관의 도청을 통한 첩보수집 실태를 살폈다. 미국의 중앙정보부(CIA)와 일본의 내각조사실도 방문했다. 각국 정보기관의 도청 경쟁은 치열했다. CIA의 9국은 '퍼즐 팰리스'라는 별칭으로 첨단 과학설비를 동원해 세계적인 도청을 감행했다. 미국의 정보위성이 전 세계의 곳곳을 돈다. 미래학자 앨빈 토플러는 '미국의 정보망 안에 있는 나라가 과연 완전한 주권을 가졌다고 할 수 있느냐'고 책에서 반문하기도 했다. 국가들 사이에 도청은 합법과 불법을 초월하는 존재였다.

그 후 20여 년이 지난 현재 국민 대부분이 휴대전화를 쓰는 시대가 됐다. 우리는 세계 최고의 IT 강국이다. 이미 민간의 상업용 도청 기술도 세계 최고 수준이다. 남의 휴대전화에 스파이 앱 하나만 위장해서 몰래 깔아두면 상대방의 사생활은 이미 존재하지 않는다. 통화, 문자, 영상, e메일은 물론 스파이 앱이 깔린 휴대전화 소지자의 움직임과 만난 사람과의 대화, 심지어 그 주변의 소리나 대화 내용까지 모두 녹음돼 도청자의 손아귀로 들어간다. 은행예금도 모두 알아보고 인출할 수 있다. 스마트폰을 꺼도 GPS를 꺼도 소용없다. 도청자가 원격으로 켤 수 있기 때문이다. 인터넷을 통해 게임이나 생활정보를 받다보면 그 뒤에 스파이 앱이 숨어 들어오는 시대다. 서버가 어디 있는지 찾기도 힘들다.

새누리당이 휴대전화 감청 설비를 통신회사가 의무적으로 설치하게 하고 정부가 비용을 대겠다는 입법안을 국회에 제출했다. 휴대전화 사용이 일상화한 시대에 간첩이나 테러 첩보를 위해 불가피하다는 것이다. 맞는 소리다. 북한군의 동향이나 핵탄두의 움직임, 우리가 제공한 물자가 북한 주민에게 어떻게 전

달되고 쓰이는지를 알기 위해서는 북한 상공을 날아다니는 통화 내용을 들을
필요가 있다.

공포 사회로 가는 길?

20여 년 전만 해도 남조선에서 생산한 질 좋은 스타킹에 대한 평가를 하는
북한 당 간부 부인들의 얘기를 감청했다. 그런 감청을 통해 지원물자들이 중간
에서 어떻게 횡령되는지 파악했다. 국내적으로 군사반란이나 불법혁명을 막기
위해서도 이제 휴대전화 감청은 필수적이다. 간첩이나 테러, 유괴 사건 등 범죄
수사를 위해서는 말할 것도 없다. 휴대전화 감청장비를 의무적으로 설치하자는
새누리당이 제안한 법은 잘 쓰면 국가와 사회의 건강을 완벽하게 지켜주는 약
이 될 수도 있고 남용되면 조지오웰의 소설 《1984년》처럼 공포 사회로 만드는
치명적인 독이 될 수도 있다.

그런데 허가받은 도청인 감청이 제대로 이루어지는지 그 주체인 정부, 그중
에서도 정보기관과 권력자인 대통령을 믿을 수 있느냐가 관건이다. 정보기관에
서 도청을 장난같이 하는 건 아니다. 정권을 잡은 측은 항상 야당이나 재야, 노
동계, 종교계, 학원, 언론 등의 움직임에 촉각을 곤두세울 수밖에 없다. 그들을
통제하는 게 정권 연장의 한 방법인 까닭이다. 그 촉수가 도청이다. 대외적 명
분은 간첩이나 테러 첩보수집이지만 정부 비판자들에 대한 도청의 유혹을 뿌리
치기가 거의 불가능할 것이다.

정보기관은 군사정권 시절 정권에 저항하는 인물에 대해 도청을 하고 데려
다가 고문까지 하면서 그들을 주저앉혔던 원죄가 있다. 권력이 느끼는 본능적
인 유혹은 군사독재 정권뿐이 아닌 것 같다. 이명박 정권도 총리실에 비선 조직
을 숨겨놓고 민간인까지 불법 사찰을 하다가 허술한 조직 운영으로 언론에 노
출돼 사회적 폭풍이 일었다. 수사가 청와대 비서관의 행위 정도에서 마무리됐
지만 근본 흐름의 뿌리는 권력자에 닿아 있는 것으로 추정된다. 광화문광장의

붉은 촛불의 물결에 겁먹은 대통령은 500만 표라는 압도적 지지보다 반대세력의 동향을 알고 대처하는 게 더 중요하다고 생각했을지도 모르기 때문이다.

정보기관 책임자를 독대하지 않는 대통령의 행동은 엄청난 상징성을 갖는다고 본다. 그건 은밀한 정보를 거절하면서 깨끗한 민주주의를 하겠다는 신념이 배어 있기 때문이다. 그런 대통령도 있었고 아닌 경우도 있었다. 정권의 관점에서 도청은 떨쳐버리기 힘든 유혹이다. 그리고 정보기관은 권력의 특별주문을 거절하기 힘든 생리가 있다. 거기서 항상 파생하는 건 거짓과 불신이다.

1999년 국가정보원, 정보통신부, 법무부는 합동으로 '국민 여러분 안심하고 통화하십시오. 휴대전화는 절대 감청이 안 됩니다'라는 문구의 광고를 냈다. 얼마 지나지 않아 국정원이 휴대전화를 감청해온 게 발각됐다. 권력을 계속 잡고 싶은 욕망이 있는 한 '눈 가리고 아웅' 식의 거짓은 계속될 수밖에 없을지도 모른다.

권력과 도청, 그리고 그걸 드러내고 제한하려는 법은 순리와 역조의 관계다. 본질을 감지하고 먼 시선으로 제대로 된 자물쇠 노릇을 할 법을 만들어야 한다. 범죄 수사를 위한 감청 통제는 차라리 간단하다. 외국을 벤치마킹해서 판사의 영장으로 통제하면 된다. 또 수사기관 자체에 강한 규제 시스템을 갖추면 남용을 방지할 수도 있다.

전문가들의 치밀한 고뇌 필요

문제는 정보기관이다. 국가기밀이나 안보에 관한 사항을 판사나 국회의원에게 맡길 수만은 없다. 전문성 없는 판사들은 법리의 틀 안에서 벗어날 수 없는 생태적 한계가 있다. 정치인도 믿기 힘들다. 표만 된다면 부인도 팔 사람들이기 때문이다.

안보 담당자나 정보기관의 장에게도 맡겨선 안 된다. 권력의 신경 노릇을 하는 정보기관이 권력의 요구를 거절하기는 쉽지 않다. 그동안 궁여지책으로 만든 조문이 '국가 안전보장에 대한 상당한 위험이 예상되는 경우'에 한해 엄격한 절차에 따라 감청을 한다는 것이었다. 그마저 추상적이고 애매했다. 정보기관의 장은 임명권자인 대통령이 '까라면 까야 하는' 위치에 있기 때문이다.

정권이 바뀔 때마다 정보기관 내부에서도 폭풍이 일었다. 동네북이 되어버린 국정원을 좀 더 깊이 들여다볼 필요가 있다. 국정원 직원 대부분은 힘든 시험을 통과한 엘리트다. 자부심을 가진 직업공무원이고 싶어 한다. 그들도 위험부담을 안으면서까지 도청을 진상하고 싶지는 않을 것이다. 그들 역시 권력의 희생자일지도 모른다.

권력을 견제하고 국민의 사생활을 보호하기 위해서는 치밀한 법 매뉴얼이 필요하다. 감청 담당자가 유혹이나 위법한 지시를 거부할 수 있는 법 장치를 마련해야 한다. 내부자 고발을 하더라도 불이익을 받지 않게 해야 한다. 정보기관의 장이 임기 후라도 그 잘못이 드러나면 남은 인생이 햇빛을 보지 못하게 중형을 받도록 해야 한다.

아날로그 시대의 통신비밀보호법은 그래도 그 나름의 몫을 했다. 함부로 도청을 하면 징역형에 처할 수 있게 하고 불법 감청설비들도 통제했다. 기술의 놀라운 발전에 따라 이제 법도 디지털 시대에 맞게 달라져야 할 것이다. 법이란 사회를 인도하는 깃발이기도 하다. 화장실법 하나를 꼼꼼하게 만드니까 한국의 화장실이 세계적 수준이 됐다. 자전거법이 만들어지니까 전국의 강가를 자전거로 쾌적하게 달릴 수 있다. 쉽게 볼 게 아니다. 휴대전화 감청법도 전문가들의 치밀한 고뇌가 필요하다. 독이 아닌 약이 되게 하기 위해서.

엄상익 변호사

내 부 자 고 발　조직 내부의 종사자가 해당조직의 부패와 비리를 외부로 알리는 행위. 공기업 및 사기업 또는 국가조직의 부정부패를 적발하는 데 큰 역할을 하기 때문에 흔히 양심선언이라고도 한다.

지난 대선기간은 물론 이후에도 국가정보원의 정치개입 정황이 잇따라 드러나면서 국정원 개혁이 불가피한 시대적 과제가 되고 있다. 그러나 개혁방향과 범위를 두고는 여야가 팽팽한 입장차를 보이고 있다. 국정원의 정치개입을 원천봉쇄하기 위해 국내파트를 폐지하자는 것이 야당의 주장이고, 종북세력의 반국가적 행위를 색출해내려면 국내파트가 유지돼야 한다는 것이 여당의 주장이다.

"댓글 사태 원천봉쇄" vs "이석기는 누가 잡나"

2012년 대선기간에 발생한 '국정원 댓글사건'을 둘러싸고 여야는 아직도 대치중이다. 새 정부가 출범한 지 1년이 넘었지만 꼬일 대로 꼬인 정국은 풀릴 기미가 없다.

야당은 물론이고 청와대와 여당 역시 국정원 개혁의 필요성에 대해선 공감한다. 다만 개혁의 방법과 범위에서 여전히 이견을 보이고 있다. 여야의 오랜 대치 끝에 2013년 말, 국정원개혁특위를 설치해 국정원 개혁방향을 논의했으나 국정원의 정보기능을 두고는 끝내 이견을 좁히지 못했다. 게다가 국정원의 간첩증거 조작 사건이 불거지면서 수사권 및 기획조정권 등을 둘러싸고 국정원 개혁공방이 다시 가열되고 있다. 물론 야당의 노림수는 온 국민의 관심을 끈 가운데 정부에 상처를 주고 정국주도권을 잡고자 하는 것이다.

야당의 국정원 해체요리법

민주당과 야권이 주장한 국정원 개혁방안은 국가정보원의 명칭을 '통일해외정보원'으로 변경하고 국내파트를 폐지해 정치개입을 원천적으로 차단하자는 것이었다. 야권은 2013년 9월 2일 국정원 개혁과 관련해 총 8개의 법안을 국회정보위원회에 발의했다. 한편 새누리당은 국정원 스스로 개혁안을 마련해 오면 국회에서 그 내용을 심사하고 개혁을 추진한다는 입장이었다.

민주당이 주장한 개혁방안은 △국내파트 폐지 및 국내정보 수집기능 폐지 △수사권 폐지 △기획조정권의 국가안전보장회의(NSC) 이관 △국회 통제권 강화로 요약된다. 이중 핵심쟁점은 '국내파트 폐지 및 국내정보 수집기능 폐지'였다.

국가정보원법 제3조 1항에 따르면 국정원은 '국외정보 및 국내보안정보(대공, 대정부전복, 방첩, 대테러 및 국제범죄조직)의 수집, 작성 및 배포' 권한을 갖고 있다. 정부조직법과 국가안전보장회의법에도 국가정보원의 국내외 정보수집 권한이 명시되어 있다.

민주당은 국정원의 정치개입을 원천 차단하기 위해서는 국정원 직원이 국가기관이나 정치인, 언론사, 일반 국민을 대상으로 정보를 수집하고 동향파악

국 내 파 트 대공. 대정부 전복. 방첩, 대테러 및 국제범죄조직 등 국내 보안정보를 담당하는 국정원 부서. 원세훈 전 국정원장이 신설한 심리정보국이 지난 대선기간 중 온라인 여론에 개입한 사실이 드러나면서 폐지 및 축소 논란의 대상이 됐다.

에 나서는 것을 금지해야 한다고 주장했다.

민주당이 이렇게 주장한 첫 번째 근거는 미국과 영국 등이 해외정보와 국내정보를 각기 다른 기관이 담당케 하는 분리형 정보기관 체제를 유지하고 있다는 점이다. 미국의 경우 해외정보 업무는 CIA, 국내 보안과 방첩은 FBI로 크게 양분돼 있다. 영국의 경우 해외정보는 MI6라고 불리는 외무부 소속의 SIS가, 국내 방첩은 M15로 불리는 내무부 소속 SS가 맡는다. 프랑스는 국방부 소속 대외보안총국(DGSE)과 내무부 소속 국토감찰국(DST)으로, 독일은 연방총리실 소속 연방정보부(BND)와 연방내무부 소속 연방헌법보호청(BfV)으로, 이스라엘은 모사드(Mossad)와 신베드(Shin Beth)로, 일본은 내각조사실과 공안조사청으로 해외정보 업무와 국내정보 업무가 분리돼 있다.

국정원 국내파트 폐지에 대해서 새누리당은 반대 입장이다. 국정원이 정치에 개입한 잘못은 바로잡아야 하지만 그렇다고 국정원의 본래 기능을 훼손하고 종북세력의 반국가적 행위를 방치하는 결과를 초래해선 안 된다는 것이다.

북한이 사이버 선동을 통해 대정부 불신과 국론분열을 조장하고 궁극적으로 전복을 기도하는 상황에서 국정원의 국내파트 축소 또는 폐지는 위험한 발상이며 오히려 사이버 공격과 정보전에 대비하는 분야를 더욱 강화해야 한다는 이야기다. 국정원 댓글사건 또한 북한의 대남심리전에 대응하기 위한 정상적인 활동인데도 이를 정치적 목적으로 악용하고 있다고 야권을 비판한다.

야권은 국정원의 수사권도 검찰과 경찰에 이관해야 한다고 주장한다. 공안정국 조성과 같은 정치개입을 차단하고 국민의 인권을 보호하려면 국정원으로

기획조정권 국정원의 정보수집 활동을 기획하고 조정하는 권한. 정보를 수집하는 기관이 정보수집의 범위, 수집한 정보의 활용까지 제한 없이 결정함으로써 권한남용의 위험성이 제기되고 있다. 이에 야권에서는 안보를 총괄하는 국가안전보장회의(NSC)로 국정원의 기획조정권을 이관해 NSC의 지휘를 받도록 함으로써 국정원의 정보수집 권한을 통제해야 한다고 주장하고 있다.

부터 수사권을 분리할 필요가 있다는 것이다. 보안과 밀행을 속성으로 하는 정보기관이 정보수집권과 함께 수사권까지 가지면서 수사 전반에 대한 통제가 불가능하고 국민의 기본권이 침해된다는 것이다.

실제로 그간 국정원에 의해 저질러진 각종 조작사건과 정치개입, 인권유린은 국정원이 가진 수사권에서 비롯됐다고 보고 있다. 외국의 경우를 봐도 미국의 CIA, 영국의 MI6, 독일 BND, 이스라엘 모사드 등은 수사권을 갖고 있지 않다. 독일 연방정보부 역시 정보기관으로 수사권한을 가지고 있지 않으며 해외정보 수집을 주된 임무로 하고 있다.

북한은 한국에서 날고 기는데…

반면 새누리당은 국정원의 수사권이 없었다면 이석기 내란음모 사건도 드러나지 않았을 것이라고 주장한다. 야권의 국정원 국내파트 폐지와 수사권 분리 주장은 국가보안법 폐지 의도를 담고 있기에 동의할 수 없다는 입장이다.

이처럼 국정원의 국내파트 폐지와 관련한 논란이 뜨겁다. 적지 않은 수의 사람들은 국가정보원의 정치개입을 차단하기 위해서는 국내보안 정보 수집권을 폐지하고 정보수집 범위를 대북 및 국외로 한정할 필요가 있다고 본다. 문제는 국내보안 정보와 대북 및 국외정보가 명백히 구별되지 않는다는 점이다. 안보 개념이 군사안보뿐 아니라 경제안보, 생태안보, 사회안보로 확대되는 현실을 볼 때 국내정보, 대북정보, 해외정보를 분리하는 것이 현실적으로 쉽지 않다.

새로운 안보위협 요소로 등장하는 테러, 마약범죄, 국제범죄는 국경을 넘나든다. 글로벌화가 빠른 속도로 진행되면서 국내 문제와 국제 문제가 밀접하게 얽혀있고 국경조차 존재하지 않는 사이버공간과 현실공간이 뒤섞이는 게 사실이다. 이런 상황을 고려하면 해외정보와 국내정보를 구분해 정보기관을 분리한다는 게 쉬운 일이 아니다. 또한 해외정보 파트와 국내정보 파트를 구분해 정보기관을 운영할 경우 업무효율성과 조직관리의 측면에서 문제가 나타날 수 있다. 이들 조직간의 유기적 협조가 어려워진다.

반면 양 파트를 분리하면 조직의 전문성을 살릴 수 있고 조직간 경쟁유발로 양질의 정보를 수집할 수 있으며 정보독점과 오용(誤用)으로 인한 폐해를 막을 수 있는 장점이 있다.

여야는 논란 끝에 2014년 1월 1일 국회 본회의에서 국정원법 개정안을 통과시켰다. 국정원 직원이 정보통신망을 이용해 정치활동에 관여하는 경우 종전 규정에 의해서도 처벌이 가능했지만 처벌규정을 강화하는 한편 명문화했다. 또 직원의 정당 및 언론사 상시 출입을 금지하는 내용도 포함됐다. 정치활동 관여 지시를 직원이 따르지 않아도 되도록 이의제기 권한과 신고제도를 도입하고 직원의 정치관여 행위에 대한 벌칙을 상향조정하기도 했다.

'경로 의존성'과 고정관념이 더 문제

국정원 개혁은 불가피한 시대적 과제가 되고 있다. 개혁의 방법과 범위는 여야의 주장을 넘어 사회구성원들이 공감할 수 있는 방향으로 진행돼야 할 것이다. 그렇다면 우리 국민은 국정원 개혁에 대해 어떤 생각을 갖고 있을까.

우선 국정원 개혁이 정국주도권을 잡기 위한 정쟁(政爭) 수단으로 다뤄지는 것에 대해서는 거부감을 갖는다. 국민의 정치혐오증만 키우면서 여야 모두 패배하는 게임으로 끝날 것이다. 여론은 국정원 개혁문제가 민주주의 발전이라는 순수한 차원에서 다뤄져야 한다고 본다.

모든 제도는 '경로 의존성'을 갖고 있다. 경로 의존성은 '개혁을 해도 과거의 습성, 행태, 인식에서 완전히 벗어나기 힘들다'는 뜻이다. 정보기관의 폐해는 수십 년간 이어져왔다. 국민의 고정관념 속에 국정원은 안보의 보루라기보다는 감시와 고문의 대명사로 자리잡고 있다. 물론 대부분이 과거정권 하에서 자행된 것이긴 하다. 문제는 민주화 이후에도 이러한 고정관념이 별로 바뀌지 않고

외국의 정보기관은 대개 해외정보와 국내정보를 담당하는 기관이
분리돼 있으며 수사권을 갖고 있지 않아 우리나라의 국가정보원과는 차별화된다.
사진은 국가정보원 전경.

있다는 점이다. 비단 국정원 댓글사건뿐 아니라 불법사찰, 불법도청 등 국정원의 정치개입 문제는 어느 정부를 막론하고 꾸준히 계속돼왔다.

'경로 의존성'을 고려할 때 국정원 개혁은 보다 철저하게, 전면적으로 이뤄질 필요가 있다. 현행 '국가정보원법'에도 국정원의 국내파트는 '간첩 및 기타 반국가활동 세력과 그 추종분자의 국가에 대한 위해행위로부터 국가의 안전을 보장하기 위해 취급되는 정보'만을 수집하도록 돼있다. 그럼에도 국정원은 사회 각계 전반을 감시하고 사찰해왔다. 이러한 업무습성이 쉽게 바뀔 것 같지는 않다. 해외정보 파트와 국내정보 파트를 제도적으로 분리하는 것과 관련해 현실적 어려움과 논리적 문제가 있을 수 있지만 경로 의존성의 극복과 고정관념의 개선이 우선적으로 고려돼야 한다.

윤성이 경희대 정치외교학과 교수

헌정사상 초유의 통합진보당 해산심판청구를 계기로 위헌정당해산심판 제도가 도마 위에 올랐다. 민주적 기본 질서를 위협하는 정당은 해산시키는 것이 마땅하다는 주장과 선거를 통해 주권자의 심판에 맡기는 것이 순리라는 주장이 대립하고 있다. 위헌정당 해산으로 결론 날 경우 소속 국회의원에 대한 자격박탈 여부 논란을 비롯해 엄청난 사회적 파장을 몰고 올 전망이다.

정당 활동의 한계는 어디까지인가

2013년 11월 5일 정부가 통합진보당에 대한 위헌정당해산심판청구서를 헌법재판소에 제출했다. 통합진보당이 헌법재판소의 결정에 의해 해산될 경우 소속 국회의원 자격박탈 청구까지 함께 이뤄질 수 있어 통합진보당은 절체절명의 위기를 맞았다. 대한민국 헌정사상 초유의 사태가 벌어지자 정치권은 벌집 쑤신 듯 난리였다. 2014년 1월 7일 통합진보당은 정당해산심판 및 정당활동 정지 가처분 청구가 헌법재판소법 40조1항과 57조에 위배된다며 헌법소원을 제기했으나 2월 27일 헌재는 통합진보당이 제기한 헌법소원을 모두 기각했다. 이로써

통합진보당의 앞날은 더욱 암울해졌지
만 위헌정당의 전례가 없어 결정이 날
때까지 논란은 끊이지 않을 전망이다.

위헌정당해산심판은 1960년 헌법
개정 때 도입된 제도다. 제1공화국에서
소위 '조봉암 사건'에 연루됐던 진보당
이 정부의 행정처분인 등록 취소에 의
해 해산된 것을 반면교사 삼아 만든 절
차다. 그 취지는 헌법상 보장된 정당의
지위를 정권 판단으로부터 독립해 더
강력하게 보호하기 위한 것이다. 따라

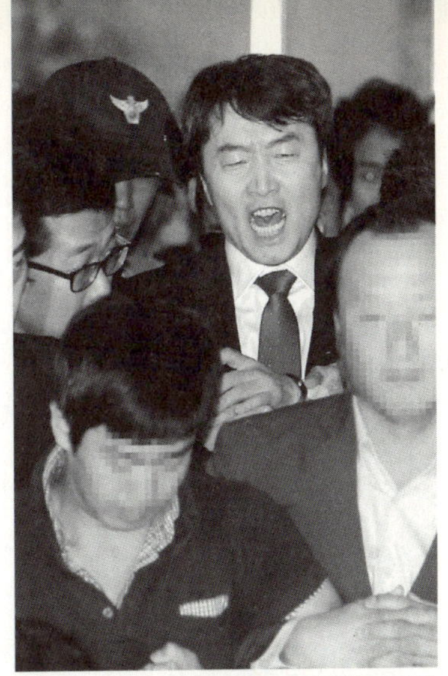

내란음모 혐의로 구속되는 이석기 통합진보당 의원.

서 정당이 해산되려면 현행 헌법 제8조 제4항에 의거해 정당의 목적과 활동이
민주적 기본 질서에 위배돼야 하며 절차적으로는 헌법재판소의 결정(재판관 9인
중 3분의 2에 해당하는 6인 이상 찬성 필요)이 있어야 한다.

정당의 목적과 활동 기준 정립

현행 헌법 제8조 제4항의 규정은 소위 방어적 민주주의 관점에서 정당의 목
적과 활동이 민주적 기본 질서에 위배될 때는 '민주주의의 적'이라 보고 이에 대
한 관용을 허용치 않는다는 헌법상 한계를 정한 것이다. 그뿐 아니라 반민주적

**조봉암
사건**　1959년 이승만 정권이 유력한 대통령 후보였던 죽산 조봉암을 제거하기 위해 간첩죄와 국가보안법 위
반혐의를 씌워 사형시킨 사건. 조봉암이 창당한 진보당도 이때 해산됐다. 2011년 유족이 청구한 재심에
서 대법원은 조봉암의 간첩죄와 국가보안법 위반혐의에 대해 무죄를 선고하고 국가가 배상할 것을 판
결했다.

통합진보당 해산 반대 범국민 운동본부 회원들이 종로구 재동 헌법재판소 앞에서 공정한 재판과 조속한 기각을 요구하고 있다. 이날 헌법재판소에서는 통진당에 대한 정당활동 중지와 정당해산 가처분 신청에 대한 첫 재판이 열렸다.

정당이라 할지라도 헌법이 정한 요건과 절차에 의해서만 해산된다는 헌법상 정당 보호의 이념을 반영했다.

주권자인 국민의 자발적 조직으로 이뤄진 정당의 운명을 선거를 통해 국민 스스로가 결정짓게 하지 않고 위헌정당해산심판을 통해 정부와 헌법재판소에 판단을 맡기게 한 것도 그만큼 신중을 기하기 위해서다. 따라서 정당의 목적이나 활동이 민주적 기본 질서에 위배돼야 한다는 요건은 매우 엄격하게 해석돼야 한다.

문제는 어느 경우에 '정당의 목적과 활동이 민주적 기본 질서에 위배'되는지 그 판단기준이 될 선례가 전혀 없다는 점이다. 법무부가 예로 든 독일의 경우도 60여 년 전인 1950년대 일이다. 나치당을 계승한 독일사회주의제국당과 독일공산당을 해산했을 뿐 그 후에는 사례가 전무하다. 따라서 헌법재판소는 민주적 기본 질서에 위배되는 정당의 목적이나 활동이 무엇인지에 대한 기준을 차제에 새로이 정립해야 할 처지에 놓였다. 위헌정당으로 판단하기 위해선 적어도 해당 정당의 목적이나 활동이 확연히 반민주적·반국민적이어서 더는 존립을 허용해선 안 된다는 국민적 공감대가 형성돼야 한다.

　정부를 대표해 법무부가 내놓은 통합진보당에 대한 해산청구 사유는 간단하다. 먼저 당 강령을 통해 확인된 '진보적 민주주의' 이념이 북한의 건국이념이면서 궁극적으로는 사회주의를 추구하는 이념이라는 점, 그리고 강령에 포함된 '민중주권주의'가 헌법에 규정된 '국민주권주의'에 반한다는 점이다. 하지만 통합진보당의 강령에 표출된 이와 같은 이념 혹은 목적은 다양성을 존중하는 민주주의 사회에선 수용될 수 있는 정치적 노선 가운데 하나라는 해석도 있을 수 있다. 민주적 기본 질서라는 헌법 테두리 안에서 이와 같은 정치적 이념이 추구될 수 있는지에 대한 판단을 아무도 한 바 없지만, 이런 이념을 수용하고 표방한 정당을 인위적으로 제약하기보다 자연스럽게 선거를 통해 주권자의 심판에 맡기는 것이 순리라고 주장하는 사람도 적지 않다.

　법무부의 해산청구 사유의 또 다른 축은 이석기 통합진보당 의원이 주도한 '혁명조직(RO)'에 통합진보당의 핵심세력이 관여했고, 이러한 세력이 내란음모 사건 등으로 민주적 기본 질서를 위협한다는 것이었다.

　하지만 이 의원의 내란음모 사건에 대해 1심 재판부가 유죄를 선고했다고 해도 피고측 변호인단이 항소를 한 이상 누구도 유무죄를 섣불리 예측할 수 없을 뿐 아니라, 설령 유죄라 하더라도 통합진보당의 일부 인사에 의한 행동을 당이 책임져야 하는 활동으로 확대 해석하는 것은 무리가 있어 보인다. 정부의 위헌심판해산청구 시점도 문제다. 이 의원의 내란음모 사건 형사재판이 아직 계류 중인데 마치 정부가 이 의원의 내란음모 행위를 사실로 간주하고 이에

내란음모　국토의 일부 또는 전부를 불법 점유하거나 국헌을 문란케 할 목적으로 내란을 모의하는 것. 실제 국가 전복 또는 혼란을 목적으로 폭동을 일으키는 내란죄는 최고 사형이나 무기징역까지 선고할 수 있지만 내란예비, 내란음모, 내란선전 또는 선동 등의 행위에 대해서는 징역 3년 이상의 형을 선고한다.

근거해 위헌정당해산심판청구를 한 것처럼 국민에게 잘못된 믿음을 줄 우려가 있다.

또 정부의 해산심판청구가 아직 진행 중인 형사사건에 대한 사법적 판단에 어떠한 영향을 미칠지 아무도 예측할 수 없다. 따라서 정부는 적어도 이 의원 내란음모 사건에 대한 항소심 사실 확정 전까지는 위헌정당해산심판청구를 보류했어야 한다는 주장도 있다. 통합진보당의 해산청구 문제가 이미 진행 중인 내란음모 사건의 사법적 판단을 기다리지 못할 정도로 화급을 다투는 일이었는지 되짚어볼 일이다.

국민이 충분히 납득할 수 있어야

또한 정부는 헌법재판소가 통합진보당을 위헌정당으로 인정하고 해산을 결정할 경우 그 소속 국회의원의 자격도 박탈해야 한다고 주장한다. 국회의원의 자격박탈을 위헌정당해산의 당연한 귀결로 보는 것이다. 하지만 현행법상 이와 관련한 규정이 전무해 주장이 첨예하게 대립하는 만큼 자격박탈 여부 또한 쉽게 결론짓기 어려운 문제다.

무소속 국회의원과 달리 정당 소속 국회의원은 어느 정도 소속 정당에 구속돼 활동할 수밖에 없다. 하지만 국회의원은 특정 정당이나 특정 지역의 이익을 대표하는 기관이 아니라, 궁극적으로 국민 전체의 이익을 대변하는 '국가기관'이다. 이러한 관점에서 해산된 위헌정당 소속 국회의원이 국민의 이익을 저버리고 반민주적인 활동을 했는지에 대한 별도의 심판을 통해 자격박탈 여부를 판가름지어야 한다는 주장도 있다. 아니면 적어도 입법적으로 관련 규정을 정비하고 그에 따라 국회의원의 자격박탈 여부를 결정하는 것이 우리 사회가 채택한 법치주의 원칙에 부합한다.

통합진보당의 헌법소원을 기각한 헌법재판소는 이제 통합진보당의 해산이라는, 매우 민감한 정치 사건에 대해 궁극적인 판단을 내려야 하는 부담을 떠안게 됐다. 정당 존립 기반은 국민이다. 따라서 국민 선택에 따라 정당의 진퇴 및 운명이 결정되는 것이 우리 헌법이 채택한 국민주권주의 이념에 더 합당해 보인다. 사실 통합진보당의 운명은 위헌정당해산심판이 청구되지 않았더라도 2014년 6월 지방선거를 포함해 차기 국회의원 선거를 통해 국민적 심판대에 설 수밖에 없는 처지였다.

특히 이 사건이 적시에 처리해야 할 사건인지를 가리고, '정당활동 정지' 가처분을 받아들일지 여부를 판단해야 한다는 점도 재판부에겐 또 다른 부담이다. 헌법재판소법 제38조에 따르면 헌법재판소는 원칙적으로 심판사건을 접수한 날로부터 180일 이내에 해산 여부에 관한 결정을 해야 한다. 하지만 이는 훈시규정일 뿐이어서 실질적으로 심판 결정이 끝날 때까지 어느 정도 시간이 소요될지는 아무도 알 수 없다. 결정에 적지 않은 시간이 걸리리라는 게 법조계 안팎의 중론이다.

이런 상황은 1950년대 독일에서의 위헌정당해산결정 때도 마찬가지였다. 위헌정당해산결정심판은 법리 검토에 그치는 것이 아니라, 사실관계의 확정 문제가 중요한 부분을 차지하기 때문에 많은 시간이 걸릴 수밖에 없다. 게다가 현재 이 의원의 내란음모 사건 재판이 진행 중이므로 이에 대한 사법적 판단이 끝날 때까지 헌법재판소가 판단을 유보하는 방향도 고려할 것으로 보인다. 헌법재판소는 비록 시간이 걸리더라도 국민이 충분히 납득할 수 있도록 정치적 관점을 배제한 상태에서 신중을 기해 위헌정당해산심판청구 사건을 심리해야 할 것이다.

이상경 서울시립대 법학전문대학원 교수

훈 시 규 정　법원 또는 행정청에 내리는 명령이지만 지키지 않아도 법률위반은 아니며 효력에도 영향을 끼치지 않는 권고 수준의 규정.

검사동일체 원칙

검사 개개인의 독단을 방지하고 통일적이고 안정적인 검찰권 행사를 위해 도입된 검사동일체 원칙의 실효성 여부가 논란이 되고 있다. 일각에서는 2004년 검찰청법 개정으로 폐지돼 상사의 명령에 복종할 의무가 없어졌다고 주장한다. 그러나 검사의 이의제기권이 보장된다고 해서 상부의 지휘를 거부할 근거는 없다. 검사동일체 원칙이라는 표현은 삭제됐으나 그 원리는 적용되고 있다고 보는 것이 타당하다.

이의제기는 가능해도
지휘는 거부할 수 없다!

2013년 10월 국정감사장에서 벌어진 서울중앙지검 검사장과 국가정보원 댓글사건 특별수사팀장 간의 진실공방은 20여 년 검찰에 몸담았던 필자에게 놀라움과 안타까움을 느끼게 했다. 검찰은 우리 사회의 범죄와 맞서 싸우면서 국민의 재산과 생명을 보호하고, 인권과 법치국가 이념을 실현하기 위한 국가의 근간조직이다. 그런 검찰기관의 지휘·감독자와 그 지휘를 받는 검사가 많은 국민이 중계방송을 지켜보는 가운데 서로의 주장이 진실이라며 정면충돌하는 모습은 검찰에 대한 신뢰에 큰 상처를 줬다. 이 상처를 치유하기 위해 검찰이 또 얼마나 오랫동안 많은 노력을 기울여야 할지를 생각하니 착잡하기만 하다.

무엇보다 놀라운 것은, 임관 20년이 다 된 차장급 검사이자 굵직굵직한 사건들을 성공적으로 처리해온 베테랑 검사인 수사팀장이 검사의 지위를 크게 오해하고 있다는 사실이었다. 그는 소신대로 수사를 관철하겠다며 검사장에게 사전 보고를 하지 않고 영장청구서를 법원에 접수시켰다. 검사장에게 수사 경과를 보고하는 과정에서 검사장이 보인 반응에 비추어 신속한 수사가 어렵다고 판단했다는 것이다. 나아가 자신의 행위는 검찰청법 등 검사업무 수행의 기초가 되는 법령에 위반되지 않는다고 항변했다.

과연 이런 항변은 타당한 것인가. 정당한 소신 수사냐, 하극상이냐를 두고 의견이 분분한 가운데 대검은 감찰을 진행해 수사팀장 등에 대해 법무부에 중징계를 건의했고, 검사장은 사의를 표명했다. 일각에서는 소신대로 수사를 진행한 수사팀장을 징계하는 것은 사리에 맞지 않는다고 주장하며 감찰의 형평성 문제도 제기한다. 2004년 검찰청법 개정으로 검사동일체 원칙이 폐지되고, 검사의 이의제기권이 신설돼 상사의 명령에 대한 복종의무가 없어졌다는 것이 주된 논거 중 하나다.

필자는 2003년 법무부 검찰1과장으로 재직하면서 2004년 1월 20일 시행된 검찰청법 개정 작업에 참여한 바 있다. 최근 논란의 핵심을 이해하려면 당시 진행된 검찰청법 개정의 배경과 내용을 되짚어보는 것이 도움이 될 것이다. 그때도 검찰 개혁은 정계와 법조계의 큰 화두였고, 특히 검사의 지위를 규정하는 검찰청법 개정안을 두고 국회에서 논의가 활발하게 이뤄졌다.

검 사 동 일 체 원 칙　　국정원 댓글사건으로 불거진 검찰 내부의 진실공방은 검사동일체 원칙의 실효성에 대한 논란을 일으켰다. 일각에서는 검사동일체 원칙이 폐지된 것으로 보고 있으나 법무부에서는 사실상 유지되고 있는 것으로 판단해 상부보고 절차를 따르지 않은 행위에 대해 징계가 가능하다고 봤다.

검사 개개인의 독단 방지

논의의 초점은 검사의 정치적 중립성과 수사의 독립성을 제도적으로 확보하는 것이었고, 개정안도 그러한 내용을 담고 있었다. 개정안의 주된 내용은 ① 고등검사장, 검사장, 검사로 나뉘어 있던 검사의 직급을 '검사'로 일원화 ②검사 임용 후 7년마다 '검사 적격 심사' 실시 ③'검사동일체 원칙'이라는 표현의 삭제 및 상급자에 대한 검사의 이의제기권 명문화 ④자문기구인 검찰인사위원회를 심의기구로 변경 ⑤검사 인사에 대한 검찰총장의 의견제시권 도입 등이었다. 이 가운데 이번 논란과 직접 관련된 부분은 검사동일체 원칙이라는 표현의 삭제 및 이의제기권의 명문화다.

검사동일체 원칙은 본래 강학상(講學上), 실무상 용어였으나 1986년 12월 31일 검찰청법 개정 때 각 조문에 표제를 넣으면서 제7조의 표제로 '검사동일체의 원칙'이라는 용어가 처음으로 법률에서 사용됐다. 하지만 조문 내용은 1949년 12월 20일 검찰청법이 제정된 이래 변함이 없었다. 핵심은 다음과 같다. 첫째, 검사는 검찰사무에 관하여 상사의 명령에 복종한다(복종의무). 둘째, 검찰총장, 검사장, 지청장은 소속 검사로 하여금 그 권한에 속하는 직무의 일부를 처리하게 할 수 있다(직무위임권). 셋째, 검찰총장, 검사장, 지청장은 소속 검사의 직무를 자신이 처리하거나 다른 검사로 하여금 처리하게 할 수 있다(직무 이전 및 승계권).

검찰청법은 왜 제정 당시부터 검사동일체 원칙을 규정했을까. 검사는 조직상 법무부 소속 행정기관이지만, 기능적으로는 사법작용을 수행하므로 사법권 독립의 정신이 관철돼야 하는 준사법기관이라는 이중적 지위를 갖는다. 따라서

정 치 적 중 립 성 정치에 개입하거나 업무를 처리함에 있어 정치적 판단을 하는 등의 행위를 제한하는 것. 자신의 정치적 소신이나 이해관계를 공직수행에 결부시키지 않아야 한다는 지침으로 공무원에게 부여된 일종의 의무라고 할 수 있다.

2013년 10월 21일 서울중앙지검에 대한 국회 국정감사에서
국가정보원 댓글사건 수사팀장이었던 윤석열 당시 여주지청장(현 대구고검 검사)이 진술하고 있다.

사건을 수사하고 결정함에 있어 정치적 중립성과 수사의 독립성을 유지하는 것
이 필요하다. 그런데 다른 측면에서 검사는 각자가 독립된 관청으로서 수사, 수
사 지휘, 기소, 재판 집행 등의 직무를 처리하는 1인제(독임제, 단독제) 관청이다.
그런 까닭에 준사법기관성의 확보 못지않게 검사 개개인의 독단을 방지하고,
통일적이고 균형 있게 검찰권을 행사하기 위한 제도적 장치가 필요하다. 이것
이 검사동일체의 원칙이며 상사의 결재제도는 이에 기초를 두고 있다.

　　2004년 개정법이 논의될 당시에는 그간 과도하게 1차 수사기관화해 있던

**수 사 의
독 립 성**　　사건을 수사하는 과정에서 정치적 외압이나 상부의 부당한 압력을 받지 않을 권리. 수사기관이 법
과 원칙에 근거해 자율적이고 양심적으로 사건을 처리할 수 있도록 보장하기 위한 지침이다.

검사의 준사법기관성을 회복하고 검찰의 정치적 중립성과 수사의 독립성을 확보해야 한다는 국민적 요청이 강했다. 이에 법무부는 검사의 직무상 독립성과 중립성을 강조하기 위해 상명하복 관계(명령에 복종한다)를 지휘·감독 관계(지휘·감독에 따른다)로 완화하고, 제7조의 표제를 '검사동일체의 원칙'에서 '검찰사무에 관한 지휘·감독'으로 변경했다. 아울러 지휘·감독의 적법성 또는 정당성에 대한 검사의 이의제기권을 명문화하는 내용의 개정안도 국회에서 통과됐다.

이러한 개정을 통해 검사동일체의 원칙은 폐지된 것일까. 만약 폐지된 것이라면 검사는 소속 상급자의 지시를 따르지 않아도 되는 것일까. 상급자의 지휘를 받지 않은 검사 개개인의 개별 행동은 정당성을 가질 수 있을까.

개정 전후의 검찰청법을 비교해보면 위 질문들에 대한 답은 부정적일 수밖에 없다. 검사동일체 원칙을 구성하는 주요 내용은 변함이 없다. 복종의무는 '복종'이라는 표현이 삭제되었을 뿐 지휘·감독에 따르도록 규정함으로써 그 취지를 그대로 승계했다. 다만 이의제기권을 신설함으로써 검사동일체 원칙을 발전적으로 보완했을 뿐이다. 당시 국회의 법률안 심사안과 전문위원 검토보고서 등 입법자료도 "검사의 준사법기관적 독립성을 강조하기 위해 '검사동일체'라는 표현을 삭제하고, 그 대신 소속 상급자의 지휘·감독에 따르도록 하되 이의제기권을 보장해 검사동일체 원칙을 완화하는 것"으로 판단했다.

지휘·감독권의 우월성

일각에서는 이의제기권을 근거로, 상급자의 지휘·감독에 반드시 따라야 하는 것은 아니라고 주장한다. 그러나 문헌상에도 '이의를 제기할 수 있다'고 규정돼 있을 뿐 독단적인 행동을 정당화하거나 지휘를 거부할 근거는 발견되지 않는다. '지휘·감독권'과 '이의제기권'이 병존함으로써 권한의 수직적 대립관계가 설정된 것처럼 보이지만, 직무의 위임, 이전, 승계권을 그대로 유지하는 점에 비추어 양자가 충돌하는 경우 지휘·감독권의 우월성을 인정하는 것으로 봐야 한다.

　나아가 이의제기권은 검찰권의 적법, 적정한 행사를 위해 상사와 다른 견해를 적극적으로 표시하고, 토론과 설득을 통해 가장 합리적인 결론을 도출해야 할 의무를 내포한다고 해석하는 것이 옳다. 이의제기권은 객관적이고 합리적인 검사의 소신을 보장하기 위한 제도적 장치이지, 주관적이고 비합리적인 고집까지 용인하기 위한 제도가 아니기 때문이다. 하물며 현재 검찰청마다 운용 중인 수사·공소심의위원회와 같이 상하간 협동작업을 개시하는 단서라 할 수 있는 이의제기권조차 행사하지 않은 채 지휘·감독에 따르지 않겠다는 논리는 매우 위험하고 부적절하다.

　검사동일체 원칙은 검찰이나 검사를 위한 원칙이 아니다. 검찰 지휘부를 위한 원칙은 더더욱 아니다. 이 원칙 때문에 지휘·복종 관계가 형성되는 것도 아니다. 오히려 이는 우리나라를 비롯한 독일, 프랑스, 일본 등 대륙법계 국가에서 특수한 지위를 갖는 검찰이 적정하고 효율적으로 기능하도록 담보하면서도 검찰권의 남용을 예방하고 전국의 개별 검사들이 수행하는 수사와 결정의 예측 가능성과 법적 안정성을 확보하기 위해 고안된 제도적 원리다.

　이런 관점에서 상부의 지휘체계를 따르지 않은 해당 검사에게 징계처분을 결정한 것이라고 볼 수 있다. 최근에는 과거사 재심사건에서 검찰 상부의 지시를 어긴 검사에게 징계가 결정되는 등 검사동일체 원칙에 위배되는 또 하나의 사건이 파장을 일으키기도 했다. 검찰 내부는 이와 같은 일련의 사건으로 상처를 입을 수밖에 없다. 검찰에 대한 국민의 신뢰를 회복하고 내부적으로도 상처를 치유하기 위해서는 향후 검찰권 행사의 올바른 방향을 논의하는 과정에서 검사동일체 원칙을 새롭게 인식할 필요가 있다.

성영훈 법무법인 태평양 고문·변호사(전 광주지검장)

정부가 발표한 제2차 국가에너지기본계획(2013~2035)의 핵심은 원전 비중의 축소다. 1차 기본계획의 41%에서 29%로 원전 비중을 줄이자 '에너지 안보 문제', '산업경쟁력 약화'라는 등 논란이 분분하나 정작 시급한 과제는 다른 데 있다. 설계수명이 다한 원전의 수명 연장, 노후 원전의 폐기 등 산적한 현안이다. 또 원전 비중을 축소해도 앞으로 18기의 원전을 추가 건설해야 한다. 원전 비중 논란에 묻혀 정작 중요한 에너지 백년대계에 소홀하지 않은지 돌아봐야 할 때다.

원전 축소하면
에너지 백년대계는 어디로 가나

박근혜 정부가 발표한 제2차 국가에너지기본계획(2013~2035)을 두고 논란이 뜨겁다. 국가에너지기본계획은 20년 기준으로 5년마다 수립 및 시행하는 국가에너지계획의 최상위 계획이다. 이 계획을 위해 에너지 관련 민간 전문가와 산업통상자원부, 에너지경제연구원 관계자 등 60여 명이 민관합동 워킹그룹을 만들었다. 이 워킹그룹은 권고안을 마련해 수요 관리 중심의 정책 전환, 분산형 발전 시스템 구축, 환경·안전 등 지속가능성 제고, 에너지 안보 강화, 국민과 함께하는 정책 추진 등 5개 중점 과제를 담은 '제2차 에너지기본계획에 대한 정

제2차 국가에너지기본계획에 따르면 LNG 발전이 대폭 늘어나게 된다.
사진은 GS EPS의 'LNG 복합화력발전소 3호기' 준공식.

책제안'을 확정, 발표했다.

권고안이라 부르는 이 정책제안은 제2차 국가에너지기본계획의 밑그림으로, 정부는 워킹그룹 제안을 바탕으로 공청회와 경제단체, 시민단체의 의견 수렴 등의 절차를 거쳐 초안을 마련한 뒤 2014년 1월 에너지위원회와 녹색성장위원회, 국무회의를 거쳐 기본계획을 최종 확정했다.

제2차 국가에너지기본계획은 2013년부터 2035년까지의 에너지 수급과 정책의 기본방향을 정하는 것으로, TOE(석유환산톤) 단위로 원자력발전소(원전)를 비롯해 석탄화력, LNG(액화천연가스) 발전, 신재생에너지 등 에너지원별 비중을 중·장기적으로 어떻게 가져가고, 에너지 수요 전망에 따른 향후 에너지정책을 어떻게 설정할 것인지를 정하는 중요한 에너지기본계획이다.

TOE
(석유환산톤) 가장 보편적인 에너지원인 석유를 기준으로 에너지의 양을 표기하는 단위. 석유 1톤을 연소시켜 얻을 수 있는 에너지의 양을 1TOE라고 한다.

이번 기본계획은 원전 비중이 2008년 발표한 제1차 국가에너지기본계획에 비해 크게 줄어든 점이 핵심으로 지적된다. 권고안을 담당한 워킹그룹은 2035년까지 원전 비중을 설비용량 기준으로 현재의 26%와 비슷한 수준인 22~29%로 결정할 것을 제안했고 정부는 이중 가장 높은 수준인 29%로 결정했다. 이는 제1차 국가에너지기본계획에서의 비중인 41%에 비해 상당히 줄어든 수치다. 원전 비중 축소에 따라 LNG 발전, 석탄화력 비중은 늘어나게 됐다.

"전기요금 인상 불가피" 지적

원전 비중 축소를 두고 논란이 뜨겁지만, 주목해야 할 점은 다른 데 있다. 민관 워킹그룹은 공개하지 않았지만 잠정안인 에너지 수요 전망치를 보면, 전력수요가 현재(2011년 기준) 3910만TOE에서 2035년 7020만TOE로 80% 증가할 것이라는 점이다. 또한 전체 에너지원 가운데 전력 비중이 19%에서 28.1%로 증가하는 것으로 나와 있다. 특히 국내총생산(GDP) 성장 둔화로 전체 에너지 소비 연평균 증가율이 제1차 국가에너지기본계획 때 전망한 1.4% 대비 0.8%로 낮아졌음에도 전력소비는 연평균 2.2%에서 2.5%로 증가하는 것으로 전망하고 있다.

제2차 국가에너지기본계획을 두고 원전 비중 축소에 따른 전기요금 인상이 불가피하다는 점이 지적된다. 하지만 기본계획에 따른 수요 전망을 바탕으로 원전 설비 비중을 따져보면, 최대 29%일 때 전력 수요 감축목표치인 15%를 모두 줄이더라도 원전 41기를 가동해야 하는 것으로 분석된다. 현재 원전 23기에

설 계 수 명 원전을 설계할 때 해당 원전이 안전하게 제 성능을 발휘할 수 있을 것으로 예측되는 기간. 원전의 수명은 보통 30~40년이나 안전성 평가 후 수명을 연장하는 것이 일반적이다.

서 18기를 추가로 건설해야 한다는 결론이다.

즉, 원전 비중을 제1차 계획인 41%에서 29%로 낮춘다고 해도 원전 18기를 추가로 건설해야 한다는 의미다. 현재 상황은 2030년까지 설계수명이 다하는 원전이 12기이고, 건설 중인 원전이 5기이며, 설계 등의 단계로 향후 건설이 계획된 원전이 6기이다. 정부는 제2차 국가에너지기본계획에서 현재 건설계획이 확정된 11기 외에 7기를 더 건설한다는 계획을 발표했다. 원전의 수명연장 등을 고려해 추가로 건설하는 원전을 최소화한 셈이다.

따라서 원전 비중 축소와 관련한 의미 없는 논쟁보다 현실적 대안에 대해 차분히 고민해야 할 때이다. 그러나 현실은 원전을 둘러싸고 '원전르네상스 포기' '원전 축소에 따른 에너지 안보 문제' '산업경쟁력 약화' 등 소모적 논쟁을 거듭하는 실정이다.

현재 월성 1호기, 고리 1호기 등 설계수명이 다한 원전이 하나 둘씩 나오는 현실에서 수명 연장과 노후 원전 폐기 등 많은 문제가 산적해 있다. 또한 이에 대한 정부의 로드맵과 재원 마련 방안도 없는 상황이다. 원전 호기당 해체 추산 비용은 6033억 원(2012년 말 기준)으로, 2013년 6월 말 기준 해체충당금 적립누계액은 9조6759억 원에 달한다. 하지만 이 금액은 부채충당적립으로, 장부상 금액일 뿐 사용 가능한 금액은 0원이라는 주장도 있다.

원전의 가동률도 안정적이지 않다. 2013년 12월에는 23기 가운데 7기가 멈춰 겨울철 전력수급에 위기를 맞기도 했다. 정기정비를 위한 정지는 2기이고 나머지 4기는 고장에 의한 정지이다. 설계 수명 30년을 채운 1기는 2012년 11월 20일 운영 허가가 만료돼 현재 수명 연장 가동 여부를 심사 중이다. 최근 신고리 1·2호기와 신월성 1호기의 재가동이 결정되면서 당분간 전력수급에 큰 차질은 없을 전망이나 언제 다시 고장으로 정지하는 원전이 생겨날지 알 수 없다.

이처럼 산적한 문제를 미뤄놓고 원전 비중을 늘려야 하는지, 줄여야 하는지에 대한 찬반 논란만 계속되는 것은 몇 가지 원인에서 기인한다. 먼저 원전이 산업으로 자리잡은 나라가 그리 많지 않다는 점이다. 즉, 원전산업계가 산업의 이해관계를 적극 표출한다는 점을 들 수 있다.

산업계 이해관계까지 반영

또 다른 이유는 원전 비중 축소에 따른 반사 이익을 얻는 5개 발전사를 비

노후 원전 폐기 노후 원전을 폐기할 경우 가장 큰 난제가 사용후핵연료 처리방법이다. 연료로 사용한 핵분열 물질은 엄청난 열과 방사능을 뿜어내기 때문에 이를 안전하게 폐기하려면 10년간 열을 식힌 후 10만 년 이상 보관해야 하는 것으로 알려져 있지만 현대과학기술로는 안전한 영구폐기를 장담할 수 없다. 우리나라는 23기 원전에서 매년 배출되는 사용후핵연료를 각 원전의 임시저장시설에 보관하고 있지만 곧 포화상태에 이를 것으로 예상돼 이에 대한 방안 마련도 시급한 실정이다.

롯한 민간발전사의 이해관계가 첨예하다는 점이다. LNG 발전을 주도하는 SK E&S, 포스코에너지, GS EPS, GS 파워(Power) 등 민간사업자와 이에 대한 투자 기대감으로 금융권이 벌써부터 들썩인다.

여기에 전기요금을 둘러싼 산업계의 이해관계까지 반영돼 더 복잡해졌다고 볼 수 있다. 특히 전기를 많이 쓰는 철강, 석유화학, 시멘트, 제지 업종 등에서 전기요금을 둘러싼 이해관계는 생존문제와 직결된다. 2012년 8월 한국기간산업협의회가 제공한 자료에 따르면 주요 기초소재의 제조원가(원재료가 제외) 대비 생산업종별 전기요금 비율은 철강 25%, 시멘트 22%, 제지 16.2%, 섬유 15.5%, 석유화학 11%인 것으로 나타났다.

제2차 국가에너지기본계획을 둘러싼 이러한 문제뿐 아니라, 근간을 이루는 전력 수급계획 및 천연가스 수급계획 같은 하위 계획과의 부조화도 문제다. 기본계획은 에너지 다소비 업종의 증가로 전력소비 증가도 가속화하리라는 전망 하에서 작성된 것으로 평가받는다. 이 같은 전망 자체는 공급 위주의 전력정책을 전제로 해 우려된다.

한편 산업구조가 급변하면서 전력 수요 예측을 잘못해 전력 공급 초과에 의한 수급 불균형 문제도 우려되는 상황이다. 석탄 및 LNG 비중을 높이면 온실가스 감축목표 등은 문제가 될 수밖에 없다. 전력 과소비를 막기 위한 에너지 세제개편으로 에너지원별 수요 변화도 예상된다.

그러나 무엇보다 제2차 국가에너지기본계획이 단지 전력 문제에만 국한돼 평가받는 실정이 안타깝다. 이 기본계획에 기본적으로 반영해야 할 에너지 수급과 환경·안전 등 지속가능성, 에너지 안보 등 좀 더 기본적이고 국가 백년대계와 직결된 이슈들이 원전 비중 문제에 가려 있지는 않은지 차분히 돌아봐야 할 필요가 있다.

권원순 한국외대 경제학부 교수

북한의 핵위협에 맞서 한국도 핵으로 무장해야 한다는 핵무장론이 끊이지 않고 있다. 미국의 핵우산을 믿을 수 없으니 자체 핵무장 또는 미국의 전술핵무기 재배치 등을 통해 북한의 핵도발을 억지해야 한다는 주장이다. 그러나 핵무장 반대론자들은 현실성 없는 안보 포퓰리즘에 불과하다고 지적한다. 현시점에서 중요한 것은 핵무장 찬반논쟁이 아닌 국제사회에서 한국이 보다 주도적으로 북핵 문제를 다뤄야 한다는 사실이다.

'공포의 균형'인가, '핵도박'인가

북한의 3차 핵실험에 이은 유엔안전보장이사회의 제재결의안, 그리고 이에 따른 북한의 도발위협이 가중되면서 한국의 핵무장을 둘러싼 논쟁이 2013년 상반기 우리 사회를 뜨겁게 달궜다. 특히 북한이 3차 핵실험을 강행하면서 원자탄의 소형화, 경량화를 이뤘다고 주장함에 따라 북한의 핵위협을 피부로 느끼는 국민 사이에 이를 둘러싼 찬반논의가 가열되기도 했다.

한국의 핵무장론에 불을 지핀 것은 여당인 새누리당의 일부 중진의원이었다. 이들은 북한 핵실험 직후 "핵에는 핵으로 맞설 수밖에 없다"며 자체 핵무장 또는 미국의 전술핵무기 재배치 등을 주장하고 나섰다.

'상호 궤멸' 폭약 담긴 바리케이드

핵무장론에 대한 국민정서도 조금씩 바뀌는 조짐이 나타난다. 북한의 핵실험 직후 아산정책연구원이 실시한 설문조사에 따르면 응답자의 67%가 미군 전술핵무기 재배치에 찬성하는 것으로 나타났다. 같은 시기 한국갤럽의 조사에서는 '우리도 핵무기를 보유해야 한다'는 설문에 찬성(64%)이 반대(28%)보다 월등히 높게 나왔다.

한국의 핵무장이 필요하다고 주장하는 논리는 크게 세 갈래로 나뉜다.

첫째, 한국의 핵보유가 한반도에 '공포의 균형'을 가져옴으로써 평화를 유지할 수 있다는 것이다. '공포의 균형'이란 핵무기를 사용하고자 하는 국가라 하더라도 상대방으로부터 '충분히' 보복당할 것이라는 두려움이 있다면 '상호 궤멸'에 대한 공포 탓에 결코 핵을 사용하지 못할 것이라는 국제정치학적 논리다. 이런 주장을 펴는 이들은 냉전시대 미소간 전쟁이 일어나지 않은 이유를 바로 이 '궤멸에 대한 공포'에서 찾기도 한다.

이러한 논리는 실제로 1972년 닉슨 미국 대통령과 브레즈네프 소련 공산당 서기장이 탄도탄요격미사일(ABM) 조약을 체결하는 근거가 됐다. 당시 미소 양국은 수도를 포함해 두 곳을 제외하고는 탄도탄 요격시스템을 배치하지 않는다는 데 합의했다. 공격무기를 줄임으로써 전쟁위험을 낮추는 방식이 아니라 방

전 술 핵 무 기   개별 전쟁터에서 사용할 수 있도록 소형화, 경량화한 핵무기. 적국의 영토 혹은 산업시설을 파괴할 목적으로 개발된 전략핵무기에 비해 위력이 약한 대신 운반이 쉬워 군사적 목표물을 타격하는 용도로 개발됐다. 핵배낭, 핵지뢰, 핵어뢰, 핵기뢰 등이 대표적이나 핵전쟁을 촉발할 가능성이 높아 1990년대 이후 대부분 철거, 혹은 폐기되는 추세에 있다.

2013년 2월 12일 북한 핵실험 소식을 알리고자 발행된 일본 〈아사히신문〉 호외.
동북아 안보환경이 급변하면서 한국도 핵무장에 나서야 한다는 주장이 제기되고 있다.

어체제를 해체함으로써 평화를 유지한다는 구상이다. 무력충돌 위기가 높아가는 두 나라 사이에 '상호 궤멸'이라는 폭약을 담은 바리케이드를 친다는 것이다.

둘째, 핵무장론자들은 유사시 미국이 제공하게 될 핵우산을 100% 신뢰하기 어렵다고 본다. 확장억제(extended deterrence) 약속이 작동하는 동맹관계라고 해서 핵우산의 논리가 언제나 완벽하게 작동한다고 보기는 어려울 수도 있다. 이른바 신뢰성의 문제가 발생하는 것이다. 쉽게 말하면 이렇다. 만약 어느 시점에

핵 우 산 핵무기가 없는 국가가 핵무기를 보유한 국가의 핵전력에 의존해 안전을 보장받는 것. 핵무기가 없는 국가가 핵공격을 당할 경우 우방국이 대신 핵공격을 감행할 수 있기 때문에 적국의 핵 도발을 예방하는 효과를 지닌다.

48

북한의 핵능력이 그야말로 워싱턴을 타격할 수 있는 지경에 이른다고 가정해보자. 북한이 미국 본토를 상대로 핵 보복을 벌일 개연성이 0.1%라도 있다면 과연 미국은 동맹국인 한국을 위해 북한을 상대로 핵무기를 사용할 것인가. 핵무장론자들의 답은 '아니다' 또는 '아닐 수도 있다'에 가깝다. 핵우산은 '찢어졌다'는 것이다.

상황이 이렇다보니 차라리 남한에 전술핵무기를 다시 가져다놓는다면 유사시 미국은 자국 영토가 자동적으로 보복당하리라는 부담감 없이 한반도 남쪽에 배치된 전술핵무기 사용을 승인할 수 있다는 게 이들의 주장이다.

셋째, 한국의 핵무장 또는 핵무장을 위한 논의 자체만으로도 북한의 위협을 상쇄할 수 있는 협상카드가 된다는 것이다. 단지 북한을 겨냥하는 것뿐만이 아니라 중국이나 미국을 향한 메시지로서의 의미를 갖는다고 주장하는 이도 있다. 미국을 향해서는 확장억제를 혁신적으로 강화하라는 메시지가 되고, 중국을 향해서는 북한 핵개발을 저지하는 데 적극적 구실을 하라고 압박하는 카드라는 것이다. 무엇보다 한국의 핵무장이 일본의 핵무장을 유발하는 도미노현상을 막기 위해서라도 중국이 움직이지 않을 수 없으리라는 주장도 있다.

'자위적 핵능력' 논리의 모순

그러나 북한의 3차 핵실험 직후 이러한 세 가지 논리에서 분출한 한국의 핵무장론은 만만치 않은 반론에 부딪히고 있다. 핵무장 반대론자들은 핵실험 직후 조성된 심리적 불안감에 편승한 핵보유론이 실현가능성도 없을 뿐더러 바람직하지도 않다고 비판한다.

핵무장 반대론자들은 무엇보다도 핵무장론이 현실성 없는 안보 포퓰리즘에 불과하다고 지적한다. 북한 핵개발 드라이브의 대응수단으로 우리가 자체적으로 핵을 개발한다면 이는 북한이 핵개발 과정에서 내세운 '자위적 핵능력' 논리를 그대로 추종하는 것과 다름없다는 것이다.

한국의 자체 핵개발은 과 상충할 뿐더러 만약 핵개발을 위해 NPT 체제를 벗어날 경우 북한이 지난 20여 년 동안 국제사회를 상대로 벌여온 '핵도박'과 뭐가 다르냐는 비판에 직면하게 된다. 경우에 따라 한국 역시 국제사회의 제재대상이 될 수도 있고 이는 '한국을 파키스탄화하자는 것이냐'는 비판을 받기도 한다. 경제협력개발기구(OECD) 국가 중 최하위인 20%대 초반의 식량자급률과 3~4%의 에너지자급률에 머물러 있는 한국이 국제사회의 경제제재 위험을 무릅쓰고 핵개발에 나선다는 것은 난센스라는 것이다.

자체 핵개발이 아닌 전술핵재배치론 역시 '현실성 없음'이라는 비판을 받기는 마찬가지다. 1958년 아이젠하워 대통령 시절부터 한반도에 배치됐던 전술핵을 미국이 철수시킨 것은 1991년 말 무렵이다. 당시 아버지 부시 대통령이 동유럽 몰락과 소비에트연방 해체라는 전환기를 맞아 일방적으로 핵감축 구상을 내놓았고 고르바초프 서기장이 이에 호응하면서 미소 양국은 핵군축 국면에 접어들었다.

미국 군축협회에 따르면 1991년 미국은 5000여 기의 전술핵무기를 해외에 전개해놓고 있었다. 물론 이들 전술핵은 대부분 북대서양조약기구(NATO) 동맹국들 위주로 배치돼 있었다. 이중 3000여 기는 이미 폐기됐다는 것이 정설이다. 현재 해외전술핵은 독일, 벨기에 등 5개 나토동맹국에 분산 배치돼 있다.

미국은 이미 나토회원국 내 전술핵 철수문제는 동맹국 의사에 따라 결정될 일이라고 선을 그은 바 있다. 오바마 미국 대통령은 2010년 메드베데프 당시 러시아 대통령과 신(新) 전략무기감축협정(New START)에 조인했고 '핵 없는 세상'을 대외정책 모토로 삼을 만큼 비확산 노력을 경주하고 있다. 이런 세계적 흐름에

핵무기를 보유하지 않은 국가가 새로 핵무기를 갖는 것, 그리고 이미 핵무기를 보유한 국가가 다른 국가에 자국의 핵무기를 제공하는 것을 금지하는 조약. 2013년 현재 190개국이 가입돼 있으며 핵 보유국가로 추정되는 북한과 이스라엘, 인도, 파키스탄은 비회원국이다.

역행하는 전술핵재배치 주장은 시대착오적이라는 것이 비판론의 핵심이다.

한미 원자력협정에도 악영향

한국이 핵무장론을 내세우면 현재 진행중인 한미 원자력협정 개정협상을 더욱 어렵게 만들고, 궁극적으로 한미동맹에도 적신호가 켜질 수 있다는 시각도 있다. 3차 핵실험 이후 핵주권론이 목소리를 높이면 높일수록 미국의 핵확산 우려가 커질 것이고, 이는 원자력협정 개정협상에서 미국의 태도를 더욱 경직되게 할 수 있다는 게 비판론자들의 견해다.

게다가 최근 워싱턴 협상가들 사이에선 이명박 정부 시절 전시작전권 재협상, 자유무역협정(FTA) 재협상 등에 모두 응해주면서 한미동맹에 대한 피로감을 호소하고 있다는 목소리도 나온다. 핵무장론이 그동안 우리 사회에서 '한미동맹 지상주의'라고 불릴 정도로 대미외교를 강조해온 그룹 중 일부에서 제기되고 있다는 점도 아이러니다.

한국의 핵무장론이 비단 최근 들어 불거진 것은 아니다. 북한이 1차 핵실험을 실시했던 2006년에도 우리 사회 일각에서는 핵주권론이 제기됐다(〈신동아〉2006년 12월호 특별부록 '한국의 핵주권' 참조). 3차 핵실험 이후 불거진 핵무장론 역시 문제제기성으로 그친 채 다시 수면 아래로 가라앉는 모양새지만 북한의 핵위협을 피부로 느낄 때마다 불거질 것이다.

다만 당시와 다른 점이 있다면 북핵 문제를 북미간의 문제로만 더는 놓아두기 어려운 국제정치적 질서가 동북아시아에 조성되기 시작했다는 것이다. 북한의 3차 핵실험 이후 핵무장론자이건 반대론자이건 간에 한국의 주도적 노력 없이 북핵 문제를 북-미간, 미-중간 또는 북-중간 거래에 맡겨둬서는 안 된다는 공감대가 형성되는 듯하다. 이는 이번 논쟁을 통해 얻은 중요한 부산물 가운데 하나다.

성기영 통일연구원 남북통합연구센터 부연구위원

이중국적 제도는 외국인 우수인재 유치를 목적으로 도입된 제도다. 그러나 한국 국적을 이탈한 프로골퍼 미셸 위나 미래창조과학부장관으로 지명됐다가 자진사퇴한 김종훈의 사례에서 보듯 현재의 이중국적 제도는 외국인 우수인재 유치라는 목적을 유명무실하게 만들고 있다. 아까운 인재가 복수국적 취득 기회를 놓치지 않도록 제도를 개선하고 국적 문제에 폐쇄적인 우리 사회의 인식을 바꿔야 한다는 목소리가 높아지고 있는 이유다.

우리 사회의 국적제도, 왜 문제인가

국적은 어떤 사람이 특정국가의 구성원이 되는 자격을 말한다. 국적을 얻을 수 있는 자격은 각 나라의 법률에 정해져 있다. 국적부여 원칙은 혈통주의와 출생지주의로 나눌 수 있다.

혈통주의는 아이의 출생지가 어디든 상관없이 부모와 같은 국적을 아이에게 부여하는 방식이고, 출생지주의는 부모의 국적과 관계없이 아이가 태어난 나라를 기준으로 국적을 부여하는 방식이다.

'이중국적'과 '복수국적'

우리나라 국적법은 부모 양계 혈통주의를 채택하고 있어 부모 중 어느 한쪽이 한국인이고 다른 한쪽이 외국인이면 그 자녀는 출생에 의해 자동으로 부모의 국적을 갖게 된다. 아버지와 어머니가 각각 1개의 국적을 갖고 있고 한국에서 태어난 아이는 이중국적(二重國籍)을 가진다. 그렇지만 그 아이가 미국, 캐나다 등 출생지주의를 채택하는 나라에서 태어났다면 부모의 국적뿐 아니라 태어난 나라의 국적도 가진다.

만약 부모 중 한 사람이 이중국적 또는 3개 이상의 국적을 지닌 사람이라면 그 아이의 국적은 더 많아진다. 이러한 점을 고려하면 '이중국적'보다는 '복수국적(複數國籍)' 또는 '다중국적(多重國籍)'이 더 정확한 개념이라고 할 수 있다.

복수국적은 한 사람이 2개 또는 그 이상의 국적을 동시에 가진 것을 가리킨다. 보통은 해외출산이나 국제결혼으로 태어난 아이가 복수국적을 갖지만 귀화를 통해 새로운 국적을 취득하고 원래의 국적을 상실하지 않은 사람도 복수국적을 가진다.

혈통주의를 채택하는 나라에서는 성인이 된 국민의 복수국적을 원칙적으로 인정하지 않는다. 우리나라에서는 대한민국 국적과 외국 국적을 함께 가진 복수국적자에게 '국적선택 기간'을 설정해 반드시 하나의 국적을 선택하도록 하고

귀화 　다른 나라의 국적을 얻어 그 나라의 국민이 되는 절차. 우리나라 국적법은 5년 이상 대한민국에 거주한 외국인으로, 대한민국 민법에 의해 성년이 되는 경우에 한해 귀화신청을 할 수 있도록 규정하고 있다. 귀화신청자를 대상으로 서류심사와 한국어 능력시험, 면접시험을 실시해 대한민국 국민으로서 자격과 소양을 갖췄다고 판단될 때 귀화를 허가한다. 단, 배우자가 대한민국 국민이거나 부모 중 한쪽이 대한민국 국민이었던 사람 등 일정한 자격요건을 갖춘 경우에는 국내 거주기간 요건을 완화해주는 간이귀화 신청이 가능하고, 대한민국에 특별한 공로가 있거나 국익에 도움이 될 수 있는 우수인재에 대해서는 특별귀화도 허용된다.

있다. 이것을 '국적선택 의무'라 한다. 국적법에 따르면 만 20세가 되기 전 복수국적을 얻은 사람은 만 22세가 되기 전까지, 만 20세가 된 후 복수국적을 지닌 사람은 그때부터 2년 내에 대한민국 국적을 선택하거나 이탈한다는 뜻을 법무부장관에게 신고해야 한다.

개인 유·불리에 따라 국적 못 바꿔

우리나라는 2011년 1월 1일부터 선천적 복수국적자뿐 아니라 외국인 우수인재, 한국인과 결혼해 입국한 이민자, 어릴 때 외국으로 보내진 입양인, 국내에서 여생을 보내기 위해 영구 귀국한 65세 이상의 재외동포 등에게 복수국적을 제한적으로 허용하고 있다.

복수국적이 허용되는 대상은 다음의 세 집단으로 나뉜다. 첫째, 한국인 아버지 또는 어머니의 자녀로 출생지주의 국가에서 태어난 사람이나 다문화 가정에서 출생한 사람(선천적복수국적자), 둘째, 한국 국적 취득자 중 ①혼인상태를 유지하면서 귀화허가를 받은 결혼이민자 ②한국에 특별공로가 있거나 우수 외국인재로서 귀화허가를 받은 사람 ③국적회복 허가를 받은 재외동포 중 특별 공로가 있거나 우수인재로 인정된 사람 ④미성년 해외입양으로 한국 국적을 상실했다가 한국 국적을 회복한 사람 ⑤재외동포로서 만 65세 이후 영구 귀국해 한국 국적을 회복한 사람 ⑥한국 국적을 취득한 후 외국 국적을 포기하고자 해도 그 나라의 법률 또는 제도로 인해 국적포기 의무를 이행하기 어려운 사람, 셋째, 본인의 의사와 무관하게 외국 국적을 취득하고 대한민국 국적 보유신고를 한 사람(후천적 비자발적 복수국적자).

미국 등 출생지주의 국가에서 태어나 복수국적을 갖게 된 남성은 병역을 마쳤거나 면제를 받은 경우, 여성은 22세 이전에 국내에서 외국 국적을 행사하지 않겠다고 법무부에 '외국 국적 불행사(不行使) 서약서'를 제출하면 복수국적을 유지할 수 있다. 예컨대 출·입국 때 한국여권을 사용하고, 외국인 학교에도 입학

김종훈 전 미래창조과학부장관 내정자가 2013년 3월5일
미국 워싱턴행 비행기를 타기 위해 발걸음을 재촉하고 있다(왼쪽).
오른쪽은 앞서 2월 21일 한국 국적을 이탈한 프로골퍼 미셸 위 선수.

하지 않으며, 외국 운전면허증을 사용하지 않겠다고 약속하는 것이다. 개인의 유·불리에 따라 박쥐처럼 국적을 바꾸는 얌체짓을 하지 않겠다는 약속이다.

그런데 복수국적자가 '외국 국적 불행사 서약서'를 제출하지 않거나 '외국 국적 불행사 서약' 내용을 준수하지 않으면 정부는 '국적선택 명령'을 내린다. 복수국적자가 '국적선택 의무'에서 정한 기간 내에 국적을 선택하지 않거나 '외국 국적 불행사 서약서'를 제출하지 않은 경우 1년 내에 하나의 국적을 선택하라는 법무부장관의 명령을 받는다. 또한 '외국 국적 불행사 서약서'를 제출한 복수국적자가 그 뜻에 현저히 반하는 행위, 즉 ①반복해서 외국여권으로 대한민국에 출국·입국한 경우 ②외국 국적을 행사할 목적으로 외국인등록 또는 거소신고를 한 경우 ③정당한 사유 없이 대한민국에서 외국여권 등을 이용해 국가·지방자치단체, 공공기관, 공공단체, 또는 교육기관 등에 대해 외국인으로서의 권리를 행사하거나 행사하려고 한 경우 6개월 내에 하나의 국적을 선택하라는 명령을 받게 된다.

또한 정부는 복수국적자가 ①국가안보, 외교관계 및 국민경제 등에서 대한민국의 국익에 반하는 행위를 하는 경우 ②대한민국의 사회질서 유지에 상당한 지장을 초래하는 행위로서 대통령령으로 정하는 경우 등 대한민국 국적을 보유함이 현저히 부적합하다고 인정될 때는 청문을 거쳐 대한민국 국적 상실을 결정할 수 있다. 다만 출생에 의해 대한민국 국적을 취득한 복수국적자는 제외한다.

한편 국적법은 원정출산으로 인한 복수국적자, 즉 '직계존속이 외국에서 영주할 목적 없이 체류한 상태에서 출생한 자'는 병역의무를 이행한 경우에만 국적이탈 신고를 할 수 있도록 하고 있다. 아울러 '출생 당시에 어머니가 자녀에게 외국 국적을 취득하게 할 목적으로 외국에서 체류 중이었던 사실이 인정되는 자'는 외국 국적을 포기한 경우에만 대한민국 국적을 선택한다는 뜻을 신고할 수 있도록 명시하고 있다. 이는 원정출산으로 태어난 '검은머리 외국인'에 대한 제재조항으로 이해할 수 있다.

미셸 위와 김종훈의 경우

최근 한국 국적을 이탈한 프로골퍼 미셸 위는 '국적선택 명령'을 받은 상태였다. 선천적 복수국적자는 만 22세 전에 국내에서 외국 국적을 행사하지 않겠

**검은머리
외국인** 외모는 한국인이나 외국 국적을 지닌 사람 또는 외국인인 척 가장해 한국 증시에 투자하는 내국인을 가리킨다. 전자는 한국에 거주하면서 외국 국적을 행사해 이익을 취하는 경우가 아니면 문제시되지 않지만 후자는 사익 추구를 위해 신분을 위장한다는 점에서 지탄의 대상이 된다. 자금을 해외로 빼돌린 후 자금출처를 묻지 않는 조세피난처 등을 통해 외국투자자인 것처럼 국내 증시에 투자해 주가를 끌어올린 후 시세차익을 실현하고 빠져나가는 사례가 대표적이다.

다는 서약서를 제출하면 복수국적을 인정받을 수 있는데, 그는 서약서를 쓸 시기를 놓쳐 미국과 한국 중 하나를 선택해야만 하는 상황에서 한국 국적을 포기한 것으로 알려졌다. 복수국적 제도의 도입취지 중 하나가 재외동포에게 한국 국적을 부여해 인적자원의 유출을 방지하는 것인데 절차규정 때문에 한국의 소중한 인재를 잃은 셈이 됐다.

미래창조과학부장관으로 지명됐다가 자진사퇴하고 미국으로 돌아간 김종훈 전 알카텔-루슨트 벨연구소 최고전략책임자의 사례는 우리나라 복수국적 제도의 현주소를 보여준다. 그는 미국사회의 모든 기득권을 내려놓고 한국에 왔다. 법적으로 굳이 그럴 필요가 없는데도 미국시민권 포기를 전제로 한국 국적을 취득했다. 1000억 원대에 달한다는 '미국 국적 포기세'도 감수했다. 그는 장관직을 수행할 강력한 의지를 보였으나 일각에서 '복수국적자였던 사람이 국가보안과 기밀분야를 다루는 정부조직의 책임자가 될 수 있느냐'며 의심의 눈길을 보내는 데 실망했고 인사청문회를 둘러싼 한국식 정치문화에 좌절했다.

미셸 위와 김종훈의 사례는 복수국적제도가 제도적 형식주의와 한국사회의 편협한 자의식이라는 장벽에 부딪혀 제대로 기능하지 못하고 있음을 보여준다. 제도적으로 복수국적을 허용하고 있는데도 미셸 위는 '외국 국적 불행사 서약서' 제출시기를 놓쳤다는 이유로 복수국적 취득 기회를 차단당했고, 김종훈은 대한민국에 대한 자신의 충성심까지 문제 삼는 한국인의 태도에 뜻을 꺾었다.

겉으로는 외국인 우수인재 유치를 외치고 있으나 속으로는 외국인도 아닌 재외동포조차 배타적으로 대하는 게 한국 현실이다. 우수인재 유치는 제도 손질만으로는 불가능하다. 외국인에 대해 배타적이고 폐쇄적인 문화를 외국인 인재를 적극적으로 포용하는 개방형 문화로 철저하게 바꾸지 않는다면 문제는 결코 개선되지 않을 것이다.

설동훈 전북대 사회학과 교수

전두환 전 대통령의 미납추징금 환수를 위한 일명 전두환 특별법이 2013년 국회를 통과했다. 이를 두고 국민은 정의가 실현됐다며 반겼으나 우려의 시각 또한 만만치 않다. 불법재산 추징이라는 목적에는 이견이 없지만 국민여론에 떠밀려 특정인을 겨냥한 법을 제정한 사례가 자칫 법적 안정성을 헤치고 '사법의 정치화'라는 폐단을 낳을 수 있다는 지적이다.

통쾌하나 반길 수만은 없는 특별법

'전두환 특별법' 혹은 '전두환 추징법'이라 불리는, 공무원 범죄에 관한 몰수 특례법 개정안이 2013년 6월 27일 국회 본회의를 통과했다. 개정법의 주요내용은 추징 시효를 현행 3년에서 10년으로 연장하고, 추징 대상을 가족 등 제3자로 확대하는 것이다. 그 결과 2013년 10월에 만료될 예정이던 전두환 전 대통령의 미납추징금 환수 시효가 2020년 10월까지 7년 연장됐다. 또한 추징 대상도 가족을 비롯한 제3자가 '정황을 알면서 취득한' 불법재산 및 이러한 재산을 활용해 취득한 재산으로 확대됐다.

그동안 여러 형태로 제안됐던 국회의원들의 개정안을 조정해 만든 이번 법
사위 개정안이 일사천리로 국회를 통과한 것은 국민 여론에 힘입은 바가 크다.
무엇보다 전 전 대통령이 거액의 추징금을 미납하고 있고 이를 국가가 방치하
고 있다는 비난이 높아지자 국회에서 추징금 납부대상자가 그 친족에게 이전
한 불법재산 및 이를 기반으로 형성한 재산에 대해서도 몰수나 추징이 가능(제9
조의2)하도록 법을 개정한 것이다. 개정법은 특히 불법재산의 환수 및 세습방지
를 위한 추징강화에 초점을 뒀다. 검사에게는 몰수·추징의 집행을 강화하기
위해 관계인의 출석요구, 과세정보의 제공요청, 금융거래정보 제공요청 및 압
수·수색영장 청구 등에 관한 권한이 부여됐으며(제9조의3), 몰수·추징의 시효
는 10년으로 연장됐다(제9조의4).

전 전 대통령의 은닉재산 추징 필요성에 대해서는 어떠한 이견도 찾기 어렵
다. 하지만 이번 법 개정을 둘러싸고 찬반논쟁 역시 뜨거운 것은 목적의 정당성
이 항상 수단의 정당성을 담보하는 것이 아니기 때문이다.

법 개정 않아도 시효 연장 가능

이미 입법 배경에서 확인된 것처럼 이번 법 개정의 주된 논거는 전 전 대통
령의 은닉재산에 대한 추징 필요성이었다. 다만 은닉재산 추징이 꼭 법을 개정
해야만 가능했는지에 대해서는 논란이 있다.

몰 수   불법으로 획득한 물건 또는 재산을 박탈해 국고에 귀속시키는 조치. 범죄로 인해 발생한 몰수당사자의 수
익에 대해서만 몰수가 가능해 몰수당사자의 친족으로부터 물건 또는 재산을 몰수할 수는 없었으나 '전두환
특별법'으로 친족에게 이전한 불법재산이나 이를 기반으로 형성한 친족의 재산도 몰수할 수 있게 되었다.

추 징   몰수당사자가 물건 또는 재산을 써버리거나 은닉해 몰수가 어려울 때 몰수해야 하는 금액만큼 추가적으로
징수하는 조치.

민주당 '전두환 전 대통령 불법재산환수특위' 위원장인 최재성 의원 등이
2013년 6월 20일 서울 서대문구 연희동 전 전 대통령 자택 앞에서 추징금 환수를 위한 촉구대회를 열었다.

법 개정을 둘러싼 논란이 한창일 때 김문수 경기지사는 법 개정에 반대의견을 표시한 바 있다. 은닉재산 추징의 필요성 자체를 부인한 것은 아니고, 현행법으로도 추징이 가능한데 굳이 법을 개정할 이유가 없다는 취지였다. 그의 주장대로 법 개정 없이도 추징이 가능하다면 이는 불합리한 법 개정일 수 있다. 이러한 논란의 쟁점을 정확히 분석하려면 추징의 대상 및 방법에 관한 법 개정과 시효 연장에 관한 법 개정을 나눠 검토할 필요가 있다.

먼저 추징의 대상(제9조의2)에 관해서는 개정 필요성이 크다고 인정할 수 있다. 기존법으로는 당사자 이외의 가족 등에 대한 추징에 어려움이 적지 않기 때문에 법적 근거를 명확하게 마련함으로써 추징의 대상을 확장하고 추징의 실효성을 높일 수 있기 때문이다.

몰수·추징의 집행을 위한 검사의 처분들(제9조의3)도 추징의 실효성 확보를 위해 필요한 것으로 인정할 수 있다. 물론 이 조항이 없더라도 검찰이 적극적인 의지가 있다면 필요한 조치를 취하는 게 불가능하지 않겠지만, 법적 근거가 마련되면 검찰이 관계기관의 협조를 구하는 것이 용이할 뿐 아니라 이 조항이 검찰의 적극적 활동을 촉구하는 효과도 가져올 수 있기 때문이다.

반면 시효의 연장(제9조의4)에 대해서는 논란의 소지가 크다고 하겠다. 3년의 시효가 너무 짧아서 은닉재산을 제대로 추징하기 힘들다고 보기 어려우며, 기존의 법제 하에서도 시효 연장을 위한 조치가 충분히 가능하기 때문이다. 오히려 시효에 대한 예외규정으로 인해 다른 범죄와의 형평성이 문제된다는 비판이 더 아프게 다가올 수 있다.

이 논란을 보다 심층적으로 이해하기 위해 문제의 뿌리를 형성하고 있는 근원적인 고민, 즉 법이념으로서의 정의와 법적 안정성의 충돌 내지 갈등의 문제를 잠시 살펴보자.

법의 이념은 정의(正義)다. 정의로운 법이야말로 진정한 법이라는 점에 대해선 이견을 찾기 어렵다. 이런 맥락에서 범죄로 취득한 재산을 추징하는 것은 정의이며 은닉재산에 대한 추징의 대상과 방법을 확대, 강화하는 것과 시효를 연장하는 것 모두가 정의에 부합한다고 볼 수 있다. 은닉재산의 추징 자체가 불법을 바로잡는 의미를 갖기 때문이다.

정의와 법적 안정성

그러나 다른 한편으로는 법적 안정성 역시 정의에 못지않은 중요성을 갖는 법이념으로 인정된다. 법적 안정성은 법의 개정, 특히 시효 연장을 통한 당사자의 법적 지위의 변경에 대해 신중할 것을 요구한다. 정의를 내세워서 법을 바꾸는 것은 선의의 피해자를 낳기 쉬우며, 설령 범죄자에 대한 조치라 해도 그들의 인권 또한 존중되어야 한다는 점에서 소급적인 불이익 처분은 옳지 않다는 것이다.

이와 관련해 법 이론과 법 실무에서는 '진정소급효'와 '부진정소급효'를 구분하는 것이 일반적이다. 이미 시효의 완성 등으로 법률관계가 확정된 이후에 이를 번복하는 진정소급효는 원칙적으로 허용될 수 없지만 시효가 진행 중인 상태에서 시효를 연장하는 것처럼 법률관계가 아직 확정되지 않은 상태에서 시효를 변경하는 부진정소급효는 공익의 필요성에 따라 비례성 판단을 통해 허용될 수 있다고 보는 것이다.

따라서 아직 시효가 완성되지 않은 상태에서 공무원 범죄에 관한 몰수특례법을 개정해 시효를 연장한 것은 부진정소급효에 해당하며 공익적 필요에 따라 법적으로 허용될 수 있는 것이다. 더구나 전 전 대통령의 은닉재산 추징에 대한 국민의 거센 요구가 이러한 법 개정의 중요 동인이자 동력이기도 했다.

정의가 법적 안정성에 무조건 우선하는 것은 아니다. 시효제도의 존재 자체가 때로는 법적 안정성이 정의에 우선함을 보여주는 것이다. 그러나 정의의 요청이 강력할 경우에는 정의를 후퇴시키는 것이 오히려 법적 불안정성을 야기할 수 있다. 과거 제5공화국 말기의 호헌(護憲)선언처럼 국민 다수가 정의의 실현을 요구함에도 불구하고 불법적인 상태를 유지하는 것은 오히려 갈등과 법적 불안정성을 증폭시키기 때문이다.

'하늘 무너뜨리는 일' 없어야

이렇게 볼 때 공무원 범죄에 관한 몰수특례법 개정에는 아무런 법적 문제가 없다는 결론을 내릴 수 있다. 그러나 현재의 합법 내지 합헌의 문제를 벗어나 시야를 넓게 하고 미래에 미칠 영향을 고려하면 우려스러운 점도 없지 않다.

가장 큰 문제는 '전두환 특별법'이라는 별칭이 생길 정도로 특정인을 겨냥한

최 진 실 법 이혼 등의 사유로 양육권을 지정받은 단독 친권자가 사망할 경우 상대 부모의 친권이 자동 부활하지 못하도록 하는 법으로 정식명칭은 '친권 자동부활 금지법'이다. 배우 최진실이 사망했을 때 자녀들의 친권이 외할머니가 아닌 친부 조성민에게 넘어가는 것을 우려하는 여론이 팽배하자 개정된 민법 조항이다. 이 법의 시행으로 단독 친권자가 사망할 경우 상대 부모는 가정법원으로부터 친권자로 인정받아야만 친권을 행사할 수 있게 됐다.

입법이라는 점이다. 특정인을 처벌하기 위한 법, 특정인의 은닉재산을 추징하기 위한 법이라는 것은 법의 객관성과 공정성을 훼손할 수 있기 때문이다. 물론 최근에 만들어진 '최진실법'이 그러하듯이 특정인의 문제를 계기로 법이 만들어진 경우가 드물지 않다. 또 '미란다 원칙'처럼 특정인의 사건을 계기로 법 원칙이 만들어진 예도 있다. 그러나 '특정인을 처벌하기 위한 법률'은 또 다른 문제라 하겠다.

　법적으로는 이번 개정이 전 전 대통령에게만 적용되는 것이 아니라 이 법률에 해당되는 모든 대상자에게 똑같이 적용되는 것이기 때문에 '법률의 일반성'을 깨뜨린 것은 아니라고 평가될 수 있다. 그러나 유사한 상황이 자주 반복될 경우에는 법적 안정성 훼손과 더불어 '사법의 정치화'라는 문제가 발생할 수 있다는 점에서 이러한 상황의 반복은 피해야 할 것이다.

　우리는 '하늘이 무너져도 정의를 세워야 한다'고 말한다. 그러나 거꾸로 정의를 내세우기 위해서 하늘을 무너뜨리는 일은 없어야 한다. 더욱이 이번 전두환 특별법의 선례가 잘못 이해돼 법적 안정성의 가치를 과소평가하거나 소급효를 가볍게 생각하도록 해서는 결코 안 될 것이다.

장영수 고려대 법학전문대학원 교수

경찰이 범죄용의자를 연행할 때 범죄용의자에게 고지해야 하는 피의자 권리. 묵비권 행사의 권리, 진술을 거부할 권리, 변호인의 도움을 받을 권리 등이 피의자 권리에 해당한다. 1960년대, 강간혐의로 미국 법원에서 재판을 받던 에르네스토 미란다가 미국 수정헌법에서 보장하는 피의자 권리를 침해당했다고 주장해 석방된 사건을 계기로 미란다원칙이 만들어졌다. 우리나라 형사소송법에서는 피의사실과 체포사유를 설명하고 변호인을 선임할 권리와 변명의 기회가 있음을 고지하도록 하고 있으며 이를 어길 경우 범죄사실이 인정되더라도 법원에서 증거능력을 인정받지 못하도록 하고 있다.

9

특 별 사 면

대통령의 특별사면을 대하는 우리 사회의 시선은 곱지 않다. 측
근인사 사면, 비리인사 사면이라는 부정적 인식이 작용하는 탓
이다. 특별사면을 둘러싼 논란을 해소하기 위해서는 사면심사위
원회에 좀 더 강력한 권한과 무거운 책임감을 갖게 하고 사면대
상자 범위를 명확히 하는 등 대책이 마련돼야 한다는 지적이 일
고 있다.

대통령의 사면권, 이대로 괜찮은가

이명박 정부는 정권 임기만료를 1개월도 채 남겨두지 않은 2013년 1월 29일
특별사면(特別赦免)을 단행했다. 이를 계기로 특별사면의 정당성을 둘러싸고 커
다란 사회적 논란이 일었다.

국가수반이 갖는 사면권은 어느 나라에서건 보편적으로 합법으로 규정돼
있다. 이는 과거 군주의 은사(恩赦)제도에서 유래했다는 설이 유력하다. 사면권
은 국가의 최종 공권력 행사로 내려진 사법권의 판단을 변경하는 것이다. 그래
서 법률과 재판의 불완전함, 법적 재판과 다른 사회적 가치와의 조화를 통해 사

회적 통합을 이루려는 목적에서 이용된다고 흔히 알려져 있다.

"잘못된 사면" vs "과거 정부도"…

그러나 우리와 같은 민주주의 사회에서는 사면권 행사에 대해 부정적으로 보는 견해가 두드러진다. 비판론자들은 사면권 자체가 군주시대의 유물이니 이제 박물관으로 보내야 한다고 주장한다. 삼권분립이라는 민주주의 정신에 어긋날 뿐더러 대통령의 권한을 기형적으로 키워 법질서를 혼란시킨다는 이유에서다.

사면에는 일반사면과 특별사면이 있다. 일반사면은 우리 헌정사에서 도합 7차례 행해졌으나 이에 대해서는 특별한 비판이 제기되지 않았다. 아마 특별한 정치적 고려 없이 행해졌고 또 국회의 동의절차를 거쳤기 때문일 것이다.

특별사면은 김영삼 정부에서 8차례, 김대중 정부에서 6차례, 노무현 정부에서 9차례 행해졌고, 이명박 대통령은 2013년 1월 8번째 특별사면을 단행했다. 횟수로 보면 이명박 정부에서 유별나게 많이 행사했다고 할 수 없다. 그럼에도 마지막의 사면이 크게 주목받은 것은 임기종료 직전 행사된 데다 그 대상자에 대통령 측근인 최시중 전 방송통신위원장, 천신일 세중나모 회장 등이 포함됐기 때문이다. 이에 대해 야당뿐 아니라 당시 박근혜 대통령당선인 측에서도 크게 반발했다. 하지만 이 대통령 측은 이 정도의 사면은 역대정권에서 모두 해온 것 아니냐며 억울함을 토로했다.

사면 법을 위반해 형사처벌 또는 행정처분을 받은 자들의 형을 대통령이 직권으로 면해주는 제도. 대통령 취임일이나 광복절, 명절 등 주로 특별한 날을 기념해 사면권을 행사한다. 생계형 범죄, 음주운전 벌금형처럼 죄목을 기준으로 사면대상자를 선정해 국회의 동의를 받은 후 사면하는 형식을 일반사면이라고 하고 죄목과 상관없이 특정인을 국회의 동의를 거치지 않고 사면하는 형식을 특별사면이라고 한다. 일반사면이 형 선고여부를 따지지 않고 사면대상자를 선정하는 데 반해 특별사면은 형이 확정된 경우에만 적용된다.

미국에서도 사면권의 행사가 잘못된 사법권의 판단을 바로잡기 위해서가 아니라 정치적 편의를 위해 부당하게 남용된다는 비판이 끊임없이 제기돼 왔다. 가장 유명한 예는 리처드 닉슨이 워터게이트사건으로 사임하고 난 후 대통령이 된 제럴드 포드가 1974년 9월 닉슨을 사면한 것이다. 포드 대통령은 이로 인해 재선(再選)에 실패했다.

특사엔 사면, 감형, 복권 포함

이밖에도 베트남전쟁 징병회피자에 대한 사면(카터), 이란—콘트라사건 연루자에 대한 사면(아버지 부시), 임기 마지막 날 대통령 측근이 포함된 사면(클린턴), CIA 비밀요원 신분누설 사건의 배후조종자인 루이스 리비에 대한 감형(아들 부시) 등의 사례들도 모두 논란이 됐다. 이런 점들을 염두에 두고 본다면 이명박 대통령의 마지막 사면이 떳떳치 못한 것이긴 해도 극히 부도덕한 것으로 비난하긴 어렵다. 다만 우리 사회가 더 투명해지고 민주화하는 과정에서 그 문제점이 불거져 나온 것으로 볼 수 있다.

대통령의 특별사면권은 헌법과 사면법에 의해 인정된다. 헌법 제79조는 제1항에서 '대통령은 법률이 정하는 바에 의하여 사면·감형 또는 복권을 명할 수 있다'고 하고, 제2항에서 '일반사면을 명하려면 국회의 동의를 얻어야 한다'고

감 형 선고받은 형의 기간을 줄이거나 단계를 낮춰주는 사면유형 중 하나. 사형에서 무기징역으로, 또는 무기징역을 유기징역으로 낮추거나 집행유예 기간을 줄이기도 한다. 죄 또는 형의 종류를 정해 일괄 감형해주는 일반감형과 특정인의 형을 낮춰주는 특별감형으로 나뉜다.

복 권 형을 선고받아 상실되거나 정지된 자격을 회복시켜주는 사면유형 중 하나. 선거권, 피선거권, 공무담임권 등을 복권시켜주는 것으로 자격의 상실 또는 정지 기간이 만료되지 않았더라도 유권자의 권리를 회복하거나 선거출마 또는 공직에 진출할 자격이 회복된다. 죄목을 기준으로 일괄 복권을 단행하는 일반복권과 특정 정치인이나 공직자를 대상으로 하는 특별복권으로 구분된다.

한 뒤 제3항에서 '사면·감형 및 복권에 관한 사항은 법률로 정한다'고 하였다. 그 법률이 바로 사면법이다.

용어 사용에 혼동을 초래할 수 있어 좀 더 면밀하게 들여다볼 필요가 있다. 헌법과 사면법에서 말하는 사면, 감형, 복권을 모두 합해서 넓은 의미의 사면이라고 한다. 이것은 〈표1〉과 같이 사면, 감형, 복권으로 나뉜다. 사면, 감형, 복권은 모든 사람에게 그 효력이 미치는지, 특정인에게 한정되는지에 따라 다시 〈표2〉와 같이 세분된다.

이번에 문제가 된 특별사면은 바로 위의 표에서 보는 것 중 특별사면, 특별감형, 특별복권 세 가지 모두에 두루 걸쳐있다.

일반사면은 국회의 동의절차를 거치도록 하는 헌법상 한계가 설정되어 있으나 특별사면은 그렇지 않다. 하지만 대통령의 사면권 행사에 대해 헌법의 일정한 내재적 한계가 있다는 주장이 있다. 이명박 정부의 마지막 특별사면이 과연 이런 한계내의 것인지 살펴보면 흥미롭다. 내재적 한계론에서 제시되는 것 가운데 주요한 내용은 다음과 같다.

첫째, 헌법상의 권력분립 원칙에 비춰 사면권 행사는 형을 선고한 사법부의 판단을 훼손하는 것이므로 그것을 행사하기 전에 사법부에 의견을 묻는 것이 타당하다. 둘째, 사면권은 국가이익이나 국민화합을 위해 행사돼야 하는 한계를 지닌다. 셋째, 사면권자의 일방적 자의(恣意)가 아니라 보편타당한 평등의 원

〈표1〉

사면(넓은 의미)	사면
	감형
	복권

〈표2〉

사면(넓은 의미)					
사면		감형		복권	
일반사면	특별사면	일반감형	특별감형	일반복권	특별복권

리에 입각해 행해야 한다.

이들 3가지 기준을 적용해본다면 여기에서 보는 이번 사면은 이를 모두 충족시키지 못한 것으로 판단된다. 그렇다면 이 대목에서 우리가 반드시 논의할 것은 대통령의 부당한 사면권 행사, 즉 사면권의 오·남용이 향후 일어나지 않게 하려면 어떻게 할 것인지 하는 점이다. 하물며 특별사면을 받기 위해 수억 원대의 금품이 오가는 지하시장까지 형성되어 있다는 내용의 보도마저 나온 상황이다.

과거에 사면권이 일정한 기준 없이 마구 행사됐다는 비판이 나와 2007년 12월21일 사면법 일부개정에서 특별사면 전에 사면심사위원회의 심사를 반드시 거치도록 했다. 이에 따라 특별사면은 사면심사위원회의 심사와 법무부장관의 상신, 대통령의 명에 의해 이뤄진다. 그러나 문제가 된 이명박 정권의 마지막 사면을 보면 이와 같은 제도 개선에 별다른 실익이 없었음이 입증됐다고 하겠다. 그러므로 우선 사면심사위원회의 운영을 개선할 필요성이 제기된다.

사면대상 범위 규정해야

현재 사면심사위원회는 위원장인 법무부장관 외에 8명의 위원으로 구성되는데, 이들을 전원 법무부장관이 임명한다. 법무부장관의 뜻에 따라 위원회가 좌지우지될 수 있는 것이다. 따라서 위원을 구성할 때 국회나 사법부의 뜻이 상당히 반영될 수 있도록 할 필요가 있다. 또 사면법에서는 위원회의 회의록을 사면 후 무려 5년 동안 비공개로 한다고 규정했는데, 이것도 재론의 여지가 있다. 필요할 경우 회의록이 언제든지 공개될 수 있도록 개정해 위원들이 좀 더 무거운 책임감을 갖게 해야 한다.

사면대상자를 선정할 때도 그 범위를 명확히 설정할 필요가 있다. 현재는 대부분 정치적 고려에 의해 사면대상자를 고르다보니 그 기준이 매우 자의적이다. 고위층 비리사범, 대기업 경영인, 정치인 등에 대해 무분별하게 이뤄지는

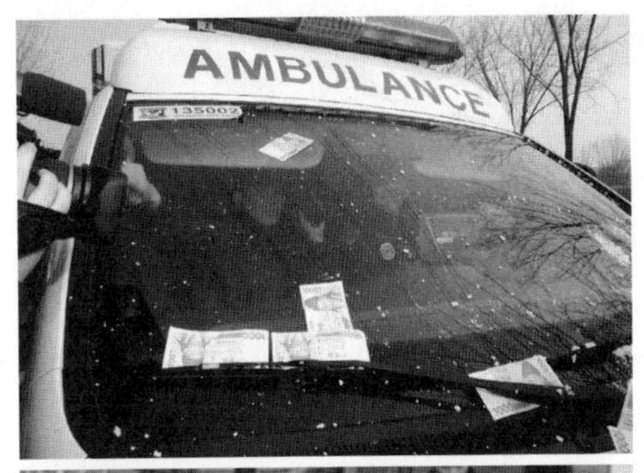

이명박 대통령의 마지막 특사로 2013년 1월 31일 최시중·천신일 씨가 출소하자 시민들이 이에 항의하며 돈과 두부를 자동차에 던졌다.

경향이 있다. 그러므로 가령 헌정질서 파괴범, 권력에 기생한 부정부패사범, 악질적인 기업범죄사범 등은 사면하지 못하도록 하는 제한기준을 사면법에 규정한다면 사면권의 부당한 오·남용을 방지하는 데 도움이 될 것이다.

사면권이 행사될 때 그 대상자로 포함된 사람들에 대해 반드시 사법부의 의견을 청취하도록 하는 방안도 생각해볼 수 있다. 앞에서도 강조했듯 사면권 행사는 사법부의 판단을 바꾸는 것이니만큼 민주주의 국가에서 법치주의 최후의 보루인 사법부에 대통령의 그와 같은 행위에 대해 최소한의 의견을 표명하도록 하는 것이 타당하다고 본다. 또 그런 사전적 통제장치 외에 사면권 행사에 대한 법적인 사후 통제장치를 마련하는 것도 고려할 수 있다. 예컨대 국민의 대표자인 국회의원이 사면권 행사에 대해 행정소송으로 그 부당함을 다툴 수 있도록 법을 개정하는 것이다.

사후약방문이긴 해도 만약 이러한 법규정들이 있었다면 이명박 대통령이 그처럼 쉽게 사면을 단행하지는 못했을 것이다. 다만 이런 논란을 거치며 우리는 더욱 민주화한 사회로 나아갈 수 있다는 점에서 그 모든 과정을 긍정적으로 바라볼 여지는 있다.

신평 경북대 법학전문대학원 교수(전 한국헌법학회장)

10

공직자의 부정한 금품수수 행위를 현행보다 강하게 처벌하는 방안이 담긴 일명 김영란법을 두고 국회통과를 서둘러야 한다는 여론이 우세하다. 공직사회의 부정부패 척결의지가 돋보이는 법안이지만 실효성에 대한 의문과 함께 '입법과잉'을 우려하는 목소리도 작지 않다.

공직자 부패척결, 김영란법만이 대안인가

2014년 3월 현재 국회에 계류 중인 법안 가운데 2013년 7월 30일 국무회의에서 통과된 '부정청탁 금지 및 공직자의 이해충돌 방지법(안)'이라는 것이 있다. 이른바 '김영란법'으로 부르는 이 법은 공직자가 100만 원 이상의 금품을 수수한 경우 3년 이하 징역 또는 수수한 금품의 5배 이하의 벌금에 처하는 것이다. 그런데 국무회의 심의과정에서 직무관련성 없이 돈을 받은 경우에도 형사처벌하도록 규정한 원안이 과태료를 부과하는 것으로 수정됐다. 이를 두고 '부패척결 의지의 후퇴'라는 비난이 일었다. 한마디로 부패척결을 통한 국가경쟁력 강화라는 국가적, 사회적 요청과 행위 책임주의를 본질로 하는 형사법 대원칙의 충돌문제다.

부패는 우리 사회의 공정한 룰을 저해하는 암적인 요소로, 부패척결 없이 국가의 미래를 기약할 수 없다. 국제경제적으로도 부패가 하나의 무역장벽으로 인식되고, 국가경쟁력 평가에서 안보능력 못지않게 국가의 투명성 비중이 높아지고 있다.

2012년 국제투명성기구(TI)가 발표한 국가별 부패인식지수를 보면 한국은 100점 만점에 56점으로 176개국 중 45위로 나타났다. 싱가포르(5위)나 홍콩(14위)에 비해 상당히 부끄러운 수준이다.

10억원대 뇌물을 받은 혐의로
2012년 11월 구속기소된 김광준 전 검사.

나라 안팎에서 우리나라의 부패정도를 심각하게 보는 것이 사실이다. 전문가 그룹을 대상으로 한 설문조사 결과 응답자의 87.5%가 한국사회가 부패했다고 답했고(2011년 〈시사저널〉과 한국반부패정책학회 공동조사), 국민의 78.7%가 부정부패의 주체로 정치인과 고위공직자를 지적했다(2011년 국민권익위 조사).

김영란법 '부정청탁 금지 및 공직자의 이해충돌 방지법(안)'을 입안하고 추진한 김영란 전 국민권익위원장의 이름을 따 일명 '김영란법'으로 부르기도 한다. 우리나라 첫 여성대법관이자 의미 있는 판결들을 남긴 법조계의 상징적 인물로 잘 알려져 있는 김영란 전 국민권익위원장이 공직자윤리를 강화하기 위해 추진한 법안이다. 그러나 여야의 이견으로 2014년 3월 현재 국회에 계류 중이다.

이세 우리 사회에서 부패를 추방하는 일은 가장 먼저 해결해야 할 국가적 과제가 됐다. 이러한 절실한 요청에 따라 형사법의 대원칙을 일부 유보한 김영란법의 등장을 이해 못할 바는 아니다. 실제로 미국, 캐나다, 프랑스 등 경제협력개발기구(OECD) 가입 선진국은 이미 오래 전부터 이해충돌 방지법을 제정해 공직비리를 엄격히 관리해왔다. 김영란법의 모태가 된 미국의 '뇌물 및 이해충돌 방지법'(1962년)은 공직자가 금품 등을 수수하는 경우 직무관련성을 불문하고 형사처벌(1~5년의 징역 또는 벌금)을 하도록 규정하고 있다. 김영란법 제정을 주장하는 논거 중 하나로 이러한 외국의 입법례가 제시된다.

법은 '최소한의 도덕'

그러나 이런 주장은 각 나라의 역사적 전통이나 그 나라 국민의 의식이나 성향에 따라 형성된 반(反)부패 문화의 차이를 간과하는 것이다. 청렴이 사회풍토로 정착한 대표적 청정국가인 핀란드의 사례를 보면 부패척결을 위해서는 무엇보다도 반부패 문화의 정착이 급선무라는 사실을 알 수 있다.

핀란드의 어느 경찰관이 시민의 자전거를 찾아주고 2유로(우리 돈으로 3600원)를 받았다. 당사자는 '감사의 표시'로 받았다고 주장했으나 상부에서는 부정행위로 간주했다. 핀란드 교육부장관은 교육부가 어느 골프장 주변을 개발하는 과정에 자신이 그 골프장 회원이라는 사실이 밝혀지자 곧바로 사임했다. 이웃 주민이 갑자기 고가의 차를 구입해 타고 다니는 것을 보고 다른 주민이 자금출

국제 투명 성 기 구 (TI)

국제 반부패 운동을 추진하는 비정부기구(NGO). 1993년 설립돼 독일 베를린에 본부를 두고 있는 기구로 반부패 인식을 확산하기 위해 매년 국가별 부패인식지수를 발표하고 있으며 그밖에 뇌물공여지수, 세계부패바로미터 등을 발표하고 있다. 우리나라에서는 한국투명성기구가 국제투명성기구의 한국지부로 활동하고 있다.

처를 조사하도록 세무당국에 신고한 사례도 있다. 공직자에게 명예박사학위를 수여한 것을 뇌물로 간주해 처벌하기도 했다. 이런 일들은 개방과 원칙을 중시하는 공직풍토, 정직과 청렴이 습관화한 국민의식을 바탕으로 반부패 문화가 자리잡고 있기에 가능했을 것이다.

이런 관점에서 보면 전통적으로 문화도 다르고 아직 반부패 문화가 정착되지 않은 우리 사회에서 이러한 법이 과연 그 입법취지대로 실효성을 거둘 수 있을지 의문이다. 더구나 형사법의 대원칙을 일부 유보하면서까지 이 법을 만들어야 하는지에 대해 문제제기가 있어야 할 것이다.

법은 '최소한의 도덕'이다. 사회구성원이 반드시 지켜야 할 최소한의 행위규범을 규정한 것이 법이라는 뜻이다. 특히 어떤 행위에 대한 형사처벌 문제는 형사정책적 관점에선 더욱 제한적이고 엄격해야 한다. 그런 이유로 '형사법은 최소한의 법'이어야 한다는 것이다.

'행위책임주의' '과잉처벌 금지'라는 형사법의 대원칙은 그 대상이 공무원이라는 이유만으로 비켜갈 수는 없다. 직무관련성을 입증하기 힘드니 이를 법문에서 삭제하자는 주장에 대해 지나치게 수사편의주의적 발상이라는 지적이 나올 수밖에 없는 이유다.

'부패' 못지않게 위험한 건 '무능'

여론은 공무원이 직무관련성 없이 금품 등을 수수했을 때도 형사처벌을 하도록 규정한 김영란법의 원안을 지지하는 분위기다. 그렇지만 수정법안에서 '직무관련성' 요건을 갖추지 못한 경우 행정벌인 과태료 부과를 규정한 것은 책임주의 원칙상 대가성을 입증하지 못하면 처벌할 수 없는 현행 형법의 공백을 메운다는 데 의미가 있다. 게다가 과태료를 부과할 때는 형사법적 대원칙인 무죄추정의 원칙이 적용되지 않기 때문에 형사처벌보다 더 신속하고 효과적으로 제재할 수 있다.

또한 해당공무원에게 과태료를 부과할 경우 그 후속조치로 징계도 뒤따를 것이고 그 사실 자체만으로도 승진불이익은 물론 공직을 박탈당할 수도 있다. 결과적으로 엄격한 형사절차를 우회한 과태료 부과가 오히려 당사자에게 더욱 치명적일 수 있다. 그렇다면 개정안이 원안보다 후퇴한 것인지 다시 한 번 생각해볼 문제다.

한편 여론의 관심은 이렇듯 금품수수 관련규정에만 초점이 맞춰져 있지만 정작 이 법안의 핵심은 이해충돌과 관련한 규정이 아닌가 하는 생각이 든다. 그리고 법안의 내용을 보면 지금까지 알게 모르게 행해졌던 공직사회의 모든 부정부패 항목이 나열돼 있다.

우선 '공직자윤리법'과 '전관예우금지법'에는 퇴직자 취업제한과 국가기관 사건수임 금지조항이 있다. 즉 고위공직자가 퇴직 후 일정기간에 퇴직 전에 맡았던 업무나 기관과 밀접한 관련이 있는 일을 못하게 하는 규정이다. 그런데 김영란법은 그 반대상황까지 예상해 규정하고 있다. 차관급 이상 공무원, 광역·기초자치단체장, 교육감, 공공기관장 등 고위공직자가 임명되면 이들과 이해관계가 있는 고객의 재정보조, 인허가, 조세부과, 수사 등의 직무수행에서 배제한다는 규정이 그것이다. 업무수행 중 부정한 청탁이나 금품수수, 이권개입 여지가 농후하다는 것이다.

규정의 취지는 충분히 공감할 수 있으나 신중한 검토가 필요하다. 만약 이런 방식으로 전문가의 공직임용에 제한을 두면 인재등용은 고사하고 정부에서 추진하는 개방형직위제조차 그 목적을 달성하기 어려울 것이다. 부패 못지않게 위험한 것이 공무원의 '무능'이라는 사실을 명심해야 한다.

개 방 형 직 위 제 공직에 공무원뿐 아니라 민간인도 임용할 수 있는 제도. 1999년부터 도입된 제도로 공모절차를 통해 민간전문가를 임용함으로써 공직사회를 혁신하는 데 그 목적이 있다.

제도와 문화

김영란법에 따르면 이외에도 직무관련자에게 사적 자문 제공, 직무관련자와의 금전차용·부동산·용역·공사 등 거래행위, 고위공직자·인사담당자 가족의 소속·산하기관 특별채용, 고위공직자·계약담당자 가족과 소속·산하기관의 수의계약 체결, 부하직원의 사적노무 동원, 부동산개발 등과 관련한 직무상 비밀 이용 등이 모두 금지된다.

과연 이 모든 규정이 실효성이 있을지도 의문이거니와 법체계상 국가공무원법과 공직자윤리법, 형법 외에 이 법안까지 얹혀져 '입법의 과잉'이 아닌가 하는 걱정이 된다. 김영란법에서 법조항이 충돌할 경우 더 강력한 처벌을 적용하도록 규정하고 있지만, 관련 규정을 정비해 '옥상옥(屋上屋)' 문제도 반드시 해결해야 한다고 본다. 부정부패의 사슬을 끊어내야 한다는 명제는 분명하다. 그러나 과연 김영란법이 지금 시점에서 최선인지에 대해서는 여전히 의문이 있다.

이제 공은 국회로 넘어갔다. 그동안 쌓아온 법치국가의 테두리 내에서 형사법적 지혜를 모아야 할 시점이다. 대통령이 강조했듯이 "공직윤리를 개선하기 위해서는 이와 같은 제도개선 노력도 중요하지만 청탁을 하지도 않고 받지도 않는 청렴한 문화를 만들어나가는 것이 더욱 중요하다"라는 말로 글을 마칠까 한다.

박영수 법무법인 강남 대표변호사(전 대검 중수부장)

11

서울시 공무원 간첩사건 재판에 제출된 중국 공안 측 문건이 위조됐다는 의혹이 제기돼 큰 파문이 일고 있다. 국가정보원과 검찰이 비난에 휩싸였다. 이와 관련해 중국 공안에 대한 세인의 관심도 커지고 있다. 중국 공안은 한국 국정원의 문서위조 과정을 어디서부터, 얼마나 알고 있었을까? 중국 공안이 중국에서 어떤 위치에 있는가를 들여다보는 것만으로도 국정원의 증거조작이 얼마나 위험한 행동이었는지 추측할 수 있다.

중국 공안은 국정원의 문서위조 과정 얼마나 알고 있었나

중국은, 13억 중국인이 들으면 기분 나쁠지 모르나 '경찰국가'라고 단언해도 괜찮다. 경찰을 중국에선 '공안(公安)'이라고 하는데 그만큼 공안의 권력이 막강하다.

호텔 이외의 장소에서 한 번이라도 숙박해본 경험이 있는 외국인이라면 이를 어느 정도 이해할 수 있다. 24시간 이내에 임시 숙박 사실을 관할 파출소에 신고하지 않을 경우 하루 500위안(元·9만 원)의 벌금을 물어야 하는 횡액을 당한다.

언론사 특파원처럼 중국에 장기 거주하는 외국인은 공안의 위세를 더욱 더 확실하게 체감한다. 길게는 1년, 짧으면 3개월마다 비자를 받기 위해 공안 관할인 출입국관리국에 드나드는 수고를 하지 않으면 안 된다. 그때마다 이런저런 서류가 미비하다며 마치 죄인 취급을 당한다. 그러나 어쩔 수 없다. 중국에서 생활하려면 감수해야 하는 통과의례쯤으로 생각해야 한다.

다른 나라 같으면 '왜 경찰이 외국인의 체류 문제에까지 관여할까'라고 의문을 가질 것이다. 그러나 중국에선 의문의 대상조차 되지 못한다. 공안은 중국 내 거의 모든 일에 관여하기 때문이다. 중국인은 태어나면서부터 세상을 떠날 때까지 평생을 공안과 함께해야 한다. 심지어 남녀가 결혼과 이혼을 할 때도 마찬가지다. 공안의 확인도장을 받지 못하면 기혼자, 이혼자라는 사실을 법적으로 인정받지 못한다.

공안이 국정원에 협조한다고?

이 공안이 요즘 갑자기 한국사회 전반의 화제로 떠오른다. 국가정보원이 주도한 서울시 공무원 간첩사건의 증거인 중국-북한 간 출입국 증명 공문서 위조 사실이 불거진 탓이다. 중국 공안이 발급했다는 이 문서가 조작됐다고 한다. 자연스럽게 공안이 관심의 대상이 된다.

중국엔 우리의 국정원이나 미국의 CIA 격인 국가안전부가 있다. 이 국가안전부 외에 정보통제 역할을 맡는 곳이 역시 공안이다. 한국 언론은 중국 공안에 대해 거의 접근하지 못하며 관련 보도도 별로 내놓지 못한다. 문제의 문서 의혹이 불거진 상태에서도 상당히 오랜 기간 진위가 확실하게 밝혀지지 않은 이유도 여기에 있다.

그러나 공안에 대해 조금이라도 아는 사람이라면 국정원이 조선족 브로커에 의뢰해 받은 문서가 진짜일 것이라는 생각을 할 수 없다. 자국의 공문서를 특별한 이유 없이 업무협조 관계에 있지도 않은 외국 정보기관에 넘겨주는 것

베이징 둥창안제(東長安街) 소재 공안부 청사(큰 사진).
공안부 간부들이 궈성쿤 부장 참석하에 내부 회의를 하고
있다.

이 사회주의 국가인 중국에서 상식에
어긋나는 일이기 때문이다.

더구나 공안과 국정원은 그리 원만
한 관계도 아니다. 공안은 국정원 소속 블랙 요원(민간인으로 신분을 위장한 비공식 요
원)들의 동태까지 상세히 파악하는 것으로 알려져 있다. 손바닥 안의 손오공을
내려다보는 부처인 공안이 정체를 완벽하게 꿰고 있는 주중 한국대사관과 랴오
닝(遼寧)성 선양(瀋陽) 소재 한국 총영사관의 국정원 화이트 요원(공식 요원)의 도움
요청을 들어줄 리가 없는 것이다. 한마디로 위조 공문서는 언젠가는 터질 위험
을 애초부터 안고 있던 폭탄이었다.

자국민과 대륙 전역의 외국인뿐 아니라 최근에는 본의 아니게 국정원까지
머쓱하게 만들고 있는 공안은 조금 심하게 말하면 전지전능, 무소불위의 파워

78

를 자랑한다.

거시적으로 들여다보면, 안전행정부 산하인 한국의 경찰청과는 달리, 공안은 국무원 산하의 정부기관이며 수장은 부장(장관)급으로 당당하게 독립돼 있다. 공안부가 공안의 공식 명칭이다.

역대 수장들의 면면도 혀를 내두를 만큼 대단하다. 뤄루이칭(羅瑞卿), 셰푸즈(謝富治), 화궈펑(華國鋒), 자춘왕(賈春旺), 저우융캉(周永康) 등 '역대 급'이라는 말이 과하지 않은 권력 실세들이다. 현 수장인 궈성쿤(郭聲琨) 부장 역시 만만치 않다. 부총리 바로 아래 직위인 국무위원과 중앙정법위원회 부서기 등 요직을 겸한다. 2017년 가을에 열리는 제19차 공산당 전국대표대회에서 25명 정원의 정치국 위원으로 한 계단 더 승진할 것으로 점쳐진다. 한국으로 치면 경찰청장을 지낸 뒤 집권당 최고지도부에 진입하게 되는 것이다.

"다윗과 골리앗의 차이"

주중 한국대사관의 경찰협력관 이상정 경무관은 "한국 경찰과 중국 공안은 같은 조직이라고 보면 된다. 경찰이 광의, 공안이 협의의 개념이다. 그러나 위상이나 권한은 비교가 안 된다. 쉽게 말해 다윗과 골리앗의 차이라고 보면 되지 않을까"라고 설명한다.

미시적으로 들어가면 더욱 고개가 끄덕여진다. 현재 이런저런 경로를 통해 외부에 알려진 정보에 의하면 공안부 산하의 각 국(局)은 무려 28개에 달한다. 이 정도 되면 관할하지 않는 분야가 거의 없다고 봐야 한다. 실제로도 그렇다. 공안은 법원, 검찰, 국가안전부, 교통부, 국가임업국, 민항총국 등 거의 모든 조직에 직원을 파견하거나 공동 운용한다. 경찰을 검사나 법관보다 낮게 보는 한국과는 딴판이다. 이와 관련해서는 베이징 소재 한국 모 로펌의 중국 측 파트너로 일하는 조선족 최산운 변호사의 말을 들어보는 것이 이해가 빠를 듯하다.

"공안은 최근 민영화된 철도부에서도 10만 명에 가까운 인력을 운용했다.

당정 최고 지도자들의 숙소 겸 집무실이 있는 베이징 중난하이(中南海)의 경비 및 요인 경호도 공안 제9국이 책임진다. 공안 병력은 웬만한 인민해방군 정예 부대 못지않은 전투력을 자랑한다. 단순 경찰과는 차원이 다르다. 중국 대륙에 공안의 손길이 미치지 않는 곳은 거의 없다.”

26년 동안 총리를 지낸 저우언라이(周恩來)는 재임 시절 공안 지도부에게 “군 대는 갖추고 있겠으나 동원하지 않는다. 그러나 여러분은 항상 필요하다”고 자 주 말했다. 이 말이 크게 이상할 것도 없는 듯하다.

법적으로 부여된 특별한 권한을 봐도 공안의 위상은 잘 드러난다. 대표적으 로 공안은 영장 없이 사람을 체포하고 구속할 수 있다. 이를 체포권 및 구속권 이라고 한다. 한국 경찰은 검사의 지휘를 받아 수사하도록 되어 있지만 공안은 수사권을 갖고 있다. 또 불심 검문권도 있다. 모든 언론에 대해 검열권을 행사 할 수 있다. 다만, 중국에서도 기소권은 검찰의 고유 권한이다. 그러나 공안이 여기에 특별한 불편을 느끼지 못한다고 한다. 베이징에서 검사로 25년째 재직 하고 있는 중국인 P씨는 이렇게 고백한다.

“우리 중국 검사는 한국 검사와 종종 교류한다. 그럴 때면 우리 처지가 참 안 됐다는 생각을 하게 된다. 한국 검사는 경찰에 대해 수사지휘권을 행사하고 독점적 기소권을 행사한다. 이에 반해 우리는 기소권만 가지고 있다. 수사는 공 안이 알아서 한다. 게다가 우리는 기소할 때도 공안의 의견을 구하는 경우가 상 당히 많다. 어떨 때는 ‘공안의 들러리 내지는 서기인가’ 하는 자괴감을 갖기도 한다. 한국 검사가 정말 부럽기 이를 데 없다.”

이런 공안의 힘은 다른 국가 같으면 경찰이 감히 범접하기조차 어려울 정보 기관과의 관계에서도 나타난다. 중국의 정보기관인 국가안전부의 전문 영역이 라고 할 수 있는 사이버 안보, 대간첩, 대테러 업무를 담당하는 부처가 공안에 서도 핵심 부서로 자리 잡고 있다. 공안부의 11, 26, 27국이 이런 부처에 해당 한다. 여기에 공안부장이 당연직 국무위원으로 국가안전부장보다 직급이 더 높 고 공안부가 국가안전부에 수만 명의 직원을 파견하고 있다. 우리로 치면 검찰,

국정원 위에 경찰이 있는 셈이다.

공안에 소속된 직원은 현재 180만 명 정도로 추산된다. 이들은 중앙 공안과 지방 공안에 흩어져 있다. 중앙 공안은 지방 공안을 관리, 감독하면서 베이징 공안국과 함께 정부 및 수도의 치안을 위해 일한다.

28개에 달하는 모든 국의 역할이 너나 할 것 없이 중요하겠으나 아무래도 외국인들에게는 안보 및 외사를 담당하는 1국과 19국의 행보가 가장 이목을 끌 수밖에 없다. 당연히 1국과 19국 소속 직원의 활동은 외부에 거의 드러나지 않는다. 하지만 아무리 그래도 관련 정보가 조금씩은 흘러나온다. 이 정보를 종합하면 이들 직원은 종교인, 외교관, 특파원, 기업체 주재원, 중국 체제에 위해를 가할 수 있는 잠재적 적대세력에 대한 사찰과 통제에 주로 종사한다.

골칫거리는 한국 교회?

이 중 이들이 가장 골치 아파하는 대상이 종교 관계자들이다. 특히 한국에서 다양한 형태로 중국에 진출한 기독교 계통 관계자들의 경우 난다 긴다 하는 이들도 대응하기가 쉽지 않다.

한국인들의 집단 거주지인 왕징(望京)에서 한국의 종교 문제를 담당한 왕(王)모 1급 경독(警督·경정에 해당)은 수년에 걸쳐 악전고투를 했다고 한다. 삼자(三自·외부의 개입 없는 자치(自治), 자양(自養), 자전(自傳)을 의미) 교회를 지향하는 중국의 종교법에 의하면 외국인 목회자가 중국에서 교회를 세워 선교를 하는 것은 100% 불법에 속한다. 추방당하는 횡액을 당해도 할 말이 없다. 실제로도 지난 20여 년 동안 많은 관계자가 추방되기도 했다. 그러나 체제를 비난하는 등 극단적인 행보를 보이지 않으면 묵인해주는 경우도 없지는 않다. 한국인 교회는 이런 점을 파고든 것 같다. 베이징에만 크고 작은 한국인 교회가 최다 50여 곳 가까이 존재한다.

왕 경독 처지에선 부하 직원 몇 명과 더불어 이 모든 교회를 관리하기가 너무나 버거웠다. 결국 그는 하다하다 안 돼 2013년 여름 그럴듯한 꾀를 생각해 냈다. 독실한 교인이자 평소 그와 친하게 지낸 모 한국 언론사 H 특파원에게 이렇게 말했다고 한다.

"한국 교회가 많아 너무 힘듭니다. 도저히 관리를 못하겠습니다. 그런데 왜 기독교만 그렇게 교회가 많은 겁니까? 한국 천주교나 한국 불교는 성당 하나, 사찰 하나밖에는 없지 않습니까? 다른 나라도 마찬가지입니다. 이렇게 합시다. 우리가 베이징 교외에 땅을 싼값으로 줄 테니 그곳에 교회를 크게 지으십시오. 그리고 교회를 통합해 옮기세요. 교회 이전에 주도적 역할을 해주십시오."

H 특파원은 기가 막혔다. 그는 이렇게 대답했다고 한다.

"기독교는 천주교나 불교와 다릅니다. 교단이 여러 곳입니다. 통합 교회를 짓는다는 것은 이상적이나 현실적으로는 불가능합니다."

이후 왕 경독의 제안은 흐지부지됐다. 그 역시 한국 교회의 현실을 모르지 않았던 것이다. 중국 공안이 외국인의 종교 문제를 얼마나 중요하게 생각하는 지를 말해주는 사례일 것이다.

휴민트, 블랙요원, 특파원…

외교관이나 외신 특파원에 대한 대응도 거의 첩보전에 대비하는 것처럼 잘 돼 있다. 특히 특파원은 어디로 튈지 모르므로 이들에 대해서는 더욱 그렇다. 공안은 특파원이 주재하는 도시를 벗어나 다른 도시로 갈 때마다 의무적으로 신고하도록 한다. 특파원이 쓴 기사 내용도 정기적으로 점검한다. 또한 언제 이뤄지는지 알 수 없는 도청도 특파원이 독 안에 든 쥐처럼 활동해야 하는 운명에 있다는 사실을 증명하기에 부족함이 없다.

여기에 특파원이 체제를 비판하거나 당정 고위 지도부를 비판하는 기사를 쓰면 비자취소 압박 등이 알게 모르게 취해진다. 중국에서 언론인으로 일하는 것은 이만저만 스트레스 받는 일이 아니다. 공안이 이런 내외국 언론 통제를

단둥 출입국관리국. 북한 주민들이 공안의 입국 조사를 받고 있다.

주도한다. 2012년 말 원자바오(溫家寶) 전 총리 가족의 부정축재 기사를 썼다가 2013년 말까지 계속 비자취소 압박을 받은 뉴욕타임스 특파원들의 고생이 아마 대표적 사례일 것이다.

공안은 언론인이 아닌 위험인물들에 대한 감시도 게을리하지 않는다. 도저히 안 되겠다는 판단을 내린 인물들에 대해선 적극적으로 제재를 가한다.

베이징의 대북 사업가로 유명한 G씨는 최근 이런 이유로 곤욕을 치렀다. 그는 20여 년 전부터 베이징에서 개인사업과 대북사업을 해온 중국 및 북한 전문가다. 김대중 정부와 노무현 정부 시절에는 대북사업에 올인, 사업을 크게 번창시키기도 했다. 하지만 지난 6년 동안은 남북관계 경색으로 엄청난 고생을 했다. 결정적으로 그가 국정원의 휴민트(human intelligence의 준말·은밀하게 정보를 제공해주는 사람) 내지 국정원 소속 블랙 요원이 아니냐는 의혹이 일었다.

이 소문이 공안에 포착되지 않을 리 없었다. 급기야 그는 얼마 전 정체불명의 괴한 3~4명에 의해 모처로 끌려갔다. 신체적 위해도 받았다. 다행히 공안 고위층과 선이 닿은 중국 지인의 도움으로 무사히 풀려날 수는 있었다. 물론 혐의를 완전히 벗었다고는 하기 어려워 지금도 행동이 자유롭지 않다. 중국 공안이 얼마나 대단한 정보력을 보유하고 있는지, 얼마나 무시무시하게 행동하는지를 보여준다.

지방 공안이라고 중앙 공안보다 일이 적으리라는 법은 없다. 실제로 변방이나 국경 지대에선 일이 더 많다. 탈북자 문제와 북한 핵 문제 등으로 남북한, 중국, 미국, 일본, 러시아, 유럽의 정보전쟁이 치열하게 전개되는 동북3성이 여기에 해당한다. 특히 랴오닝(遼寧)성 선양(瀋陽)과 단둥(丹東), 지린(吉林)성 옌지(延吉)는 더욱 그렇다. 매일 무슨 일이 일어나도 이상하지 않은 곳이다.

동북3성에서의 치열한 첩보전

당연히 이 지역의 공안은 1년 365일 신경을 곤두세운다. 주요 감시대상으로는 대만과 미국의 정보요원, 한국 국정원의 휴민트와 블랙 요원이 우선 꼽힌다. 또 한국의 경우 신분을 위장해 들어오는 선교사, 북한 문제 관련 잠입취재를 위해 중국에 오는 기자, 대북 사업가, 북한 인권운동가 등도 요시찰 대상이다.

워낙 감시의 눈이 삼엄한 만큼 이들이 정체를 완벽하게 숨기고 활동하기가 쉽지 않다. 공안 당국이 웬만큼 파악하고 있다는 이야기다. 그렇다고 현지 공안이 이들을 즉각 추방하는 등 시원하게 청소하는 것은 아니다. 그 나름 쓸모가 있어 지켜본다고 보면 된다. 중국에서 수년 동안 국정원의 블랙 요원으로 활동한 정모 씨의 증언이 정곡을 찌르지 않나 싶다.

"동북3성에 체류하는 한국인은 서로 정확한 직함을 묻지 않는 것을 불문율로 여긴다. 말 못할 사정으로 건너온 사람이 많아 그러려니 해야 한다. 그런데 중국 공안 당국은 기가 막히게 이들의 실체를 파악한다. 특히 우리 측 정보요원은 거의 저쪽 손바닥 위에 있다고 보면 된다. 하지만 즉각 추방하거나 하지 않는다. 나중에 한국에서 활동하다 체포되는 자국의 정보요원과 교환하기 위한 용도로 필요하기 때문이다. 알려지지 않아 그렇지 이런 사례가 여러 번 있었다.

앞으로도 계속 있을 수밖에 없을 것으로 보인다. 동북3성에서 활동하는 정보요원이나 목적을 숨기고 머무르는 한국인은 중국 공안 당국 눈에는 필요악이라고 해도 좋을 듯하다."

물론 동북3성의 공안 당국도 도저히 간과해서는 안 되겠다고 판단하면 작심하고 칼을 들이댄다. 2년여 전 체포돼 고문을 받고 추방된 북한인권운동가 김영환 씨 사건이 여기에 해당된다. 이런 경우 최소 5년 중국 입국을 금지하는 조치도 동시에 취해진다.

상당수 중국인의 눈으로 볼 때 공안은 체제 유지를 위해 제 구실을 다하는 것으로 비친다. 이번 간첩문서 위조 사건만 봐도 공안은 문서 발급과는 무관해 보이고 국정원은 망신살이 뻗쳤다. 하지만 공안에 대해선 부정적인 면도 적지 않다. 권력남용, 인권침해는 거의 일상이다. 탈북자에 대한 무차별 북송은 '아무리 처지를 바꿔놓고 봐도 너무하지 않으냐'는 생각을 지우기가 어렵다. 중국이 G2라지만 중국 내에서 '천부인권(天賦人權)'을 보장받기가 아직 요원해 보인다. 요람에서 무덤까지 감시당하고 통제받는다. 그 중심에 실존하는 '빅브라더' 인 공안이 있다.

홍순도 아시아경제 베이징특파원

북한의 장성택 실각 소식 후 곧바로 전해진 처형 소식은 한국사회뿐 아니라 국제사회에도 큰 충격을 안겼다. 북한의 권력체제가 개편되면서 김정은 체제는 안정적인 기반 위에서 경제·핵 병진노선을 추진할 것으로 예측되고 있다. 체제안정을 위한 공포정치와 경제발전을 위한 개혁개방 정책을 동시에 추구하는 김정은의 북한이 앞으로 어떤 변화를 보일지, 남북관계에는 어떤 영향을 끼칠지 세계의 이목이 북한으로 쏠리고 있다.

2014년 북한,
개혁개방과 공포정치 이중주 펼쳐질 듯

북한 3대(代) 세습 권력자 김정은은 김정일 사후 4개월 상(喪)을 치르고 2012년 4월 11일 노동당 제1비서에 추대됐다. 이틀 후엔 국방위원회 제1위원장에 오르면서 명실상부한 최고지도자 지위에 올랐다. 김정은 집권 3년차인 2014년의 북한은 두 인물의 엇갈린 삶을 닮아있을 듯하다. 장성택과 박봉주. 하나는 공포정치의 희생자요, 다른 하나는 개혁개방의 전위 격이다.

중국에 나와 있는 한 북한인사는 2013년 12월 5일 "반당종파 사건을 건군, 건당 이래 최대 사건으로 규정했지만, 숙청 총살이 목적이 아니라 반성하고 교

김정은 북한 노동당 제1비서가 데니스 로드맨 등 미국 프로농구(NBA) 출신 선수들의 농구경기를
관람했다고 노동신문이 2014년 1월 9일 보도했다.

육시키자는 것"이라면서 이렇게 말했다.

"처형된 장수길은 54부 총사장이었다. 중국과 수년간 무역거래를 하면서 중국과 기타 나라에 상당한 액수의 빚을 졌다. 2012년 말 외국과 무역하면서 빚을 졌거나 자원을 파는 과정에서 개인 돈을 챙긴 비리, 탐오가 있는 사람들은 기간 내로 상부에 신고하라는 지시가 내려졌는데 장수길, 이용하는 이러한 사실을 감췄다. 중국처럼 고위층 비리 척결에 나선 것이다. 장성택은 이 사건에 직접 연루되지 않았다. 장수길, 이용하는 장성택이 키운 것이 아니다. 배경(항일 빨치산 혈통)도 없이 부부장까지 오른 드문 이들이다. 남조선에서는 장성택이 경제특구를 진두지휘하는 것으로 잘못 생각하고 있지만, 김정은 동지의 직접 관여하에 개발위원회가 주도한다. 특구에는 아무런 차질이 없다. 남조선에서는 2인자, 강경파, 온건파라는 표현을 쓰고 있으나 모두 틀린 것이다. 북에서는 절대로 용납되지 않고 있을 수 없는 용어다. 장성택은 어차피 모든 권좌에서 물러날 수밖에 없었던 사람이다. 시기가 앞당겨진 것뿐이다.”

54부는 광물과 수산물 등을 외국에 수출하고 그 대가로 외화, 식량을 들여오는 사업을 해왔다. 장성택 숙청과 관련해 54부라는 명칭이 국내 언론에 처음 등장한 것은 2013년 12월 23일 남재준 국가정보원장이 국회 정보위원회에 출석해 “노동당 산하 54부를 중심으로 알짜사업 이권에 개입했는데 주로 석탄에 관련된 것이다. 현재 54부와 무역상사 등으로 검열 범위를 확대하고 장성택 연계 비리를 집중적으로 조사하고 있다”고 밝히면서다. 남 원장의 국회 보고에서 54부가 숙청의 주요 원인으로 등장한다는 점에서 앞서 소개한 12월 5일 북측 인사의 설명은 사실에 부합한 것일 소지가 크다. 이 인사의 설명대로라면 숙청은 예상보다 적을 것이며, 장성택은 어차피 쫓겨날 사람이었다.

北, ‘경제’ 처음으로 앞세워

장성택이 침몰한 반면 박봉주는 떴다.

박봉주는 2013년 3월 노동당 중앙위원회 정치국 위원으로 보선됐다. 김정은은 4월 내각총리 최영림을 최고인민회의 상임위원회 명예부위원장으로 보내고, 박봉주를 내각총리에 앉혔다. 10년 만의 부활이다. 박봉주는 2003년 총리에 임명돼 경제개혁을 총괄하다가 2007년 해임돼 공장 지배인으로 좌천됐다. 박봉주 실각 후 북한경제는 보수화했다. 박봉주는 화학공업상이던 2002년 고찰단(考察團)을 이끌고 한국에 와 8박9일 일정으로 한국경제의 구석구석을 들여다봤다. 조동호 이화여대 교수(경제학)가 안내를 맡았다.

“수첩에 꼼꼼하게 메모했다. 북한 경제 현실에 대한 인식이 정확했다. 실무에도 능통했다. 조국을 살려야 하겠다는 열정도 대단했다. 박봉주가 부활한 것은 북한 주민에게 바람직한 일이다. 물론 북한이 내놓은 경제 구상이 성공할 가능성은 희박하다고 본다. 핵과 경제의 병진은 양립할 수 없다. 14개 특구? 한 군데도 성공하기 어려운데 그것이 되겠나. 그렇더라도 경제·핵 병진노선은 평가할 만하다. 북한이 처음으로 경제를 앞에 세우지 않았나?”

조 교수는 이렇게 덧붙였다.

“경제·핵 병진 노선 채택, 특구법 제정, 특구 지정 등은 장성택이 아니라 김정은의 작품이다. ‘마식령 속도’ 등을 내세운 것도 김정은이다. 장성택 처형으로 경제개혁이 후퇴할 것이라는 주장은 잘못된 것이다. 북한이 2013년 내놓은 경제정책은 장성택과 무관한 것으로 읽어야 한다. 실무의 일부를 장성택이 맡기는 했겠으나 당의 지휘를 받아 내각이 주도하는 형태였다.”

장성택 처형과 박봉주 부활은 야누스적이다. 김우창 고려대 명예교수는 “산란하다”고 했다.

“북한에서 일어난 일을 보고 인간성에 대해, 인간조건에 대해 저절로 생각하게 되고, 마음이 산란해지는 것을 어떻게 할 도리가 없다. 사람이 그렇게 죽어서 되겠는가. 그것은 마르크스의 사상에도 없는 것이다.”

좌충우돌(左衝右突)로도, 냉혈한(冷血漢)으로도 보이는 김정은의 북한은 2014년 어디로 갈 것인가. 팩트와 전문가들의 견해를 종합해 김정은 집권 이후 북한의 변화 양상을 살펴보면서 2014년의 흐름을 예측해보자.

북한 처지에서 2014년은 또 다른 출발을 알리는 해다. 평양은 1956년

북한 경제개발구 추진 지역

번호	도(道)명	개발구
1	평안북도	압록강경제개발구
2	자강도	만포경제개발구
3		위원공업개발구
4	황해북도	신평관광개발구
5		송림수출가공구
6	강원도	현동공업개발구
7	양강도	혜산경제개발구
8	함경남도	흥남공업개발구
9		북청농업개발구
10	함경북도	청진경제개발구
11		어랑농업개발구
12		온성섬관광개발구
13	남포시	와우도수출가공구
14	평안북도	신의주특수경제지대

'8월 종파사건'을 거치면서 김일성 유일체제 확립에 나섰다. 2013년 말 장성택 일파의 숙청은 58년 전 사건과 비슷하다. 김정일 후계체제 구축 과정에서 벌어진 '곁가지 숙청'과도 유사하다. 장성택이 실각하면서 활동거점이던 노동당 행정부는 숙정(肅正)의 도마에 올라 있다. 또 다른 출발은 김정은 유일영도체제를 가리키는 것이다.

유일영도체제 확립 시도

김정은은 장성택을 처형하면서 유일영도체제를 구축했다고 내외에 과시한 셈이다. 3대 세습 권력자는 당 세대교체·군부 장악으로 2년 만에 1인 체제를 공고화한 것으로 보인다. 남재준 국정원장은 2013년 12월 17일 국회 정보위원회에 출석해 "공포정치로 권력기반이 공고화하고 있다"면서도 "김정은 사람, 김정은 체제로의 권력승계가 완료된 것으로 보이지만 불안정성도 증대된 것으로 파악된다"고 말했다.

김정은이 고모부를 죽인 것을 제외하면 북한은 김정일 시대보다 '국가다운' 모습을 나타내기 시작했다. 당과 내각의 구실이 되살아났다. 노동당 전원회의, 내각 전원회의 등 집체적 논의기구도 가동한다. 2013년 2월 11일 당중앙위원회 정치국 회의에서 정치·경제·군사·통일 관련 정책을 내놓았으며 거시정책 방향인 경제·핵 병진노선은 3월 31일 노동당 중앙위원회 전원회의에서 결정했다. 회의의 질적 수준은 알 수 없으나 김정일 시대와 달리 집체적 토의가 이뤄지는 것이다. 당의 각 기구가 가동되면서 과거의 비서국 중심 운영에서도 벗어나고 있다.

요컨대 북한 체제는 당적 영도를 내세우는 '노동당의 국가'로 되돌아가는 모습이다. '국가'라고도 하기 어려운 극도의 비정상에서 정상 쪽으로 이동한다고 해석해볼 수 있다. 조동호 교수가 설명한 것처럼 선군(先軍)→선경(先經·경제우선)이라고 볼 수는 없지만, 거시정책 어젠다에 경제라는 낱말이 들어간 것은 의미

북한 나선경제무역지대의 한 호텔 카지노.
북한은 전역에 특구·개발구를 지정하고 외자유치에 나섰다.

하는 바가 적지 않다. 핵·경제 순서가 아니라 경제·핵 순서로 돼있는 것도 상징성이 있다.

　길정우 새누리당 의원은 "북한 정권이 자신감을 가진 것 같다. 인민 생활 개선에 치중한다는 말이 사실인 것 같다. 경제·핵 병진 노선을 채택한 것도 자신감의 발로라고 봐야 한다. 무시당하지 않을 수준의 핵무기를 갖춰 미국의 위협에서 벗어났다고 생각하는 것이다. 북한 쪽 환경은 권력 승계 이후 최상이라고 할 수 있다"고 말했다.

한 대북소식통은 "북한은 핵을 통해 전쟁 억지력을 갖췄다고 여긴다. 유일 영도체제 확립에 나서면서 올해엔 경제개발에 집중할 것으로 보인다. 경제개발 관련 국제심포지엄, 박람회도 준비한다"고 전했다.

비정상의 정상화 노력

박봉주가 주도하는 북한 경제는 신경제관리개선조치에 따른 개혁이 진행 중이다. 도(道)마다 경제특구를 지정한 것은 개방의 신호탄 격으로 해석된다.

북한은 2011년 1월 '경제개발 10개년 전략계획'을 발표하고 이를 수행하는 기관으로 내각 산하에 국가경제개발총국을 설립했다. 이 기관은 2013년 10월 15일 최고인민회의 상임위원회 정령으로 국가경제개발위원회로 승격됐다. 북한은 1957년부터 제1차 5개년 계획을 세웠다. 고난의 행군을 거치면서 'ㅇ개년 계획'은 사라졌다. 10개년 계획에 담긴 내용이 실현 가능한 것인지는 알 수 없으나 이 역시 극도의 비정상에서 정상 쪽으로 이동한 것만은 분명해 보인다.

북한은 농업관리, 기업관리에서 1980년대 중국 수준의 자본주의 요소를 도입하고 있다. 9개 경제특구와 4개 관광특구를 통한 외자유치 계획도 세웠다.

북한 정세 전망

구분	내 용	목 적
정치	당의 역할 부활, 공포정치	경제개발을 위한 정치적 안정 추구
경제	특수경제지대, 특구를 통한 경제개발과 외자확보	경제회생, 주민생활 향상 목표
대외관계	미국과 동등한 자격에서 핵 문제 해결, 중국, 러시아와의 관계개선 노력	핵 군축 협상이 목표 핵 안보를 통한 경제개발 시도
대남전략	긴장 + 평화공세의 양면 전술	대결구도 완화 통해 경제개발 집중
남북관계	이산가족 상봉, 금강산 관광 재개 논의 등 관계개선 시도	경제적 이익 추구

동해, 황해 연안과 북중 국경지역을 말발굽 모양으로 잇는 특구를 만들겠다는 것. 또한 최근엔 14곳의 지역 맞춤형 경제개발구를 추가로 지정했다. 나선과 황금평·위화도, 개성공단, 금강산 등 북한 땅의 끝자락만 개방하던 기존의 '모기장'(외부와 철조망으로 차단된 곳)식 특구와 달리 북한의 전 지역을 외자유치 대상으로 삼았다는 점에서 주목할 만하다.

북한은 우선 원산관광특구와 경제개발구로 선정된 신평, 온성 관광개발구를 중심으로 외자유치에 나설 것으로 보인다. 경제개발구법은 각 도(道)에 자율권을 부여하고 있다. 외자유치 경쟁을 붙인 것이다.

각 경제단위의 '자유'도 확대되고 있다. 농업관리, 기업관리 개선은 먹고사는 문제를 개선해 민심을 얻으려는 시도로 해석할 수 있다.

요컨대 초기적 시장화 조치와 특구를 통한 외자유치가 북한 경제정책의 양대 기조인 것이다. 정치적으로는 독재체제를 오히려 강화하면서 경제적으로는 자본주의 시스템을 도입하는 초기 단계 양상이 나타난다고 할 수 있다.

풍년 덕에 먹는 사정 나아져

중앙계획시스템 해체를 준비하면서 '노동에 따른 분배'로 나아가려는 시도도 포착된다. 중국에 나와있는 한 북한 인사는 이렇게 말했다.

"사회주의 원칙이 '노동에 따른 분배'인데 그간 잘못된 인식으로 평등만을 강조하는 공산주의를 추구했다는 반성이 나왔다. 일한 만큼 보상받는 사회주의를 제대로 실현해야 한다는 것이다. 토지 및 전기이용료 등을 국가에 낸 후 남은 수익을 바탕으로 성과급 중심의 '노동에 따른 분배'를 실시하는 것이다."

북한의 2013년 농사는 풍작이다. 한 대북소식통은 "2012년 1정보당 2t에서 지난해엔 9t으로 수확량이 늘어났다. 강원도의 농민은 6개월 치 식량을 성과급 조로 배급받았다"고 말했다. 2013년 1월 북한 돈 8000원 선이던 쌀값도 내려 5000원 선에서 거래된다. 주민이 느끼기엔 먹고사는 사정이 다소 나아진 것이다.

북한은 또한 이자율을 높여 주민이 집에 보관하는 돈을 은행으로 옮기려 한다. 경제건설 자금으로 사용하기 위한 포석으로 해석된다. 북한은 지난해 기관·기업소·단체들이 외화계좌를 개설할 수 있도록 허용하기도 했다. 9월엔 전국의 공장, 기업소 회계 및 경리담당자를 상대로 신경제관리개선조치와 관련한 강습을 진행했다.

북한은 2012년 6월 발표한 '6·28 조치'에 따라 그해 8월 1일부터 일부 기업소 공장에 완전독립채산제를 도입해 시범운영했다. 기업소 공장이 자율적으로 계획해 생산하고 수익에 따른 분배를 허용한 것. 북한은 기업소 일꾼을 상대로 신경제체계를 집중 교육해왔다. 시범농장, 시범공장의 운영 현황을 분석 평가한 후 올해부터 시범농장, 시범공장을 확대할 가능성이 커 보인다. 일각에서는 전국적으로 이 같은 제도를 도입할 수도 있다고 관측한다.

박형중 통일연구원 북한연구센터 소장은 "미국과 일본의 지원이 없는 상태에서 어정쩡한 시장경제를 도입하는 것만으로는 기대한 효과를 거두기 어렵다. 대외 신인도 개선과 수출시장 창출이 이뤄지지 않으면 특구, 개발구 전략은 성공할 수 없다"고 단언했다.

성공 여부를 떠나 비정상의 정상화가 이뤄지는 것은 고무적이라는 시각도 적지 않다. 초기 시장화 조치(개혁)와 특구, 개발구(개방) 정책은 어떻게 관리하느냐에 따라 김정은의 명운을 위협할 수도 있다.

통제 강화로 결속 다질 듯

한편으로는 북한 당국이 공포정치를 통해 체제안정을 도모하리라는 게 전문가들의 대체적 관측이다.

장성택 처형 이후 전국 규모로 유일영도체제를 다지는 움직임이 활발하다. 김정은은 신년사에서 "당 안에 배겨있던 종파오물을 제거하는 단호한 조치를

취했다. 우리 당이 적중한 시기에 정확한 결심으로 반당·반혁명 종파일당을
적발 숙청함으로써 당과 혁명대오가 굳건히 다져졌다"고 말했다.

당, 군부 고위인사를 상대로 숙정 작업이 진행되고 있으며 주민에 대한 공
개처형도 단행하고 있다. 2013년 7월 은하수관현악단, 왕재산예술단 단원 9명
이 성(性)문란 등의 이유로 처형됐다. 처형자 가족들은 정치범수용소로 끌려갔
다. 11월엔 원산, 청진 등 7개 지역에서 한국 드라마, 영화를 보거나 음란물을
유통했다는 이유로 80여 명을 공개처형했다.

북한의 공포정치는 1990년대 고난의 행군 때 정점에 이르렀다 잦아드는 듯
했으나 김정은 집권 이후 또다시 자행되고 있다. 외견상으로는 김정은 권력이
공고화한 것으로 보이지만, 불안정성이 적잖이 내재함을 방증하는 것으로도 해
석할 수 있다.

국정원은 김정은 집권 이후 당·군·내각 주요인사 218명 중 44%인 97명
이 교체됐다고 밝혔다. 고위 간부가 교체되는 방식도 과거와 달랐다. 2013년 3
월 노동당 중앙위원회 전원회의, 4월 최고인민회의에서 조직 문제를 토의하면
서 교체가 이뤄졌다. 권력자가 새로 등장하면 간부 교체는 필연적이라고도 할
수 있다. 주목할 것은 인적교체가 단기간에 이뤄졌다는 점이다. 유일영도체제
를 확립하려는 시도가 압축적으로 이뤄졌다고 해석해볼 수 있다.

세대교체는 2014년인 올해에도 이어질 것으로 보인다. 또한 주민통제를 강
화해 체제안정을 도모하면서 경제개발에 나서려고 할 것이다.

통제는 결속을 강화하려는 목적이다. 2013년 10월 북중 접경지역 주민을
상대로 '높은 혁명적 경각성을 가지고 계급적 원수들의 준동을 단호히 짓부셔
버리자'란 제목의 강연을 진행했다. 같은 달 '불순출판선전물을 몰래 보거나 유
포하는 자들을 엄격히 처벌함에 대하여'란 제목의 포고문을 공표하기도 했다.

1월, 5월, 9월, 11월, 12월 다섯 차례에 걸쳐 재입북 탈북자 기자회견을 방송
을 통해 공개한 것도 주민 결속을 염두에 둔 것으로 보인다. 1998년부터 꾸준
히 증가세를 보이던 탈북자 수는 김정은이 집권한 이후 절반 가까이 줄어들었

다. 2012년 국내 입국 탈북자 수는 1502명으로 2011년 2706명에 비해 44% 감소했다. 지난해 탈북자 수도 1516명에 그쳤다.

북한 주민과 통화하는 것도 과거보다 어려워졌다. 북한 당국이 북중 접경지역에 고성능 전파탐지기를 추가로 설치해 중국 휴대전화 사용자를 색출하고 있어서다.

북미관계 개선 시도 전망

1월 초 북한에서는 김정은의 신년사 외우기가 한창이었다. 공장, 기업소와 인민반에서는 중국산 치약, 비누 등을 상품으로 내걸고 신년사 학습 경연이 벌어졌다. 군인들도 연대 대항 경연, 사단 대항 경연을 했다. 학생들의 사정도 비슷했다.

김정은은 신년사에서 2013년을 '사회주의 수호전'이었다고 평가하면서 2014년을 '사회주의 강성국가 건설을 위한 비약의 해'라고 주장했다. 또한 주민생활 향상을 강조했다. 남북관계에 대한 언급은 다음과 같다.

"북남 사이 관계 개선을 위한 분위기를 마련해야 한다. 백해무익한 비방중상을 끝낼 때가 됐으며 화해와 단합에 저해를 주는 일을 더 이상 해서는 안 될 것이다. 남조선 당국은 무모한 동족대결과 '종북 소동'을 벌이지 말아야 하며 자주와 민주, 조국통일을 요구하는 겨레의 목소리에 귀를 기울이고 북남관계 개선에로 나와야 한다."

북한의 2014년 정책방향의 핵심은 △유일영도체제 확립 △경제개혁 △경제특구 △주민생활 향상으로 꼽아볼 수 있다. 경제개발을 위해선 북미관계 개선이 필요하다. 북한은 억류 중인 한국계 미국인 케네스 배 석방 카드를 이용해 북미 협상을 꾀할 것으로 예상된다. 북미관계 개선 수위에 따라 남북관계 개선 수위를 조절할 것으로 보인다. 남북 관계는 지난해보다 호전될 소지가 크다는 전망이 우세하다. 이산가족 상봉, 금강산 관광 재개 등을 의제로 당국 간

회담이 이뤄질 것으로 보인다. 개성공단 관련 합의사항 이행여부도 중요한 포
인트다.

송홍근 동아일보 시사잡지팀 기자

경제

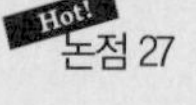

Hot!

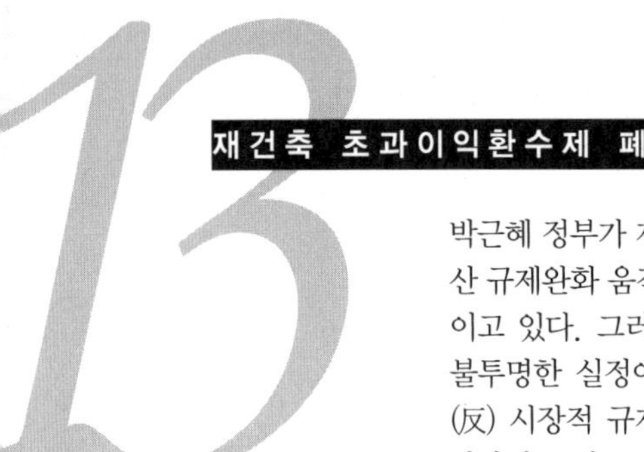

박근혜 정부가 재건축 초과이익환수제 폐지를 추진하면서 부동산 규제완화 움직임을 보이자 재건축시장과 부동산시장이 들썩이고 있다. 그러나 찬반논란이 만만치 않아 국회 통과 여부가 불투명한 실정이다. 폐지론자들은 투기수요가 사라졌으니 반(反) 시장적 규제를 푸는 것이 옳다고 주장하고 유지론자들은 강남권 특혜로 양극화 문제가 심화될 것이라고 우려한다.

경기회복의 특효약이지만 국회 문턱 넘을까

재건축시장이 들썩인다. 강남 재건축시장이 바닥을 치고 오르면서 주택시장을 견인한다. 강남 재건축—수도권 재건축—강북 재개발로 시장 온기가 확산되는 양상이다. 특히 강남 재건축시장은 거래 급증과 급매물 소진으로 지분가격이 가파르게 오르고 있다. '신 3인방'으로 불리는 잠실주공 5단지 전용면적 76㎡의 경우 2013년 초의 8억6000만 원에서 1년 만에 11억5000만 원으로, 반포주공 1단지 148.84㎡의 경우 19억 원에서 23억 원으로 뛰는 등 1년 새 20~30% 급등했다.

가용택지가 절대 부족한 서울 지역에서 재건축은 가장 확실한 주택 공급원이다.
사진은 재건축한 서울 시내 아파트 단지.

이런 움직임은 예사롭지 않다. 수도권 전체 재건축시장으로 봐도 일단 저점을 찍은 상황이다. 지난 5~6년의 긴 동면에서 깨어나 바닥권 탈출과 함께 상승 사이클로 전환한다는 분석이 설득력을 얻는다. 주택 경기를 예측하는 기법 중 하나인 벌집 순환 모형으로 보건대, 수도권 주택시장은 거래 증가-가격 보합 국면인 경기회복 가시화 국면(제6국면)을 지나 거래 증가-가격 상승의 경기회복 국면(제1국면)에 진입하려는 전환점에 있는 것으로 추정된다.

"규제 풀어 부동산시장 살려야"

한마디로, 강남 재건축이 주택시장을 선도하면서 시장 흐름을 근본적으로 변화시키는 기폭제가 된 셈이다. 과거에도 재건축은 시장 회복의 신호탄 구실을 해온 게 사실이다.

그렇다면 재건축시장이, 부동산시장이 살아나는 힘의 근원은 무엇일까? 그것은 재건축 초과이익환수제 폐지 논란과 같은 박근혜 정부의 부동산 규제완화 움직임이라고 할 수 있다.

강남 재건축은 2006년 말~2007년 초 고점을 찍은 뒤 5년 이상 장기하락을 겪으면서 고점 대비 30~40% 급락했다. 그러다 정부의 잇따른 규제완화 정책과 저점 매수세 유입으로 상황이 급변한 것이다.

가용택지가 절대 부족한 서울 지역에서 재건축은 가장 확실한 주택 공급원이다. 서울 재건축의 숨통을 틔워 주택시장의 온기를 전국으로 확산하고자 한 정책 의도가 주효했다. 과거와 달리 주택시장의 패러다임이 바뀌고 투기수요도 사라졌다. 부동산시장의 바로미터인 강남 재건축의 부활 없이는 주택시장의 체력회복을 기대하기 힘들다는 게 전문가들의 공통된 주장이었다.

이런 가운데 2014년 말까지의 재건축 초과이익환수제 유예, 전매기간 완화, 법정용적률 300% 완화 조치는 꽁꽁 언 재건축시장에 온기를 불어넣기에 충분했다. 이어 정부는 2월 26일 재건축 초과이익환수제의 완전 폐지, 소형 평형 의무비율 완화 방침을 밝혔다. 그러자 재건축시장이 급물살을 타는 것이다. 이런 조치들은 소유주들의 추가부담금을 줄이고 사업의 수익성을 개선해 사업 전반에 탄력을 붙게 한다. 재건축 추진에 가속도가 붙을 것은 분명하다.

특히 초과이익환수제 폐지는 만약 실행된다면 재건축시장을 되살릴 호재가 될 것으로 보인다. 방침만 밝혔음에도 재건축 속도가 빠른 단지로만 몰리던 투자자의 관심이 초기 단계 단지로 확산된다.

그러나 파열음도 들린다. 초과이익환수제 폐지안이 과연 국회의 문턱을 넘을 수 있을지에 대한 의문이 제기된다. 초과이익환수제는 주택시장이 과열된 2006년 5월 투기 억제 및 집값 상승 방지를 위해 도입된 제도다. 재건축 추진위원회 구성 시점부터 입주 시점까지의 평균 집값 상승분에서 공사비, 조합운영비 등 개발비용을 뺀 3000만 원 이상의 초과이익에 대해 0~50%의 누진율

전 매 기 간   주택을 분양받은 후 일정기간 타인에게 분양권을 팔지 못하도록 제한하는 기간. 주택을 분양받아 웃돈을 받고 되파는 투기행위를 방지할 목적으로 도입된 규제조치다. 현재 수도권 민간택지에 지어진 주택의 경우 1년간 전매행위를 제한하고 있으나 이를 6개월로 단축하는 규제완화 방침이 추진되고 있다.

로 이익 환수금을 부과하는 제도다.

"투기 재연, 강남 특혜, 부자 감세"

폐지론자들은 "투기 수요가 사라진 흐름과는 맞지 않을뿐더러 반(反)시장적 대못 규제"라고 말한다. 이들은 "언제까지 시민이 낡은 아파트에 살아야 하나. 쾌적하고 아름다운 주거공간을 많이 짓는 것은 복지이자 도시 경쟁력을 높이는 일"이라고 주장한다.

반면 야당 등 유지론자들은 "초과이익환수제 폐지는 투기 재연, 강남 특혜, 부자 감세를 부를 것"이라고 주장한다. 이들은 "전국 재건축 단지가 어느 정도 혜택을 받을 수 있겠지만 강남권이 가장 큰 수혜자다. 양극화 문제가 심화된다"고 말한다.

이 제도는 야당이 집권당이던 시절 만들어진 것이다. 분양가상한제의 사례를 통해 알 수 있듯이 야당이 입법과정에서 강하게 반대할 경우 통과 가능성은 불투명해진다. 국회 통과 여부를 지켜볼 수밖에 없다.

재건축 이주 수요로 인한 인근 지역 전세대란 가능성도 변수다. 전세난이 지속되면 정부와 지자체는 재건축 속도 조절을 위해 시기를 조정하거나 정책을 조율할 수 있다. 2월 26일, 정부의 부동산 임대소득 과세 방침이 발표된 이후 2014년도 들어 5000만~7000만 원까지 급등한 일부 재건축 단지의 가격이 하락하기도 했다. 강남구 개포동 주공아파트단지 35㎡의 호가가 6억2000만 원에

소형 평형 의무비율 공동주택 재건축시 전체 세대 중 일정비율의 소형주택을 짓도록 의무화한 규정. 300세대 이상 재건축 단지는 소형주택(전용면적 60㎡이하)을 20% 이상, 국민주택규모(전용면적 85㎡이하)를 40% 이상 의무적으로 지어야 한다. 2014년도 들어 정부는 소형 평형 공급비율은 폐지하고 국민주택규모 이하의 건설비율만 60%로 제한하는 개정안을 추진 중이다.

서 6억1000만 원으로 떨어졌고 강동구 둔촌·고덕 단지도 500만 원 정도 빠졌다. 재건축은 정책 변화에 민감하다는 점을 알 수 있는 대목이다.

분명하게 말할 수 있는 것은, 정부 발표대로 초과이익환수제가 폐지되면 재건축 사업은 수익성 개선으로 날개를 달게 된다는 점이다. 역으로 확실한 것은, 폐지가 무산되면 재건축 사업은 상당한 실망감과 불신으로 장기침체의 늪에 빠질 수 있다는 점이다. 정부 여당으로선 초과이익환수제 폐지를 아예 꺼내지 않은 것보다 훨씬 나쁜 상황을 맞게 되는 것이다.

실수요자 처지에선 '재건축에 투자해야 하나' '투자한다면 어디를 고려해야 하나'라는 의문을 가질 수 있다. 초과이익환수제 폐지안의 국회 통과 여부 등 정책의 불확실성이 여전히 높은 만큼 신중한 투자 자세가 요구된다고 할 것이다.

〈부동산114〉가 조사한 바에 따르면, 초과이익환수제 폐지로 수혜가 예상되는 전국 재건축 단지는 총 442개에 달한다. 수도권의 경우 △서울 204곳(강남 4구 63곳) △경기 76곳△인천 27곳이다. 수도권 외에 △대구 43곳 △부산 33곳 △대전 16곳 순이다. 비수도권은 사업 초기 구역이 많은 것으로 나타났다.

이 중 전문가들이 가장 유망한 재건축 단지들을 선별해서 추천한 결과는 다음과 같다. 투자가치 면에서 가장 유망한 단지는 재건축 '신 3인방'으로 불리는 잠실주공 5단지, 개포주공 2단지, 반포주공 1단지를 꼽을 수 있다. 이들 단지는 빼어난 입지, 넓은 대지 지분, 빠른 추진 속도로 사업 리스크가 적고 수익성이 높다. 그렇지만 이미 급등한 가격이 부담스럽다. 추가적인 상승폭은 제한적일 것으로 보인다.

실수요자는 어떻게 해야 하나

이밖에 재건축이 본격 추진 중인 압구정동 한양7차, 일원동 현대사원, 개포동 주공 1·2·3·4단지·시영, 대치동 은마, 잠원동 한신 2·4·7차, 반포동 경남·신반포·주공 1단지, 서초동 우성1차·신동아1·2차, 둔촌동 둔촌주공 1·2·3·4단지, 상일동 고덕주공 5단지, 이촌 한강맨션, 여의도 시범·광장·목화아파트 등이 꼽힌다.

지역적으로 보면 잠실은 향후 10년간 서울에서 가장 뜨거운 지역 중 하나가 될 전망이다. 제2롯데월드 조성, 석촌호수 명소화, 9호선 개통, 위례신도시 개발, 문정장지지구 개발, 잠실국제관광특구 지정 같은 호재가 겹쳤기 때문이다. 재건축이 추진 중이거나 예정된 장미, 진주, 미주, 크로바, 가락시영아파트 등도 유망하다.

잠실 다음으론 과천을 꼽을 수 있다. 강남권에 인접한 데다 주거의 쾌적성이 뛰어나다. 정부청사의 세종시 이전 후 고점 대비 지분 가격이 40% 가까이 하락한 점, 다른 부처나 기관이 입주하고 있는 점이 긍정적이다. 그러나 과거의 영예를 회복하기는 어려워 보인다.

수직증축 리모델링은 재건축의 대안으로 떠오른다. 경기 분당, 평촌, 일산 신도시의 수직증축 리모델링 추진 단지들이 유망 부동산으로 변모한다. 20년이 채 안 된 이들 1기 신도시 노후 단지엔 올해 5월부터 특별한 혜택이 주어진다. 리모델링 추진 시 위로 3개 층, 가구 수의 15%, 용적률의 30%까지 말 그대로 수직증축이 허용된다.

재건축 투자는 부동산 경기와 정책 변화에 따른 자산가치의 변동성이 매우 크다. 투자금액이 큰 데다 사업기간이 무한정 길어지거나 이자비용이 급등하는 등 위험도 많다. 실수요자는 장기적 관점에서 여유자금으로 접근해야 한다. '고수익엔 고위험이 따른다'는 투자 법칙은 재건축에도 예외 없이 적용된다.

고종완 한국자산관리연구원 원장

14

최장 근로시간 단축

휴일근로를 연장근로에 포함해 주당 최장 68시간까지 가능했던 근로시간을 최장 52시간으로 줄이기 위한 근로기준법 일부 개정안에 대해 여야와 노사정이 상당부분 합의에 도달했다. 하지만 법안 개정 즉시 모든 사업장에서 시행해야 한다는 노동계의 의견과 유예기간을 설정해 사업장별로 단계적으로 시행해야 한다는 재계 및 정부의 입장이 엇갈리고 있는 데다 노사합의에 의한 추가 연장근로시간을 두고도 의견대립을 보이고 있어 절충적 방안 모색이 시급한 상황이다.

장시간 노동환경 어떻게 바뀌나

2013년 10월 7일 정부와 여당이 당정협의에서 휴일근로를 연장근로에 포함해 장시간 근로를 개선하는 근로기준법 일부 개정안을 국회에서 처리키로 한데 이어 2014년 4월 초 여야와 노사정이 근로시간 단축에 원칙적 합의를 함으로써 최장 근로시간 단축 관련 법안이 머지않아 국회를 통과할 것으로 전망되고 있다.

현재 근로시간은 주당 법정근로 40시간, 주중 연장근로 12시간, 토 · 일요일 휴일근로 16시간을 포함해 주당 최장 68시간까지 가능하다. 하지만 근로기준법 일부 개정안이 통과돼 휴일근로가 연장근로에 포함되면 주당 근로시간은 최장 52시간으로 줄어들게 된다. 정부와 여당은 근로시간 단축을 통해 박근혜 정부의 핵심 국정과제인 '고용률 70%'를 달성할 계획을 갖고 있다.

최장 근로시간 단축 관련 입법화를 두고 이런저런 말이 많지만 사실 노사정 이해관계자 간에는 근로시간 단축의 필요성에 대해 오래전부터 사회적 공감대가 형성돼 있었다. 우리나라 근로자의 연평균 근로시간은 2092시간으로, 경제협력개발기구(OECD) 회원국보다 400시간이나 더 많기 때문이다. 경제사회발전 노사정위원회(노사정위원회)는 '장시간 근로관행 개선과 근로문화 선진화'를 위해 2020년까지 연평균 근로시간을 1800시간대까지 단축하는 데 합의한 바 있다.

정부와 여당이 △휴일근로 연장근로에 포함 △근로시간 특례제도 개선 △근로시간 단축 청구권 도입 △근로시간 유연화 △연차휴가 사용 확대 등 장시간 근로관행을 바로잡기 위한 다양한 정책이 있음에도 굳이 휴일근로의 연장근로 포함 카드를 선택한 이유가 있다. 근로기준법에 애매하게 규정된 연장근로와 휴일근로의 관계를 분명하게 하기 위해서다. 법적 애매함 때문에 일부 기업에서 연장근로와 휴일근로가 별개로 운영되는 관행이 존재해왔다. 최근 법원에서는 기존 행정해석과 달리 휴일근로가 연장근로에 포함된다는 판결이 잇달았다.

향후 경영과 근로자에 큰 영향

최장 근로시간 단축 법안이 향후 기업경영과 근로자에게 미칠 영향은 상당하다. 따라서 그만큼 해결해야 할 문제가 많은 것도 사실이다. 기업경영 측면에

근로시간 특례제도
근로자 대표와 사용자가 합의한 경우 특정업종에 한해 주당 법정 근로시간에서 12시간을 초과해 연장근로를 할 수 있도록 허용하는 근로기준법상의 제도. 장시간, 저임금 근로의 요인인 근로시간 특례제도 개선을 위해 보관 및 창고업, 도매 및 상품중개업, 보험 및 연금업, 연구개발업, 숙박업 등 다수의 업종을 특례업종에서 제외하는 개편안이 마련됐다.

선 생산성 저하와 기업 경쟁력 저하의 원인으로 작용할 수 있다. 실제 주당 근로시간이 68시간에서 52시간으로 줄어들 경우 생산성은 23.5%가량 떨어지게 된다. 물론 휴식시간의 증가는 생산성 향상을 가져와 감소된 생산물량이 일정 부분 회복될 가능성은 존재한다.

감소된 생산성을 보완하려면 신규인력 채용이나 설비 효율화 및 자동화에 대한 투자가 필요하다. 결국 기업엔 인건비 혹은 설비 투자비의 증대 원인으로 작용하게 된다. 특히 심각한 구인난을 겪고 있는 중소기업의 경우, 신규인력 채용이 어려워 생산성 저하 현상이 더 심각해질 수 있다.

근로자 역시 근로시간 단축이 무조건 반갑지만은 않다. 근로시간이 단축되는 만큼 임금도 줄어들기 때문이다. 전국민주노동조합총연맹(민주노총)이 '임금 삭감 없는 근로시간 단축'이라는 조건부 수용 태도를 보이는 이유도 그 때문이다. 주당 근로시간이 68시간에서 52시간으로 감소할 경우 연장근로와 휴일근로 할증률이 적용되는 임금이 줄어든다. 이런 사정 때문에 앞으로 '근로시간 단축에 따른 임금 삭감'을 주장하는 기업 측과 '임금 삭감 없는 근로시간 단축'을 요구하는 노동조합(노조) 측의 분쟁 발생 여지가 매우 높은 게 사실이다.

정부와 여당이 이 법안 시행을 기업 규모에 따라 2016년부터 2018년까지 3단계에 걸쳐 단계적으로 추진하는 방안을 고려중인 이유도 기업경영 및 근로자의 임금에 미치는 충격을 최소화하기 위해서다. 구체적으로 근로자 300명 이상 사업장은 2016년부터, 30~299명 기업은 2017년부터, 30명 미만 기업은 2018년부터 단계적으로 시행하는 방안이다. 법안 시행시기 유예와 기업 규모별 단

근 로 시 간 단 축 청 구 권　근로시간 단축을 근로자가 사용자에게 요구할 수 있는 권리. 근로자가 육아, 임신, 가족간병, 학업, 훈련 등의 사유로 근무시간 단축을 청구할 수 있는 제도로 시간선택제 전환 청구권이라고도 한다. 또 만 50세 이상의 장년층 근로자도 퇴직준비의 일환으로 근로시간 단축을 청구할 수 있다. 근로시간 단축 청구권은 해당사업장에서 1년 이상 근무하고 사유가 적합할 때 청구할 수 있으며 시간제 근무 후 원하면 언제든지 원래의 근무형태로 복귀할 수 있다.

2013년 10월 7일 서울 여의도 국회에서 방하남 고용노동부장관,
국회 환경노동위원회 김성태 새누리당 간사 등 의원 및
부처 관계자들이 참석해 주당 최장 근로시간 단축 관련 당정협의를 했다.

계적 실행에 대한 노사 간 이견은 크지 않다.

문제는 예외적으로 연중 6~12개월간 주당 총 20시간 특별 연장근로시간을 인정하는 단서조항이다. 여기에 대해선 노사 간 이견이 첨예하게 대립한다. 이 단서조항은 갑작스러운 근로시간 단축으로 야기되는 기업의 생산성 저하와 인건비 부담 증가, 그리고 근로자의 임금감소 등을 고려한 절충안이라고 볼 수 있다.

노동계는 "주당 최장 60시간까지 근로를 가능하게 하는 단서조항은 장시간 근로 개선의 효과가 없다"면서 강하게 반대한다. "연장근로가 주당 12시간 이상이면서 휴일에도 일하는 약 144만(전체 근로자의 12.6%) 근로자의 주당 평균 휴일 근로가 7시간인데, 주당 60시간 근로를 가능하게 하는 단서조항은 근로시간 단축에 효과가 없다"는 주장이다.

고용률 70% 위해 모두 머리 맞대야

이와 달리 경영계는 법 개정을 통해 휴일근로를 연장근로에 포함시키는 것을 원칙적으로 반대한다. 만약 법 개정이 이루어진다면 기업 비용 부담과 근로자 임금감소 완화를 위해 단서조항의 시행이 불가피하다고 반박한다. 한 걸음 더 나아가 1년 중 6개월이 아니라, 1년 내내 주당 연장근로를 20시간까지 확대하는 방안을 요구한다. "이 단서조항은 60시간 이상 근로하는 과중 근로자의 근로시간을 감축하는 데 기여한다. 향후 노동 생산성과 기업 생산성이 회복된 시점에서 점차적으로 연장근로시간을 줄여갈 수 있다"는 게 경영계의 주장이다.

2012년 노사정위원회에서 발주한 '근로시간 단축을 위한 로드맵 작성 및 정책적 제언' 연구에 따르면, 휴일근로를 연장근로에 포함할 경우 연평균 근로시간은 주당 근로시간이 52시간으로 단축될 때 48.4시간, 60시간으로 단축될 때 13.5시간 줄어드는 것으로 나타났다.

장시간 근로 개선을 위한 근로시간 단축 정책에 대한 사회적 공감대에도 실행방법에 대한 노사 간 의견대립이 엄존하는 현실에서 노사정은 휴일근로의 연장근로 포함을 통한 근로시간 단축 법안의 안착 방안, 그리고 이를 통한 고용률 70% 달성을 위해 지

주간연속 2교대제 시범실시에 들어간 현대자동차 울산공장 직원들이 아반떼 등을 만드는 3공장에서 퇴근 전 마무리 작업을 하고 있다.

혜를 모을 필요가 있다. 만약 휴일근로를 연장근로에 포함하느냐 마느냐 하는 해석의 문제를 그대로 방치할 경우, 근로자의 할증임금과 관련한 법적 쟁송이 늘어나고 노사갈등의 원인으로도 작용할 공산이 크기 때문이다.

따라서 무슨 일이 있어도, 근로기준법에 휴일근로를 연장근로에 포함할지 여부와 관련해 명확한 기준을 설정하는 일만은 반드시 해야 한다. 정부와 정치권은 가까운 장래에 노사갈등이 폭발할 불씨를 미리 찾아 제거할 사회적 책임이 있다. 휴일근로를 연장근로에 포함시켜 주당 최장 근로시간을 52시간으로 줄이려면 노사정 간에 합의해야 할 사안이 아직 적지 않다.

이와·관련해 유예기간 설정, 사업장 규모별 단계적 확대, 그리고 노사의 자율적 합의 시 특별 연장근로가 가능하도록 절충적 방안을 모색하는 것은 당연하다. 그리고 다양한 기업의 특수성을 충분히 반영할 수 있는 특별 연장근로시간 한도의 법적 테두리를 설정한 후, 이 테두리 안에서 노사가 자율적으로 연장근로시간을 결정하게 해 점진적으로 주당 최장 52시간 근로 시대로 나아가는 방안도 고려할 필요가 있다.

박근혜 정부가 근로기준법 개정을 통해 근로시간을 단축하려고 안간힘을 쓰는 최종 목적은 시간선택제 일자리 창출과 고용률 70% 달성이다. 근로시간 단축이 당장 일자리 창출로 이어질지에 대해서는 의견이 엇갈리지만, 단축된 근로시간에 적합한 시간선택제 일자리만 계속 발굴할 수 있다면 새로운 일자리 창출 여지는 커 보인다.

휴일근로의 연장근로 포함, 근로시간 단축, 시간제 일자리 창출, 그리고 고용률 70%는 노사를 포함해 다양한 이해관계자 일방의 노력으로는 결코 달성할 수 없는, 이해관계자 모두의 협력과 양보를 통해서만 달성 가능한 사회적 해결 과제임에 틀림없다.

이지만 연세대 경영학과 교수

시간선택제 일자리는 박근혜 정부가 추진하는 일자리 창출정책의 핵심이다. 정부는 시간선택제 일자리가 저임금과 고용불안에 시달리는 질 낮은 일자리가 되지 않을 것으로 보고 있으나 정부가 주도하는 일자리 창출정책에는 한계가 따를 수밖에 없다. 가장 바람직한 일자리 창출방식은 노(勞)와 사(使)가 일자리 만들기에 적극 나서고 정부는 이를 재정적, 행정적으로 지원하는 역할을 맡는 것이다.

질 낮은 비정규직 양산 우려 씻을 수 있을까

고용률 70% 달성은 박근혜 정부의 민생 공약이자 서민의 가장 큰 관심사다. 노무현 정부와 이명박 정부는 각각 250만 개, 300만 개의 일자리 확충을 목표로 했지만, 재임 5년간 각각 125만 개, 124만 개의 일자리를 만드는 데 그쳤다. 박근혜 정부가 고용률 70%를 달성하려면 5년간 238만 개의 일자리를 창출해야 한다.

일자리 창출의 가장 큰 원동력은 경제성장이다. 경제가 성장하면 투자가 늘고 일자리도 함께 늘어난다. 그런데 우리나라 경제성장률은 갈수록 낮아져 현

정부의 경제성장률은 과거 두 정부 시절보다 낮은 3~4%대로 추정된다. 이 같은 상황에서 지난 정부의 두 배에 가까운 일자리를 창출하겠다는 것은 불가능하진 않을지 몰라도 어려운 목표임엔 틀림없다.

바세나르 대타협

정부가 발표한 고용률 70% 로드맵에 따르면 2017년까지 시간제 일자리 93만 개 등 총 238만 개의 일자리를 창출하겠다고 한다. 전체 일자리 확충 목표의 40% 정도를 시간제 일자리에 할당한 것이다.

정부는 시간제 일자리가 저질의 비정규직 일자리로 전락하는 것을 방치하지 않겠다는 의지의 표현으로 '시간선택제 일자리'로 명명했다. 시간선택제 일자리는 최저임금 이상의 처우가 보장되고, 고용·산재·건강보험과 국민연금 등 4대 사회보험이 적용되며 근로자들이 자발적으로 선택하는 세 가지 조건을 갖춘 시간제 일자리를 의미한다.

경제협력개발기구(OECD) 회원국의 고용률 평균은 약 65%이고, 일본은 70%를 기록하고 있다. 우리나라는 2000년대 들어 고용률이 63% 수준에서 답보 상태다. 2012년에는 64.2%까지 올라갔지만 2013년 10월에는 60.5%까지 떨어졌다. 따라서 고용률 70%라는 정책 목표를 달성하려면 특단의 대책이 필요하다. 우리나라는 고용률도 낮지만 OECD 회원국 중 시간제 일자리의 비중도 낮은 편이다. OECD 회원국의 시간제 일자리 비중은 평균 17%, 가장 높은 네덜란드는 38%에 달한다. 우리는 10% 수준에 불과하다. 한국 노동시장의 취약점인 시

시간선택제 일자리 전일제 일자리에 비해 근무시간(1주일간 15시간 이상, 30시간 이하 근무)은 짧지만 임금 및 복리후생에서 부당하게 차별받지 않는 정규직 일자리. 기존의 '시간제 일자리'라는 용어가 부정적인 인식을 준다는 지적이 일자 2013년 8월부터 '시간선택제 일자리'로 바꿔 부르기 시작했다.

2013년 11월 26일 서울 강남구 삼성동 코엑스에서 열린
'시간선택제 일자리' 채용박람회 현장.

간제 일자리를 더욱 확충해 고용률 70%를 달성하겠다는 정부 고용정책은 전략적으로 타당하다.

시간제 일자리는 우리 사회도 서구처럼 여러 종류의 고용형태를 갖춰 사회구성원의 다양성을 반영할 수 있다는 점에서 바람직하다. 우리 노동시장의 고질적인 문제인 장시간 근로를 줄이는 계기가 될 수도 있다. 본인이 원하는 시간만큼 자발적으로 일할 수 있어 주부 등 경력단절 여성과 직장에서 은퇴한 장년층에게 고용의 기회가 제공될 수 있다. 우리나라 여성 고용률은 53%로 선진국보다 10%p 이상 낮다. 이번 기회에 여성이 자발적으로 시간제 일자리에 참여한다면 우리 노동시장의 취약점을 함께 해결하는 좋은 기회가 될 것이다.

정부의 시간제 일자리 확충 대책은 네덜란드의 사례를 벤치마킹한 것으로 보인다. 네덜란드는 1970년대 이후 '네덜란드병(Dutch disease)'으로 불리는 장기 불황과 비정상적으로 높은 실업에 시달렸다. 이에 네덜란드 노사정(勞使政)은 1982년 바세나르 대타협을 통해 양질의 시간제 일자리를 대폭 늘리는 데 합의했다. 노동조합은 임금인상 요구를 자제하고, 기업은 근로시간을 줄이고 시간제 일자리 등 고용 확충에 힘쓰며, 정부는 노와 사의 이러한 노력에 행정적 재정적 뒷받침을 하는 것이 합의의 골자였다. 특히 시간제 일자리의 임금과 근로조건을 전일제 근로자와 차별 없이 같은 수준으로 유지하는 차별금지정책을 철저하게 실시했다. 그 결과 가정주부를 포함한 여성인력이 대거 시간제 일자리에 자발적으로 참여해 양질의 시간제 일자리 '왕국'이 됐고, 1980년대 중반부터 고용과 경제가 함께 살아났다.

정규직과 처우 격차 줄여야

시간제 일자리의 바람직한 측면에도 불구하고 정부의 시간제 일자리 확충계획에는 몇 가지 우려할 점이 있다. 시간제 일자리에 대한 차별 철폐가 선행되지 않으면 노동계의 지적대로 시간제 일자리 확충이 질 낮은 비정규직 양산으로 이어질 위험성이 있다. 우리나라에서 시간제 일자리가 널리 확산되지 않은 것은 시간제 일자리가 비정규직으로 정규직 근로자와 처우 격차가 크다는 점에 기인한다. 현재 비정규직의 평균임금은 정규직 대비 55%에 불과하다. 우리나라는 OECD 회원국 중 비자발적 비정규직 비중이 높고 자발적인 비정규직 비중이 낮다. 시간제 일자리에 대한 임금과 근로조건을 정규직과 동일하거나 높게 책정해 자발적인 시간제 일자리를 확산시키는 것이 고용의 양과 질을 함께 달성하는 방법이다.

정부가 '고용률 70%'라는 목표에 집착한다면 일자리의 질을 희생한 가운데 일자리의 양만 늘어나는 함정에 빠질 수도 있다. 시간제 일자리는 근무시간이 적은 만큼 임금도 낮다. 시간제 일자리로는 한 가족의 생계유지가 어려운 만큼 한 가정의 보조적인 수입원으로 시간제 일자리가 활용되는 것이 바람직하다. 모범사례인 네덜란드의 경우처럼 육아나 건강의 부담으로 전일 근무가 어려운 주부나 중년·고령층이 자발적으로 선택하는 것이 시간제 일자리의 순기능이다.

질 높은 시간제 일자리의 핵심 요소는 '자발성'이며, 일자리를 원하는 사람이 원하는 시간을 선택할 수 있어야 한다. 전일제 일자리를 구해 가족을 부양해야 하는 구직자나 학교를 졸업하고 노동시장에 막 진출하는 청년들이 전일제 일자리가 없어 비자발적으로 시간제 일자리를 선택할 수밖에 없다면 고용률을 높여 국민 삶의 질을 향상시키겠다는 본질적인 정책목표를 달성하지 못하게 된다.

정부가 시간제 일자리의 목표 수치와 시한을 정해놓고 의무채용비율 확대, 공기업 경영평가 강화를 통해 공공부문이나 민간기업을 압박해 시간제 일자리의 할당량을 채워나간다면 시간제 일자리만 늘어나고 전일제 일자리는 오히려 줄어들 가능성도 있다. 이러한 정책 부작용은 고스란히 국민 몫으로 돌아갈 수밖에 없다.

일자리를 둘러싼 세대 간 충돌도 우려된다. 우리나라의 청년 실업률은 전체 실업률의 두 배가 넘는 10%에 육박하고 청년들이 체감하는 실업률은 30%를 상회한다. 인건비 예산을 무작정 늘릴 수 없는 기업들이 정부 압력에 못 이겨 시간제 일자리를 확충할 경우 대학을 갓 졸업한 청년들이 원하는 전일제 일자리는 오히려 줄어들 공산이 크다. 그렇게 되면 청년들의 구직활동은 더욱 어려워질 수 있다.

'청년고용 친화도' 평가하자

이미 수년간 고율의 청년실업이 지속됐다. 이는 청년들의 결혼과 출산을 저해하고 사회에 첫발을 내디디는 순간부터 빈곤층과 사회 부적응층으로 내몰리게 만들어 사회양극화 현상을 더욱 고착시킨다. 정부의 이번 고용정책으로 전일제 일자리를 구하지 못한 청년들이 비자발적으로 시간제 일자리를 첫 직장으로 선택하게 된다면 빈곤층을 양산해 그렇지 않아도 심각한 사회양극화가 더 악화될 수 있다. 정부가 시간제 일자리 확충과 더불어 청년실업을 해소하는 획기적인 방안을 함께 고려해야 하는 이유다.

정부는 공기업의 경우 전체 정원의 일부를 청년으로 뽑도록 하는 고용할당제(일명 로제타플랜)를 실시하고 있다. 하지만 효과는 아직 나타나지 않고 있다. 정부는 이 정책의 성과를 평가해 필요하다면 이를 보완해나가는 방안도 고려해야한다. 기업들로 하여금 청년들을 채용하는 정도를 매년 공표하게 해 '청년고용 친화도'를 평가받도록 하는 것도 청년고용을 늘리는 유인책이 될 수 있다. 시간제 일자리 확충이 청년실업을 불러와 세대 간 충돌을 일으키지 않도록 특별한 노력을 기울여야 할 것이다.

정부가 추진 중인 시간제 일자리 정책의 가장 큰 과제는 이를 노사정 대화를 통해 노사정 합의로 추진토록 하는 것이다. 경제사회노사정위원회 등을 활용해 노사정 3자의 사회적 대화를 통해 국민의 가장 큰 관심사인 시간제 일자리를 추진한다면 시간이 더 걸리더라도 각계각층의 의견을 수렴해 무리한 추진으로 빚어질 부작용을 방지할 수 있을 것이다.

고용률 70% 달성이 단순한 숫자 채우기가 아니라 국민의 진정한 복리를 향상하도록 추진하려면 노와 사가 일자리 만들기에 적극 나서고 정부는 이를 재정적, 행정적으로 지원하는 역할을 맡는 것이 가장 바람직하다. 일자리는 기업이 필요에 따라 자발적으로 만들 때 가장 큰 효과가 있다. 정부는 일자리 창출을 위해 기업을 압박하기보다는 기업 스스로 일자리 창출을 위해 적극적으로 노력하도록 과감한 유인책을 마련해야 할 것이다.

김동원 고려대 경영학과 교수

**고용할당제
(일명 로제타플랜)** 채용정원의 일정비율 이상을 특정 인력으로 고용하도록 의무화한 제도. 청년, 여성, 장애인 등의 일자리 창출을 위해 주로 시행하며 정부가 영향력을 미칠 수 있는 공공기관과 지방공기업에 우선 적용된다. 이를 일명 로제타플랜이라고 하는 이유는 청년실업 문제의 심각성을 고발한 영화 〈로제타〉에 자극받은 벨기에 정부가 청년고용할당제를 실시해 큰 성공을 거둔 이후 고용할당제가 가장 현실적인 실업대책으로 부각됐기 때문이다.

16

단말기 유통법

어지러운 휴대전화 유통구조를 바로잡자는 취지에서 발의된 일명 단말기 유통법을 두고 휴대전화 제조사와 정부가 대립하고 있다. 단말기 판매가격과 보조금 지급명세를 소비자에게 투명하게 공개하는 것이 핵심인 이 법안이 통과되면 제조사의 영업비밀을 침해해 영업에 지장을 초래한다는 것이 제조사의 주장이다. 반면 정부는 신제품 정보에 밝은 일부 젊은층이 제조사의 보조금을 독식하는 폐해를 줄여 궁극적으로 가계 통신비 인하효과를 얻을 수 있다고 반박하고 있다.

영업비밀 침해냐, 가계 통신비 인하냐

고양이 목에 방울 달기일까, 아니면 이동통신시장에 번거로운 규제 하나가 더해지는 것일까. 2014년 2월 임시국회에서 본회의에 상정조차 되지 못한 채 계류된 법안 하나가 국내 이동통신 업계와 정보기술(IT) 업계에 뜨거운 감자로 떠오르고 있다. 이 법안이 통과하면 세계 최고 경쟁력을 지닌 국내 스마트폰 제조산업이 순식간에 붕괴한다는 것이 삼성전자, LG전자, 팬택 등 제조사의 논리다. 반대로 정부(특히 미래창조과학부)는 급증하는 가계 통신비를 잡고 복잡한 유통구조를 바로잡으려면 반드시 필요한 제도라고 반박한다. 정부와 제조사 간 긴

장감이 높아지자 SK텔레콤, KT, LG유플러스 등 이동통신 3사는 오랜만에 정부 방침에 조심스럽게 힘을 더한 모양새다. 줄임말로 '단통법' 혹은 '단유법'으로 부르는 단말기 유통구조개선법(안)이 갈등 한복판에 서 있다.

또 다른 논란 '제조사 보조금'

법안의 주요 내용을 살펴보기 전, 최근 몇 년 사이 반복적으로 불거진 휴대전화 보조금 이슈를 돌아볼 필요가 있다. '호갱님(호구+고객)'이라는 비속어를 시사용어로까지 격상시킨 '17만 원 스마트폰' 얘기다. 90만 원을 넘나드는 최신형 스마트폰이 일부 인터넷 카페나 지방 대리점에서 턱없이 낮은 가격에 팔리는 것은 이제 새삼스러운 일도 아니다. 그런데 과거와는 조금 달라진 점이 있다.

휴대전화 보조금은 몇 년 전만 해도 이동통신사들의 독무대였다. 이동통신 3사가 시장점유율을 높이려고 경쟁사의 고객을 번호이동을 통해 빼앗는 것이 유일했다. 이를 위해 최신 휴대전화를 정가보다 싸게 팔아 젊은 이용자의 환심을 사는 보조금을 만능열쇠로 활용했다. 이에 정부는 이동통신사의 (과잉)보조금을 불법으로 보고 정기적으로 단속에 나서 막대한 과징금을 부과하기도 했다.

그런데 2010년 이후 국내 시장에 스마트폰 열풍이 불고 2012년 4세대(4G) 롱텀에볼루션(LTE) 시장이 커지면서 보조금 지급이 점차 복잡한 양상을 띠게 된다. 먼저 100만 원 내외의 고가 스마트폰이 등장하고 소비자는 이 같은 신제품에 열광하는 환경으로 바뀐 것이다. 또 국내 제조사들은 세계 시장에서 살아남

번 호 이 동　SK텔레콤에서 KT로, 또는 LG유플러스에서 SK텔레콤으로 이동하는 등 사용하는 이동통신사를 바꾸는 것. 번호이동을 할 경우 이동통신사에서 단말기 보조금을 지원하면서 고객을 뺏고 뺏기는 식으로 시장이 과열되자 정부가 과징금 부과, 영업정지 등을 통해 단속에 나섰다.

과거에는 스마트폰을 제값 주고 사면 바보라는 소리를 들을 만큼 턱없이 낮은 가격에 팔렸다.

으려고 신제품 생산 주기를 전례 없이 단축해나갔다. 결과적으로 이는 이동통신시장의 주도권이 이동통신사에서 제조사로 넘어가는 계기로 작용했다.

최신 스마트폰의 가격과 영향력이 커지면서 '제조사 보조금'도 질과 양을 늘려갔다. 오랜 기간 이동통신사 보조금과 싸워온 정부는 최근에는 이를 제도권 안으로 끌어들이려는 노력을 계속해왔다. 보조금의 많고 적음이 문제가 아니라, 누구는 주고 누구는 주지 않는 식의 '차별적 대우'를 문제 삼기 시작한 것이다. 예를 들어 설명하면 이렇다.

A라는 제조사가 1년에 2차례 신제품을 출시하고, 시장에 내놓는 가격(출고가)이 모두 100만 원이라고 가정하자. 휴대전화는 일반 공산품과 달리 신제품이 나오면 구제품은 가격하락 폭이 무척 크다. 제조사는 신제품이 앞으로 몇 대 팔릴지 예상하기가 좀처럼 쉽지 않다. 휴대전화는 각 이동통신사의 주파수 특성, 전용 응용프로그램 설치, 디자인 등을 고려해서 만들어야 한다. 많이 만들면 원가 절감에 좋지만 막상 만들고 팔지 못하면 모두 악성 재고로 변한다.

보조금 문제는 100만 원짜리 스마트폰 A1을 내놓은 뒤 6개월마다 신제품 A2, A3를 내놓았을 때 생긴다. 이 경우 A1은 시장의 관심에서 멀어져 가격을 조정할 필요가 있다. 이때 제조사는 대리점이나 양판점 등에 보조금(혹은 판매장려금)을 지급한다. 제조사의 보조금 액수는 이동통신사별 재고 물량이나 판매량 추이, 또는 신제품과의 경쟁력 차이 등 다양한 요인이 영향을 끼칠 수 있다. 또한 각 판매점과의 계약 대수와 실적, 심지어 친분도 무시할 수 없다. 이런 방식으로 판매 장소와 시기별로 각각 다른 액수가 보조금으로 지급돼온 것이다.

확실한 점은 각 제조사가 생존 기간이 짧아진 고가 스마트폰의 판매를 촉진하려고 시간이 지날수록 출고가의 상당액을 영업망에 환급해왔다는 것이다. 바로 이 지점에서 복마전이나 다름없는 국내 이동통신시장 구조가 형성됐다는 것이 미래창조과학부(미래부)의 판단이다. 이동통신 상품 구매자는 대부분 제조사나 이동통신사가 주는 보조금 액수를 정확히 알 수 없기 때문에 판매자의 속임수를 당해낼 수 없다는 것이다. 즉, 신제품 정보에 어두운 중·장년 고객은 '100만 원'으로 표시된 구제품을 정가 그대로 구매할 수도 있다는 얘기다. 또 인터넷 거래에 밝은 일부 젊은 층이 보조금 혜택을 독식한다는 게 미래부의 설명이다.

미래부 "차별적인 보조금 없애야"

정부가 준비한 단말기 유통구조개선법은 이 같은 폐해에 집중한다. 100만 원에 출고된 A1 제품의 판매가격이 전국적으로 80만 원→60만 원→40만 원 등으로 떨어지는 것을 확인할 수 있도록 (제조사 및 이동통신사) 보조금 공시를 통해 소비자에게 정확히 알리자는 취지다. 이렇게 정보가 투명해지면 소비자 처지에서는 스마트폰 판매점을 마음 편히 찾을 수 있어 소비 진작 효과가 있는 것은 물론, 해외 스마트폰의 국내 유입도 활발해져 중저가 스마트폰 시장이 활성화될 수 있다는 것이다.

이를 위해서는 휴대전화 제조사가 보조금 지급 명세와 단말기 판매량, 출고

이계철 당시 방송통신위원장이 2013년 3월 14일 열린 방통위 전체 회의에서
이동통신 3사의 보조금에 대해 총 53억1000만원의 과징금을 부과하는 결정을 하고
의사봉을 두드리고 있다(왼쪽). 이동통신사들은 LTE 가입자 확보 및 유지를 위해
보조금 경쟁에서 벗어나 무료 음성통화 서비스와 망 고도화, 브랜드 마케팅 경쟁에 초점을 맞추고 있다.

가 등을 정부에 제출해야 한다. 그런데 바로 이 대목에서 제조사가 크게 반발하고 나섰다. 교체 주기가 빠른 한국 시장의 보조금 지급 여부가 해외 시장에 알려질 경우 정상적인 영업이 힘들 수 있다는 우려도 깔렸다. 관련 업계는 법안이 통과되면 판매량이 급감하고 영업비밀 침해까지 우려된다고 주장한다.

휴대전화 업계 관계자는 "법안이 실제 시행되면 국내 휴대전화시장의 경쟁력 저하로 이어질 것이 불 보듯 뻔하다"며 "과잉규제가 치열하게 생존경쟁을 벌이는 제조업체에 과연 어떤 도움이 될지 살펴봐야 한다"고 불편한 감정을 드러냈다. 또 법안이 제조사와 이동통신사의 보조금을 모두 견제하는 듯하지만, 사실 이동통신사의 보조금은 상당 부분 공개된 상황이라 결국 제조사 보조금만 겨냥한다는 불만도 내비친다.

이동통신사들은 이번 법안이 궁극적으로는 이동통신시장을 정상화한다는 측면에서 반긴다. 일각에서는 스마트폰 제조사에 빼앗긴 이동통신시장 주도권을 되찾아올 수 있는 기회라는 점에서 이동통신사들이 이 법안을 반긴다는 해석도 있다. 그러나 현재 이동통신시장이 획기적인 규제가 필요할 정도로 비정상적이라는 점에 대해서는 전문가나 소비자 모두 이론의 여지가 없는 실정이다.

2013년 11월 18일 미래부의 법안 설명회에 나선 홍진배 통신이용제도과장은 "우리나라 가계 통신비는 경제협력개발기구(OECD) 기준 세계 3위 수준이며, 심지어 단말기 교체 주기(16개월)는 세계 1위 수준"이라면서 "과다하고 불투명한 보조금 경쟁을 잡을 수 없다면 대통령의 공약 가운데 하나인 가계 통신비 인하는 요원한 일이 될 것"이라고 강조했다. 문제는 법안통과가 무산되면서 당장 이동통신 유통시장의 혼란을 방치할 수밖에 없게 됐다는 데 있다.

정호재 동아일보 산업부 기자

**가 계 통 신 비
인 하**

휴대전화 보조금을 지원받으면 고가의 요금제를 강요받는 경우가 대부분이다. 이를 통해 할인 또는 무상으로 지원했던 단말기의 비용을 회수해가는 셈이다. 휴대전화 유통구조가 투명해지면 과도한 보조금에 의존하지 않아도 되므로 고가의 요금제에 강제 가입할 필요가 없어 가계 통신비 인하 효과가 크다는 것이 정부 측 입장이다.

상여금의 통상임금 포함여부를 두고 재계와 노동계가 여전히 팽팽한 의견차를 보이고 있다. 재계는 과도한 인건비 부담을 이유로 통상임금에서 상여금을 제외해야 한다는 입장이고 노동계는 상여금도 고정적인 임금인 만큼 통상임금에 해당한다는 입장이다.

통상임금의 범위 어디까지 허용되나

2012년 3월 대법원은 대구의 시내버스 회사인 금아리무진 소속 근로자들이 회사를 상대로 낸 임금청구소송 사건에서 "통상임금은 근로자에게 소정근로 또는 총 근로의 대상으로서 정기적·일률적으로 지급하기로 정해진 임금"이라고 통상임금의 기준에 대해 설명한 후 "분기별로 지급되는 상여금의 지급 여부 및 지급액이 근로자의 근무성적 등에 따라 좌우되는 것이 아니고, 오히려 그 금액이 확정된 것이라면 정기적·일률적으로 지급되는 고정적인 통상임금에 해당한다고 볼 여지가 있다"(대법 2012. 3. 29 2010다91046)고 판결했다.

이 판결을 전후로 통상임금과 관련된 소송이 급증하고 있다. 이에 대해 재계에선 "통상임금과 관련된 소송으로 지출해야 할 비용이 최소 36조원에 달해 기업이 부실화할 우려가 있다"며 반발하고 있다. 반면 노동계에서는 "그동안 임금체계를 왜곡해왔던 관행이 정상화했다"며 환영하고 있다.

특히 재계는 현재와 같은 임금체계를 설계할 당시만 해도 '1개월을 초과해 연단위로 지급되는 상여금은 통상임금에 포함되지 않는다'는 법적 인식과 관행이 있었고, 교섭의 상대방인 노동계 또한 동일한 인식을 바탕으로 노사교섭을 진행해왔다며 "통상임금에서 배제되어 왔던 상여금을 갑자기 소급해 통상임금에 반영하라는 취지의 판결은 받아들일 수 없다"는 입장이다.

위 판결 이전에도 대법원은 "1개월을 초과해 매년 1회 일정시기에 전직원에게 지급하는 체력단련비 및 월동보조비라도 통상임금에 포함된다"(대법 1996. 2. 9 94다19501), "연 1, 2회 지급되는 효도제례비, 연말소통장려금 또한 통상임금에 해당한다"(대법 2007. 6. 15 2006다13070)고 판결한 바 있다. 2011년 환경미화원들이 제기한 통상임금 청구소송에서도 "1개월의 기간을 초과해 정기적·일률적·고정적으로 지급되던 기말, 정근, 체력단련비가 통상임금에 포함된다"(대법원 2011. 6. 24 선고 2011다23064)고 판결하는 등 통상임금의 산정범위를 점차 확대하는 해석을 내려왔다.

20년간 통상임금 배제 행정지도

대법원의 이와 같은 판례 경향을 고려하면 이번 판결이 새삼스러운 것은 아니다. 그럼에도 재계가 2012년 3월 대법원 판결에 촉각을 곤두세우는 것은 법리적 판단은 차치하고 여타 복리후생적 수당과 달리 상여금이 근로자에게 지급되는 연간 인건비총액 중 상당한 비중을 차지하기 때문이다. 교대제 또는 장시간 근로가 관행적으로 이뤄지는 사업장의 경우 통상임금에 기초해 산정되는 시간외근로수당이 임금총액의 20~40%에 달한다.

기업은 최저임금과 기업의 지불능력, 상품원가, 동종업계 임금수준, 최저생
계비 등을 고려해 임금수준을 결정한다. 과거 대다수 호봉제 사업장에서 급여
책정 때 기본급을 먼저 정한 후 기타 직책수당, 직무수당, 식대, 교통비, 자격
수당, 위험수당 등의 각종 수당을 그때그때 형편에 따라 신설하고 확대해왔다.
또한 이윤창출 정도에 따라 상여금 및 기타 복리후생수당을 지급하고, 노사 단
체교섭을 통해 그 지급률을 점차 올리는 방식으로 임금수준을 높여왔다.

특히 매월 고정적으로 확정돼 지급하는 기본급과 달리 상여금은 그 시행 초
기에는 명절 등 특수한 시기에 당시 기업의 성과에 따라 임시적으로 책정돼 지
급된 측면이 있다. 더욱이 1988년 고용노동부는 통상임금 산정지침을 통해 통
상임금의 정의를 '소정 근로시간에 대해 근로자에게 지급하기로 정하여진 기본
급 임금과 정기적·일률적으로 1임금산정기간에 지급키로 한 고정급 임금', 즉
'1월 기간 내의 근로 대가로 지급되는 임금'으로 규정하고 상여금을 통상임금
범위에서 배제했다. 이 지침을 근거로 20여 년간 기업에 행정지도를 하면서 상
여금 등은 당연히 통상임금에 포함되지 않는다는 법적인식 및 관행이 확대돼온
것이다.

다수 기업 경영난 봉착 우려

물론 초기의 상여금이 특별한 시기 또는 이윤을 배분하는 과정에서 임시적
으로 책정되어 지급되어온 측면은 있다. 그러나 경제성장과 더불어 상여금이

최저임금　임금의 최저수준을 법적으로 보장하는 제도. 노동력을 제공하고도 생계곤란을 겪지 않도록 생활안
정에 필요한 최소한도의 임금을 지급하도록 강제하는 제도로 1인 이상 근로자를 고용하는 모든 사
업 또는 사업장에 적용되는 헌법규정이다. 최저임금제는 저임금 구조를 개선하기 위해 대부분의 나
라에서 시행하고 있으며 우리나라는 고용노동부 최저임금위원회에서 매년 8월, 시간당 최저임금을
결정한다. 2014년도 최저임금은 시간당 5,210원이다.

고정적 임금으로 정착했음에도 기업들은 이를 매월 기본급에 반영해 임금수준을 상승시키지 않았다. 장시간 노동이 관행화한 상황에서 상여금을 매월 임금에 포함시켜 지급할 경우 시간외근로수당이 점증할 것을 우려했기 때문이다. 노동계에선 "1개월을 초과해 연단위로 지급되는 정기상여금 등은 통상임금에 해당하며 현행 임금체계에서의 상여금이란 시간외근로수당을 통제하기 위한 수단으로 매월 임금을 연단위로 분할해 지급해온 것"이라며 이번 판결을 왜곡된 임금구조에 쐐기를 박는 판결로 받아들이는 것도 이와 같은 이유에서 일면 타당하다.

문제는 이 판결과 동일한 판결이 이어질 경우 기업에 미치는 효과에 있다. 한국GM 같은 대기업도 통상임금 여파로 인한 미지급임금 명목으로 8140억 원을 책정하는 바람에 2012년 사상 최고의 매출을 올리고도 3400억 원의 영업적자를 기록했다.

이처럼 상여금이 통상임금에 포함된다는 판결이 거듭될 경우 상당수 기업은 실질적인 경영상 어려움에 봉착할 수 있다. 이 경우 기업들은 고비용 구조로 인한 문제를 해결하기 위해 구조조정을 하거나 저임금의 비정규직 근로자들을 고용할 수 있고 이는 부메랑이 되어 근로자들의 생존권을 위협할 수 있다.

따라서 상여금의 발전과정 및 지난 20여 년간 상여금은 통상임금에 포함되지 않는다는 인식 아래 형성된 임금체계와 현실을 고려하지 않고 법원이 단지 '정기적·고정적·일률적'이라는 통상임금의 법리에 비추어 '1월을 초과해 정기적으로 지급되는 상여금뿐만 아니라 체력단련비, 효도휴가비 등 명목상 복리

최저생계비 식료품비, 주거비, 교육비, 보건의료비 등 생계를 유지하기 위한 최소한의 비용. 고용노동부에서 담당하는 최저임금과 달리 최저생계비는 보건복지부에서 담당한다. 보건복지부에서는 매년 물가수준, 소득수준 및 지출수준, 가구유형 등 국민 생활실태 등을 고려해 최저생계비를 결정하고 이에 따라 기초생활수급자나 취약계층을 구분해 복지정책을 추진한다. 2014년도 최저생계비는 1인 가구의 경우 603,403원, 4인 가구의 경우 1,630,820원이다.

후생적 수당이나 근로의 대가로 정기적으로 지급되어온 기타 수당' 모두 통상임금에 포함된다는 기조를 유지할 경우 노사분쟁이 가속화할 수밖에 없다고 본다. 따라서 노사는 장기적으로 노사 모두에게 득이 될 수 있는 적절한 해법을 모색해야 한다.

여기서 유의해야 할 것은 현재의 임금체계가 장시간 노동을 배경으로 형성됐다는 점이다. 우리나라 법정근로시간은 1일 8시간, 주 40시간이다. 그러나 2010년 한국노동연구원의 노동실태조사에 따르면 1주일간 48시간 이상 일하는 사업체가 전체의 37.6%였고 52시간이 넘는 곳도 18.5%에 달했다. 2011년 통계청 경제활동인구조사에서도 주당 52시간을 초과해 일하는 근로자가 380만 명으로 집계됐다. 이는 전체 근로자 1740만 명의 21.8%로, 5명 중 1명이 법정근로시간을 초과해 일을 하고 있다.

왜곡된 임금구조 개편 시급

그런데 경제성장률이 2~3%에 불과한 저성장 시대에도 과거와 같은 장시간 근로가 지속되리라는 보장은 없다. 그뿐만 아니라 근로자들은 삶의 질 향상을 추구하고 있다. 고용노동부가 1주 12시간 연장근로의 한도에 휴일근로까지 포함시킨 것도 이와 같은 시대적 변화를 반영한 것이다. 장시간 연장근로를 전제로 기본급과 각종 수당, 상여금 등으로 분할하는 임금구조가 구축된 현 상황에서 근로시간이 단축된다면 근로자들의 실질임금은 상당부분 줄어들 수밖에 없다.

상여금이 통상임금에서 제외된 배경에는 장시간 노동 관행에 따른 시간외근로수당 부담 또한 작용한 점을 고려한다면 근로시간 단축이라는 시대적 과제를 앞두고 왜곡된 임금구조 역시 새로 개편돼야 한다. 즉 시간외근로로 인해 연단위로 분할해 지급하는 방식으로 강화돼온 정기상여금 중 일부는 근로시간 단축시 통상임금으로 편입해 월정액이 상승하는 방향으로 개편돼야 하며 이를 제

통상임금 범위를 폭넓게 인정하는 대법원 판결이 이어지면서
노사갈등이 새로운 양상을 띨 전망이다.

외한 상여금은 인센티브로서 본래의 취지에 맞게 경영성과 및 개인성과와 연동해 지급하는 방향으로 재편돼야 한다.

2013년 12월 18일 대법원은 전원합의체 판결을 통해 그간 논란이 돼오던 통상임금의 범위와 법적 판단기준을 구체적인 사례를 통해 명확하게 제시했다. 그 핵심내용은 다음과 같다.

첫째, 정기성의 의미를 1임금산정기간 내에 지급되는 것만을 의미하지 않는다고 판시함으로써 정기상여금이 통상임금에 해당됨을 명확히 했다. 노사합의로 법률상 통상임금에 해당하는 정기상여금 등을 통상임금 산정에서 제외하기로 합의하였더라도 이는 근로기준법에 위반돼 무효임을 법리적으로 확인하고 선언한 것이다.

둘째, 고정성과 관련해서는 '근로자가 제공한 근로에 대하여 그 업적, 성과 기타의 추가적인 조건과 관계없이 당연히 지급될 것이 확정되어 있는 성질'을 말하므로 '고정적인 임금'이란 '임금의 명칭 여하를 불문하고 임의의 날에 소정근로시간을 근무한 근로자가 그 다음 날 퇴직한다 하더라도 그 하루의 근로에 대한 대가로 당연하고도 확정적으로 지급받게 되는 최소한의 임금'이라고 정의하여 재직 중인 자에 한하여 지급하기로 정한 명절상여금, 복리후생적인 급여 등은 소정근로의 대가 이외에 재직할 것이라는 추가적인 조건을 충족하여야 하므로 고정성이 인정되지 않아 통상임금에서 제외된다고 본 것이다.

셋째, 정기상여금의 경우 통상임금에 해당된다 하더라도 노사가 통상임금에서 제외하기로 합의를 한 경우에는 신의칙을 존중해 소급해서 추가 임금청구를 불허한 것이다. 다만 추가 임금청구를 불허하는 경우는 ①정기상여금에 대해 노사가 통상임금에 해당하지 않는다고 신뢰하고 ②이를 통상임금에서 제외하기로 하는 합의가 있어야 하며 ③이러한 추가청구로 인해 기업에게 중대한 경영상의 어려움이 초래될 경우로 엄격히 해석하였다.

전반적으로 대법원 전원합의체 판결에 수긍하지만 정기상여금은 이미 근로의 대가로 지급하기로 사전에 정해진 것임에도 '재직 중인 자'에 한한다는 규정의 적법성 여부를 검토하지 않고 이를 추가적인 조건으로 보아 '고정성'을 부인한 것은 '고정성'이라는 통상임금 판단기준과 관련하여 논란을 가중(기업에서 판례의 해당 부분을 인용해 기존에 고정적으로 지급하고 있던 것을 '재직 중인 자에 한하여' 지급하는 것으로 규정을 수정하는 사례가 다수 있음)시킬 수 있다는 점에서 아쉽다.

대법원 전원합의체 판결

14명으로 구성된 대법관 전원이 합의해 내리는 판결. 일반 상고심은 각 부(部)를 담당하는 4명의 대법관이 합의해 판결하지만 대법관들의 의견이 일치하지 않거나 기존 대법원 판결을 변경해야 하는 경우에는 대법원 최고의결기관인 전원합의체에서 심리한다. 대법관의 3분의 2 이상 출석, 출석 대법관의 과반수 찬성으로 의결하게 되는데 전원합의체 판결은 특별한 사정이 없는 한 하급심에서 판례로 따르게 돼있어 상징성이 큰 판결로 통한다.

그러나 대법원이 통상임금에 대한 법리적 검토와 더불어 통상임금 소송으로 인한 사회경제적 파장 및 노사 모두의 입장 등을 종합적으로 고려해 판결하고자 고심한 흔적을 볼 수 있었다. 이후 통상임금을 둘러싼 노사간 분쟁 및 논란을 종식시키기 위해서는 근로기준법에 통상임금 판단기준이 명시적으로 규정되어야 한다. 그러므로 입법을 서둘러야 하는 것은 물론 장시간 근로를 전제로 기본급, 수당, 상여금 등으로 복잡하게 구성돼 있는 현재의 임금체계를 고정급과 변동급으로 단순화해야 하며 업종, 직무특성, 기업문화, 기업의 수명주기 등 다양한 측면을 고려해 기업에 적정한 임금체계를 수립할 필요도 있다.

결국 기본적인 생활이 보장되는 임금수준이 확립된 후에나 성과와 연동되는 임금시스템이 생산성 및 사기진작에 기여할 수 있을 것이므로 보상의 목적 및 취지, 저성장 사회와 고령화 사회라는 환경적 요소들을 고려해 임금체계 개선안이 마련되기를 기대한다.

홍수경 더원 강남지사 대표노무사

18

집단소송제 도입 논란

최근 카드사 개인정보유출 사태가 벌어지면서 집단소송제를 도입해야 한다는 여론이 높아지고 있다. 재계에서는 집단소송제가 기업의 부담을 가중시켜 국민경제를 더 어렵게 만들 수 있다며 협박 아닌 협박을 하고 있으나 집단소송제를 도입해 소비자 권익향상을 추구하는 것이 세계적인 추세이기도 하다. 소비자 권익뿐 아니라 우리 사회의 불합리한 갑을 관계를 바로잡기 위해서라도 집단소송제 도입이 시급하다.

누가 집단소송제를 두려워하는가

필자가 미국에 살 때, 어느 날 편지 한 통이 배달됐다. 내용은 필자가 가입한 이동전화 통신사업자가 소비자들에게 부당한 피해를 입혔으며, 이에 따라 소비자단체가 소송을 제기해 승소했으므로 그 승소금액을 보낸다는 것이었다. 그리고 그 편지에 80달러짜리 수표가 동봉돼 그 돈으로 친구들과 외식을 했던 기억이 난다. 미국에 간 지 얼마 되지 않아 생긴 일이라 참 재미있는 나라도 있구나 하고 대수롭지 않게 생각해버렸다. 그것이 집단소송이었음을 안 것은 그 후의 일이다.

2009년 12월 15일 인터넷 및 통신 비밀보호에 관한 집단소송에 참여한 독일 시민들이
남부 카를스루에의 헌법재판소 청사 앞에서 시위를 벌이고 있다.
사상 최대 규모로 손꼽히는 이 집단소송에는 총 3만4000여 명이 원고로 참여했다.

오늘날과 같이 산업화가 발달한 상황에서는 환경오염 또는 잘못된 제품 등으로 '집단적 피해자'가 나날이 증가하게 된다. 최근 카드사 개인정보유출 사태에서 보듯 기업이 개인정보를 잘못 관리해 소비자가 피해를 보는 경우도 적지 않다.

그러나 개인 처지에서는 피해금액이 소액이라 개별소송을 제기하기엔 경제적 실익이 없다고 판단해 법률적 구제청구를 쉽게 포기한다. 또한 사업자나 가해자에 비해 소비자나 피해자는 질적, 양적으로 정보가 부족한 데다 교섭력도 떨어져 스스로 사안을 명백히 하고 손해를 보상받는 일이 사실상 어렵다. 따라서 변호사 등 전문가에게 도움을 받아야 하지만, 비용이 과다하다는 이유로 소송을 통한 피해구제 등이 제대로 이뤄지지 못하는 실정이다. 이러한 문제점을 해결할 수 있는 것이 집단소송제도다.

일반 절차법으로서 논의할 단계

우리나라도 증권 관련 집단소송법을 제정한 지 8년이 흘렀지만 피해를 입은 다수의 소액주주를 위한 법적 구제수단으로 제구실을 하지 못한다는 지적을 받는다. 이는 도입 당시부터 남소(濫訴)로 인한 폐해를 지나치게 강조해 이를 방지하기 위한 장치를 너무 많이 뒀기 때문이다. 현재 우리나라의 증권 관련 집단소송법은 실패했다고 보는 것이 대체적인 의견이다.

현재 국회를 비롯한 정치권에서는 독점규제 및 공정거래에 관한 법률(공정거래법) 위반 행위와 관련한 집단소송제도 도입을 논의하고 있다. 여기서 한 발 더 나아가 가까운 시일 안에 소비자 집단소송뿐 아니라 환경 관련 집단소송에 대한 논의도 있을 것으로 예상된다. 또한 현 정부에서도 '공정거래법상의 집단소송제도 도입 및 증권 관련 집단소송제도의 개선'을 하나의 국정과제로 삼고 있다. 그러나 안타깝게도 현재 우리나라에서는 집단소송을 절차법적 문제로 접근하기보다 실체법적 문제로 접근하는 상황이 우세하다. 그러다 보니 통일성도 부족하고 법체계가 엉망이 돼간다는 느낌을 지울 수 없다.

이제 우리나라도 개별 실체법 위주의 집단소송에 대한 논의보다 일반 절차법으로서의 집단소송을 논의해야 할 단계에 이르렀다. 주요 국가의 입법사례를

집단소송제도　정부나 기업의 비도덕적 또는 불합리한 처사로 인해 다수의 피해자가 발생했을 때 피해자 중 한 사람이나 일부가 소송을 하면 다른 피해자들도 별도의 소송 없이 그 판결에 따라 피해를 구제받을 수 있는 제도. 현재 우리나라는 소액주주의 권익을 보호하기 위한 증권 관련 집단소송법만 제정돼 있으나 최근 카드사의 개인정보 대량유출 등의 사건으로 인해 보다 현실적인 소비자 집단소송제도가 도입돼야 한다는 여론이 높아지고 있다.

살펴보더라도 우리나라처럼 개별 실체법적으로 접근하는 사례는 찾아보기 힘
들다. 집단소송이 발달한 미국이나 영국 등에서는 집단소송을 일반 소송법으로
규율함으로써 통일성과 정합성을 기한다. 일본에서도 최근 소비자 집단소송법
에 대해 입법예고를 한 상태이고 향후 일반 소송법으로 논의를 진행, 발전시킬
것으로 예상된다. 즉, 이제 일반 절차법으로서의 집단소송제도가 글로벌 스탠
더드라는 것에 이견을 달 사람은 별로 없다.

우리나라에서 집단소송을 애기할 때마다 재계는 늘 볼멘소리를 한다. 가뜩
이나 경제가 어려운데 집단소송제도마저 도입한다면 기업은 더 어려운 상황에
처할 수 있고 국민경제는 도탄에 빠질 수 있다는 협박 아닌 협박을 한다. 과연
사실일까.

기업 추가부담 없어

우리나라 대표 기업이라고 할 수 있는 삼성전자나 현대자동차는 이미 매출
의 상당 부분을 해외에서 올린다. 이 애기는 곧 삼성전자나 현대자동차의 제품
을 구매한 미국, 영국 소비자는 그 피해자가 다수일 경우 언제든 집단소송을 제
기할 수 있다는 뜻이다. 그런데 기업의 어려움을 늘 자기 일처럼 보듬어주는 착
한 우리나라 국민은 같은 피해를 입더라도 이를 집단적 방법으로 구제받을 수

절 차 법　실체법을 운용하기 위한 절차, 즉 실체법에서 다루고 있는 법조항을 실현하기 위해 어떤 법적 절차를 거쳐야 하는지를 규정하는 법. 민사소송법, 형사소송법, 행정소송법, 부동산등기법, 호적법 등이 대표적이다.

실 체 법　민법, 상법, 형법 등 권리와 의무의 발생 및 변경, 소멸에 관해 규정한 법. 집단소송제도를 실체법적 문제로 접근하면 증권 관련 집단소송법처럼 일일이 관련법을 제정해야 하지만 절차법적 문제로 접근하면 집단소송제도의 절차만 정하면 되므로 번거로운 과정 없이 도입할 수 있다.

2011년 11월 30일 KT의 2세대(2G) 이동통신(PCS) 서비스 중단을 승인한
방송통신위원회의 결정에 대해 2G 가입자들이 집단소송을 제기했다.
최수진 변호사(오른쪽)가 2G 가입자 970여 명을 대리해 "KT의 PCS 사업폐지 승인을 취소하라"며
방송통신위원회를 상대로 서울 서초동 서울행정법원에 송장을 제출하고 있다.

없다. 우리나라 기업이라고 키우고 그들의 상품을 수십 년 넘게 써줬는데 너무 한 것 아닌가.

얼마 전 현대자동차가 미국 시장에서 자동차 연비를 과장 광고했다는 사실이 보도된 적 있다. 아니나 다를까, 며칠 후 미국 소비자단체들이 현대자동차를 상대로 집단소송을 준비한다는 기사가 났다. 그리고 현대자동차 측이 발 빠르게 피해자 집단과 합의하려고 노력한다는 후속 기사도 볼 수 있었다. 그런데 우리나라에서는 왜 이와 같은 움직임이 없을까. 결국 재계 주장에 따르면 기업이 어려우니 좀 참아달라는 것이다. 외국 소비자들에게는 합의며 보상이며 다 해주면서 왜 우리나라 사람한테는 참으라고만 할까.

아이폰을 제작해 세계적으로 히트한 애플이 우리나라 소비자를 우습게 알고 거만한 자세로 서비스를 제공하는 것은 잘 알려진 얘기다. 이 사태를 보고

필자는 과연 우리나라에서 제대로 된 집단소송이 가능했다면 애플이 우리나라 소비자를 이렇게 우습게 볼 수 있었을까 하는 생각을 했다. 소비자들이 뭉치면 그 파괴력이 엄청날 수 있다는 사실을 무척 잘 아는 애플이기 때문이다.

집단소송제도를 도입한다 해도 재계가 주장하는 바와 같이 기업에 엄청난 부담을 '추가로' 주지는 않는다. 왜냐하면 집단소송제도가 '새로운' 청구권을 인정해주는 것이 아니라, 기존에 인정되던 청구권을 원고들이 묶어서 행사할 수 있게 편의를 제공해주는 것뿐이기 때문이다. 기업에게 추가부담을 주는 것은 아니라는 얘기다. 이미 피해가 발생한 상황에서 기업에게 부담이 된다는 이유로 저비용으로 피해보전을 할 수 있는 통로를 막는 것은 소송법의 크나큰 맹점일 뿐 아니라 글로벌 스탠더드에도 맞지 않는다.

이제 '국민기업' 운운하며 국민에게만 참으라고 강요하는 시대는 지났다. 가해자와 피해자 사이에 힘의 균형을 맞추는 것은 거스를 수 없는 시대적 요구가 됐다. 심하게 한쪽으로 기울어진 우리나라의 갑을(甲乙) 관계를 바로잡기 위해서라도 하루빨리 일반적인 집단소송제도를 도입해야 할 것이다.

이지수 좋은기업지배구조연구소 연구위원 · 미국변호사

19

부자 증세

2014년 1월 1일 국회를 통과한 세법개정안은 고소득층의 조세 부담을 늘려 이른바 '부자 증세'로 불린다. 복지정책 추진을 위한 재원 마련이지만 부자 증세를 통해서도 정부가 약속한 복지를 모두 실현하는 일은 불가능하다. 부자 증세보다는 오히려 경제성장을 통해 세원을 두텁게 하고 세금은 고루 부담하도록 하는 것이 소득계층 간 갈등을 줄이고 국가경제 기반도 튼튼하게 만드는 길이다.

부자에게 세금 더 물린다고
나라 경제가 좋아질까

세금의 중요한 사용처는 크게 세 가지로 나눌 수 있다. 첫째, 국민의 생명과 재산을 지키는 데 필수적인 국방과 치안 분야다. 둘째, 철도·도로·통신·항만 등의 사회간접자본 건설 분야다. 마지막으로 경제활동을 할 수 있는 능력이 아예 없거나 자신의 생활을 스스로 책임질 수 있는 능력이 떨어지는 가난한 사람들을 돌보는 복지 분야다. 이런 용도에 세금이 필요하다는 사실에 대해서는 별다른 이견(異見)이 없다. 앞으로도 국방과 치안은 국가의 고유한 분야로 남을 것이며, 그런 분야에서 세금의 필요성은 줄어들지 않을 것이다. 반면 나라의 전반적인 경제기반이 취약했을 때 정부가 담당했던 사회간접자본의 건설 분야는 소득 수준이 높아짐에 따라 정부 부문에서 민간 부문으로 점차 이양될 것이며, 그에 따른 세금의 필요성도 줄어들 것이다. 최근 코레일을 비롯한 공기업의 민영화를 둘러싼 논란은 이러한 경향을 보여주는 사례다.

국방과 치안, 그리고 사회간접자본 건설을 위해 쓰는 세금은 모두 개인의 자유를 확대한다는 공통점을 지닌다. 정부가 세금으로 유지하는 군대는 외침으로부터 국민의 생명과 재산을 보호하고, 내적으로는 경찰과 교도소 등을 바탕으로 한 공권력으로 개인의 생명과 재산을 보호함으로써 자유를 확대하기 때문이다. 정부의 사회간접자본 건설도 개인 상호 간의 물적·정신적 교통과 통신을 원활하게 함으로써 개인의 선택의 자유를 확대한다. 물론 개인별로 지불하는 비용과 그에 따른 수혜의 정도는 다르지만 국민 모두의 자유확대라는 공통점을 지닌다. 따라서 사람들 대부분은 세금이 이런 용도에 사용되는 것을 수긍하며 별다른 불만을 나타내지 않는다.

복지 공약에 135조 원 필요

최근 논란이 된 이른바 '부자 증세'는 주로 복지정책과 관련된 것이다. 박근혜 대통령이 약속한 복지공약을 실천하려면 5년간 추가적으로 135조 원 정도가 필요한 것으로 추산된다. 올해에는 세출 예산 357조7000억 원 중 복지예산은 30% 수준인 106조 원가량으로 편성됐다. 예산에서 차지하는 비중은 지난해와

지하경제 양성화 정부의 과세 대상에서 벗어나 세금을 내지 않고 합법적, 비합법적 경제활동을 하는 숨은 경제를 지하경제라고 한다. 불법사채업, 부동산 투기, 상가권리금, 과세체납자의 은닉재산, 역외탈세 등이 대표적이다. 지하경제 양성화란 이처럼 숨어있던 경제활동을 찾아내 세금을 부과함으로써 음성적인 경제활동을 양성화하는 정책이다.

비슷하지만 금액상으로는 처음으로 100조 원을 넘어섰다.

당초 정부 지출 감소와 지하경제 양성화로 증세 없이 시행한다는 계획이었으나 이는 처음부터 무리한 것이었다. 복지 지출보다 더 우선시되는 분야의 지출을 줄이기는 어렵다. 또한 지하경제는 양성화가 바람직하지만 양성화를 위한 세원 추적과 집행에 들어가는 비용이 얻을 수 있는 이득보다 더 클 가능성이 높다. 그래서 지하경제라고 하는 것이다. 결국 복지재원을 조달하기 위해서는 증세밖에는 다른 길이 없다. 그리고 단기적으로 사회 전반적인 마찰을 최소화하는 방법이라는 판단 아래 이른바 '부자 증세'가 단행됐다.

구체적으로는 2014년 1월 1일 새벽, 국회가 개인소득세 과표 구간을 조정하는 방향으로 세법을 개정했다. 8800만~3억 원에 적용하던 세율 35%를 8800만~1억5000만 원에 적용하고, 1억5000만 원 초과 소득에는 38%를 확대 적용하는 내용이다. 아울러 보장성 보험, 의료비, 교육비 등에 대한 소득공제를 세액공제로 전환함으로써 고소득층의 조세 부담이 더 늘어날 전망이다. 또한 매출액이 1000억 원을 초과하는 기업이 내야 하는 최저한(最低限) 세율을 16%에서 17%로 올렸다. 이로 인한 세금 증가는 모두 연간 1조 원을 밑도는 것으로 추산된다. 추가적으로 필요한 복지재원 135조 원과 비교하면 아주 미미한 액수다.

과표 구간과 세율은 1996년 1000만 원 이하(10%), 4000만 원 이하(20%), 8000만 원 이하(30%), 8000만 원 초과(40%)이던 것을 2002년 낮은 구간으로부터 높은 구간 순서로 세율을 각각 1%, 2%, 3%, 4%p씩 내렸다. 2005년에는 구간별로 각각 1%p씩 내렸으며, 2008년에는 구간을 1200만, 4600만, 8800만,

---

소 득 공 제　　과세대상자의 연간 총 소득에서 보장성 보험, 의료비, 교육비 등에 사용한 금액을 빼고 나머지 소득액에 대해서만 세금을 부과하는 방식. 1000만 원을 벌어 공제가 가능한 비용으로 500만 원을 썼으면 나머지 500만 원에 대해서만 과표 구간에 해당하는 소득세율을 적용해 계산한다. 많이 벌어 많이 쓸수록 소득세율이 낮은 과표 구간의 적용을 받기 때문에 고소득자에게 상대적으로 유리하다.

8800만 원 초과로 변경하고 구간별 세율은 그대로 유지했다.

또 2009년에는 구간조정 없이 구간별 세율을 6, 16, 25, 35%로 변경했고, 2010년 6, 15, 24, 35%로 변경한 다음 2012년 3억 원 초과 구간을 신설해 세율을 38%로 정했으며, 올해 1월 위에서 설명한 바와 같이 다시 변경한 것이다. 구간별 세율은 최근의 고소득 구간에 대한 상승을 제외하고는 전반적으로 점점 낮아졌지만 1인당 소득이 1995년의 1만 달러에서 2013년 2만4000여 달러로 오른 것과 그동안의 소비자물가 상승률 68%를 고려하면, 정부 부문의 확대를 감안하더라도 과표는 조정되지 않은 셈이다.

증세 용어에 담긴 약탈성

일각에서는 이번 부자 증세로 전반적인 증세 계기가 마련됐다는 긍정적 평가를 한다. 부자한테 많은 세금을 거두어 다양한 복지에 지출하고 이로 인해 모든 구성원이 정신적으로 건강하고 행복해질 수 있다면 당연히 긍정적일 것이다.

문제는 사람들의 가치판단은 각각 다를 뿐 아니라 그런 복지정책은 지속 가능하지 않다는 데 있다. 부자한테 세금을 좀 더 많이 걷더라도 이들의 행복 수준에는 별다른 변화가 없을 것이므로 문제가 아니라는 생각은 분배 방식이 생산에 결정적인 영향을 미친다는 사실을 크게 간과하는 것이다.

사람들은 자신이 번 소득은 당연히 자신에게 귀속될 것이라는 기대에서 생산활동에 참여한다. 그런 기대가 무너지면 생산활동에 부(負)의 영향을 미치리

세 액 공 제 과세대상자의 연간 총 소득을 우선 과표 구간에 적용해 소득세율을 계산한 후 산출된 세액에서 비용을 공제함으로써 납부세액을 계산하는 방식. 보장성 보험, 의료비, 교육비 등 공제항목도 비용이 아닌 세액공제율을 적용해 계산한다. 소득이 많을수록 세율이 높은 과표 구간의 적용을 받기 때문에 고소득자에게 상대적으로 불리하다

라는 사실은 자명하다. 또한 부자 증세를 계기로 전반적인 증세 추세가 보편화
한다면 국가 전체의 저축이 감소하고, 이는 다시 나라 전체의 자본축적 감소로
이어져 경제성장의 추동력이 떨어진다. 기업에 대한 증세 역시 투자 감소로 이
어져 1인당 투하되는 자본량을 감소시켜 노동생산성을 떨어뜨리고, 이는 다시
임금 상승을 억제함으로써 근로자들의 삶을 어렵게 한다.

부자 증세가 사회 구성 원리적으로 더 문제가 되는 것은 그들이 더 내야 하
는 세금보다 그 용어가 함축하는 약탈성이다. 이른바 소득 양극화 현상이 실제
로 존재한다면 이는 부자와 대기업이 더 많이 가져가서 생긴 일이 아니라 저성
장이 가장 큰 원인이다. 인간의 본능적 질투심은 경쟁에서 이기려는 마음을 고
양해 사회를 발전시키기도 하지만 타인의 재산을 빼앗아 고르게 나누려는 형국
에 이르면 사회를 지탱하는 덕목인 도덕과 윤리, 이타심 등이 걷잡을 수 없이
망가지고 각 개인은 정신적으로 타락하게 된다.

나라 살림에서도 가정 살림에서와 마찬가지로 벌어들이는 소득을 초과한
소비를 지속하면 결국 정부 재정의 파탄으로 이어진다. 이는 과다한 복지 지출
로 야기된 정부 재정의 건전성 악화로 고통을 겪는 남유럽 국가들을 보면 잘 알
수 있다. 따라서 정부 재정을 건전하게 유지하는 일은 나라의 장래를 위해서도
매우 중요하다.

재정 건전성 유지 중요

정부 재정을 건전하게 유지하려면 세입과 세출을 적절하게 조절하는 수밖
에 없다. 비록 국가 부채에는 공식적으로 집계되지 않지만 파산 시에 정부가 갚
을 수밖에 없는 공기업 부채, 앞으로 당면할 각종 연금과 건강보험 적자 등을
감안하면 정부 예산 규모는 더 늘어날 수밖에 없다. 정부는 수익 사업으로 돈을
버는 조직이 아니므로 이를 충당하기 위해서는 증세밖에 다른 방법이 없다. 게
다가 새롭게 늘어나는 복지예산을 감당하려면 세금의 증가 속도 역시 높일 수

밖에 없다. 더구나 복지정책은 일단 도입되고 나면 민주 국가에서 그 수혜자들
도 대부분 투표권을 가지기 때문에 꾸준히 늘어날 수밖에 없다. 복지 지출을 삭
감하겠다는 공약을 들고 나오는 정당이 선거에서 이길 가능성은 매우 낮기 때
문이다.

결국 재정 건전성을 유지하고 부자 증세를 둘러싼 갈등을 줄이기 위한 첫걸
음은 박근혜 대통령이 후보 시절 약속했던 복지정책을 대폭 축소하거나 폐기하
고 편중 과세를 바로잡는 것이다. 부자 증세를 하더라도 135조 원이라는 복지
재원을 마련하는 일은 사실상 불가능하다. 만일 이를 그대로 밀고 나간다면 소
득계층 간 갈등 증폭과 정부 재정 악화는 물론 한국경제 전체를 크게 위협할 것
이다.

그렇다고 복지정책을 전면 폐지해야 한다는 것은 아니다. 어떤 사회에서나
소득이 많은 사람이 있는가 하면 최소한의 생활 유지도 어려운 가난한 사람이
있다. 그래서 복지정책은 성별, 나이, 특정집단 등과는 무관하게 '가난'한 사람
들을 대상으로 해야 한다. 다행히 한국경제는 그 정도의 자원을 충분히 할애할
수 있는 여유가 있다. 그러나 지금처럼 사회 각 분야에 온갖 복지정책을 펼쳐놓
는다면 어떤 나라도 이를 뒷받침할 수 없다.

국회와 정부가 해야 할 일이 많아 세금이 더 필요하다면 부자 증세보다는
경제성장을 통해 세원을 두껍게 하고 사회 구성원들이 고르게 부담하도록 하
는 것이 최선의 방책이다. 차별적 처우를 받는다는 박탈감에 따른 소득계층 간
갈등을 유발하지도 않으며 건전한 재정 유지는 물론 복지재원(財源)을 염출할 수
있는 기반도 더 튼튼해지기 때문이다.

경제성장률을 높이기 위해서라도 정부와 국회는 민간의 활동에 시시콜콜
개입하거나 소득재분배적 정책을 시행하지 말아야 한다. 개인의 사유재산권을
보호함으로써 개인 간의 사회적 협동이 원활하게 이뤄질 수 있도록 장기적 안
목으로 제도 개혁에 힘쓰는 것이 바람직하다.

김영용 전남대 경제학부 교수

관세 철폐와 비관세 장벽의 완전 철폐를 목표로 하는 다자간 무역자유화 협상인 TPP 조기 참여 여부가 사회적 관심을 끌고 있다. 수출시장을 확대하고 주요 시장에서 일본 제품에 대한 가격경쟁력을 확보하려면 조기에 참여해야 한다는 의견도 있지만 성급한 참여는 득보다 실이 클 위험이 있다. 시장의 완전 개방으로 피해를 볼 수 있는 농업 등 특정산업을 고려하고 우리 경제에 미칠 파장을 감안해 참여시기를 조율하는 것이 바람직한 방향이다.

무역장벽 없는 세계시장 참여,
우리 경제 어떻게 달라질까?

우리나라의 환태평양경제동반자협정(TPP) 조기 참여를 놓고 찬반양론이 지속되고 있다. TPP는 농업을 포함한 모든 공산품의 관세 철폐와 정부 조달, 지적재산권, 노동 규제, 금융, 의료서비스 등 비관세 장벽의 완전 철폐를 목표로 아시아·태평양 지역 12개국이 참여하는 다자간 무역자유화 협상이다. 참여국들은 이른 협상 타결을 목표로 19차례에 걸쳐 회의를 개최해왔고, 최근 미국 솔트레이크시티에서 열린 회의에서 핵심 사안을 대부분 타결한 것으로 전해졌다. 그동안 양자 간 자유무역협정(FTA) 협상 위주로 통상정책을 추진해온 우리 정부

2013년 11월 15일 서울 강남구 삼성동 코엑스에서 열린 환태평양경제동반자협정(TPP)
공청회 모습(왼쪽). 이날 회의장에서는 한중FTA중단농축산비상대책위원회 회원들의
TPP 반대 시위가 있었다.

당국은 TPP 참여에 소극적이었지만, 일본이 2013년 3월 참여를 선언함에 따라
가입에 따른 실익을 본격적으로 검토하기 시작했다.

TPP 참여에 대한 논란은 참여 여부보다 참여 시기에 집중됐다. 조기 참여
를 찬성하는 쪽은 시장확대를 통한 수출증가 효과와 함께 주요 시장에서 일본
제품에 대한 가격경쟁력을 확보할 수 있다는 점을 강조한다. 하지만 반대하는
쪽은 농산물시장의 전면 개방으로 초래되는 농업 부문 피해와 대일 무역적자

환 태 평 양 경 제 동 반 자 협 정 (TPP)

Trans-Pacific Partnership의 약자. 협정상대국과의 협상을 통해 무역특혜를 주
고받는 자유무역협정(FTA)보다 강도 높은 무역협정으로 시장의 완전개방을 목
표로 한다. TPP 참여를 위해서는 현 TPP 참여국들과 일대일 협의를 거쳐 12개
국 전체의 동의를 얻어야 한다. 정부는 2014년 3월 1차 예비 양자협의를 마무리
한 데 이어 4월부터 미국, 캐나다와 2차 예비 양자협의를 시작해 이르면 상반기
중에 TPP 참여 여부를 결정할 방침인 것으로 알려졌다.

확대 개연성을 우려한다.

관세 완전 철폐까지 시간 걸릴 듯

세계 국내총생산(GDP)의 38%, 무역금액의 26%를 차지하는 참여국의 경제 규모로 볼 때 TPP는 분명 거대 규모 시장을 형성하게 된다. 하지만 참여에 따른 우리나라의 득실을 살펴보려면 이들 국가와의 무역 현황이나 국가별 관세 구조를 먼저 따져볼 필요가 있다.

먼저 무역 부문을 살펴보자. 2012년 TPP 참여국에 대한 한국 수출액은 1725억 달러로, 국내 총수출액의 약 31%를 차지한다. 하지만 참여국 가운데 이미 우리나라와 FTA를 체결한 7개국(미국, 칠레, 페루, 싱가포르, 말레이시아, 베트남, 브루나이)을 제외할 경우 이들 국가에 대한 수출 비중은 11%대로 크게 낮아진다. 이는 우리나라의 최대 수출국인 중국 비중(25%)의 절반 이하 수준이다.

TPP 참여국은 관세 완전 철폐를 목표로 FTA보다 높은 수준의 무역자유화를 추진하지만, 일본이 쌀과 쇠고기 등 민감 품목에 대한 관세유지 방침을 밝힌 바 있고, 다른 참여국 역시 농산물 개방에 대해 유예품목을 설정하는 등 관세 완전 철폐까지는 사실상 많은 시간이 걸릴 것으로 예상된다. 그러므로 현 시점에서는 우리나라와 FTA를 체결한 국가를 제외한 채 TPP 참여의 경제적 효과를 논의해도 큰 무리가 없을 듯하다.

반면 일본의 참여로 우리나라가 TPP 참여국으로부터 수입하는 물량의 비

비 관 세 장 벽 관세보다 강력한 보호무역 조치로 관세 이외의 모든 무역장벽. 관세 장벽은 교역상대국과의 협상이나 압력을 통해 낮추거나 철폐할 여지가 있으나 비관세 장벽은 해당국가의 법으로 규제하고 있는 경우가 대부분이어서 상당히 복잡하고 접근 또한 쉽지 않다. 수입금지, 수출규제, 수출특혜, 통관절차 제한, 복잡한 기술규정 등이 대표적이다.

중은 크게 증가하게 된다. FTA 체결국을 제외하더라도 TPP 참여국으로부터의 수입 비중은 18%(965억 달러)로 중국으로부터의 수입 비중(15%, 807억 달러)을 넘어선다. 일본이 참여하지 않는다고 가정하면 FTA 체결국을 제외한 TPP 참여국으로부터의 수입 비중은 6.2% 수준으로 크게 낮아진다.

이렇게 놓고 보면, 기존 FTA 체결국을 제외할 경우 TPP 참여국과의 무역수지는 적자를 기록하게 된다. 만성적인 대일 무역수지 적자와 호주 등으로부터의 천연자원 수입이 주요 원인으로 작용한 결과다.

이 같은 조건하에서 우리나라의 TPP 참여 효과를 예측해보자. 가입 효과를 사전에 분석하는 가장 쉬운 방법은 각국 관세율을 비교하고 이를 철폐했을 때 나타날 효과를 분석하는 것이다. 현재 우리나라 평균관세율은 12% 수준으로 TPP 참여국별 평균관세율에 비해 상당히 높다. 선진국뿐 아니라 신흥국인 베트남(9.8%), 말레이시아(6.5%), 페루(3.7%)에 비해서도 높은 수준이다(표1 참조).

〈표1〉 TPP 참여국과 우리나라의 평균관세율

참여국	평균관세율	고관세 품목
한국	12.1	농산물, 의류
싱가포르	0.0	–
뉴질랜드	2.0	피혁제품, 의류
베트남	9.8	이륜차, 승용차
호주	2.8	피혁제품, 의류
멕시코	8.3	농업제품, 섬유제품
말레이시아	6.5	승용차, 강판
칠레	6.0	유제품, 밀, 설탕
브루나이	2.5	석유제품, 자동차 부품
미국	3.5	설탕, 유제품
페루	3.7	쇠고기, 닭고기, 쌀
일본	5.3	쌀, 설탕, 밀, 유제품

*베트남 2010년, 그 외 국가는 2011년 기준 (단위 : %)
*제공 : 한국은행, 외교통상부(현 산업통상자원부)

여러 국가 TPP와 RCEP 중복 참여

TPP 출범의 최종 목표대로 역내 국가 간 관세를 완전히 철폐할 경우 일본산 자동차와 기계류, 철강류의 가격경쟁력이 상승해 우리나라의 대일 무역적자는 더욱 커질 수 있다. 또한 약 47%로 유지되는 우리나라 농산물에 대한 높은 수입관세가 철폐되면 호주, 뉴질랜드, 캐나다로부터 쇠고기, 유제품, 곡물류의 수입이 늘어날 수 있다. 이와 같은 수입 증가 효과와 함께 과거 한미 FTA 협상과 미국 쇠고기 수입 개방 과정에서 겪었던 사회적 갈등이 다시 현실화할 경우 TPP 참여는 막대한 비용을 유발하는 계기가 될 수 있다. 주요 TPP 참여국도 주로 농산물에 대해 높은 관세를 부과하는 상황을 고려할 때, 시장 개방을 위한 자국 내 이익집단의 설득에는 상당한 기간이 걸릴 것으로 보인다.

반면 TPP 찬성론자들이 주장하는 '시장 확대를 통한 수출 증가 효과'는 그리 높지 않을 것으로 판단된다. 수출 효과를 살펴보려면, 먼저 TPP와 별도로 진행되는 또 다른 대규모 무역자유화 협상인 역내 포괄적 경제동반자협정(RCEP)의 진행 상황을 살펴봐야 한다. RCEP에는 우리나라와 함께 중국, 일본, 호주, 뉴질랜드, 동남아시아국가연합(ASEAN) 등 TPP보다 많은 16개국이 참여한다. RCEP 역시 역내 국가 간 관세 철폐와 원산지 규정 통일을 주요 목표로 한다(표2 참조).

문제는 여러 국가가 TPP와 RCEP에 중복해 참여를 추진한다는 사실이다. 일본을 비롯해 호주, 뉴질랜드, ASEAN 일부 회원국(말레이시아, 싱가포르, 베트남, 브루나이)이 두 협상에 동시에 참여하고 있다. 이들 국가는 TPP를 통해서는 미국, 캐나다, 멕시코 등 북미 지역에 대한 교역확대 효과를 얻으려 하는 한편, RCEP를 통해서는 주로 중국과의 교역확대 효과에 초점을 맞춘다. 이런 상황

〈표2〉 TPP와 RCEP의 주요 목표와 참여국

구분	주요 목표	참여국
TPP	모든 관세와 비관세 장벽 철폐	미국, **일본**, **호주**, **뉴질랜드**, **베트남**, **싱가포르**, **말레이시아**, **브루나이**, 칠레, 페루, 캐나다, 멕시코
RCEP	역내 관세 철폐, 원산지 규정 통일	중국, **일본**, 한국, **호주**, **뉴질랜드**, 인도, 동남아시아국가연합(ASEAN) 10개국(인도네시아, **말레이시아**, 필리핀, **싱가포르**, 태국, **브루나이**, **베트남**, 라오스, 미얀마, 캄보디아)

*굵은 글씨는 중복 참여국   *자료 : 언론자료 종합

을 고려해보면, 우리나라가 초기부터 참여하는 RCEP가 타결될 경우 TPP는 실질적으로 멕시코, 캐나다와 FTA를 체결하는 효과만 가져올 개연성이 높다.

결론은 비교적 명확하다. 성급한 TPP 참여는 대일 무역적자 확대와 함께 특정 산업 종사자들의 반발로 사회적 비용을 초래할 공산이 크므로, 이를 충분히 고려한 뒤 가입 시기를 조율하는 것이 필요하다. 특히 현재 추진하는 한중 FTA 역시 농업 부문 개방이 주요 이슈로 논의된다는 점을 감안하면, 농업 완전 개방을 목표로 하는 TPP 조기 참여는 결과적으로 정부 당국에 큰 부담으로 작용할 수 있다. 최근 미국 의회가 TPP에 환율조작 금지사항을 포함할 것을 강력히 주장하는 등 향후 비관세 장벽 철폐를 빌미 삼아 정부 정책에 개입할 통로로 작동할 여지도 피하기 어렵다. 충분한 사전 점검을 통해 통상전략을 수립하는 것이 필요한 시점이라는 뜻이다.

산업통상자원부는 산업별 영향 분석을 토대로 2014년 상반기중 TPP 협상 참여 여부를 결정할 방침인 것으로 알려졌다.

이효찬 우리금융경영연구소 수석연구원

양적완화와 엔저정책을 핵심으로 하는 일본의 '아베노믹스'가 한국경제에 미칠 피해를 우려하는 목소리가 높다. 대일 경상수지 악화, 무역수지 적자 심화 등이 우려되는 상황이기는 하지만 원화를 인위적으로 평가절하해야 할 만큼 심각한 수준은 아니다. 일본의 경제상황을 감안할 때 엔저현상은 당분간 지속될 것으로 예측되므로 엔저현상을 정상적인 방향으로 보고 차분하게 대응하는 것이 필요한 시점이다.

'아베노믹스'에 어떻게 대응해야 하는가

환율이 올라간다는 것은 자국 통화의 가치가 떨어진다는 의미에서 '평가절하'라고 표현하고, 반대로 환율이 하락하는 경우에는 (자국 통화가치가) '평가절상' 됐다고 한다. 원-달러 환율이 1000원에서 1100원으로 올라가면 원화가치의 평가절하, 1000원에서 900원으로 떨어지면 평가절상이다.

환율은 두 나라간 통화가 거래되는 외환시장에서 외화수요와 공급에 의해 결정된다. 가령 해외에서 많은 재화나 서비스를 수입하려면 외화수요가 증가해 환율이 상승한다. 반면 수출을 통해 많은 외화를 벌어들이면 외화공급이 증가

서울 명동 외환은행 본점에서 직원들이 환율변동 상황을 지켜보고 있다.

해 환율은 하락한다. 이처럼 환율은 무엇보다 두 나라간의 교역, 즉 재화와 서비스의 경상거래에 의해 결정된다.

그러나 국제자본 이동이 활발한 요즘은 외화수요와 공급이 실물요인이 아닌 자본거래에 의해서도 큰 영향을 받는다. 해외로부터의 차입이나 외국인의 국내 주식투자는 외환시장에서 외화공급을 늘려 국내 경제상황과 무관하게 환율을 떨어뜨릴 수 있다. 반대로 해외로의 자본유출이 환율상승 요인이 되기도 한다.

환율이 상승하면 자국제품의 가격이 하락해 일반적으로 수출증가 효과를 낳는다. 반면 수입물가를 상승시켜 수입 감소효과를 가져온다. 즉 환율상승은 무역수지를 개선하는 요인이 된다.

원-달러 환율이 1000원이고 유일한 상품인 햄버거 가격이 한국은 900원, 미국은 1달러라고 하면 달러를 가진 사람은 원화로 환전해서 한국에서 햄버거를 사려고 할 것이다. 이 때문에 한국은 햄버거에 대한 무역수지 흑자를 기록하게 된다. 이와 함께 한국의 햄버거 수출은 원-달러 외환시장에서 달러 공급을 증가시켜 환율하락 요인으로 작용한다. 환율이 하락하면 두 나라간 햄버거 가격차는 점차 좁혀져 한국 햄버거에 대한 미국의 수요가 감소할 것이고, 햄버거 값이 달러당 900원까지 하락하면 양국간 햄버거를 둘러싼 무역불균형은 해소된다.

그러나 현실에선 환율작용만으로 무역불균형이 해소되지 않는다. 두 나라의 생산성이나 기술에 의해 제품의 질이 달라진다면 가격조정을 통해 무역불균형이 단기적으로 해소되긴 어렵다. 1985년 플라자협정으로 엔화가치가 크게 상승했는데도 일본이 20여 년 동안 무역수지 흑자를 유지했던 것은 상품경쟁력이 뒷받침됐기 때문이다.

환율의 기능이 제한적인 것은 환율이 실물경제와 무관할 수 있는 자본거래로부터 영향을 받기 때문이다. 앞의 햄버거 사례를 다시 보자. 원-달러 환율이 1000원일 때 햄버거에 대한 수요증가로 환율이 하락압력을 받고 있는데도 국내에서 미국 주식투자를 확대해 달러수요가 증가한다면 무역수지 흑자에도 불구하고 환율 1000원은 그대로 유지될 수 있다. 이는 한국 햄버거에 대한 무역수지 흑자가 지속된다는 의미다. 외환시장에선 균형이 이뤄졌지만 실물경제의 측면에선 두 나라간 불균형이 여전히 존재한다.

아베 신조 일본 총리가 집권 자민당 총재로 선출된 2012년 가을부터 '엔저현상'이 지속되고 있다. 일본은 '아베노믹스'의 핵심정책으로 양적완화와 엔저의 강력한 추진을 천명하고 있다.

일본의 엔저정책은 일본판 양적완화 정책을 통해 이뤄진다. 일본은행이 물

양 적 완 화 시중의 통화량을 늘리기 위해 중앙은행이 채권이나 금융자산을 사들여 돈을 푸는 경기부양책의 일종. 금리를 낮춰 시중의 돈이 은행으로 몰리지 않도록 조치해도 효과가 없을 정도로 경기가 위축될 때 추진하는 보다 적극적인 경기부양책이다. 양적완화 조치는 자국의 통화가치를 하락시켜 수출경쟁력을 향상시키고 유동자금이 풍부해지면서 경기를 활성화하는 등의 이점이 있는 반면 물가상승과 자산거품현상 등을 초래할 위험이 있다.

가통제 목표를 1%에서 2%로 높이는 등 통화확대 기조를 유지함으로써 엔저를 유도하겠다는 게 주된 내용이다. 일본은 2011년부터 경상수지 적자가 발생했고 2013년 12월에는 사상최대 규모의 적자를 기록했다. 1980년대 이래 일본이 경상수지 적자를 겪은 기간은 3년 정도에 불과한데, 최근 3년간 연속적자를 기록했으니 엔화 평가절하를 정책수단으로 고려할 여지는 충분하다. 엔화가 2008년 금융위기 이전에 비해 아직도 평가절상 상태임을 감안하면 더욱 그렇다. 국제 금융시장의 위험확대에 따라 일본 투자자들이 해외투자 자금을 회수하고 미국 등 여타 선진국과 달리 양적완화 정책을 적극적으로 취하지 않았기 때문이다.

아베 내각의 립서비스

문제는 엔저현상이 자본시장의 작용에 의해 급격하게 심화하고 있어 실물부문이 이런 상황에 적응하는 데 어려움을 겪고 있다는 점. 양적완화 정책이 실물부문의 활성화와 물가상승을 유발해 해외재화 및 서비스 수요를 확대시키고 이것이 외환시장 수급에 영향을 미쳐 환율이 평가절하되기까지는 대개 상당한 시일이 소요된다. 그러나 정보소통이 활발해진 요즘 금융시장에서는 그러한 경로를 밟기 전에 미리 반영된다. 아베 내각의 립서비스는 충분한 효과를 보고 있는 셈이다.

일본의 산업경쟁력 약화, 경상수지 적자확대 등을 감안할 때 엔저현상은 속도의 완급은 달라질 수 있으나 정상적인 방향으로 보고 대응하는 게 현명하다.

경 상 수 지 국가간의 교역에서 자본거래를 제외한 재화와 서비스의 거래 상태를 나타내는 지표. 상품의 수출입은 물론 여행·운수 서비스 등 서비스 산업의 거래, 인력의 수출입으로 인해 발생하는 소득 및 투자소득, 송금·기부·무상원조 등 대가가 따르지 않는 거래 등에서 발생하는 차액을 일컫는다. 이들 거래를 통해 국내로 들어온 돈이 해외로 나간 돈보다 많으면 경상수지 흑자, 반대의 경우를 경상수지 적자라고 한다.

일본의 재정적자 누적으로 인한 한계 등으로 엔저현상이 지속되기 어려운 면은 있지만 기본적으로 엔-달러 환율은 100엔을 다소 상회하는 정도까지, 그리고 원-엔 환율은 100엔당 1100원 이하까지 하락할 수 있다고 봐야 한다.

엔저현상은 한국경제에 어떤 영향을 미칠까. 직접적으로는 대일(對日) 경상수지 악화가 예상된다. 최근 보도된 일본관광객 감소나 수산물 대일수출 감소가 그런 정황이다. 더 우려스러운 것은 일본상품의 가격경쟁력 상승으로 한국의 주력상품인 자동차, 전자제품 등의 수출이 감소하는 상황일 것이다. 또한 자본거래 측면에서 엔저현상은 엔 캐리 트레이드 자금(싼 엔화를 빌려 해외에 투자하는 것)의 한국유입을 우려하게 한다. 이로 인한 과도한 원화강세가 실물경제에 악영향을 주고 국내 금융시장을 교란할 수 있다.

그러나 엔저현상으로 한국경제가 받을 타격은 생각보다 크지 않을 수 있다. 한국은 대일 무역적자를 지속해왔다. 우리 수출산업의 주요부품을 일본에서 수입하는 산업구조가 주원인으로 지적된다. 즉, 엔저현상으로 무역수지 적자가 심화할 가능성은 있으나 일본제품의 단가하락은 일본부품을 수입하는 국내기업에 이득이 될 수도 있다. 현재의 엔화가치는 2008년 금융위기 전보다 높은 수준이다. 한국 제조업의 국제경쟁력이 최근 2~3년보다는 악화되겠지만, 원-엔 환율은 아직은 일본과 경쟁할 만한 수준이다.

아직은 일본과 경쟁할 만한 수준

그리고 지금 일본경제의 구조를 볼 때 '아베효과'가 얼마나 지속될지에 대해서는 회의적인 견해가 많다. 양적완화가 일본뿐 아니라 대부분의 나라에서 시행되고 있어 엔저현상이 장기적인 시장방향을 결정하는 요인이 아니라는 점에서다. 일본은행의 양적완화는 주로 국채매입을 통한 것일 텐데, 안 그래도 재정적자가 큰 일본 정부가 향후 재정적자 폭을 얼마나 더 확대할 수 있을지 의문이다. 더욱이 엔저현상이 가속화하면 일본 주력산업, 즉 가격탄력성이 낮은 고부가가치산업의 이익이 감소될 수 있다. 또한 일본의 경제적 안정에 기여했던 물가가 상승국면으로 전환하면 엔저정책은 자충수가 될 수도 있다.

여러 상황을 감안할 때 지금은 차분한 대응이 필요한 시점이다. 현재의 엔저현상은 우리뿐 아니라 모든 나라가 겪고 있다. 엔저현상은 전 세계적 양적완화 정책에 일본이 뒤늦게 동참한 결과로 봐야 한다. 따라서 우리 정책당국이 엔저현상에 대응해 원화를 평가절하할 의도로 인위적인 정책을 구사하는 것은 적절하지 않다. 오히려 가계부채 등 안정적인 경제성장에 걸림돌이 될 수 있는 내부요인을 정비하고, 국제경제의 흐름에 대응해 경쟁력을 제고하는 정책적 노력이 필요하다.

혹자는 1998년 원화가치가 고평가됐던 것이 외환위기를 유발한 주원인이었다고 지적하면서 사전대응의 필요성을 주장한다. 그러나 당시에는 국제수지 적자로 인해 환율절하 요인이 있었는데도 정부가 인위적으로 환율을 고평가한 데 문제가 있었다. 과거의 경험에선 정부의 인위적인 환율정책은 효과적이지도, 바람직하지도 않다는 교훈을 얻어야 한다.

다만 금융시장의 과도한 엔저현상 전망에 따라 자본유입이 크게 확대될 경우에는 적절한 대응이 필요하다. 단기투자를 노린 핫머니로 인해 자본시장과 환율시장의 변동성이 커지는 것은 실물경제 측면에서도 바람직하지 않기 때문이다. 정부가 엔저현상 등이 유발할 수 있는 국제금융시장의 변동을 주시하고 대응책을 마련해야 한다. 이런 점에서 토빈세 등 단기자본 이동에 대한 과세 등의 정책수단이 제기되고 있는 것은 바람직하다.

원승연 명지대 경영학과 교수

토 빈 세 노벨경제학상 수상자인 제임스 토빈이 주장한 금융거래세로 Tobin's Tax로 불린다. 국제 투기자본의 유출입으로 외환시장이 불안해지는 것을 방지하기 위해 모든 단기성 외환거래에 일정 비율의 세금을 부과하는 개념이다.

22

산업용 전기요금 인상

정부가 주택용에 비해 산업용 전기요금을 높은 수준으로 인상하자 산업계가 반발하고 있다. 그동안 산업계는 1.2%의 극소수 기업이 나라 전기의 64%를 쓰면서도 주택용보다 싸게, 게다가 누진제 부담도 없이 전기를 공급받는 혜택을 누려왔다. 산업용 전기를 원가 이하로 공급하느라 절전에 동참하며 상대적으로 높은 전기요금을 부담해온 국민의 희생과 열악한 국가 재정을 생각해 산업계도 이제 공정하고 공평한 전기소비에 나설 때가 되었다.

반값 산업용 전기,
더는 국민희생만 강요할 수 없다

정부는 2013년 11월 에너지 가격구조 합리화 방안을 발표했다. 전기요금을 평균 5.4% 인상하되 산업용은 6.4%, 주택용은 2.7% 인상하는 안이었다. 상대적으로 과도한 전기요금을 부담해오던 국민정서에 비하면 낮은 인상수준임에도 산업계가 반발하고 나섰다. 산업용 전기요금 판매단가(92.83원/kWh)가 주택용(123.69원/kWh)보다 낮긴 하지만 송전선로 설치비 등이 들어 있어 원가회수율을 따져야 한다는 것이다. 또 전기 사용을 강제로 억제할 경우 기업활동 자체가 위축될 수 있다고 주장한다. 물론 그런 면을 완전히 무시할 수는 없을 것이다.

전력수급 최대 고비를 맞은 2013년 8월 13일 오전 11시 19분
전력수급 준비단계에 접어들자 서울 삼성동 전력거래소 전력수급 상황실 직원들이
수급현황을 점검하고 있다.

그러나 지난 10년 동안 대한민국은 기업이 사용하는 전기에 대해선 상식적으로 납득하기 어려울 만큼 싼값을 유지해왔다. 특히 지난 정부 5년 동안은 그 할인율이 더 커져서 2008년에는 우리와 삶의 수준이 비슷한 경제협력개발기구(OECD) 유럽국가 평균의 40% 값에 공급하기도 했다. OECD 유럽국가 기준으로 지난 5년간 전기요금 할인을 통해 기업들을 지원해준 금액이 138조 원에 이른다. 우리 기업들은 경쟁국가의 기업들보다 매년 평균 27조 원 이상, 국내총생산(GDP)의 2%씩을 전기요금으로 지원받은 셈이다.

값이 싸면 수요가 늘게 마련이다. 너무 싸면 오·남용과 무임승차 문제가 일어난다. 당연히 반값 전기요금은 엄청난 전력수요 급증을 불러왔다. 이젠 공장에서 석유와 가스 대신 전기를 사용한다. 제철소의 쇳물도 전기로 녹이고, 바닷물에서 소금도 전기로 만든다. 하지만 전기를 필요로 하는 그 누구도 전기를 직접 생산하진 않는다. 다만 소비할 뿐이다. 그 결과 우리나라 기업들의 전기생산성은 OECD 평균의 절반이다. 우리나라 시장에서는 전기를 효율적으로 만들거나 전기를 절약하는 기술 및 제품은 팔리지도 않고, 성공하지도 못한다. 그럴 필요가 없기 때문이다. 석유보다 싼 전기를 많이 사용하는 기업과 제품만 경쟁력이 생기고 매출도 많이 올라간다.

해마다 계속되는 전력수급 불안

해마다 우리나라는 전력수급 불안에 떨고, 아직도 전력 위기는 계속되고 있다. 전기가 모자라서 더운 여름에 에어컨을 켜지 못하고, 전등을 끈 채 사무실에서 일하며, 강제로 공장 조업을 중단하기도 한다. 전기가 모자라 등을 밝히지 못하는 나라, 전기가 모자라 냉난방을 끄고 상가가 문을 닫는 나라가 우리나라다. 지구 오지에나 있을 법한 삶이 서울에서 해마다 되풀이된다.

그럼에도 국민은 불평 한마디 없이 절전에 동참한다. 전력당국이 대정전이 오면 큰일 난다고 시시각각 압박을 가하기 때문에 당장 뾰족한 수도 없다. 국민 협조로 전력수급 위기상황을 이겨냈다고 자화자찬하는 정부와 전문가의 무책임함이 창피한 수준이다.

일반 기업들은 전기요금에 대해 언급하지 않는 데 반해, 전기를 가장 많이 쓰는 소수 기업들은 전기요금이 결코 싸지 않다고 주장한다. 이들은 전체 전기 소비자의 1.2%에 불과한 극소수다. 그러나 이 극소수가 나라 전기의 64%를 사용한다.

이들은 전기요금을 올리면 물가가 뛰고 수출이 막힐 것이라고 주장하면서, 반값 전기에 취해 고효율 기술과 혁신 설비를 외면한 채 응당 해야 할 설비 교체와 투자를 미룬다. 이익을 설비 개선이나 기술 향상에 재투자하지 않고 현금으로 움켜쥔 채 손쉬운 돈벌이로 눈을 돌린다. 국내 상장기업의 현금성 유보금은 832조 원에 달한다.

반면 한국전력(한전)은 부채에 시달린다. 주가가 요동치며 원·달러 환율이 치솟아 이자 부담이 늘어난다. 반값 전기로 전기 다소비 기업만 과도한 이익을 올릴 뿐, 다른 부문은 있어야 할 매출을 잃는다. 에너지 기술 혁신기업이 매출을 잃으니 국민은 소득을 잃고 나라는 재정을 잃게 된다. 있어야 할 성장잠재력과 일자리가 없어진다.

전기요금을 올리면 혁신적인 에너지 기술이 더 빨리 발전하게 된다. 이것이 바람직한 에너지 선진국과 글로벌 리더 기업을 만든다. 지금 우리나라는 낮은 전기요금 정책 때문에 세계적 규모로 진행되는 전력(에너지)체계 혁신이 만드는 시장 기회를 놓치고 있다. 지난 10년간 지속된 반값 전기요금은 공공부문을 허약하게 만들고, 가계 부문도 가난 위기로 몰아가고 있다. 전기요금은 전력산업만의 문제가 아닌 것이다.

호주 사례는 제대로 된 전기요금 정책이 어떻게 경제 성공으로 연결되는지를 잘 보여준다. 2007년까지 호주는 한국 다음으로 전기요금이 낮은 국가였다. 우리와 다른 점이라면 자원이 풍부한 이 나라는 석탄화력으로 전체 전력의 90%를 저렴하게 생산할 수 있다는 것이다. 낮은 전기요금은 전력수요를 급증하게 했고, 그에 따른 전력망 건설비를 증가시켰다.

그러나 지난 5년간 호주는 전기요금을 50% 인상해 OECD 상위 6위권 요금으로 대전환했다. 앞으로도 환경세를 20~30% 올리는 방안이 확정적이다. 그 결과 전력소비가 15% 이상 감소해 탄소 배출량이 줄었고, 대체에너지로 태양광발전 같은 신재생 에너지 발전 비중이 13%로 증가했다. 2만 개에 불과하던 태양열 발전 시스템이 100만 개로 늘어나고, 관련 매출도 5조 원을 웃돈다. 이

**현 금 성
유 보 금**

기업이 이익을 내고도 재투자에 사용하는 대신 현금으로 쌓아두고 있는 돈. 기업이 설비 개선이나 기술 향상에 재투자해야 고용창출이 가능해 시중에 돈이 돌지만 기업의 유보금이 증가하면 국민에게 돌아가는 돈이 줄어들어 소비여력이 떨어진다. 이는 곧 성장잠재력 저하로 이어져 경제악화의 원인이 된다.

한 부문에서만 호주 경제를 0.1% 성장시킨 시장이 창출된 것이다.

이는 낮은 전기요금 정책을 버리고, 정상적인 전기요금 정책을 실시하면 기업에 부담보다 큰 성장을 만들어줄 수 있다는 것을 입증한다. 창조적 파괴의 관점, 다시 말해 새로 태어나기 위해 기존 틀을 깬다면 전기요금 정상화는 공평한 성장, 경제민주화와 창조경제 구현을 위한 강력한 정책이 될 수 있다.

공정하고 공평한 전기소비 추구해야

이대로는 결과가 불 보듯 자명하다. 산업용 전기를 원가 이하로 공급해주느라 국가재정은 휘청거리고 국민경제도 파탄 난다. 탄소 배출을 줄이려는 지구적 협력에도 위배되고 그린 기술에서 경쟁력이 떨어져 시장도 잃게 된다. 돈도 잃고 지구도 잃는 것이다.

먼저 소득분배 효과, 대량 소비에 대한 규제, 기존 주택용 누진제의 과도한 징벌성 완화를 위해 주택용 전기의 누진 구간을 4단계로 축소할 필요가 있다. 그와 동시에 저소득 계층 지원을 위해 100kWh/월 소비까지의 기본 사용량은 무상으로 함으로써 저소득층의 기본 전기사용 권리를 보장하고, 중산층에게는 전기요금 부담을 경감해준다.

기업 부문의 전기요금을 2018년까지 OECD 평균 수준으로 인상하는 방법이 있다. 이를 위해 지금의 산업용과 일반용 종별요금을 전압별 요금체계로 전환하고, 연간 10%씩 5년간 계속 인상해 기업 부문의 전기소비 한계비용(현재

누진제 전기사용량을 여러 단계로 나눠 일정 사용량 이상부터 기본요금과 단가를 달리 부과하는 제도로 주택용 전기요금에만 적용된다. 현재는 6단계로 구분해 월 100kWh 이하면 기본요금 410원에 kW당 60.7원이 적용되지만 101~200kWh는 기본요금 910원에 kW당 125.9원으로 2배 이상의 누진세가 적용되고 500kWh를 초과하면 1단계보다 무려 11배 이상의 누진세를 내야 한다.

99.2원/kWh)을 총 61% 올려 160원/kWh으로 한다면 향후 5~6년간 60~70조 원 규모의 요금수입이 더 생길 수 있다. 그럼 한전의 재무역량이 건전해지고, 주택 부문의 전기요금 인하를 보충하고도 대략 40~50조 원의 정부재정을 확보할 수 있다.

세상은 바야흐로 통합과 융합으로 소통하는 시대에 들어섰다. 우물 안 개구리처럼 수십 년 전에나 통용되던 일차방정식 같은 정책이나 경영은 이제 더는 적용되지 않는다. 수많은 변수가 존재하는 n차방정식을 풀려면 유연한 적응력과 창조적 사고, 그리고 무엇보다도 잘못된 것을 숨기지 않고 인정하면서 개선하려는 능동적 의지가 필요하다. 전기 소비를 공정하고 공평하게 추구한다면 경제도 한층 성숙할 테고, 우리 사회의 지속가능성도 따라서 성장할 것이다.

홍준희 가천대 에너지IT학과 교수
백윤선 가천대 가천에너지연구원 정책연구팀장

23

기업경영의 투명성을 높이려는 취지에서 기업임원 연봉이 공개됐다. 그러나 애초 취지와는 달리 고액연봉자에 대한 비난여론이 일면서 연봉 공개의 실효성 논란이 불거지고 있다. 이런 사회분위기라면 기업을 실질적으로 지배하는 오너 경영인이 등기를 꺼리거나 공시 대상이 되지 않을 음성적 보수의 지급을 늘릴 가능성이 높고 이 경우 오히려 기업경영의 투명성을 저해할 우려가 있다는 지적이다.

기업임원 연봉 공개하면 경영 투명해질까

2014년 3월 31일 연봉 5억 원 이상을 받는 기업 등기임원의 연봉이 공개되면서 후폭풍이 만만치 않다. 기업은 고액연봉을 비난하는 국민여론에 촉각을 곤두세우며 '반기업 정서'를 부추길까 긴장하고 있고 국민은 연봉공개를 반기면서도 상대적 박탈감을 느끼는 분위기다.

기업임원 연봉공개는 '자본시장과 금융투자업에 관한 법률'을 개정해 등기이사의 평균연봉만 공개하던 방식에서 각 임원의 개별적 보수를 공개하는 방식으로 바뀌면서 시작됐다. 이는 정치권의 경제민주화 요구에 맞춰 추진된 것으로, 임원 보수에 대한 주주의 통제를 강화하고 기업경영의 투명성을 높이기 위한 조처다. 주주에 대한 서비스 강화 차원으로도 볼 수 있다.

사회적 위화감 조장

재계는 임원의 개별연봉 공개에 일제히 반대했다. 각 임원의 연봉을 공개할 경우 개인의 프라이버시 침해와 사회적 위화감 조장, 노사관계 악화 등의 부작용이 따를 것을 우려해서다. 보수정책은 기업의 중요한 경영노하우인데 이를 공개하도록 요구하는 것은 영업비밀의 침해이기도 하다.

기업임원의 개별연봉 공개를 찬성하는 편에서는 외국의 사례를 든다. 성과주의에 익숙한 미국에서는 임원과 직원 사이에 보수 격차가 커도 큰 저항이 없다. 그러나 유럽과 아시아는 형평성을 더 중시하는 경향이 강하다. 근로자의 근로와 경영자의 경영은 업무의 성격상 동일 선상에서 비교할 수 없는데도 근로자의 보수와 임원의 보수에 같은 잣대를 들이대는 건 그 때문이다. 우리나라는 2013년 현재까지 주주총회에서 임원 보수의 총액을 결정한 뒤 이를 임원들에게 분배해 왔지만, 미국은 최고경영자(CEO)와 최고재무책임자(CFO)를 포함해 연봉 상위 5인의 보수명세를 개인별로 공개하도록 하고 있고, 일본은 1억 엔(한화 11억 원) 이상의 연봉을 받는 임원의 보수를 개별 공시하게끔 한다. 스위스에서는 경영진의 보수를 주주가 결정하도록 하는 법안이 통과됐으며, 유럽연합(EU)은 현재 은행 경영진의 보너스를 규제하고 있는데 이를 일반기업에까지 확대

등 기 이 사　주식회사의 이사회 구성원으로 등재된 이사. 이사회에 참여해 기업경영에 관한 주요안건을 의결할 권한을 지니며 그에 관한 법적인 책임도 지는 직책으로 책임경영의 기반이라고 할 수 있다. 이에 반해 이사회에 참여할 권한이 없어 기업경영에 관한 연대책임을 지지 않아도 되는 이사를 비등기 이사라고 한다.

하는 방안이 논의되고 있다. 이처럼 임원의 보수공개 강화가 세계적인 추세이기는 하다. 그런데 미국과 스위스 등에서는 임원이 자신의 연봉을 스스로 결정하게 할 뿐만 아니라 임원과 평사원간의 보수격차도 워낙 크다. 미국에서는 임원 연봉을 임원 스스로 결정해왔는데, 최근에야 비로소 이에 대한 주주의 의견을 묻고 그 결과를 임원에게 권고할 수 있는 주주권고제도(say on pay)가 시행되고 있다. 주주의 권고도 구속력은 없다. 미국에서는 경영실패의 책임을 지고 물러나는 CEO가 1억5000만 달러의 보수를 챙기는가 하면, 2009년 금융기업이 망해 정부의 구제금융을 받으면서도 이곳 임원들은 수천억 달러의 보수를 챙겨 떠나는 일도 있었다. 오죽했으면 버락 오바마 대통령이 이를 질타하는 연설을 했을까. 미국만의 독특한 사고와 문화적 환경이 빚어낸 현상인데, 따지고 보면 유능하다고 평가한 인재를 영입할 때 미리 계약한 조건에 따라 보수를 지급한 것에 불과한 것이니 분노할 일도 아니다. 우리나라는 아직 그런 계약문화가 정착되지 않아 회사가 적자임에도 오너경영자가 고액의 연봉을 받으면 사유를 묻지 않고 사회적 비난이 폭주할 우려가 크다. 기업임원의 개별연봉 공개는 은연 중에 저액을 받는 기업인을 칭송하면서 고액을 받는 경영인에 대해서는 국민의 질시와 분노를 부추기기 십상이다. 실익도 크지 않고 위험하기조차 한 임원의 개별보수 공개를 국회의원들이 적극 추진한 것은 진정 주주를 위한다기보다는 기업인의 희생을 통해 인기에 영합하려는 요소가 강하다고 본다. 국민들은 오히려 국회의원들이 국가로부터 받는 각종 혜택에 대해 더 궁금해하는 것 같다.

경 제 민 주 화 자본주의 시장경제의 모순을 완화하기 위해 국가가 시장에 개입해 경제적 균형 또는 평등을 추구하는 정책이다. 자유경쟁을 원칙으로 하는 자본주의 경제체제는 기업의 불공정 거래, 독과점, 문어발식 확장 등을 통해 부의 심각한 불균형을 초래할 위험을 내포하고 있다. 경제민주화란 이를 규제하고 조정해 경제양극화를 완화함으로써 궁극적으로 사회적 안정을 추구하는 데 그 목적이 있다. 금산분리, 순환출자 금지, 공정거래법 등을 통해 대기업을 규제하고 중소기업과 골목상권을 보호하는 정책을 도입하는 등의 노력이 모두 경제민주화의 일환이라고 할 수 있다.

재계는 프라이버시 침해와 사회적 위화감 조장, 노사관계 악화 등을 우려해
개별연봉 공개에 여전히 부정적인 입장을 보이고 있다.

고스란히 우리 주머니에서 나가는 것이기 때문이다. 한 명의 천재 경영자는 수십만 명을 먹여 살리고 국가경제에 엄청난 기여를 한다. 그에게 수백억 원을 지급한다고 해서 문제될 것은 없다. 국민 세금으로 지급하는 것도 아니지 않은가.

지배구조만 왜곡시킬 수도

사실 연봉 공개에 관한 법률은 많은 문제점을 안고 있다. 우선 등기임원을 대상으로 하기 때문에 연봉을 많이 받는 임원은 등기를 꺼릴 것이다. 2002년 구 '증권거래법'에서 사외이사의 수를 이사 전체의 과반이 되도록 정했는데, 이때 기업들은 사외이사를 대거 임명할 경우 기업비밀의 누출 사고 등이 발생할 것을 우려해 이사 전체의 수를 대폭 줄였다. 근로자가 20만 명인 대기업도 등기이사 3명에 사외이사가 4명에 불과한 이유가 여기에 있다. 잘못된 법률은 이와 같이 엉뚱한 부작용을 낳는다.

실제 등기임원의 연봉이 공개되면서 우려했던 일들이 현실이 되고 있다. 보수의 적정성 시비가 이는가 하면 주요 기업의 오너 일가 대부분이 등기에서 제외돼 연봉을 공개하지 않은 사례도 있었다. 임금협상 시기가 되면 공개한 임원 연봉이 노동조합의 중요한 투쟁이슈가 될 수도 있다. 무엇보다 임원들이 남의 주목을 받아 피곤해지느니 차라리 등기에서 제외되기를 원할 경우 기업경영의 투명성을 오히려 악화시킬 가능성도 없지 않다.

지금도 등기이사를 단 1명만 두고 나머지는 전부 사외이사로 임명한 기업이 있다. 앞으로 많은 기업이 이러한 모델을 따를 가능성이 높다. 사외이사도 등기 되지만 그들의 연봉은 대체로 2000만~3000만 원 선이고 고액을 받는 경우에도 1억 원을 넘는 경우가 드물기 때문에 보수를 공개할 필요가 없다. 이러한 지배구조 모델은 법률에도 부합할 뿐 아니라 회사로서도 경비절감 효과를 볼 수 있다. 사외이사가 대부분인 경우 실상은 저비용의 저질 지배구조임에도 좋은 지배구조의 모범사례로서 표창을 받기도 할 것이다. 실질적이고 중요한 업무는 미등기 임원들이 결정하고 집행할 것인데, 그들은 등기이사보다 많은 보수를 받으면서도 그 사실을 공개할 필요도 없다. 그러므로 기업임원 연봉공개 관련 법안은 경영책임자를 숨게 만들고 기업 지배구조를 왜곡하는 심각한 부작용을 초래할 수 있다. 게다가 비등기 임원의 보수까지도 모두 공개하라고 윽박지를 날이 곧 올 것이 틀림없다.

사 외 이 사   회사에 상근하는 사내이사의 반대개념으로 비상임 이사 또는 비상근 이사라고도 한다. 기업 외부의 인사 중 회사업무나 기업경영과 관련해 전문성을 지닌 인물을 사외이사로 선임하며 상장회사인 경우 전체 이사진 가운데 일정 수 이상의 사외이사를 두도록 법으로 규정하고 있다. 사외이사 제도는 회사와 이해관계가 얽혀 있지 않은 외부인사로 하여금 기업경영을 감시하고 조언하게 함으로써 기업경영의 투명성을 높일 목적으로 도입됐다. 따라서 해당기업의 최대주주나 주요 주주, 그 배우자 및 직계존비속, 계열사의 임직원이나 그 가족, 2개 이상의 기업에서 사외이사로 선임된 자 등 경영진과 이해관계가 얽힐 수 있는 외부인사는 사외이사로 선임할 수 없다.

또한 기업에서 각종 혜택과 비급여성 보수를 지급하더라도 그것은 공시의 대상이 되지 않을 수 있다. 개별임원에게 귀속되지 않은 공동사용 목적의 차량이나 시설 또는 업무추진비, 판공비, 이사책임보험의 보험료, 연금기여금, 세금보조 등도 보수에 포함시키기 어려울 것이다. 임원에게 지급해오던 스톡옵션도 보수에 포함될지 미지수다. 또 기업임원이 맡은 업무에 따라서는 산정이 불가능할 수도 있다. 준법감시실 임원이나 기업윤리 및 사회적 책임 담당임원은 생산이나 영업 분야에 종사하지도 않는데 무엇을 근거로 평가할 것인가. 임원 보수의 개별적 공개 정책을 어설프게 실시하다간 실익도 없으면서 기업의 지배구조만 왜곡시키는 부작용을 초래할 공산이 크다.

규제비용 더 드는 과잉입법

사기업의 보수에 정부가 관여하는 것은 지나치다. 이것은 기업경영 활동을 위축시키고 음성적 보수를 부추기며 성장률을 떨어뜨리고 일자리를 사라지게 할 위험이 큰 '실험'이다. 외국의 사업보고서를 보면 보수 산정 기준과 산정 방법을 제시하도록 한 것도 상당한 분량을 차지해 연말결산 서류업무를 가중시킨다. 이는 기업에 비용을 강요하는 규제다. 실제로 이 법률이 적용되는 임원(연봉 5억원 이상을 받는 등기임원)은 코스닥 상장기업을 포함해도 600명이 채 안 되는 것으로 조사됐다. 시끄러운 법률치고 수범자의 수가 너무 적어 규제의 효과보다 규제비용이 더 드는 전형적인 과잉입법이다. 보상체계에 국가가 간섭하는 것은 또다른 규제다. 고액연봉을 받는다고 회사 안팎에서 질시하는 상황이 되면 글로벌 시장에서 고급인력을 확보하기 어렵다. 성과에 합당한 보상이 따르는 시스템이 갖춰질 때 창업도, 창조경영도 활발해진다. 신정부 초기에 추진했던 각종 경제민주화 법안은 기업인을 해외로 내몰 위험이 높다. '기업의 엑소더스(exodus · 대탈출)를 지원하기 위한 패키지 법률안'이라고 해도 지나치지 않을 것이다.

최준선 성균관대 법학전문대학원 교수

박근혜 정부의 경제민주화 정책의 일환으로 기업 지배구조 관련 상법 일부 개정안이 입법예고됐다. 소액주주들의 영향력을 높여 기업의 지배구조를 개선한다는 취지이나 지나친 규제가 기업의 자율성을 침해하고 자칫 투기자본에 휘둘릴 위험도 있어 신중하게 접근해야 한다는 재계의 반론이 만만치 않다.

소액주주 영향력 강화의 득과 실

법무부가 2013년 입법예고한 법안 가운데 눈여겨봐야 할 게 있다. 기업 지배구조 관련 상법 일부 개정안이다. 2014년 4월 현재 국회를 통과하지 못하고 있지만 기업경영에 큰 영향을 끼칠 법안이어서 귀추가 주목된다. 법무부는 입법예고 당시 이 개정안의 취지를 △이사 및 감사위원 선임절차 개선 △이사회의 기능과 역할 정비 △경영진의 위법행위에 대한 사법적 구제수단 확대 △주주총회 활성화로 투명하고 건전한 경영 및 기업문화를 유도하는 법적 기반구축이라고 밝혔다.

탈세 및 비자금 조성 등의 혐의가 인정돼 서울구치소로 향하는 이재현 CJ그룹 회장. 이 회장은 박근혜 정부 들어 첫 번째로 구속 수감된 재벌총수가 됐다.

개정안의 골자는 △일정자산 규모 이상 또는 일정 수 이상의 주주로 구성된 회사에 전자투표제, 집중투표제, 집행임원제를 의무화 △감사위원인 이사를 다른 이사와 분리 선출 △다중대표소송 도입 등이다. 대주주의 회사에 대한 영향력을 축소하고 소액주주들의 영향력을 증대시켜 기업지배구조의 변화를 도모하려는 의도로 보인다. 이번 개정안은 박근혜 정부의 정책목표 중 하나인 '경제민주화'를 회사법에 반영하기 위한 것이라는 해석이 지배적이다.

전자투표제 의무화

주주는 주주총회에서 의결권을 행사함으로써 자신의 의사를 회사운영에 반영할 수 있다. 그런데 소액주주들은 투자금을 쉽게 회수할 수 있어 의결권 행사에 소극적인 경향이 있다. 한편 상당수 상장회사는 같거나 비슷한 날짜에 주주총회를 열어 소액주주들의 의결권 행사를 어렵게 하기도 한다. 이번 개정안은 일정 수 이상의 주주를 가진 상장회사에 대해 전자투표 실시를 의무화해 소액주주의 참여를 제고하려 한다.

재계는 의결권 대리행사 권유, 서면투표제 등 보완제도가 이미 있고 이러한 제도를 활용해 소액주주의 참여도를 높일 수 있다고 본다. 개정안이 전자투표제 의무화 기준을 주주의 수로 정하고 있어 소규모 회사의 경우 전자투표 시스템 구축에 과도한 비용이 들 수 있다는 점도 염려한다. 전자투표제가 해킹, 뜬소문 등 사실 왜곡에 기초한 의결권 행사 위험, 의결권 철회 불가능 등의 문제를 초래할 수 있다고도 지적한다.

집중투표제 의무화

집중투표란 1주의 주식에 대해 선임하고자 하는 이사의 수에 상당하는 복수의 의결권을 부여하는 것으로 일명 누적투표라고 한다. 예컨대 이사 3인을 선임하는 경우 소액주주들이 자신들의 의결권을 특정후보에게 집중적으로 행사해 그 후보를 이사로 선임할 수 있게 하는 것이다. 현행 상법은 회사가 정관으로 집중투표를 배제할 수 있도록 하는데, 실제로 2013년 말 현재 상장회사 737개사 중 680개사(92.8%)가 집중투표를 배제하고 있다. 법무부는 상장회사 대부분이 집중투표 배제를 통해 대주주 의사에 따라 이사회를 구성하고, 이렇게 구성된 이사회가 감시기능을 제대로 수행하지 못한다고 본다.

재계는 실제 의결권 행사에 소극적인 소액주주에게 집중투표제가 큰 의미가 없고 오히려 단기적 이익실현에 집착하는 투기자본의 경영간섭을 조장해 궁극적으로 기업가치가 훼손될 것이라고 주장한다. 투기자본이 내세운 자가 이사회 구성원이 되면 회사기밀이 누설되거나 특정주주에게 부당하게 이용될 수 있기 때문이다.

투 기 자 본 투자와 투기자본을 엄격하게 구분하기는 어려우나 기업의 성장잠재력을 내다보고 투자하는 자본이 아닌 단기적 이익실현만을 추구하는 일종의 악성자금을 투기자본이라고 부른다. 투기자본은 기업이 이윤을 창출할 때마다 고액배당을 요구하거나 자금을 회수함으로써 기업이 연구개발이나 시설확장, 인력개발 등에 투자할 기회를 차단해 기업의 성장잠재력을 약화시키고 최악의 경우 기업의 존립마저 위태롭게 만들기도 한다.

일본에서는 1950년대에 집중투표제를 도입했다가 경영혼란을 야기하자 1970년부터 회사정관으로 집중투표제를 배제할 수 있게 했다. 미국의 일부 주와 러시아, 멕시코, 칠레 등 극히 일부를 제외한 대부분의 국가는 집중투표 배제를 허용한다.

감사위원 분리선출

현행 상법은 선임된 이사들 중 감사위원을 선임하도록 하고 있는 데 반해, 개정안은 자산이 2조원 이상인 상장회사에 대해 감사를 대신해 감사위원회를 설치하고, 감사위원회 위원의 3분의 2 이상을 사외이사로 선임하도록 했다. 현행 상법에서 대주주는 이사선임 단계에서는 의결권을 제한받지 않지만 선임된 이사들 중 사외이사가 아닌 감사위원을 선출할 때는 합산 3%룰(대주주 및 그 특수관계인 지분을 합산해 3% 한도로 의결권 제한)을 적용받는다.

개정안에선 감사위원이 될 이사의 선임단계부터 합산 3%룰이 적용돼 결과적으로 대주주의 이사회 구성 권한이 약화된다. 법무부는 감사위원 분리선출을 통해 감사위원의 독립성이 확보돼 기업지배구조의 투명성을 높일 수 있다고 본다.

감사위원 역시 이사이므로 분리선출을 강제할 명분이 없고 합산 3%룰은 1인 1의결권 원칙의 과도한 제한이며, 대주주 및 그 특수관계인은 합산 3%룰을 적용받는 반면 나머지 주주는 단순 3%룰(특수관계인 지분을 합산하지 않고 주주별로

감 사 위 원　감사는 주주총회, 이사회와 함께 주식회사를 구성하는 기관이다. 감사위원은 기업의 업무 및 회계현황을 감독하고 조사하는 업무를 수행하며 부정 또는 부실사례가 감지될 경우 이를 이사회에 보고할 의무를 지닌다. 감사위원의 업무소홀로 기업이나 제3자에게 손해를 끼칠 경우 연대책임을 져야 할 수도 있다.

3% 의결권 제한)을 적용받는 것은 역차별이라는 게 재계의 입장이다. 재계는 상장회사가 투기자본이나 경쟁회사들에 의해 경영권을 위협받을 수 있다고 우려한다.

집행임원제 의무화

집행임원제란 2011년 상법개정을 통해 도입된 것으로, 회사는 집행임원을 선임해 그로 하여금 회사의 업무집행과 회사대표에 관한 권한을 행사하게 한다. 이번 개정안은 자산 2조원 이상의 대규모 상장회사에 대해 집행임원제 채택을 의무화했다. 집행임원이 업무집행을 전담하고 이사회는 업무집행에 관한 감독권만 행사하라는 것. 현행 제도상 대규모 상장회사는 사외이사가 과반수를 차지하고 감사위원회를 반드시 둬야 하므로 이사회가 업무결정 및 집행 그리고 감독기능까지 수행하는 것은 자기모순이라는 것이다.

재계는 회사의 업무결정 및 집행기능은 회사운영의 핵심기능이며 세계 어디에서도 이를 특정기관으로 한정하는 기업지배구조를 보기 어렵고, 단지 기업규모가 크다는 이유로 특정지배구조를 강요하면 기업이 환경변화에 적응하지 못할 것이라고 주장한다. 대주주의 신속하고 과감한 의사결정으로 급격한 환경변화에 대처해온 우리 대기업에 집행임원제 의무화는 기업경쟁력, 나아가 기업의 생존에 영향을 줄 수 있다고 반박한다.

특 수 관 계 인 기업의 대주주와 특수관계에 있는 사람을 말한다. 기업경영에 실질적 영향력을 행사하는 사람과 그 친족, 주요 주주와 그 친족, 해당기업 임원과 그 친족, 해당 법인에 30% 이상을 출자하고 있는 법인이나 개인, 같은 기업집단에 속하는 계열회사 및 그 계열회사의 임원 등이 법인세법상 특수관계인에 해당한다. 한마디로 대주주와 이해관계를 함께 할 가능성이 높아 공정한 의결권을 행사하기 어려운 범주의 사람을 일컫는다고 할 수 있다.

다중대표소송 도입

다중대표소송은 과거 상법개정 과정에서 수차 논의됐지만 재계의 반대로 도입되지 못했다. 자회사의 이사가 임무해태 등으로 자회사에 손해를 발생시킨 경우 모회사의 주주가 해당이사를 상대로 책임을 추궁할 수 있는 법적수단이 다중대표소송이다. 재계는 대다수 국가가 다중대표소송을 도입하지 않고 있고, 일본도 100% 자회사에 대해서만 그 도입을 검토하고 있을 뿐이라고 반박한다. 상법은 회사의 탄생, 운영 및 소멸을 규율하는 법적 틀이다. 회사는 주주들이 부담한 자금으로 설립돼 영리활동을 펼치는 시장경제의 구성원으로 그 공적기능을 부인할 수 없으며, 다수 이해관계자의 기능과 역할을 조정해야 한다는 점에서 상법이 개별회사의 자율성을 보장하는 데는 제한이 있을 수밖에 없다.

그럼에도 상법의 본질은 회사의 활동을 규제하는 것이 아니라 회사가 사업을 원활히 운영할 수 있는 법적기반을 마련하는 데 있다. 상법에 제한규정이나 강제규정을 추가해 손쉽게 정책목표를 달성할 수도 있겠지만 그러한 기능은 경쟁법이나 세법과 같은 규제법률을 통해서도 달성할 수 있다. 따라서 기존규정이 제 기능을 못한 이유를 따져보는 게 우선일 것이다.

가령 주주대표소송이 제 기능을 못하는 상황에서 다중대표소송을 도입하자는 제안은 설득력이 떨어진다. 회사의 자산이 일정규모 이상이라는 이유로 집행임원제를 의무화하는 것보다는 미국처럼 유인(誘引) 요소를 제공해 기업이 자연스럽게 집행임원제를 선택하도록 하는 것이 바람직하다.

새로운 규제를 통해 정책목표를 실현하는 것보다는 제 기능을 하지 못하는 기존제도가 활용될 여건을 조성해 바람직한 방향으로 기업을 유도하는 것이 상법의 본질에 부합할 것이다. 이를 위해 판례를 통한 법원의 적극적이고 유연한 역할이 필요할 수도 있다. 규제는 한번 잘못 만들어지면 그 부작용을 바로잡는 데 막대한 사회적 비용을 치러야 한다.

장재영 법무법인 세종 변호사

배임죄의 적법성 여부는 오랫동안 경제계와 법조계의 논란거리였다. 고의성이 입증되지 않은 기업인의 경영상 과오를 '업무상 배임죄'로 처벌하는 현 배임죄 규정이 지나치게 모호해 '걸면 걸리는' 죄라는 문제의식에서 비롯된 논란이었다. 이에 기업인이 경영상 판단을 한 경우에는 배임죄로 처벌하지 않는 방향으로 상법을 개정해야 한다는 주장이 제기되고 있다.

경영상 과오까지 '걸면 걸리는' 모호한 배임죄

배임(背任)죄란 타인의 사무를 처리하는 자가 그 임무에 위배되는 행위를 해 재산상의 이익을 취득하거나 다른 사람으로 하여금 이익을 취하게 해 위임자 본인에게 손해를 가하는 범죄다.

우리 중에 '자신의 사무'만 처리하는 사람이 얼마나 될까. 사회인 대다수는 '타인의 사무'를 처리하면서 살아간다. 사무를 위임하는 이는 자연인일 수도 있고, 회사나 기타 조직일 수도 있다. 사무처리를 위임받은 사람이 그 업무를 처리하면서 위임인이나 기업 등 조직에 손해가 발생하는 행위를 고의로 하면 민사상 손해배상 책임 외에도 형사상 처벌을 받는다. 예를 들어 고의로 어떤 업무를 집행하지 않아서(부작위) 위임인에게 손해가 생기면 처벌받을 수 있고, 일을 열심히 한다고 했는데 결과적으로 위임인에게 손해를 가했을 경우에도 배임죄의 처벌을 받을 수 있다.

이런 배임죄는 중세 독일의 카롤리나 형법전에서 최초로 입법됐다. 당시 봉건영주가 신하의 대리권 남용을 막기 위해서 만든 것이었다. 독일 나치시대에는 사회기강을 잡는다는 명분 아래 적용범위가 확대됐다. 우리나라에는 일본을 거쳐 도입됐다.

배임죄에 대한 처벌이 과거 우리나라에서 건전한 사회정착에 상당한 기여를 한 것은 사실이다. 만약 우리 형법에 배임죄는 없고 사기죄만 있었다면 사회가 몹시 혼란스러웠을 것이다. 보통 사기범의 고의를 증명하기가 어려워 사기죄로 기소하기가 쉽지 않기 때문이다. 주가조작, 자금조달을 위한 신주발행과 사채발행, 허위공시, 대표이사 또는 제1대 주주의 잦은 교체, 분식회계 및 횡령…. 경제계에서는 기묘한 방법을 이용한 사기가 빈번하게 일어난다. 그간 이런 기업범죄에 대해 철퇴를 내릴 수 있었던 것도 배임죄 덕분이다.

광범위한 '임무위배'

그런데 배임죄의 구성요건 표지가 되는 '임무위배'는 너무 광범위하고 의미가 모호하다. 오늘날 기업을 경영하는 것 자체가 대규모의 위험을 수반한다. 이 때문에 기업인에게는 배임죄가 기업활동을 제한하는 요인이 된다. 배임죄는 고의를 요건으로 하나, 판례는 미필적 고의도 포함된다고 한다. 미필적 고의란 '그럴 가능성이 있다'는 것을 인식하면서도 '그런 결과가 발생해도 좋다'는 마음가짐을 말한다.

예를 들어 한겨울에 사람을 폭행해 그가 길에 쓰러졌다고 해보자. 그대로 두면 얼어 죽을 수 있다는 걸 알면서도 '죽어도 할 수 없지' 하고 생각하고는 그를 버려두고 현장을 떠났다. 그 결과 이 사람이 얼어 죽었다면 살인죄가 성립한다. 은행임원이 어떤 회사에 거액의 대출을 해주면서, 이 회사가 망할 가능성이 있고 망하면 대출금 회수가 불가능하다는 것을 알면서도 대출을 감행하고, 결국 이 회사가 망해 대출금 회수가 어렵게 되면 임원은 미필적 고의로 배임죄가 성립된다.

그런데 고의도 그렇지만 미필적 고의는 내심(內心)의 의사이기 때문에 확인이 불가능하다. 고의가 있는지 여부는 당시의 객관적 상황을 종합적으로 판단해 결정할 수밖에 없다. 판례를 보면 반드시 손해가 발생하지 않고 손해발생의 위험만 있어도 처벌한다. 위임자에게 이익이 된 경우에도 처벌 가능하고, 수임인이 개인적으로는 아무런 이득을 취한 바 없어도 처벌된다. 위임인에게 손해를 끼칠만한 위험한 행위를 한 것 자체가 범죄이기 때문이다(위태범). 바로 여기서 무리가 생기는데 대개는 투자 등으로 손해를 보게 되면 위임인은 물론이고 채권자나 경영권 쟁취를 노리는 적대적 주주, 모회사 또는 자회사의 주주, 심지어 노조에 의해서도 배임죄로 고발당할 수 있다. 그러므로 배임죄의 경우 무죄율이 상당히 높다. 대법원이 발간한 《2012년 사법연감》을 보면 1심 기준, 총 5,390명이 횡령 및 배임죄와 관련하여 법원으로부터 처분을 받았는데, 이중 무

176

죄판결을 받은 사람이 319명이고 무죄율은 5.2%이다. 형법상의 일반범죄의 경우는 106,723명이 처리되었는데, 그 중 무죄판결을 받은 자는 2,915명으로 무죄율 2.7%이다.

배임은 민사로 해결해야

고발이 있는 이상 수사기관은 수사하지 않을 수 없다. 일단 피의자로 몰린 기업인은 판결 전 개인생활이 파괴되는 것은 물론 해당기업과 종업원 및 주주까지 일시에 공황상태에 빠진다. 가정은 파탄나기 쉽고 기업은 주가가 폭락하고 거래가 끊긴다. 배임죄는 너무나 쉽게 성립할 수 있고 수임인은 너무나 쉽게 전과자가 될 수 있다. 기업인은 자신의 행동이 아무리 사심

지난 2013년 1월 31일 횡령 및 배임 혐의로 기소된 최태원 SK그룹 회장이 선고공판에 출석하기 위해 서울 서초동 서울중앙지법으로 들어가고 있다. 이날 최 회장은 법정구속됐다.

없는 것이고 또 개인적 이득을 취한 적이 없다 해도 나중에 배임죄로 처벌될 수 있다는 점 때문에 늘 불안 속에 경영일선에 나선다. 현재 배임죄는 형법, 상법, '특정경제범죄 가중처벌 등에 관한 법률'(이하 특경가법)에 규정돼 있다. 그런데 사법실무상 더욱 잘못된 것은 기업인의 배임행위를 다스리기 위하여 상법 제622조에 특별배임죄의 규정을 두고 있음에도 형법을 적용하고, 나아가 특경가법을 적용하는 것이다. 먼저 기업인은 이사 등 특별한 신분을 가진 사람이기 때문에 특별법인 상법이 적용되어야 한다. 다음으로 특경가법의 적용대상은 형법위반의 경우이지 상법위반의 경우는 그 적용대상이 아니기 때문에 기업인에 대해 특경가법을 적용하지 말아야 한다. 그럼에도 기업인에게 상법이 아닌 형법을

적용하고, 그에 더해 특경가법을 적용하는 것은 특경가법이 이득액수가 큰 경우에 가중처벌하도록 하고 있기 때문인데 이는 기업인을 엄하게 처벌하기 위한 일종의 편법이다. 이것은 첫째로 특별법 우선의 원칙 위반이다. 특별법 우선의 원칙에 따르면 상법상 형벌규정은 형법상 형벌규정의 특별법이므로 기업인에게는 상법이 먼저 적용되어야 한다. 둘째로 죄형법정주의 위반이다. 특경가법 제3조는 상법 제622조의 경우에 적용하도록 규정되어 있지 않은데도 불구하고 이를 적용하는 것은 죄형법정주의 위반인 것이다. 법률에 규정이 없으면 죄가 성립하지 아니하고 처벌하지도 않는다는 것이 죄형법정주의로서, 이것은 형법의 기본원칙이자 헌법 제13조에 규정되어 있는 국민의 기본권이다. 특히 특경가법은 인신을 구속하는 징역 등 자유형만 인정되고 벌금형을 인정하지 않는다는 것도 기업인에게는 매우 불합리한 것이다.

이와 같은 문제 때문에 최근 기업인이 '경영상 판단'을 한 것으로 보는 경우에는 배임죄로 처벌하지 않는 방향으로 상법을 개정해야 한다는 논의가 있다. 즉, 우리 상법에는 없지만 미국의 판례 및 독일 주식법에서 인정하고 우리 판례에서도 간혹 인정하는 경영판단의 개념을 상법에 명문화하고, 경영상의 판단으로 인해 회사에 손해를 끼쳤다 해도 형사처벌을 면해줘야 한다는 논리다.

실제로 최근의 판례를 보면 검찰과 법원이 배임죄에 대해 예전과 달리 상당히 신중하게 처리하는 경향이 있다. 경영판단을 이유로 배임죄 처벌을 면하게 하는 판결이 점점 늘고 있는 것이다. 그럼에도 본질적인 문제는 아직 해결되지 않고 있다. 사실 중요한 것은 범죄의 구성요건이 너무 광범위하고 모호하다는 것이다. 본질적으로는 형법상 배임죄 자체가 문제인 것이다. 그러므로 일각에서는 형법상의 배임죄를 일본처럼 목적범(자기 혹은 제3자의 이익 또는 본인에 손해를 가할 목적으로 임무위배를 한 경우에만 처벌하는 것)으로 개정해야 한다고 주장한다. 이와 같이 개정되면 조금은 나아질 수도 있을 것이지만, '행위자의 목적' 자체가 내심의 의사이기 때문에 확인이 어려워 근본적인 해결은 되지 못한다. 배임죄를 폐지하는 것이 정답일 수 있다. 배임의 본질은 배신이다. 배신은 윤리적인 문제이고 손해배상 등 민사적으로 해결돼야 할 문제다. 배임죄는 민사적 수단에 의해 해결해야 할 분쟁을 국가가 나서서 형사법으로 처벌하는 것과 같다. 이는 형벌권의 과도한 개입이며 개인의 자유를 침해할 위험이 있다. 형법상 배임죄 규정 자체를 개정하는 것은 반드시 필요한 것이지만 기본법인 형법의 개정은 매우 중요한 작업이고, 단시일 내에 개정되길 기대할 수도 없다. 경영판단에는 죄를 묻지 않는 방향으로 상법을 개정하면 이 논리가 형법 및 특경가법에 적용될 수 있어 형법이 개정되기 전에도 경영자의 경영행위에 대해 형사적 면책이 가능해지므로 이러한 논의는 궁극적인 해결책은 아니지만 현시점에서는 하나의 대안이 될 것으로 본다.

본래 '경영판단의 원칙'은 과실로 경영판단을 잘못한 경우 민사상 손해배상 책임을 면하기 위한 이론이다. 그러므로 고의를 요건으로 하는 배임죄에 경영판단의 원칙을 적용하는 것은 논리적으로 타당하지 않다는 주장도 있다. 하지만 배임죄의 고의는 미필적 고의까지 포함하고, 미필적 고의는 과실 또는 중과실과 구별이 사실상 불가능하므로 결국은 과실 또는 중과실의 경우에도 배임죄가 적용되는 것이 현실이다. 또 한 가지, 경영판단의 원칙 자체도 개념정립이 어렵다는 문제가 있다. 이 부분은 미국과 독일의 판례를 참고해 정립해나가야 할 것이다.

우리나라에선 이사회가 독립적인 기능을 하지 못한다는 점, 민사적 배상제도가 제대로 갖춰져 있지 않아 형사벌로 강하게 처벌해야 기업범죄를 막을 수 있다는 점 등의 이유로 개정에 반대하는 견해도 있다. 그러나 이사회를 거쳤다고 해서 반드시 경영판단으로 인정되는 것은 아니다. 이사회 또는 주주총회를 거쳤는지 여부와 배임죄의 성립은 관계가 없다. 그러나 민사적 구제수단이 불충분하다는 점에서는 공감이 가는 면이 있다. 따라서 배임죄의 구성요건 재검토와 함께 민사적 배상제도를 강화하는 방안을 논의해야 한다.

최준선 성균관대 법학전문대학원 교수

우리나라는 금융실명제를 실시하고 있으나 예외적인 경우에 한해 차명거래가 허용되고 있다. 이로 인해 불법비자금 조성, 조세포탈, 범죄수익 은닉 등 범죄에 이용되는 사례가 드러나면서 차명거래를 근절해야 한다는 요구가 거세지고 있다. 그러나 차명거래를 전면 금지하기보다 차명거래 사전등록제도를 도입해 선의의 차명거래는 보호하고 범죄형 차명거래는 차단하는 것이 보다 현실적인 대안이 될 것이다.

사전등록제도로 선의의 차명거래는 보호해야

1982년 발생한 장영자 이철희 어음사기 사건 직후 정부는 금융실명제 실시 계획을 발표했다. 이때는 발표에 그쳤을 뿐이고, 10여 년 후 김영삼 정부 시절인 1993년 8월 12일 대통령 긴급 재정·경제명령으로 금융실명제를 전격 실시해 이제 20여 년이 지났다. 금융실명제를 통해 가명 또는 무기명에 의한 거래를 차단함으로써 불법자금원의 추적을 가능케 하고, 거래 투명성 및 계약관계 명확성을 확립했다. 이는 궁극적으로 금융거래 활성화와 금융산업 발전의 초석이 됐다.

전면 금지와 형사처벌 논란

금융실명제 시행 목표는 부정부패와 정경유착 근절, 그리고 분배정의 실현이었으며, 이는 오늘날도 그 존재이유가 된다. 최근 국내에서 불거진 CJ그룹의 비자금조성 사건, 전두환 전 대통령에 대한 추징금 환수 수사를 계기로 불법정치자금 수수, 비자금 조성, 조세포탈, 범죄수익 은닉행위 등을 근절해야 한다는 사회적 인식이 한층 높아지고 있으며, 이들 사건에서 불법적으로 이용한 범죄형 차명거래를 근절해야 한다는 요구 또한 거세다.

전두환 전 대통령 추징금 환수 수사를 계기로 범죄형 차명거래를 근절해야 한다는 목소리가 높아지고 있다.

차명거래를 규제하는 데 가장 큰 장애는 정보 비대칭성 문제다. 차명거래의 문제점을 분석하고 적절한 정책수단을 도출하려면 차명거래에 대한 적정수준의 정보를 확보해야 하는데, 정보 비대칭성 문제로 어려움이 많은 상황이다. 현행 유권해석과 사법해석은 모두 차명거래 금지를 원칙으로 한다. 그럼에도 현실에서는 정보 비대칭성 문제 때문에 민간의 사적자치 영역에 차명거래가 광범위하게 존재하는 것으로 여겨진다.

차명거래에는 선의와 악의가 뒤섞여 있다. 사전적으로는 이 둘의 구분이 거

**장영자
이철희
어음사기
사건**

건국 이후 최대의 어음사기 사건으로 유명하며 국가경제를 뒤흔들 만큼 파장이 컸던 사건. 당시 정치권력과 가까웠던 장영자, 이철희 부부가 사채시장의 큰손 행세를 하며 대출금의 2배에 이르는 약속어음을 받고 기업에 자금을 빌려준 후 이 어음을 사채시장에서 현금화해 막대한 이익을 취한 사건이다. 이들의 사기행각으로 부도를 맞는 기업이 생겨나면서 사기사건의 전모가 드러났고 차명거래의 폐해가 지적되면서 금융실명제를 도입하는 계기가 됐다.

차명거래 자체가 선의 및 악의 여부가 불분명해 전면금지하고 형사상 처벌 대상으로 하자는 방안이 대두돼 논란이 되고 있다.

의 전적으로 불가능하며 사후적으로도 쉽지 않다. 선의의 차명거래도 궁극적으로 줄여나가야 한다는 국민적 합의가 없으면 선의와 악의를 구분 짓지 않은 정책수단이 바람직하지 않을 수 있으며, 자칫 다수 소비자의 불만을 야기할 수도 있다.

차명계좌 자체를 전면 금지하고 형사상 처벌 대상으로 하자는 방안이 있는데, 이는 논란의 대상이 될 수 있다. 만일 차명거래 자체에 형사적 제재를 적용한다면, 이는 살인공모와 함께 동기를 대상으로 처벌받는 유이한 사례가 된다. 하지만 살인공모는 그 동기가 분명한 반면, 차명거래 자체는 선의 및 악의 여부가 불분명하다. 특정 차명거래 유형을 예외적으로 허용하는 방안의 경우에는 예외 유형을 정하는 기준 설정이 쉽지 않고, 예외 유형 자체를 선의로 추정함에 따라 이를 악용할 소지가 있으며, 심지어 범죄자를 보호하는 결과를 초래할 수도 있다.

차명거래 규제의 대상은 범죄형 차명거래다. 따라서 악의를 정확히 특정할 수 있는 정책수단의 도출이 핵심 포인트다. 모두 선의라고 간주하면 그 가운데 악의가 나타나고, 모두 악의라고 하면 선의라고 항변하는 현상을 '러셀의 패러독스'(또는 'liar paradox')라고 한다. 이와 같이 선의와 악의의 구분이 곤란한 상황에서 행정상·형사상 제재 같은 전통적 제재는 적절한 타기팅을 실현하는 데 한계가 있다.

범죄형 차명거래를 타깃으로 하는 정책수단을 찾으려면 제도설계(mechanism design) 이론을 응용하는 것이 유용할 수 있다. 차명거래 사전등록제도는 악의를 타깃해 적절히 규제할 수 있는 인센티브 제도가 될 수 있다. 사법해석(대법원 판례 선고 2008다45828)은 차명거래를 원칙적으로 금지하면서도 출연인, 명의인, 금융기관 간 '명확한 의사의 합치'가 이뤄진 경우는 예외적으로 차명거래를 허용할 수 있다고 판결했다. 차명거래 사전등록제도는 바로 이 '명확한 의사의 합치'를 제도화하는 것이다.

개인도 위반 땐 처벌 대상 명시해야

차명거래 사전등록제도는 선의를 등록하고 관리하는 제도로, 특정의 차명거래 유형을 문제 삼지 않고, 등록 자체를 선의로 추정하지 않으며, 등록되지 않은 차명거래는 재산권 보호 및 피해구제 대상에서 제외한다. 등록된 차명거래가 범죄에 연루될 경우에는 가중 처벌한다. 이러한 유인체계를 통해 악의로 차명거래를 이용해 부당하게 시스템 편익을 편취할 유인을 제거한다.

명확한 의사의 합치　거래 또는 계약에서 당사자들의 의사가 명확하게 일치하는 것. 차명거래에서는 실제 자금을 댄 사람(출연인)과 계좌의 명의를 빌려준 사람(명의인), 그리고 계좌를 관리하는 금융기관 사이에 명확한 합의가 있을 경우 거래가 허용된다.

탈세, 해외비자금 조성 혐의를 받고 있는
CJ그룹 본사 사옥.

금융소득종합과세 한도 완전폐지도 인센티브 제도로 활용할 수 있다. 다만, 등록된 차명거래는 증여의제에서 면제되도록 한다. 명의인과 출연인 중 어느 일방의 반사회적 행위에 대해 '상호 연대책임'을 물을 수 있게 하기 위해 상법(24조, 332조) 적용도 인센티브 제도로서 활용할 수 있다. 등록 여부와 관계없이 악의의 행위 결과에 차명거래가 관련되면 특정범죄가중처벌법(특가법)의 대상이 되게 한다. 악의의 차명거래를 금융기관이 적극 알선 및 중재한 경우에도 특가법상 엄중한 처벌 대상이 되도록 한다. 비자금, 조세포탈 등의 범죄는 개인보다 기업이 주로 저지른다는 점에서 등록되지 않은 차명거래는 모두 행정적 처벌 대상으로 정하는 것이 바람직할 수 있다.

차명거래 사전등록제도의 효과를 높이려면 실명제법과 관련 여타 법률과의 유기적 관계망이 제대로 이뤄지는 것이 필요하다. 차명거래는 범죄행위의 종착이기보다 범죄행위의 시작이고 매개 수단일 개연성이 높다. 그런 점에서 유기적 관계를 이루는 여타 법률이 차명거래를 이용한 범죄행위 처벌을 명확히 정하는 것이 필요하다. 먼저, 조세범처벌법에 차명거래에 연관된 사업등록자뿐 아니라 개인도 처벌 대상이 되도록 명시할 필요가 있다. 범죄수익은닉처벌법, 관세법, 특가법 등에도 출연인뿐 아니라 명의인까지 처벌 대상이 되도록 명시할 필요가 있다. 국내 법률 가운데 타인명의 이용 금지를 최초로 정한 법은 정치자금법인데, 이러한 타인 명의 금지의 명확성은 지속적으로 유지돼야 한다.

차명거래에는 다수의 선의도 있지만, 불법비자금 사건에서 보듯이 악의도

섞여 있다. 하지만 불법사건이 적발되지 않고서는 악의 여부를 판단할 수 없다. 차명거래 사전등록제도는 선의임을 드러내도록 하는 제도로, 정보 비대칭성에 의해 보이지 않던 선의와 악의를 구분하게 하는 기능을 할 수 있을 것이다. 이를 통해 선의는 좀 더 떳떳해지고 악의는 점차 설 자리가 없어지는 건강한 차명거래 사전등록제도가 확립될 수 있지 않을까 기대한다.

김자봉 한국금융연구원 연구위원

2013년 11월 바다 건너 미국에서 진행된 재판사건에 우리 출판업계도 큰 관심을 보이고 있다. 세계 1위 검색엔진 구글이 미국 작가협회가 제기한 저작권 침해소송에서 승소한 사건이다. 세계의 모든 책을 스캔해 전자문서화한 다음 이를 온라인에서 서비스하는 구글북스가 저작물의 '공정이용'이라는 판결이 나옴에 따라 디지털 저작권을 둘러싼 논란이 더욱 확대될 전망이다.

구글북스 판결, 출판업계에 약인가 독인가

세계 1위 검색엔진 구글(google)이 자사의 전자책 프로젝트와 관련해 미국 작가협회가 제기한 저작권 침해소송에서 승소했다. 2013년 11월, 뉴욕 연방법원은 구글의 전자책 사업인 '라이브러리 프로젝트'(이하 구글북스)가 저작권을 침해한다는 작가협회 소(訴)를 기각했다. 법원은 "구글북스가 저작권법상 공정한 이용(fair use)에 해당하며, 구글의 도서검색을 위한 스캔의 목적이 비영리적이고, 도서의 일부분을 스캔해 공개함으로써 궁극적으로는 도서의 구매를 촉진하는 면도 있다"고 판결 이유를 밝혔다. 참고로, 구글북스는 전 세계의 모든 책을 스캔·전자문서화해 이를 독점적으로 이용한다는 프로젝트다. 사실상 온라인상에 세계 최대의 도서관을 만드는 것을 목표로 한다.

8년 만에 나온 판결

이 프로젝트를 진행하면서, 구글은 하버드 등 미국의 유명 대학 도서관과 책 1권 당 10달러 정도의 복제료를 지급하기로 합의한 바 있다. 그러나 해당 도서의 저작권자인 작가와 출판사와는 별도의 합의나 승인 없이 사업을 진행하면서 문제가 발생했다. 스캔 작업을 진행하는 과정에서 작가 및 출판업자에게 e메일 등을 보내 도서 스캔 동의 여부를 묻고, 이의제기가 없으면 동의한 것으로 간주해 처리하는 방식, 일명 'opt-out'방식을 채택한 것이 문제였다. 이 방식은 작가들의 동의를 먼저 구한 뒤 책을 스캔·전자문서화하는 방식(opt-in)과는 근본적으로 다르다.

2005년 작가조합과 출판사협회는 구글의 행위가 무단복제 행위에 해당한다고 주장하며 손해배상 청구소송을 제기했다. 오랜 진통 끝에 2012년 출판사협회는 구글과 합의를 이뤄냈다. 양측은 "출판물에 대한 디지털화 권한을 출판사가 갖고, 구글이 만든 디지털 복제본을 해당 출판사가 제공받으며, 온라인 이용자는 도서의 20%만 온라인으로 볼 수 있고, 구글의 온라인으로 도서 구입이 가능하도록 했으며, 이에 따른 수익분배권을 출판사도 갖는다"고 합의했다.

그러나 작가조합과는 합의가 이뤄지지 않았다. 작가조합은 "공공·대학 도서관이 보유한 수천만 권의 책을 전자복사해 온라인에서 전문이나 일부를 배포하려는 구글의 계획은 저작권을 침해한다. 구글은 권당 750달러를 배상해야 한다"고 주장하며 구글에 맞섰다. 작가조합은 2013년 1심 패소 직후 항소의사를 밝혔다.

이번 판결의 핵심 쟁점은 '구글북스를 저작권의 공정이용으로 볼 수 있는가' 하는 문제다. 그리고 법원은 진통 끝에 구글북스가 공정이용에 해당한다고 판

세계의 모든 책을 전자문서화해 온라인에서 서비스하는 구글북스의 저작권 침해 논란에 대해
미국 법원이 구글북스의 손을 들어줬다. 사진은 에릭 슈밋 구글 회장.

단했다.

저작물의 '공정이용'이란 개념은 1976년 미국의 개정 저작권법에 처음 규정(제107조)됐다. 보도, 비평, 교육, 연구 등의 목적으로 저작물을 공정하게 이용하는 것은 저작권 침해에 해당하지 않는다는 것을 골자로 한다. 공정이용 여부를 판단할 때에는 사용의 목적, 저작물의 성격, 저작물이 사용된 정도, 잠재적인 시장이나 가치에 미치는 영향 등을 종합적으로 고려하게 한다.

일반적으로 저작권법은 창작물을 육성해 문화발전을 도모하고자 창작물에 대해 사후 70년까지 독점적 권리를 부여한다. 그러나 창작물은 개인의 소유물이란 측면 외에도 공중의 공정한 이용이란 가치도 중요하게 고려돼왔다. 창작물은 한 사람의 노력으로만 만들어지지 않는다고 보기 때문이다. 창조를 역사적인 산물로 본다는 법률적 판단이었다.

구글북스 판결 이전에도 저작물의 공정이용에 관한 판례는 여러 번 있었다.

대표적인 사례는 2003년 미국의 사진작가인 켈리가 이미지 검색엔진인 아리바 소프트를 제소한 사건이다. 아리바 소프트가 자신의 디지털 사진을 축소해 저장한 뒤 검색엔진을 통해 접속할 수 있도록 해 저작권을 침해했다는 내용이었다. 당시 미국 법원은 검색이라는 목적을 위해 인터넷에 공포된 사진을 축소하고 화상도를 떨어뜨리는 방법으로 오로지 검색이나 연결 목적으로 이를 이용하는 것은 저작권자에게 이익을 제공하고 달리 손해를 가하는 것이 아니기 때문에 공정이용으로 봐야 한다는 결정을 내린 바 있다. 이번 구글북스 판결과 비슷한 사례다.

2006년 프랑스에서는 정반대의 판결도 내려진 바 있다. 프랑스의 출판사인 라마르티에르사가 "구글이 자사의 출판물을 동의 없이 무단 복제했다"며 저작권침해에 따른 손해배상을 청구한 소송이었다. 당시 프랑스 법원은 "구글의 무단스캔 행위는 무단복제 내지 전송 행위로서 저작권을 침해한다"며 프랑스 출판사의 손을 들어줬다. 프랑스법원은 구글로 하여금 저작물 전체를 복제하는 행위와 일부 내용을 검색에 제공하는 행위를 금지하고 이에 따른 손해배상금으로 30만 프랑의 배상판결을 내렸다.

구글북스는 공정한가?

그렇다면 미국 법원의 판단은 옳았을까. 이번 재판 과정에서 구글은 자신들의 도서검색 서비스가 영리 목적이 아니라는 주장을 폈고, 미국 법원은 구글의 주장을 받아들였다. 그러나 많은 전문가는 미국 법원의 판결에 이의를 제기한다. 도서검색 서비스가 당장 별도의 비용을 발생시키지는 않지만, 그렇다고 이 행위를 비영리행위라고 볼 수도 없다고 보기 때문이다.

도서검색 서비스를 통해 사용자가 증가하면 이는 고스란히 구글의 전체 광고비용을 증가시키는 결과로 이어진다는 건 자명한 사실이다. 도서검색 서비스 자체는 무료라고 해도 결과적으로 구글에 경제적 이익을 주는 쪽으로 기능한다면 이는 영리행위로 봐야 한다는 것이다. 게다가 구글이 도서검색 서비스를 영원히 무료로 제공한다고 보장할 수 없다는 점도 재판과정에서 감안되었어야 한다는 목소리가 높다.

'고아 저작물'의 처리도 큰 문제가 아닐 수 없다. '고아 저작물'은 저작권은 존재하나 저작권자가 누구인지 알 수 없거나, 소재 불명인 저작물을 통칭하는 개념이다. 저작권자와의 연락이 어려운 사정이 있을 저작물을 구글이 opt-out 방식으로 처리해 사용한다면, 이는 분명 문제가 아닐 수 없다. 최초로 무단스캔을 한 구글이 향후 고아 저작물에 대해 독점적인 지위 등 부당한 이익을 취하는 일이 벌어질 개연성이 높기 때문이다.

더 심각한 문제는 구글의 독점적인 지위 형성 및 이의 남용 가능성이다. 이 문제는 우리나라의 독점규제법 차원에서도 검토가 필요하다. 도서관과의 계약에 의해 도서의 스캔 작업이 이뤄지는 경우 후발 경쟁업체에 대한 참여 기회가 보장되지 않으면 이 시장은 구글이 독점하게 될 것이 뻔하다. 따라서 이로 인한 남용 가능성이 높아질 수 있다.

우리나라에도 큰 영향 미칠 것

이 판결은 앞으로 우리나라에도 상당한 영향을 미칠 전망이다. 먼저 국내 저작물인 도서가 미국 도서관에 소장되어 구글이 국내 저작자인 작가나 출판사로부터 동의를 받지 않고, 무단으로 스캔한 경우 우리나라의 저작권자가 저작권법 위반에 대한 손해배상 판결을 받을 수 있는지가 논란이 될 수 있다. 물론 여러 가지 상황을 고려할 때, 국내 저작권자가 구글을 상대로 저작권 침해에 따른 손해배상 등의 청구를 국내 법원에 제기할 경우 패소할 가능성은 높지 않다고 보지만 미국 법원과 같은 판결이 나올 가능성에 대해서도 준비해야 한다. 그나마 다행스러운 건 이 판결이 최종 판결은 아니라는 점이다.

구글북스에 대한 미국 법원의 판결은 우리에게 여러 가지 시사점을 준다.

또 좋든 싫든 배울 점이 많은 판결임에는 틀림이 없다. 먼저 미국 법원이 디지털 시대를 맞이해 공정이용에 관해 좀 더 유연한 법리해석을 한다는 것은 분명 주목할 점이다. 도서검색 산업이 발전할 것을 감안해 미래지향적인 법 해석을 시도한 부분도 눈여겨봐야 한다. 이참에 우리도 이번 미국 판결을 참고해 과거의 고정관념에서 벗어나 좀 더 유연하고 서비스 지향적이며 시장친화적인 법제도를 구축해야 할 것이다. 논란은 있지만 이번 판결은 분명 새로운 법 해석의 장을 연 계기가 됐다. 그리고 조만간 이러한 법 해석은 전 세계적인 조류로 이어질 가능성이 농후하다. 미리 준비해야 권리를 보호받고 피해도 막을 수 있다.

김승열 법무법인 양헌 대표변호사 · KAIST 겸직교수

사회

신용카드 정보유출 사태로 주민등록번호의 문제점이 또 다시 드러났다. 이미 개인정보 불법유통업자와 해커들 손에 들어간 주민등록번호는 개인정보로서 가치가 없다. 해법은 단순하다. 장기적으로는 다른 OECD 국가들처럼 국민식별번호를 부여하지 않는 완전한 자유민주사회로 가는 것이다. 지금 당장은 주민등록번호를 재부여한 후 기업이 어떠한 상행위에도 이용할 수 없도록 규제하는 방안을 서둘러 마련해야 한다.

범죄 먹잇감으로 전락한 주민등록번호

우리나라 사람은 편한 걸 참 좋아한다. 대중교통이 우리처럼 발달한 나라가 별로 없고, 아파트 생활이 우리처럼 보편화한 나라도 별로 없다. 편리성 향유의 정중앙에 놓인 것이 바로 주민등록번호 제도다. 동네 병원에 가도 건강보험증을 지참할 필요 없이 주민등록번호 하나면 다 처리된다.

그러나 이런 편리함의 이면을 유심히 들여다보는 사람은 별로 없다. 주민등록번호가 주는 편의성만큼 우리 개인신상은 해커나 개인정보 불법유통자에게 손쉬운 먹잇감이 될 수 있다는 사실을 아는 사람도 적다. 불경기에는 우리 정보가 쉽게 그들의 생업수단이 되곤 한다. 생활 편리성과 해킹 용이성은 동전 양면처럼 항상 같이 가는 것이다.

성인 평균 200회 정도 도용

터질 게 결국 또 한 번 참담하게 터졌다. 개인정보 불법유통자와 해커가 전 국민을 비웃기라도 하듯 말이다. "너희는 내 손바닥 안에 있다"는 비아냥거림이 들리는 듯하다. 이번 신용카드 정보유출 사태는 빤히 예상하고도 남았다. 정보유출 중심에 자리 잡은 주인공이 다름 아닌 주민등록번호이기 때문이다. 정부가 국민식별 만능 키를 매개체로 범죄집단과 본의 아니게 '공모'하고 있다고 말하면 분명 어폐가 있겠지만, 이 글을 읽고 나면 그럴 수도 있겠구나 하는 생각이 들 것이다.

정부가 45년 전 주민등록번호 제도를 도입했을 당시에는 이 번호가 해킹과 개인정보 불법유통의 온상이 되리라곤 상상조차 못했을 것이다. 그러나 지금 와서 보면 감탄할 정도로 훌륭한 롤러코스터를 그들에게 무상 제공한 것과 다름없다. 인터넷 활용이 증가하면서 주민등록번호는 온갖 상거래에 신원보증용으로 이용되기 시작했다. 편리를 제공한다는 의도 하나로 정부가 미처 예견하지 못한 쪽으로 주민등록번호 이용이 '불법' 확장되면서 주민등록번호가 정보유출의 원인 제공자가 된 것은 심히 유감스러운 일이다. 그러나 불법 확대가 불법 유통을 가져왔으니 사필귀정이라고 봐야 할 것이다.

신용카드 정보유출 사태 2014년 1월 초, 신용평가업체 직원이 KB국민카드, 롯데카드, NH농협카드, 신한카드, 삼성카드 등 카드사의 고객정보를 빼내 유통시킨 사실이 드러난 사건. 과거에도 고객정보유출 사건은 심심치 않게 일어났으나 이 사건은 1억 건 이상의 개인정보가 유출된 사상최대 규모의 정보유출 사건인데다 유출사실이 6개월 넘어서야 적발됐다는 점이 국민들의 분노를 샀다.

심각한 것은 우리나라 성인의 주민등록번호 도용 횟수가 평균 200회 정도로 집계되는 암울한 현실이다. 정보가 수백 회씩 도용돼도 금전적 피해로 이어지지 않으면 그나마 안심하는 것은 우리 생활의 질이 그만큼 낮다는 것을 여실히 보여준다.

'생활 속의 IT'라는 말이 널리 쓰일 만큼 IT(정보기술)는 이제 물리, 화학, 생물처럼 일상생활의 중심에 있다. 이런 시대를 살아가는 교양인으로서 알아야 할 점이 있다. 데이터 중에는 중요 데이터가 있고 그렇지 않은 것이 있다. 다른 데이터를 거느리고 다닐 만한 골목대장급 데이터를 '마스터 데이터'라고 한다. 주인 구실을 한다고 해서 그런 이름이 붙었다. 키(key · 열쇠)라고도 부른다. 그것만 공개되면 다른 부속 데이터가 죽 딸려 나오기 때문이다. 만능 키는 고도의 기밀성을 기본 속성으로 지녀야 한다. 철저히 내부 기밀관리용으로 써야지 외부에 공개해선 절대 안 된다.

정부로서는 국민을 어떻게든 관리해야 하니 주민등록번호 같은 고유번호를 만든 것은 이해할 수 있다. 그러나 안전행정부 내부, 특히 경찰 조직에서만 비밀리에 알고 있어야지 그것을 다른 정부부처에 알리는 일은 본래 취지를 벗어나는 것이므로 곤란하다. 기업의 경우 식별번호가 공개되면 새 번호로 변경하면 된다. 그러나 주민등록번호는 정부가 변경 자체를 허용하지 않는 만큼 외부 공개 가능성이 완전히 차단되게 더욱 철저히 관리해야 할 데이터다.

명의가 불법으로 도용돼 자기 이름으로 불미스러운 일이 벌어지고, 그 기록이 인터넷에 계속 남는다면 이것을 어떻게 용납할 수 있을까. 실제로 하지도 않은 일이 인터넷상에 버젓이 자신이 직접 한 일로 기록돼 있어도 지울 길이 막연하다. 허위 사실이 인터넷상에서는 진실로 통하는 현실을 보면 무력감을 느낄 따름이다.

그러면 이런 일을 당한 개인이 할 수 있는 일은 무엇일까. 주민등록번호가 원인제공 주범이니 먼저 그것을 바꾸고 싶을 것이다. 그러나 현행 주민등록번호 제도는 번호 변경을 절대 허용하지 않는다. 국민 모두 체념하거나 자포자기

서울 성북구 안암동 고려대 디지털포렌식연구센터에서
분석팀이 미리 동의한 일반인 12명의 신상 정보를
인터넷에서 검색하고 있다. 이름, ID, 휴대전화번호만으로 신상 정보 79건,
게시글 1027건, 본인 사진 67건을 찾아냈다.

할 수밖에 없는 것이다. 이것이 현재 우리 사회에 팽배한 보안불감증의 최대 원인이 될 줄은 그 누구도 몰랐다.

국방 차원에서도 심각한 문제범죄 수위를 경감하려면 번호 변경이 가능해야 하는데 제도적으로 불가능하니 범죄자는 지하에서 계속 정보를 얻으려 애쓴다. 그들 노력이 쌓이고 쌓이는 만큼 위험수위도 점점 높아져가는 형국이다. 현대는 데이터 시대다. 정부는 국민이라는 데이터를 먹고사는 생명체고, 기업은 고객이라는 데이터를 먹고사는 생명체다. 국민은 분명히 고객과는 성격이 다르다. 정부는 국민투표나 범죄수사라는 행정 목적으로 국민식별번호를 유지하는 것이지, 기업이 상행위에 마음대로 갖다 쓰라고 만든 것이 아니다. 기업은 자사 특유의 고객식별번호를 별도로 고안해야지 정부라도 된 양 국민식별번호를 함부로 가져다 써서는 안 된다. 이것이 이 시대를 살아가는 개체로

광주 서 · 북부 경찰서에 있는 쓰레기 분리수거장
2곳에서 찾은 경찰 문서들. 피의자 신문조서, 고소장,
수사기록 사항 등 개인정보와 관련한 사안 등이 기록돼 있다.

서 갖춰야 할 '데이터 분수'다. '데이터 도리'를 지키지 않으면 '데이터 염치'가 없다고 봐야 한다.

　이 시대에는 '데이터 상식'도 중요하다. 달리 말하면 '데이터 교양'이랄까. 주민등록번호 같은 만능 키는 일단 외부로 한 번이라도 유출되면 그 순간 존재가치와 효용가치가 무의미해진다. 언론 보도에 따르면 3년 전부터 이미 온 국민의 주민등록번호가 중국 해커 손에 넘어갔다. 그렇다면 이제 우리나라 주민등

개 인 식 별 수 단　개인의 신원을 확인할 수 있는 수단. 이름이나 생일 등은 중복가능성이 높아 일련번호를 사용하는 것이 일반적이나 우리나라처럼 평생 바꿀 수 없는 번호를 용도구분 없이 일괄 사용케 하는 국가는 극히 드물다. 미국, 영국, 일본, 호주 등은 사회보장번호, 사회보험번호 등 용도가 한정된 개인식별 수단을 사용하며 변경이 가능해 정보유출 피해로부터 상대적으로 안전한 편이다.

록번호는 없는 것이나 마찬가지다.

　이런 상황에서는 국방 차원에서도 심각한 문제가 예상된다. 현대전은 데이터 첩보전 성격을 지닌다. 잠재적 전투요원인 국민 개개인의 정보가 이미, 예를 들면 예상 적국(중국이라는 말은 아니다)에 다 넘어간 마당이라면 임전태세를 갖추기도 전 전쟁에서 진 격이다. 이 경우 정부가 주민등록번호 제도를 유지하기를 원한다면 국민 전체의 주민등록번호를 변경해 다시 부여해야 한다.

　현행 주민등록번호 제도 문제의 해법은 의외로 단순하다. 장기적으로는 자연인이 태어나자마자 '평생 군번'처럼 번호를 부여해 속박하지 않는 자유민주 사회로 가는 것이 맞다. 영국처럼 말이다. 갓 태어난 자연인에게 고유번호를 부여하는 나라는 경제협력개발기구(OECD) 회원국 가운데 4개국 정도이나 무분별하게 아무 서류에나 기입하도록 강요하는 나라는 우리나라가 유일하다. 전세계적으로도 10개국 이내며, 이들 국가는 대부분 인권탄압국으로 분류된 실정이다.

　단기적으로는 1조 원 정도 예산이 들더라도 주민등록번호 재부여 작업에 들어가야 하며, 이 경우 금융권을 포함한 모든 기업이 다시는 주민등록번호를 어떤 상행위에도 사용하지 못하게 하는 법안을 마련해야 할 것이다. 기업은 더는 정부에 의존하지 말고 고객식별수단 다변화에 조속히 착수해야 한다. 개인식별수단이 다양화할수록 해커는 무력감을 느끼게 될 것이다. 그것이 고객의 무력감을 떨쳐버리고 기업의 신인도를 높이는 길이자, 스마트한 식별수단으로 다른 경쟁기업보다 우위에 서는 지름길이 될 것이다.

문송천 KAIST 테크노경영대학원 교수

교과서 편수조직 논란

교학사 교과서 문제로 촉발된 교과서 부실 검정이 여론의 질타를 받자 교육부가 편수조직 부활을 고려중이라고 발표했다. 정부가 편수조직을 통해 교과서 편찬을 주도하겠다고 나서자 야당과 진보 성향의 학자 및 시민단체들이 시대착오적인 국정교과서로의 전환이라며 비판하고 있다. 정부는 편수조직 구성을 구체화한다는 입장이지만 보수와 진보의 입장차가 워낙 커 교과서를 둘러싼 논쟁이 한층 격화될 것으로 보인다.

교과서 검정 논란, 국정교과서 전환이 해답인가

고등학교 한국사 교과서를 둘러싼 논란이 고구마 줄기처럼 줄줄이 이어지고 있다. 교학사를 포함한 한국사 교과서 8종은 2013년 8월 30일 국사편찬위원회(국편)의 검정심의를 최종 통과했지만, 최종이란 말이 무색할 정도로 수정에 수정, 또 수정 이렇게 총 3번의 수정을 거친 뒤에야 이듬해 1월 10일 인쇄 작업에 들어갔다.

그러나 여기서 끝이 아니다. 교과서 부실 검정이 연일 도마에 오르자 교육부가 편수조직 부활 카드를 빼들었기 때문이다. 역사왜곡과 이념편향 시비가 한국사 논쟁 1라운드였다면, 일선 학교의 (2라운드)을 지나 교과서 발행체제 개편을 둘러싼 3라운드가 시작됐다.

좌우 이념논쟁만 부각

편수조직이란 교육부가 교과서를 편집하고 수정하려고 설치하는 전담 조직을 말한다. 우리나라 검정교과서는 현재 한국사의 경우 국사편찬위원회, 수학과 과학은 한국과학창의재단, 국어와 도덕 · 사회는 한국교육과정평가원이 교육부장관으로부터 위임받아 검정한다. 교육부는 컨트롤타워 구실만 할 뿐 세부적인 내용까지는 들여다보지 않는다. 편수조직 부활을 고려하겠다는 말은 교육부가 이제부터 교과서 검정 과정에 팔 걷고 나서겠다는 뜻이다.

민주당과 진보 성향의 학자 및 시민단체는 이를 전환 신호탄으로 해석한다. 편수조직이 국정교과서와 운명을 함께했기 때문이다.

편수조직은 1948년 문교부가 생기면서 함께 등장해 국정교과서 편찬부터 발행, 공급까지 전반적인 과정을 진두지휘하는 덩치 큰 조직이었다. 그러나 90년대 후반 평가원 등이 설립되고 교과서 발행체제가 국정에서 검정으로 바뀌면서 편수조직은 96년 폐지됐다. 그 후 지금까지 편수 업무는 교육부 학교정책실이나 교육과정기획과의 과장급 업무로 축소됐다.

교과서 체제가 검정으로 바뀐 이유는 역사를 보는 다양한 관점을 제공하자는 취지에서였다. 2002년 검정으로 전환한 근현대사 교과서부터 따지면, 올해

교학사 교과서란 보수 진영에서 집필하고 교학사에서 출판한 역사교과서다. 역사왜곡 및 사실오류 문제로 논란의 대상이었던 이 교과서를 20여 개 고등학교에서 채택하자 교학사 교과서를 비판해온 측에서 학교 측에 압력을 가해 채택을 번복토록 한 사건이다. 이로 인해 교학사 교과서 채택이 잇따라 철회되면서 채 1%에도 못 미치는 채택률을 기록했다.

로 한국사 교과서에 검정이 도입된 지 12년이 지났지만 갈수록 취지는 흐려지고 좌우 이념논쟁만 부각되는 모양새다.

국정교과서로 돌아가야 한다는 얘기가 나온 건 2013년 10월 국정감사 때부터다. 당시 새누리당은 "국가적으로 통일성이 필요하니 한국사를 국정교과서 체제로 바꾸는 게 어떻겠느냐"며 공론화를 시도했다. 하지만 교과서 내용 수정에 가려 잠잠해졌다 연초 진보단체가 대대적인 교학사 교과서 불채택 운동을 벌인 것을 계기로 국정교과서 논의가 급물살을 타고 있다.

황우여 새누리당 대표는 2014년 1월 6일 교학사 한국사 교과서를 채택한 고교 20곳이 반대여론에 못 이겨 줄줄이 선정을 취소하자 "교과서를 하나 만들었는데 1% 채택도 어려운 나라가 세상 어디에 있겠는가"라며 운을 뗐고, 9일 서남수 교육부장관은 직접 기자실을 찾아 "교육부 내에 편수 전담 조직을 두겠다"고 밝혔다. 13일 당정협의에서는 "모든 시스템을 폭넓게 들여다보고 장기적으로 제도를 설계해나갈 것"이라는 얘기가 나왔다. 국정으로의 전환을 직접 거론하진 않았지만 여지를 남겨둔 셈이다.

민주당과 전국교직원노동조합(전교조)은 강력히 반발한다. 국회 교육문화체육관광위원회 야당 간사이자 민주당 역사 교과서 친일독재미화왜곡 대책특위 위원인 유기홍 의원은 "편수조직은 국정교과서 이행을 위한 태스크포스(TF)가 될 것"이라며 "민주 선진국에서 국사를 국정교과서로 가르치는 나라는 없다"고 주장한다.

전교조도 "편수조직 부활은 정권 입맛대로 교과서가 만들어지는 국정교과서로 돌아가겠다는 뜻이며 이는 과거로의 회귀"라고 반대한다. 한국교원단체

2014년 1월 14일
서울 여의도 국회
민주당 원내대표실에서
전병헌 원내대표(맨 왼쪽)가
모두발언을 하는 동안
교육문화체육관광위원회
야당 간사인 유기홍 의원
자리에 논란이 된 교학사
고교 한국사 교과서가
놓여있다.

총연합회(한국교총)는 "국정 전환도 대안이 될 수 있지만 독립적인 기구 도입도 고려해야 한다"는 중간적인 의견이다.

편수조직의 구체적인 모양새와 국정교과서로의 전환 여부는 상반기 중 결론이 날 전망이다. 하지만 보수와 진보의 입장차가 워낙 커 의견을 모으기가 쉽지 않아 보인다. 물론 성향을 떠나 공감대를 형성하는 부분은 있다. 현행 교과서 발행체계가 상식에서 벗어났다는 점이다.

이번 교과서 제작 과정만 봐도 출판사에서 검정교과서 개발에 착수해 교육

검정심의를
통과한 고교 한국사
교과서 8종.

부에 초안을 제출할 때까지의 기간이 1년 4개월에 불과했다. 필자 구성에 걸리는 시간 등을 감안하면 실제 집필 기간은 10개월 정도밖에 안 된다. 이렇게 만들어진 교과서를 심사하는 검정위원은 6명, 실제 심사 기간은 2~4개월이다.

누가 어떻게 심사할 것인가

교육부에서는 교과서기획과 담당자 3명이 국정 53종, 검정 42종, 인정 494종 등 총 684종에 달하는 교과서 업무를 맡는다. 결국 교과서 집필 기간과 심사 인원을 늘리지 않고서는 왜곡 논란을 피하기 힘들다는 게 공통된 인식이다.

그러나 누가, 어떻게 집필하고 심사할 것인지 하는 문제로 넘어오면 견해가 분명히 갈린다. 한국현대사학회 대외협력위원장인 강규형 교수(명지대 기록정보과학전문대학원)는 "검인정 제도는 일정 기준을 통과한 교과서에 대해 다양성을 존중하자는 취지에서 도입된 것인데, 이번 교과서 채택 과정에서 보듯 다양성은 폭력적인 방법으로 압살됐다"며 "이런 식으로 운영할 거라면 국정으로 전환하

204

는 것도 대안이 될 수 있다"고 말했다. 한국현대사학회는 교학사 교과서를 집필한 이명희 공주대 교수가 회장으로 있는 단체다.

강 교수는 또 "이번 한국사 교과서 사태를 통해 검인정 제도가 잘 돌아가지 않는다는 게 확실해졌다"며 "국정으로 돌아가되 학계에서 인정받는 대가를 중심으로 집필진을 구성하고, 특히 현대사는 국사학계 전문가층이 얇기 때문에 정치, 문화, 사회 등 다양한 분야의 전문가도 저자로 참여하게 한다면 왜곡 논란을 최소화할 수 있다"고 덧붙였다. 국가가 더 적극적으로 나서서 공정성을 확보해야 한다는 뜻이다.

진보 진영에서는 반대로 국가가 발을 빼야 한다고 주장한다. 이들은 미국과 유럽 등 선진국 대부분이 검인정 체제를 지나 자유발행제로 나아가는 상황에서 국정으로 회귀하는 것은 시대착오적이라고 말한다. 익명을 요구한 진보 성향의 한 교수는 "헌법에 명시된 교육의 자주성과 전문성, 정치적 중립성을 지키려면 독립된 기구를 만들어야 한다"면서 "교육부는 최소한의 지침만 주고 나머지 부분은 역사학계에 맡겨야 역사 교과서가 정치화되는 일을 막을 수 있다"고 주장했다.

윤지로 세계일보 사회부 기자

박근혜 정부가 '공교육 정상화'를 위해 발의한 선행교육 규제법안이 2014년 2월 국회를 통과했다. 이 법안의 가장 심각한 문제점은 선행교육 없이는 진도를 따라갈 수 없는 현행 공교육 과정의 모순을 도외시하고 있다는 사실이다. 무엇보다 수능을 고려하지 않는 고교 교육과정은 선행교육 규제법안에서 상대적으로 자유로운 자사고·특목고 학생들에게만 유리한 입지를 마련해주게 될 가능성이 높다. 그러므로 선행교육을 규제하되 고등학교 과정에선 시행을 유예하고 공교육 보완책부터 마련해야 할 것이다.

선행교육 규제해도 될 만큼 공교육이 정상적인가

선행학습은 오래전부터 존재하던 학습 방식의 하나다. 고등학교에 진학하기 전에 고교에서 배울 내용을 어느 정도 미리 공부해가는 관행은 과거에도 적잖이 찾아볼 수 있었다. 그런데 최근 선행학습의 수준과 정도가 도를 지나쳐, 사교육업계의 주력 상품이 대부분 선행학습으로 구성된다. 심지어 유아기나 초등학교 시절부터 강도 높은 선행학습이 이뤄지면서 각종 부작용이 빚어진다.

이런 와중에 2014년 2월 20일 국회 본회의에서 '공교육 정상화 촉진 및 선행교육 규제에 관한 특별법'이 통과됐다. 이 법은 박근혜 대통령의 대선 공약인

'공교육 정상화 특별법'과 교육시민단체인 '사교육 걱정 없는 세상'에서 2년여 전부터 제기해온 '선행교육 금지법'을 병합한 것이다.

선행교육 '금지'가 아닌 '규제'

이 법은 통과되자마자 적잖은 논란을 불러일으켰는데, 논란의 상당 부분은 이 법이 '선행학습 금지법'으로 불린 데서 일었다. 그런데 이 법은 학생 자력으로 하는 선행'학습'을 규제 대상으로 삼지는 않는다. 또한 선행교습 행위에 대한 '금지' 조항이 국회 논의과정에서 제외됐다. 따라서 '선행학습 금지법'이라고 부르는 건 부적절하며, '선행교육 규제법'으로 약칭하는 게 타당하다.

선행교육 규제법의 핵심 내용은 세 가지로 요약할 수 있다. 첫째, 선행학습 수요를 일으키는 공교육 요인에 대한 규제다. 학교에서 이뤄지는 각종 평가와 대회, 방과후 프로그램 등을 통해 공식 학교 교육과정을 앞질러가는 내용을 출제하거나 가르치는 게 금지된다. 즉 입학 시 치르는 배치고사에서 선행학습을 했음을 전제로 문항을 출제하거나, 자사고·특목고에서 입학 예정자에게 미리 고교 교육과정을 가르치는 일, 보충수업(방과후학교 수업)을 통해 편법으로 정규 진도를 나가는 행위 등이 모두 금지된다.

둘째, 고입·대입 선발에서 정상적인 교육과정 범위와 수준을 넘어서는 문항을 출제하거나 평가하는 게 금지된다. 외고나 국제고의 경우 이명박 정부 시절 선발제도 개편을 통해 이런 일이 거의 사라졌지만, 과학고·영재학교 선발

자 사 고　　자율형 사립고등학교. 기존 자립형 사립고등학교를 발전적으로 전환시킨 형태의 사립고로 교육과정, 교원인사, 학사관리 등을 학교가 자율적으로 계획, 시행할 수 있다. 공통교육과정의 50%만 이수하면 나머지 교육과정은 학교에서 자율적으로 구성할 수 있으므로 선행교육의 여지가 충분하다고 할 수 있다.

에선 아직도 근절되지 않았다. 그 때문에 대학이 논술고사나 구술면접고사에서 고등학교 교육과정 범위와 수준을 넘어서는 내용을 출제하는 관행이 근절될 수 있는 계기가 마련된 것이라 볼 수 있다.

셋째, 학원이나 과외교습자가 선행학습을 유발하는 광고 또는 선전을 하는 게 금지된다. 선행교습 자체를 금지하는 내용이 빠지고 광고를 규제하는 선으로 후퇴한 데에는 그만한 이유가 있다. 첫째로, 위헌 논란이 있다. 과거 과외교습 규제 법령이 헌법재판소에서 '국민의 행복 추구권을 과도하게 침해한다'는 이유로 위헌 결정을 받은 바 있다. 사교육 일반을 규제하는 게 아니라 선행교습만 금지하는 건 합헌이라는 견해도 있으나, 결국 위헌 논란이 입법과정에서 고려된 것으로 보인다. 둘째로, 선행교습 금지의 실효가 있겠느냐는 지적이 있다. 실제로 학원에서 이뤄지는 선행교습을 단속한다 해도 이를 빠져나갈 편법을 만들어낼 수 있고, 특히 개인과외의 경우 선행교습 단속이 사실상 불가능하다.

선행교육 규제법이 사교육계에 미칠 영향은 단기적으론 거의 없을 것으로 보인다. 하지만 중장기적으론 어느 정도 효력을 발휘할 가능성이 있다. 특히 정부가 대학의 선발과정에 개입할 수 있는 법률적 근거가 마련됐다는 점이 중요하다.

지난 10여 년간 '대입 자율화'의 물결 속에서 대입전형은 점차 복잡해졌을 뿐 아니라, 논술 전형, 특기자 전형, 입학사정관 전형을 중심으로 고등학교 교육과정을 뛰어넘는 수준을 요구하는 사례가 점차 늘었다. 논술고사나 구술면접고사에서 대학 수준의 내용을 출제한다든지(특히 수학, 과학 위주로 출제되는 이과에서 이런 현상이 심했다), 학생부에 기재하지 못하게 돼 있는 토플 성적표나 올림피아드

특 목 고 과학고, 외국어고, 국제고, 체육고, 예술고, 마이스터고 등 특수 목적의 전문적인 교육을 하는 고등학교. 자사고처럼 일정 수준의 공통교육과정만 이수하면 교육과정의 자율운영이 허용되므로 선행교육 규제로부터 상대적으로 자유롭다.

선행교육 규제법이 '공교육 정상화' 취지를 제대로 살리려면
합리적인 보완책 마련이 시급하다.

경시대회 상장 등을 '별첨자료'로 받아 반영하는 경우가 대표적이다. 이는 스펙
경쟁과 고강도 선행교육을 부추기는 요인으로 작용했다.

대학의 학생선발 규제할 법률적 근거 마련

그런데 박근혜 정부는 '대입 자율화'의 흐름 곳곳에 브레이크를 건다. 최근
수개월 동안 교육부는 새 대입제도의 골격과 보완정책을 발표했는데, 이 가운
데 대학의 선발 자율권을 직접 제약하는 요인이 적지 않다. 우선 지나치게 복잡
한 대입전형이 수능 위주 전형, 논술 위주 전형, 학생부 교과 전형(내신성적 위주 선
발), 학생부 종합 전형(입학사정관제), 실기 위주 전형(특기자 전형 포함)의 5가지로 단
순해진다. 또한 학교 밖에서 얻은 스펙(상장이나 성적표)을 제출하는 게 금지되며,
심지어 자기소개서에 이러한 내용을 기재하면 0점 처리된다. 여기에 더해 선행
교육 규제법을 통해 대학별 고사(논술, 구술면접 등)에도 정부가 개입할 수 있는 법
적 근거를 마련했다.

물론 대입 선발에 대한 정부의 간섭은 그동안에도 계속 있었다. 노무현 정

부는 '3불 정책'(본고사, 기여입학제, 고교등급제 금지)을 유지했고, 이명박 정부는 '대입 자율화'의 이면에서 본고사를 막고 입학사정관제를 확대하기 위해 여러 경로로 대학에 관여했다. 이러한 간섭은 모두 법률적 근거 없이 행정력과 정치력을 동원한 것이었다. 반면 선행교육 규제법은 정부가 대학의 학생선발을 직접 규제할 수 있는 법률적 근거를 확고히 했다는 점에서 박근혜 정부의 대입정책이 이전 정부와 달라졌음을 상징적으로 보여준다.

선행교육 규제법의 가장 심각한 문제점은, 이 법이 '현행 교육과정 자체는 합리적'이라는 가정에 기초한다는 것이다. 하지만 현재의 국가 수준 교육과정과 이에 근거한 학교 교육과정은 과연 합리적인가? 예를 들어 '한글 읽기'는 초등학교 1학년 교육과정에 편성돼 있긴 하지만, 불과 4주 만에 끝내게 돼 있다. 만일 한글 읽기를 전혀 선행학습하지 않은 학생이라면, 과연 4주 동안 한글 읽기를 제대로 익히는 게 가능할까?

한편 영어는 초등학교에서 중학교로 진학할 때 그 수준이 급속히 올라간다는 지적이 많다. 이 역시 '선행학습을 해야겠다'는 불안감을 불러일으키는 요소다. 현행 교육과정에 이런 문제점이 적지 않게 엿보인다.

선행교육 규제법이 시행되면 고등학교가 혼란에 빠질 우려도 있다. 현재 공식 고교 교육과정은 수능을 고려하지 않고 3학년 말까지 진도를 나가는 걸 가정해 마련돼 있다. 많은 사람이 '입시교육' 때문에 한국 교육이 황폐해진다고 주장하지만, 자세히 들여다보면 정작 공식 교육과정을 만들 때 '입시(수능)'를 고려하지 않고 그 분량과 속도를 정하는 것이다. 이는 직접적인 입시(SAT나 ACT) 준비를 해주지 않는 미국의 고교 교육과정을 참조한 것으로 보인다. 하지만 우리나라 현실에서 수능 대비 문제풀이를 학교에서 해주지 않으면 큰 혼란이 벌어지고 사교육비가 급증할 것이다.

따라서 고교에서 공식적인 교육과정과 실질적인 교육과정에 괴리가 나타나는 건 불가피하다. 수학을 기준으로 보면, 3년 과정의 수학 진도를 후딱후딱 나가서 3학년 1학기 중엔 마쳐야 한다. 그래야 11월에 치르는 수능에 대비해 문제

풀이 훈련을 할 시간이 확보되기 때문이다. 이런 상황에서 선행교육 규제법을 곧이곧대로 적용하라고 지시하면, 고교에선 학생들의 수능 준비에 제대로 도움을 주기가 매우 어려워진다.

특목고 · 자사고, 수능 준비 합법적 '과속' 우려

하지만 일부 고교는 이런 난관을 합법적으로 피해갈 수 있다. 특목고 · 자사고 등은 초중등교육법상 '자율학교'로 지정돼 있어 교육과정 편성에 상당한 자율성을 지닌다. 이런 자율성을 활용해 국 · 영 · 수의 수업시수(時數)를 크게 늘려놓은 경우가 많다. 심지어 일반고에서 1학년 1년 동안 배우는 수학 진도를 1학년 1학기에 끝내는 경우도 있다. 일반적 시각에서 보면 분명한 과속이요 선행교육이지만, 빠른 진도에 상응하는 충분한 시수를 확보해 만들어놓은 '공식 학교 교육과정'을 따른 것이므로 전혀 불법이 아니다. 선행교육 규제법의 대상이 아닌 것이다.

여기서 우리는 뜻밖의 결론에 도달한다. 선행교육 규제법을 엄격히 적용할 경우, 일반고는 수능 준비에 심각한 곤란을 겪게 되고, 특목고 · 자사고는 합법적인 '과속' 진도를 통해 수능 준비를 제대로 할 수 있다. 참으로 황당한 결과가 아닐 수 없다.

이런 점에서 선행교육 규제법은 현재 우리나라 공교육이 가진 고질적인 난점을 극명히 보여준다. 고교 교육과정과 대학입시 준비 사이의 관계는 어떻게 설정돼야 하는가. 고교에서 '정상적인 공교육'이란 도대체 무엇인가. 어처구니없게도 이런 중요한 물음에 대해 교육당국은 제대로 된 답변을 갖고 있지 않다. 따라서 고교의 경우 선행교육 규제법 적용을 일단 유예하고, 이 문제를 합리적으로 풀어가기 위한 보완책을 마련해야 한다. 아울러 초등학교 · 중학교 교육과정도 이번 기회에 현장의 목소리를 들어 합리적으로 재조정해야 할 것이다.

이범 교육평론가(전 서울시교육청 정책보좌관)

31

국민건강보험공단이 담배회사를 상대로 흡연피해 손해배상 청구소송을 시작한다. 흡연 피해로 공단이 부담한 진료비에 대한 책임을 담배회사에 묻겠다는 것이다. 담배회사들은 흡연과 각종 질병과의 인과관계 입증이 충분치 않다는 것과 흡연자의 자기책임론을 이유로 강력히 반발하고 있다. 양측 모두 소송승리를 장담하고 있는 상황. 2014년은 치열한 담배전쟁의 해가 될 전망이다.

'국민건강' 위해서라지만
이길 수 있는 재판인가

"이건 보통 소송이 아니라 담배 전쟁입니다."

국민건강보험공단이 2014년 1월 24일 임시 이사회를 열고 담배회사를 상대로 흡연피해 손해배상 청구소송을 시작하기로 결정했다. 당초 소송 청구액이 최대 2300억 원대로 예상됐으나 인지대 부담 등을 고려해 500억 원대로 축소했다. 감독기관인 보건복지부가 뒤늦게 만류에 나섰지만 소송 개시가 전격적으로 결정됐다. 국내에선 공공기관이 처음으로 직접 담배회사를 공격하는 일이 벌어진 것.

이에 대해 KT&G 등 담배회사들은 "흡연자가 자유의지로 흡연하는 것인데 우리가 무슨 잘못이냐"고 강하게 반발하고 나섰다. 1948년부터 50년 넘도록 정부가 국민에게 담배를 팔던 나라에서 왜 공공기관이 흡연의 폐해를 묻는다며 소송하는 일이 벌어졌을까.

공공기관 최초 '담배와의 전쟁'

건보공단은 흡연으로 인해 발생한 환자 진료비 중 공단이 부담하는 연간 1조7000억 원에 달하는 급여 부분에 대한 책임을 담배회사에 묻겠다는 방침이다. 지금까지 국내에서 담배회사를 상대로 손해배상을 청구한 소송은 개인이 제기한 4건뿐이다. 국가기관은 방관하는 것이나 마찬가지였다.

전례 없는 담배 소송에 건보공단이 직접 나서게 된 데에는 김종대 공단 이사장의 강력한 의지가 작용했다. 김 이사장은 2013년 1월부터 개인 블로그에 담배의 폐해를 성토하는 글을 꾸준히 올렸고, 같은 해 12월엔 소송 개시를 직접

2012년 5월 31일 '세계 금연의 날'을 맞아
서울 광화문광장에서 열린 보건복지부 주최 금연 캠페인.

선포했다. 김 이사장은 최근 올린 게시물에서 "공단의 설립 목적은 전 국민의 건강을 책임지는 것"이라며 "흡연으로 인해 생명이 파괴되고 삶의 질이 저하되는 상황에서 공단이 아무런 조치를 취하지 않는 건 의무를 망각하는 것"이라고 소송 이유를 밝혔다.

담배 소송의 당위성은 한마디로 건보공단의 존립 목적과 일치한다는 것이다. 이 같은 김 이사장의 자신감은 최근 건보공단이 흡연과 폐암, 후두암 등 각종 질병 간의 과학적 인과관계를 입증했다는 데서 비롯한다. 공단이 2013년 8월 지선하 연세대 보건대학원 교수팀과 공동 발표한 빅 데이터 세미나 자료에 따르면 흡연 남성의 암 발병률은 비흡연자에 비해 최대 6.5배까지 높았다. 흡연 피해로 공단이 지불한 진료비 역시 1조7000억 원 정도로 2011년 전체 진료비의 3.7%나 된다는 연구결과가 도출됐다.

하지만 담배회사들은 이 조사의 표본 대표성이 부족하고 식습관, 직업, 주거환경 등 기타 질병요인을 고려하지 않아 신뢰성이 매우 떨어진다고 지적한다. 담배회사들의 이익단체인 한국담배협회 김병철 회장은 1월 27일 기자간담회에서 "폐암에 대한 흡연의 영향성이 입증돼 담배회사에 책임을 물어야 하는 상황을 가정하자"며 "그렇게 되면 간암을 일으키는 술을 만드는 주류회사, 비만을 유발하는 패스트푸드 체인까지 모두 정부가 고소해야 한다"고 강변했다.

담배회사들은 흡연 자체가 개인의 자유의지에서 비롯된 행위임을 강조한다. 담배회사가 흡연을 강요한 적이 없으므로 책임질 이유가 전혀 없다는 것이다. 하지만 건보공단 측은 흡연이 암과 각종 호흡기질환의 직·간접적 원인이라는 점은 이미 잘 알려져 있으며, 담배 특유의 중독성은 흡연자가 끊고 싶어도 실패하게 만든다고 말한다. 공단 법무지원실의 안선영 변호사는 "니코틴 중독이 마약 중독만큼 강하다는 건 잘 알려진 사실이다. 끊고 싶어도 못 끊게 만드는 담배의 중독 문제를 재판정에서 집중적으로 제기할 것"이라고 밝혔다. 또 이번 소송은 개인이 아닌 공공기관이 나서는 것이므로 흡연에 대한 자기책임(스스로 담배를 선택해서 생기는 책임)에서 비교적 자유롭다는 점 역시 승소 가능성을 높일 수 있다고 덧붙였다.

개인 의지 탓? 니코틴 중독 탓?

상황이 이렇게 되자 담배협회는 흡연 피해에 대한 '정부책임론'을 들고 나왔다. 2002년 민영화 이전에 발생한 흡연 피해에 대해선 이전까지 한국담배인삼공사를 경영했던 정부가 책임져야 한다는 논리다. 담배협회가 정부책임론을 거론하는 이유는 담배의 유해성에 대한 책임에서 정부가 완전히 자유롭지 않다는 점 때문이다.

담배산업은 KT&G가 100% 민영화된 2002년 이전까지는 정부가 한국담배인삼공사를 통해 국내에서 생산된 담배 물량을 모두 수매해 소비자에게 판매하는 구조였다. 따라서 담배회사들은 적어도 2002년 이전까지 흡연으로 발생한 각종 피해는 정부가 책임져야 한다고 주장하는 것이다. 실제로 4건의 개인 소송 모두 정부가 담배회사와 공동피고로 함께 법정에 섰다. 그러나 건보공단은 향후 정부를 상대로 소송을 제기할 의도는 전혀 없다고 맞받아쳤다. 담배사업법에 따라 2002년 이전에 정부가 담배를 제조·판매해서 생긴 불법행위 책임은 이미 KT&G로 포괄적으로 승계됐다는 게 공단의 논리다.

반면 담배협회는 이미 담뱃값에 포함된 건강증진기금 명목으로 해마다 1조 5000억 원씩을 건보공단에 내고 있으므로 손해배상까지 하는 건 '이중과세'라고 반발한다. 김 회장은 "건강증진기금 중 흡연자의 금연치료 및 의료비로 지출

건강증진기금 정부에서 국민건강과 관련한 각종 사업에 사용하기 위해 조성하는 기금. 이 기금의 주요 재원이 담뱃값으로 담뱃값에는 담배소비세와 교육세, 부가가치세 외에 건강증진부담금이 포함돼 있다. 건강증진기금은 금연사업, 건강증진사업, 보건교육, 보건의료 조사·연구, 질병의 예방·검진·관리, 암 치료, 국민영양관리, 구강건강관리, 공공의료 시설 및 장비 확충 등에만 사용하도록 돼 있다.

하는 금액은 약 1%에 불과하다"며 "이 금액만 원래 용도에 맞게 써도 흡연 문제
는 얼마든지 해결할 수 있다"고 말했다.

이에 대해 건보공단은 이중과세 주장은 억지이며, 세금을 내는 흡연자에 대
한 기만이라고 주장한다. 안 변호사는 "담배 한 갑당 354원씩 부과되는 건강증
진기금은 흡연자가 부담하는 비용이다. 담배회사가 마치 자신들이 내는 것처럼
말하는데, 이는 책임을 지지 않으려는 술책"이라고 지적했다.

그동안 국내에서 제기된 4건의 개인 소송에선 담배회사가 모두 이겼다. 담
배 제조와 판매과정에 위법성이 없다는 게 이유다. 현재 대법원에 2건, 고등법
원에 1건이 계류 중이며, 나머지 1건은 흡연자가 항소를 포기했다. 이는 담배의
유해성을 법정에서 증명하는 게 결코 녹록치 않음을 방증한다.

정부의 심기도 편치 않다. 담배 소송을 결정한 건보공단 이사회에서 반대
표 2장은 복지부와 기획재정부 대표로부터 나왔다. 이동욱 복지부 건강보험정
책국장은 "복지부는 담배 소송 자체의 필요성에 대해선 동감하지만 지금까지의
준비만 보면 실제 승소 가능성이 그리 높지 않다고 본다"며 "공단이 좀 더 시간
을 갖고 승소 가능성과 막대한 소송비용을 면밀히 비교해 소송을 결정해야 한
다"고 밝혔다.

기재부의 반대는 좀 더 노골적이다. 기재부 관계자는 "우리 부의 견해는 흡
연이 개인의 질병에 직접적인 원인이라는 점을 증명하기 어렵다는 것"이라고
밝혔다. 담배산업을 향한 부정적인 기류 확산으로 향후 예상되는 세수 감소 역
시 정부가 건보공단의 소송을 적극 지원할 수 없는 이유 중 하나로 꼽힌다. 이
처럼 내외적으로 쉽지 않은 분위기임에도 건보공단은 "해외에선 공공기관이 나
선 담배 소송에서 승소한 경우가 많다"며 소송에 박차를 가한다는 방침이다.

미국에선 주정부가 승소

1954년 담배 소송이 최초로 시작된 미국에선 1992년까지 제기된 800여 건

의 소송에서 원고 측이 모두 패소했다. 개인 차원의 소송이어서 막강한 자금력
과 대형 법률회사를 내세운 담배회사와의 장기전에서 이길 수 없었기 때문. 하
지만 1993년 이후 주정부가 흡연 피해 소송을 시작하면서 분위기는 완전히 달
라졌다. 플로리다 주는 1994년 위해물 제조업체를 대상으로 한 의료비용 배상
청구권을 주정부가 직접 갖는 법률을 제정하고, 46개 주정부와 함께 담배회사
를 상대로 소송을 시작했다.

결국 4년 후인 1998년 11월 담배회사들은 2060억 달러(약 220조 원)를 배상하
는 조건으로 합의했다. 담배협회는 이를 두고 "승소가 아닌 합의"라고 강조하
지만 사실상 연합 주정부가 승소한 것으로 볼 수 있다. 캐나다 역시 주정부가
직접 나서 대규모 담배 소송을 준비 중인 것으로 알려졌다. 개인이 승소한 사례
도 있다. 브라질에선 1997년 이미 사망한 흡연자의 부인이 담배회사로부터 배
상을 받아냈고, 호주에서도 폐암 여성이 손해배상 청구소송을 승소로 이끈 사
례가 있다.

이를 두고 건보공단은 담배 소송은 세계적으로 대세이며, 우리 법원도 이를
고려하지 않을 수 없을 것이라 주장한다. 건보공단은 소송가액을 확정한 만큼
4월 중 법원에 소장을 제출할 것으로 보인다. 현재 법무법인 지평, 남산 등 상
당수 로펌이 이 소송에 관심을 갖는 것으로 알려졌다. 담배회사들은 법정에서
얼마든지 맞받아쳐주겠다고 말한다. 이미 4건의 개인 소송에서 승리한 자신감
때문이다.

이제 막 전초전을 마친 '담배 전쟁' 2라운드는 법정에서 시작될 전망이다.
건보공단, 담배회사 양측 모두 승리를 장담할 수 없는 기나긴 싸움의 시작이다.

이철호 동아일보 정책사회부 기자

소 송 가 액　재판에서 승소할 경우 받게 될 소송청구금액. 소송가액에 따라 인지대와 송달료 등이 결정되므로
소송가액이 높을수록 수수료도 증가한다.

32

기초연금

박근혜 정부의 기초연금제도를 두고 공약후퇴라느니, 국민연금과 연계해서는 안 된다느니 논란이 분분하지만 정작 중요한 쟁점은 재원조달 및 지속가능성에 있다. 정부는 증세 없이 재원조달이 가능하다고 공언하고 있으나 노령인구 증가속도로 볼 때 언제까지 증세 없이 기초연금을 지급할 수 있을지 의문이다. 또 기초연금만으로는 노인빈곤을 해결할 수 없다는 문제제기에도 귀를 기울여야 할 것이다.

대선공약 축소라지만 정부안조차 감당해낼까

박근혜 정부가 2013년 9월 말 대통령 선거공약 중 최대예산이 소요되는 기초연금제도의 시행계획을 발표했다. 정부의 기초연금안(案)은 1차적으로 소득 및 재산 기준으로 하위 70%의 노인을 지급대상자로 선정한다. 이중 공적연금이 전혀 없거나 있더라도 적은 노인에게는 20만 원의 기초연금 전액을 지급한다(대상 노인의 90%). 그러나 국민연금이 일정액 이상인 사람에게는 감액해 10만 원에서 20만 원 미만의 기초연금을 지급한다. 정부가 2014년 7월부터 이 제도를 시행한다고 발표하자 "전체 노인에게 지급하겠다던 대선공약을 어겼다" "국민연금과 연계하면 국민연금 가입자가 불이익을 받는다"는 불만이 터져 나왔다.

노인 눈치 보랴, 국민 눈치 보랴

모든 노인에게 20만 원씩 지급하면 가장 좋겠지만 재정문제가 암초다. 정부안대로 하위 70% 노인에게만 20만 원씩 지급한다고 해도 박근혜 대통령 임기 중 연평균 10조 원의 재원을 마련해야 한다. 이는 국민 한 사람당 1년에 20만 원씩 세금을 더 내야하는 규모다. 모든 노인에게 지급해야 한다면 국민 한 사람당 30만 원씩 추가세금을 부담해야 한다.

박근혜 정부 출범 이후 정부는 사실상의 증세를 추진했다가 곤욕을 치른 바 있다. 이 때문에 국민 한 사람당 20만 원 증세도 부담스러워한 듯하다. 결국 마른행주 짜는 식으로 다른 예산을 줄이고 줄여 노인 70%에게 지급하기로 한 것이다. 대선공약 불이행 논란은 대통령과 정부가 정치적으로 감수해야 할 것으로 보인다. 다만 민주당의 대선공약도 80%의 노인에게 지급하는 것이었다. 정부안과 비교하면 대상자 수는 10%p밖에 차이가 나지 않는다. 여야가 재원이 가능한 범위 내에서 합의해 조정할 수 있는 사안인 것 같다.

기초연금안이 국민연금 가입자를 역차별하는 게 아니냐는 주장도 제기됐다. 주무장관이던 진영 전 보건복지부장관은 국민연금 가입자 다수가 탈퇴할 것이라는 말까지 했다. 국민연금을 많이 받는 사람에게 기초연금이 덜 지급될 수 있기에 당연히 예상될 수 있는 논란이다. 많은 사람이 국민연금과 별도로 기초연금을 20만 원 받는 것으로 생각했기 때문에 섭섭하기도 할 것이다.

그러나 기초연금 도입의 진정한 쟁점은 재원조달 및 지속가능성에 있다. 기초연금이 정부안대로 시행되면 2014년에서 2017년까지 무려 39조6000억 원이 든다. 2020년에는 한해에만 17조2000억 원, 2030년에는 49조3000억 원, 2040년에는 99조8000억 원이 소요될 전망이다.

정부의 기초연금제도 시행계획을 두고 야권에서는 대선공약 축소라고 비난하고 있지만 우리나라의 경제규모나 정부의 재정상태로 볼 때 현재의 정부안조차 감당할 수 있을지 의문이 들기도 한다. 박근혜 대통령 임기 중에 필요한 39조6000억 원에 대해 정부는 '공약가계부'를 통해 "증세 없이 조달이 가능하다"고 밝혔다 일부 전문가들은 정부 발표를 어디까지 믿어야 할지 모르겠다고 말한다.

기초연금 재원을 마련하느라 정부의 다른 기능이 현저하게 위축될 가능성도 없지 않다. 더구나 노인인구가 현재보다 3배 정도 늘어나는 시기가 곧 다가온다. 이때는 증세 없이 시행하는 게 쉽지 않을 것이다.

정부의 중기재정 5개년 계획에 의하면, 2013년 국민의 조세부담률은 국내총생산(GDP) 대비 19.9%, 사회보장부담률은 6.8%로 이 둘을 합한 국민부담률은 26.7%다. 경제개발협력기구(OECD) 국가의 평균 국민부담률 36% 선에 비하면 상대적으로 낮다. 즉, 증세의 여력이 없지는 않은 것으로 비칠 수 있다.

'세 마 리 토 끼' 잡 을 수 있 을 까

정부는 박 대통령 임기 내 세율의 대폭적인 인상과 같은 증세는 없을 것으로 공언했다. 임기 말인 2017년의 국민부담률을 27.5%로 묶어둘 방침이다. 국가채무도 2013년 GDP 대비 36.2%에서 임기 말인 2017년 35.7%로 오히려 낮출 계획을 가지고 있다.

일부 전문가들은 '기초연금도 주고 세금도 안 올리고 국가채무도 줄이겠다'

국 민 부 담 률 국민이 부담하는 각종 세금과 사회보장기여금의 비율. 국세와 지방세의 총액을 국내총생산(GDP)으로 나눠 세금의 부담률, 즉 조세부담률을 산출하고 의료보험료와 산업재해보험료, 국민연금, 사학연금, 공무원연금, 군인연금 등의 총액을 역시 국내총생산(GDP)으로 나눠 사회보장부담률을 산출한다. 즉 국민들이 소득 대비 세금과 공적보험 및 공적연금을 얼마나 많이 부담하고 있는가를 나타내는 수치라고 할 수 있다.

기초연금 문제로 사퇴한 진영 전 보건복지부장관.

는 정부의 이런 '세 마리 토끼잡기' 계획에 회의감을 드러낸다. 그러나 다른 일부 전문가들은 "정부가 '할 수 있다'고 워낙 강하게 주장하므로 일단 믿어보자"고 한다.

한국의 조세구조와 다른 OECD 국가의 그것을 비교해보면, 다양한 세목에서 증세 여지가 있는 점을 발견할 수 있다. 한국이 다른 OECD 국가에 비해 상대적으로 낮은 조세항목은 개인소득세, 사회보장기여금, 일반소비세다. 개인소득세는 한국이 GDP 대비 4.1%인데 비해 OECD 국가 평균은 8.9%다. 사회보장기여금은 한국이 5.6%인데 비해 OECD 평균은 9.1%고, 일반소비세는 한국이 4.5%인데 비해 OECD 평균은 6.8%다.

이는 우리 국민의 선입관과는 크게 다른 수치다. 일반국민은 고소득층에 주로 해당되는 법인소득세와 재산세를 올려야 한다고 생각한다. 그러나 재산세는 우리나라가 OECD 국가의 평균보다 이미 높고 법인소득세는 거의 비슷하다. 따라서 부자증세의 대상이 되는 법인소득세와 재산세는 올린다 하더라도 인상 폭이 제한적일 것이다. 우리나라가 상대적으로 비중이 낮은 세목을 중심으로 인상을 검토할 수밖에 없다.

결국 중장기적으로는 국민연금보험료가 현재의 9%에서 15% 수준으로 인상되지 않을까 예상된다. 건강보험료도 노인인구 증가에 비례해 현재의 6%에서 10% 이상 수준까지 높아질 것으로 전망된다. 이렇게 하면 OECD 국가의 평균 수준에 접근할 것으로 판단된다. 개인소득세도 복지재정지출이 증가하는 데 비례해 인상될 것으로 보인다. 이 가운데 기초연금 재원충당 목적으로 인상될 여지가 있는 항목은 부가가치세로 통칭되는 일반소비세 항목밖에 없다.

2014년 기준으로 우리나라 부가가치세 예상 세입액은 60조8000억 원 정도다. 장기적으로 기초연금에 소요될 GDP 2% 규모의 재원을 부가가치세로 조달하자면 부가가치세율을 현재의 10%에서 15% 수준으로 인상해야 한다. 이 규모는 현재의 OECD 평균수준에 가깝다는 측면에서 현실화할 가능성이 있다.

연금, 보험, 소득세, 소비세 오를 듯

소비자로부터 세금을 더 거둬 노인에게 기초연금으로 풀면 노인들의 추가적 구매력이 커지기 때문에 경기위축이 덜 발생할 수 있다. 그러나 부가가치세 인상의 경우 소득세에 비해 소득재분배 효과가 적고 저소득층에 상대적으로 불리하다는 비판이 나온다. 일부 연구결과는 부가가치세가 세금 중에서 경제왜곡을 가장 적게 심화시킨다고 말한다. 결국 결정은 정부가 해야 하는 것이다.

정부의 계획대로 기초연금안이 시행된다고 하더라도 우리나라의 노후소득보장체계가 완전히 정립되는 것은 아니다. 기초연금 20만 원 수준 자체가 2014년 1인 최저생계비 기준 60만 원에 비하면 미흡하다. 따라서 국제적으로 부끄러운 '노인빈곤율 45%' 문제도 획기적으로 해결되기 어렵다.

기초연금과 국민연금의 관계도 역할부담이 제대로 되었다고 볼 수 없다. '통합'인지 '연계'인지 여전히 많은 사람이 헷갈려한다. 더욱이 공무원연금, 군인연금, 사학연금 등 특수직역 연금과의 형평성 문제도 그대로 남아있다. 따라

공적소득 보장체계 국민연금, 기초연금, 복지수당 등 공공복지를 위해 정기적으로 지급되는 소득의 보장체계. 사적인 소득(근로소득, 임대소득, 이자소득, 사적연금 등)의 불평등을 개선하고 사적소득이 불안정해지는 노후세대의 생계를 보장하기 위한 복지제도.

서 장기적으로 공적소득보장체계의 재정립을 위한 포괄적인 사회적 논의가 필요하다.

그럼에도 전체노인 70%에게 20만 원 상당의 기초연금을 지급한다는 것 자체는 그동안 경제적 어려움에 시달려온 많은 노인에게 적지 않은 도움이 될 것임에 틀림없다.

김용하 순천향대 교수(전 한국보건사회연구원 원장)

기초연금과 국민연금을 통합해 국민행복연금으로 운영한다는 것이 박근혜 정부의 구상이나 두 연금은 서로 성격이 달라 통합관리의 실효성이 의심스럽다. 연금통합보다 시급한 과제는 국민연금의 등급조정이다. 국민소득 수준과 물가상승 수준에 따라 주기적으로 등급을 조정해 소득재분배 기능을 충족시켜야 함에도 이를 무시함으로써 국민연금의 사회보험으로서의 기능이 희석되고 있기 때문이다.

연금통합? 등급조정이 더 급하다

박근혜 정부는 국민행복연금을 도입하기로 했다. 새로운 연금은 아니다. 현재 65세 이상 70%에게 제공하는 기초연금과 국민연금을 합쳐 이름만 바꾼 것이다. 박근혜 정부는 출범 전 두 연금을 통합하고 기초연금 재원 일부를 국민연금기금에서 가져다 쓰겠다고 했다가 여론으로부터 거센 비판을 받은 바 있다. 그 결과 국민연금 재원을 기초연금에 활용하겠다는 안은 철회했다. 그러나 무슨 이유에서인지 두 연금통합은 고수한다. 박근혜 정부는 국민연금 기금에서 기초연금 재원을 마련하지 않는다는 것을 보여주려는 듯 두 연금에 대한 관리는 통합하되 재원은 따로 운영하겠다고 발표했다.

국민연금과 기초연금을 따로 운영하면 연금제공은 불가능할까. 전혀 그렇지 않다. 오히려 통합으로 실익을 찾기 어렵다. 두 연금은 본질적으로 성격이 다르다. 기초연금은 국가예산에서 재원을 마련하고 국민연금은 연금보험료로 재원을 마련한다. 재원마련 방식이 다른데 무리하게 통합하면 혼선이 발생할 우려가 있고 재원을 전용할 소지도 배제할 수 없다. 두 연금을 한 지붕 아래서 관리하기 때문에 국민연금기금을 기초연금 재원으로 활용하지 않겠다는 약속이 언제든 깨질 수도 있다.

두 연금은 원칙적으로 그 급여대상이 달라 통합이 바람직하지도 않다. 기초연금은 전 국민 대상이 아니다. 소득수준이 낮아 국민연금조차 가입할 수 없거나 국민연금을 받아도 연금액이 낮아 그 돈으로는 살 수 없는 빈곤층과 저소득

2013년 2월 7일 오후 서울 삼청동 대통령직인수위원회 앞에서
노인단체 회원들이 기초연금, 4대 중증질환 등 박근혜 대통령 당선인의
복지공약 성실이행을 촉구하는 기자회견을 하고 있다.

층을 위한 연금이다. 기초연금은 국민연금의 낮은 급여수준을 보완하려는 보충적 연금이란 뜻이다. 예컨대 국민연금 가입자 중에서도 월 23만 원밖에 연금을 받지 못하는 사람이 있다. 이들에게 생계비에 보태서 쓰게 한 연금이 기초연금의 전신인 기초노령연금의 도입취지였다.

원칙적으로 급여대상도 달라

물론 기초노령연금 도입배경에는 국민연금이 있다. 국민연금은 노무현 정부 당시 '많이 내고 적게 받는 방식'으로 개혁됐다. 개혁 이전에는 연금보험료 불입기간이 40년이고 소득 등급이 가장 높은 45등급인 가입자의 연금액은 월 150만 원 수준이었는데 개혁 후에는 월 115만 원으로 낮아졌다. 이걸 보충하려는 장치가 기초노령연금이었다. 당시 빈곤층과 저소득층의 기초생계를 지원하는 연금으로 그 용처를 제한했어야만 했다. 그리고 박근혜 정부도 그들의 기초생계가 유지되는 수준으로 연금액을 인상하는 방안을 제시해야 했다. 이것이 연금제도 원칙이다.

노무현 정부의 연금개혁에서 놓친 것은 국민연금 등급조정이었다. 이것은 중대한 실책이었다. 국민연금은 사회보험이기 때문에 소득재분배 기능도 충족해야 한다. 이를 위해 국민연금은 전 국민의 소득수준을 현재 최저 1등급에서 최고 46등급으로 나눈 후 보험료를 징수하고 연금을 주는 구조로 설계했다. 현

기초
노령연금

2008년 7월부터 도입된 복지연금으로 65세 이상 노인 가운데 소득수준 하위 70%에게 매월 정기적으로 지급하고 있다. 기초노령연금 대상자들로부터 신청을 받아 소득인정액에 따라 차등지급하는 것을 원칙으로 한다. 박근혜 정부 들어 기초노령연금법이 기초연금법으로 바뀌면서 이 법안이 통과된 이후부터는 기초연금으로 지급될 예정이다.

재 불합리하게도 최저 1등급 소득수준은 23만 원이고, 46등급 소득수준은 389만 원이다.

월 소득이 389만 원 이상이면 국민연금 등급이 같다. 따라서 대기업 과장과 재벌총수 소득을 같은 선상에 놓고 연금보험료를 징수하고, 같은 수준의 연금급여를 준다. 이것이 현행 국민연금의 가장 큰 문제점이다.

국민연금 등급체계는 1988년 출범 당시 최저 1등급 소득이 22만 원, 최고 45등급 소득이 360만 원이었다. 등급 체계를 주기적으로 조정해야 하는데도 20년이 넘도록 방치했다가 2010년에야 국민연금법을 개정해 물가상승 반영근거를 마련했다. 그러나 2012년 하한액은 22만 원에서 23만 원으로, 상한액은 389만 원으로 조정하는 데 그쳤다. 이명박 정부는 그나마 20년간 방치해둔 등급조정 길을 트는 데 기여했다. 문제는 2013년까지 최저등급을 45만 원, 최고등급을 460만 원으로 상향조정하기로 해놓고 지키지 않고 떠났다는 점이다. 박근혜 정부는 등급조정에 대해서는 침묵하고, 국민연금과 기초연금을 합치겠다니 이해할 수 없다. 통합에 앞서 국민연금 손질이 먼저인데도 말이다.

1988년 출범 당시 최저 10분위 소득은 31만 원, 최고 10분위 소득은 208만 원 정도였다. 당시 국민연금의 최저 1등급 소득 22만 원과 최고 45등급 소득 360만 원은 그때의 10분위 소득분포를 반영한 등급체계였다. 따라서 사회보험으로서 소득재분배 기능을 제대로 갖추고 있었다. 2012년 우리나라 최저 10분위 소득은 80만 원이 넘고, 최고 10분위는 870만 원 정도다. 소득재분배 기능을 수행하려면 국민연금 등급체계에서 하한액과 상한액도 이와 유사한 수준으로 조정해야 한다. 이것이 국민연금 같은 사회보험 정책의 원칙이다.

이 국민연금의 등급체계 조정에 대해 '진보정부'라던 노무현 정부는 침묵했고 '보수정부'라던 이명박 정부는 문제로 인식하고 조정하려고 애쓴 흔적을 남겼다. 박근혜 정부는 여기에 대해 다시 침묵하고 있다. 현행 국민연금 등급체계는 저소득층과 중산층에게 그들의 소득을 떼어서 더 낮은 소득계층에게 재분배를 강요하는 제도다. 소득수준이 200만 원에서 389만 원인 사람에게 소득수준이 100만 원보다 낮은 사람을 지원하도록 강요하는 어처구니없는 제도이다. 정작 심각한 문제에 대해서는 침묵하고 통합이라는 형식주의에 얽매이면 국민행복시대를 열 수 없다.

연금계층을 통합하는 것은 연금개혁의 국제적 흐름에 역행하는 일이기도 하다. 연금계층의 다양화가 세계 각국 연금개혁의 공식처럼 인식되는 상황에서 통합은 거꾸로 가는 개혁이기 때문이다. 연금계층 다양화를 전제로 연금 사각지대를 최소화하는 중층 연금(multi-pillar pension) 도입은 세계은행과 경제협력개발기구(OECD)의 권고사항이기도 하다. 중층구조에서 기초연금은 빈곤층과 저소득층, 국민연금은 전 국민, 퇴직연금은 임금근로자, 그리고 개인연금은 자영업자를 대상으로 하기 때문에 가능한 일이다.

자칫 '국민불행연금' 될라

우리도 중층구조 틀을 갖추고 최적의 운영방식을 찾는 과제만 남겨놓은 상황이다. 최적 운영방식 탐색에 심혈을 기울여야 할 때에 다시 틀을 흔들겠다니 이해하기 힘들다. 연금개혁은 원칙에 역행하면 실패확률이 높다. 이해관계자가 복잡하게 얽혀있기 때문이다. 연금 특성상 현재의 잘못으로 당장 문제가 발생하지는 않는다. 10년, 20년 후 문제가 된다. 보장수준이 지나치게 높으면 그리스 같은 국가부도 사태가 발생하고, 지나치게 낮으면 1980, 90년대 남미식 '노인폭동'이 터질 수 있다. 우리나라 국가부채도 한계상황이다. 공기업 부채 464조 원, 지방정부 부채 18조 원, 그리고 중앙정부 부채 774조 원을 합치면 총

중층 연금　소득과 직업유형에 맞춰 복수의 연금에 가입하는 것. 국민연금과 기초연금만으로는 안락한 노후생활을 보장할 수 없으므로 퇴직연금이나 개인연금 등 제2, 제3의 연금에 가입해 노후생활의 안전망을 구축하고 연금의 사각지대도 해소할 수 있는 방안으로 제시되는 연금구조다.

1256조 원으로 국내총생산(GDP)의 100% 수준이다.

지금은 국가부채를 늘리지 않고 복지를 확대하는 묘수를 찾을 때다. 그 묘수 가운데 하나가 중층 연금구조다. 국가와 개인이 미래세대 노후에 대해 공동으로 책임지는 제도이고, 공적연금인 국민연금과 사적연금인 퇴직연금 및 개인연금으로부터 조성한 기금을 적절히 활용할 수 있기 때문이다. 박근혜 정부처럼 급하지 않은데도 공적연금을 건드려 국가부담을 늘린다면 미래세대에 부담만 안겨줄 뿐이다.

연금정책은 역사의 심판을 받는다. 20년 뒤 국민행복연금이 '국민불행연금'이었다는 역사의 심판을 받지 않으려면 더 신중하고 절제된 개혁을 해야 한다.

허만형 중앙대 행정학과 교수

찬반논란 끝에 원격의료 허용 법안이 국무회의를 통과했다. 정부는 원격진료제 시행에 강한 의지를 보여왔다. 원격진료제의 성공적인 시행을 위해서는 아직 넘어야 할 산이 많다. 원격진료가 가능하도록 병원은 물론 가정에도 시설과 장비를 갖춰야 하며 환자의 안전문제 등 원격진료에 수반되는 위험이나 부작용에 대한 대책도 마련돼야 한다. 따라서 대면진료를 보완하는 정도로 원격진료를 활용하면서 시행착오를 줄이기 위한 보완책을 찾아나가는 것이 중요하다.

원격진료 도입하면 의료환경 어떻게 달라지나

2003년 의료법 개정 이후 의사와 의사 간 자문을 허용하는 원거리 협진은 여러 가지 시범사업으로 이어져왔다. 일례로 보건소 의사와 농어촌 취약지 보건진료원 간호사 간 원격의료 시범사업은 2013년부터 강원도 전역에서 확대 시행되고 있다. 이 같은 원거리 협진에서 한 걸음 더 나아가 의사와 환자 간 원격진료를 허용하는 법안이 2009년과 2010년 국회에 상정됐지만, 대형병원의 독점화와 지역병원의 경쟁력 약화를 야기할 수 있다는 이유로 법안화하지 못했다.

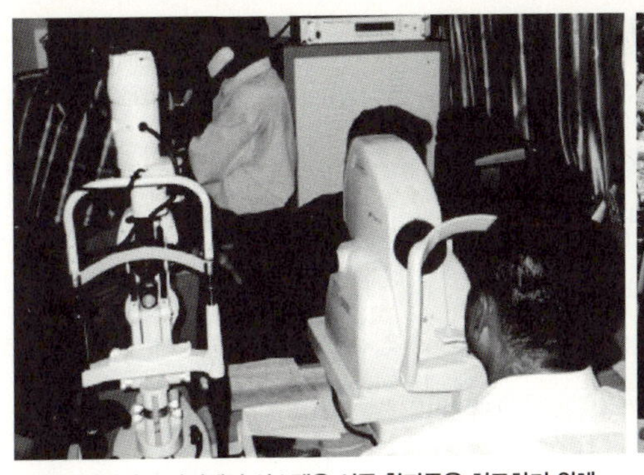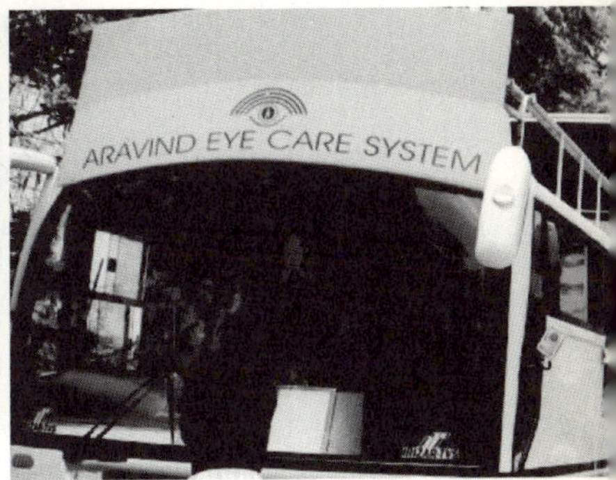

인도의 아라빈드 아이케어 시스템은 시골 환자들을 치료하기 위해
기본 진단도구를 직접 가져가는 것은 물론 위성장비로 원격진료를 할 수 있도록
원격의료용 트럭을 이용한다.

이러한 배경을 지닌 원격진료가 2013년 10월 입법예고된 것에 대해 박근혜 정부는 의료산업을 발전시키려면 정보기술(IT)을 활용하는 원격진료를 허용해 의료채널을 다각화해야 한다고 보고 있다. 원격진료는 의료산업 활성화와 더불어 관련산업 고용창출에 기여할 것으로 보인다. 한국보건산업진흥원 자료에 따르면 원격진료 이용률이 인구의 20% 가량일 때 의료시장 규모는 2조3653억 원, 관련 장비시장 규모는 4021억 원에 달한다. 또한 미래창조과학부는 원격진료 허용을 통해 건강보험 재정적자가 줄어들 것으로 전망한다. 건강보험공단도 원격진료로 만성질환자를 관리할 경우 질병의 급성악화를 막아 국민건강 면에서도 이익이며, 비용절감 효과도 얻을 수 있을 것으로 보고 있다.

반면 창조경제 활성화의 일환으로 미래산업을 추진하는 정부의 이미지 각인

입 법 예 고　　법률을 제정, 개정, 폐지하기에 앞서 국민에게 알리는 절차. 원격의료 도입을 위한 의료법 개정안은 보건복지부에 의해 2013년 10월 29일 입법예고돼 2014년 3월 25일 국무회의를 통과한 후 4월 2일 국회에 제출됐다.

이라는 정치적 목적으로 원격진료가 추진된다는 대한의사협회(이하 의협)의 주장도 있다. 의협은 2014년 3월 정부와 원격진료 선(先) 시범사업에 합의했지만 그간 격진료제에 대해 반대 입장을 표명해왔다. 반대의견의 골자는 지리적 접근성을 무시하는 원격진료를 시행하면 지리적 접근성에 의존해 생존하는 1차 의료기관의 기반이 무너질 것이라는 점, 원격진료 허용은 수도권 대형병원에 대한 쏠림현상을 가속화해 지방 중소병원의 경영난을 가중시킬 것이라는 점, 의료기관 붕괴로 의료시스템과 의료산업까지 붕괴할 것이라는 점이다.

창조경제 활성화 vs 의료시스템 붕괴

원격진료는 실시간으로 동기화해 환자의 증상정보가 의사에게 전달되는지 여부, 치료와 처치가 원격진단에 수반되는지 여부에 따라 세 종류로 나뉜다.

비동기화 형태의 원격진료(asynchronous store and forward)는 환자의 증상정보가 저장된 뒤 특정시간 후에 의사에게 전달되는 방식으로 원격영상의학, 원격진단의학, 원격피부진료 등의 형태로 오래전부터 시행돼왔다.

환자의 증상정보가 실시간으로 동기화해 의사에게 전달되는 방식은 다시 치료와 처치가 수반되지 않는 원격 모니터링(TeleMonitoring), 치료와 처치가 수반되는 실시간 상호반응형(synchronous realtime interactive) 원격진료로 구별된다.

원격 모니터링 사례로는 2004년부터 시행된 미국 남애리조나 원격의료 프로그램(SATT·Southern Arizona TeleTrauma and TeleExistence Program)을 들 수 있다.

1차 의료기관
소아과, 내과, 산부인과, 치과 등 단일과목을 진료하는 의원과 한의원, 보건소 등 환자가 지리적으로 쉽게 접근할 수 있는 의료기관. 통원진료 및 치료를 주로 담당하며 30개 미만의 병상을 갖춰 단기 입원치료도 가능한 의료기관이다. 30개 이상의 병상을 갖춘 병원 및 종합병원, 한방병원, 치과병원, 요양병원 등을 2차 의료기관이라고 하고 3차 의료기관은 상급종합병원으로 대학병원과 대형병원을 지칭하며 중증질환 진료를 담당한다.

SATT는 응급의료에서 필수적인 환자의 중증도 파악(triage)을 원격으로 진행해 시간을 절감하고 중환자실 회진도 원격으로 진행해 간호사 의존도를 낮추며, 의사가 직접 환자를 관찰할 수 있다. 또한 감염을 예방할 수 있다는 장점도 있다.

인도에서 2007년부터 시행하고 있는 TeleDoc 역시 원격 모니터링의 하나다. TeleDoc은 원격진단검사시설(Remote Diagnostic Test Facility)을 활용해 환자의 건강상태를 모니터하는 방식이며, 당뇨 등 만성질환을 주요 대상으로 하다 점차 확대되고 있다. 인도 KVM(Kerah Velayudhan Memorial) 병원에서 시행하고 있다. 미국 콜로라도대 의료과학센터는 2011년부터 인디언과 알래스카 이누이트 원주민을 대상으로 한 CNATT(Center for Native American TeleHealth and TeleEducation)를 운영하고 있으며, 주로 정신과 원격상담과 원격교육에 초점을 두고 있다.

미국 · 영국 · 인도 등 해외에선 활발

미국 월터 리드 육군의학센터도 2011년부터 참전 군인들의 외상후 스트레스 장애에 대한 정신과 원격 심리치료를 시행하고 있다. 영국 맨체스터에선 2012년부터 instant CBT(Cognitive Behavioral Theraphy)라는 원격 심리치료 서비스를 제공하고 있다. 이 원격 심리치료 서비스의 내용을 요약하면 원격 모니터링은 응급진단, 만성질환자 관리, 소외계층 진단, 정신과 원격상담을 특징으로 한다.

한편 실시간 상호반응형 원격진료는 1989년부터 시작됐다. 화상대면 형태는 아니지만 유선전화와 휴대전화를 활용해 심장 제세동기를 사용해야 하는 환자를 원격에서 통제하는 MedPhone과 MDPhone 사례를 들 수 있다.

재활의학과 관련해서는 2006년 미국 피츠버그대 재활공학연구소(RERC · Rehabilitation Engineering and Research Center)를 비롯해 시카고 재활센터, 뉴욕주립대 버팔로 재활센터, 워싱턴DC 국립재활병원 등이 실시간 상호반응형 원격진료를 하고 있다. 미국 캘리포니아주립대 LA병원에선 2006년부터 원격에서 통제하는 RoboDoc을 활용한 로봇수술을 시행하고 있으며, 이 역시 실시간 상호반응형 원격진료의 한 형태다.

2011년부터는 프랑스, 스페인, 칠레, 브라질이 참여하는 응급의료지원 서비스 SAMU(Service d'Aide Medicale Urgente)가 실시간 상호반응형 원격진료 형태로 활용되고 있다. 올해엔 Vidyo사가 미국 알래스카지역 응급환자를 원거리 협진을 통해 실시간 상호반응형 원격진료에 성공한 사례를 발표하기도 했다.

원격진료의 선진사례를 살펴보면, 시각을 다투는 응급환자에 대한 진료시간 단축, 중환자에 대한 의사의 직접관리를 통한 의료서비스 질 향상, 질환 특성별 전문가를 활용한 원거리 협진으로 의료서비스 질 향상과 의료비 절감, 만성질환자에 대한 지속적 모니터링을 통한 예방적 관리와 의료비 절감, 정신과 상담이 필요한 환자에 대한 접근 편이성 증대, 재활환자에 대한 사용 편이성 증대 등으로 요약할 수 있다.

원격진료의 이러한 성공요소에 부수적인 단점으로 지적되는 것 중 하나는 치료시간 단축과는 별개로, 실제 환자를 대면해 진단하는 것보다 되레 시간이 더 걸리는 현상이 발생한다는 점이다. 진료비 절감 측면에서도 변동비 차원의 개별 진료비 절감과는 별도로 통신시설과 단말기 같은 사회간접자본 성격의 고정비 투자가 선행돼야 하며, 원격진료의 장점을 더 부각하려면 더 많은 선행투자 성격의 비용이 항상 요구된다는 문제가 있다. 직접 대면하지 않아 발생할 수 있는 환자 안전에 대한 책임소재 문제, 의료정보 공개 문제 등도 따른다. 치료와 관련해 아울러 고려해야 할 사항은 조제약 배송 문제다. 화상대면 원격진료 방식엔 치료가 수반되므로 진단기기와 치료기기가 있는 곳 인근에 약국까지 함께 있어야만 효과를 볼 수 있기 때문이다.

치료보다 원격 모니터링 강조하는 입법안

정부 입법안은 원격진료를 원칙적으로 의원급 1차 의료기관에 허용하되, 도서벽지와 같이 접근성이 좋지 않은 지역에선 병원급 2차 의료기관에도 허용한다고 돼 있다. 대상환자도 의학적 위험성이 낮은 재진환자이면서 상시 질병관리가 필요한 사람, 만성질환자, 정신질환자, 의료취약지 환자, 노인, 장애인, 가정폭력 피해자, 성폭력 피해자 등으로 국한된다. 다만 군인과 재소자는 초진도 허용하는 입장이다. 이 경우엔 선진국 원격진료 성공사례의 부분집합적 성격을 띠며, 치료 성격보다는 원격 모니터링이 더 강조된다. 아울러 응급환자에 대한 고려가 부족하다고 본다.

결국 기존의 대면진료를 원격진료로 완전히 교체하는 데 상당한 시간이 걸릴 것으로 보인다. 이런 면에서 원격진료는 대면진료의 보완적인 성격을 띠며, 불가피하게 대면진료를 받기 어려운 환경에서 그 유용성이 돋보인다고 하겠다. 그리고 대면진료에 의존해야 하는 진료과목도 있고, 원격진료를 수행하기에 적합한 진료과목도 있다고 봐야 할 것이다. 의료의 질을 향상하고, 의료 접근성을 높인다는 점에서 원격진료의 장점을 활용해 대면진료와 병행하는 것은 이러한 면에서도 타당성이 있다.

원격진료엔 환자에 대한 단순한 화상정보 외에도 청진기, 온도계, 혈압계, 산소포화도 측정기, 동공 촬영기 등과 같이 환자상태를 진단할 수 있는 체외진단기기가 필요하다. 원격진료 시 일반인, 더욱이 고령자가 이 같은 진단기기를 사용하기 어려운 점도 있고, 기기의 위생적 관리 면에서도 애로사항이 있으므로 주거지 내 원격진료 관리센터를 설치하는 방안도 세워야 할 것이다. 이러한 점들을 두루 고려해 원격진료가 명실상부한 효과를 거둘 수 있기를 기대한다.

박상찬 경희대 경영대 의료경영전공 교수

2013년 12월 박근혜 정부가 '보건의료 서비스 투자활성화 대책'을 발표하며 의료민영화 논란이 다시 쟁점화하기 시작했다. 의료법인의 자회사 설립을 허용하고 부대사업 범위를 대폭 확대해 의료기관의 경영여건을 개선한다는 내용이 핵심이다. 이에 의약계와 시민단체는 의료영리화 목적이라며 반발하고 있고 전면 파업까지 강행했다.

진료비 10배 폭등? 불통이 싸움 키웠다

2013년 연말 의료계는 물론, 국민적 관심사로 떠올랐던 이슈가 의료민영화 논란이었다. 소셜네트워크서비스(SNS)를 중심으로 불붙은 의료민영화 논란은 '괴담' 수준으로까지 확대돼 정부 여당은 이를 해명하느라 곤욕을 치렀다. 청와대와 새누리당, 보건복지부, 기획재정부 등 관련 부처가 모두 나서 "의료민영화는 없다"고 목소리를 높이며 조기 진화에 안간힘을 썼다.

의료민영화 논란에 대해 각자 이유는 다르지만 가장 당혹스러워 했던 곳이 정부 여당과 대한의사협회였다. 새누리당 최경환 원내대표는 의료민영화 논란이 수그러들지 않자 2013년 12월 20일 최고 중진 연석회의에서 "SNS에서는 의료법을 개정해 의료법인의 자회사를 허용하면 맹장수술비가 1500만 원이나 되고 모든 진료비가 10배 치솟을 것이라는 등 황당한 괴담이 퍼지고 있다"며 "몇년 전 '뇌송송 구멍탁'으로 대표되는 어처구니없는 괴담이 횡행하던 광우병 사태가 떠오른다"고 말했다.

투자활성화 대책이 불쏘시개

2013년 12월 15일 서울 여의도에서 전국의사궐기대회를 주도한 대한의사협회가 의료민영화 논란에 곤혹스러워한 이유는 정부 여당과는 좀 다르다. 의료계의 원격진료와 영리병원 저지 투쟁이 '의료민영화 반대 투쟁'으로 인식돼 의료계 내부에서 논란이 일었기 때문이다. 노환규 대한의사협회장은 이를 의식해 12월 18일 긴급 기자회견을 자청하고 적극 해명에 나섰다.

노 회장은 "여의도에서 열린 전국의사궐기대회에서 의료민영화라는 단어는 한 번도 나오지 않았다. 그런데 그다음 날부터 대한의사협회가 주도적으로 의료민영화 반대시위를 한 것처

2013년 12월 15일 대한의사협회는 서울 영등포구 여의도광장에서 '의료제도 바로 세우기'를 위한 비상대책위원회를 열었다.

럼 보도됐다"고 말했다. 언론이 너무 앞서나갔다는 취지의 발언이었다. 노 회장은 이 자리에서 대한의사협회 차원의 의료민영화 개념도 밝혔다. 그는 "일반적으로 민영화라고 하면 국유화된 것을 민간에 넘기는 것을 의미한다"며 "그렇다면 지금 회자되는 의료민영화는 그런 의미가 아니다"라고 했다. 이미 국내 의료기관의 94%가 민영화됐고, 이들 민간 병·의원이 요양기관 강제지정제에 의해 공공의료를 떠받치고 있기 때문이다.

그러면서 "우리가 거부하는 의료민영화는 의료기관이 의사를 돈벌이에만 내몰며 이윤만 추구하는 상황"이라며 "대한의사협회는 의료기관이 투자자를 위해 이윤 극대화를 추구하는 의료환경을 단호히 거부하기 때문에 정부가 2013년 12월 13일 발표한 '보건의료 서비스 투자활성화 대책'에 반대한다"고 주장했다.

이명박 정권 이후 수면 밑으로 가라앉았던 의료민영화 논란에 다시 불을 붙인 쏘시개는 단연 정부의 '보건의료 서비스 투자활성화 대책' 발표였다. 보건복지부는 투자활성화 대책을 통해 병원(의료법인)의 영리목적 자회사 설립을 허용하고 수익 확충을 위한 부대사업 범위를 대폭 확대하기로 했다. 정부는 그동안 의료법인의 부대사업이 장례식장, 주차장, 구내식당 등 8가지로 제한돼 병원의 수익성이 악화하고 의료 연관 산업의 부진을 초래했다고 판단했다.

이 대책의 핵심은 의료법 시행규칙을 개정해 의료법인도 자회사를 통해 바이오산업, 의료기기 개발, 의료관광을 위한 여행·숙박업, 의약품 개발, 화장품, 건강보조식품 등 부대사업 범위를 크게 늘릴 수 있게 한 것이다. 또한 해외

요양기관 강제지정제 병원, 약국 등 모든 의료기관을 보험급여 의무가 있는 요양기관으로 강제 지정하는 제도. 의료기관의 보험급여 의무를 강제하지 않을 경우 수가가 낮은 보험적용 진료나 국민의료보험 환자의 진료는 꺼리고 상대적으로 비싼 의료비를 청구할 수 있는 비보험 진료 또는 사보험 환자 위주로 병원이 운영될 가능성이 높다. 요양기관 강제지정제는 이와 같은 폐단을 방지하고 전 국민의 의료보험수급권을 보장하기 위해 도입됐다.

환자 유치를 위해 자회사를 설립, 외부 투자금도 들여올 수 있게 했다. 의료법인 간 합병, 법인약국 설립 허용도 추진한다. 보건복지부 보건의료정책과 이창준 과장은 "투자활성화 대책은 중소병원의 경영상 어려움을 개선하려고 추진하는 것"이라며 "환자와 종사자 편의 증진에 국한된 사업만 하겠다는 것으로, 영리병원 허용이나 의료민영화와는 관련이 없다"고 강조했다.

하지만 보건의료시민단체와 대한약사회는 이번 대책이 의료민영화의 전단계가 아니라 그 자체가 민영화라는 시각이다. 전국보건의료산업노동조합 측은 "채권 발행 허용, 부대사업 대폭 확대, 인수합병과 법인약국 허용은 의료영리화와 상업화를 막아왔던 핵심 규제장치를 완전히 풀겠다는 것"이라며 "우리나라 의료가 급속하게 영리화, 상업화 길로 들어서는 분기점이 될 것"이라고 주장했다. 의료기관이 국민을 위해 의료서비스 질을 높이는 데 주력하기보다 환자를 대상으로 돈벌이를 하는 각종 부대사업에 집중 투자할 공산이 크다는 논리다.

법인약국 허용과 관련해 김대원 대한약사회 부회장은 "현재 정부가 추진하는 정책의 문제점은 보건의료를 건강권 문제가 아닌 돈벌이 문제로 보는 것"이라며 "법인약국 도입의 종착지는 결국 의료영리화가 될 것"이라고 말했다. 법인약국은 자본 독점과 편중으로 기대와 달리 오히려 국민 건강을 위협할 수 있다는 것이다.

보건복지부와 기획재정부는 이에 대해 "국내 병원의 자회사가 할 수 있는 사업 범위를 병원 운영과 관련한 사업으로 제한하고, 수익을 의료 분야에 재투

법 인 약 국 기업형 프랜차이즈 약국. 정부는 대기업과 병원, 제약회사, 의약품 도매상 등이 약국사업에 진출할 수 없도록 약사만이 참여하는 법인약국을 허용하고 법인이 개설할 수 있는 약국의 수를 제한해 소규모 약국과 동네약국을 보호한다는 방침이다. 그러나 법인약국의 허용은 결국 대자본의 진입통로를 열어주는 결과로 이어지고 장기적으로 유통구조가 독점화돼 약제비 상승효과를 불러올 수 있다는 반대여론도 높다.

자하게 하는 등 자회사 남용 방지 장치를 마련하겠다"고 강조했다.

풀어야 할 의료계 현안 산적

2013년 말 의료민영화 논란이 확대된 것은 정부와 의약계, 보건의료시민단체 간 소통 부족에서 비롯한 측면이 크다. 대한의사협회와 대한약사회는 보건복지부의 의약정책이 기획재정부, 산업통상자원부 등 경제부처 입김에 휘둘리는 데 대해 내심 불만이 많았다. 의사 사이에서 '관치 의료'라는 말이 자주 나온 것도 이와 무관치 않다. "의료 전문가인 의사, 약사와의 사전 협의 없이 국민 건강과 직결된 의료정책이 경제적 논리에서 일방적으로 발표된다"는 게 그들의 주장이었다.

이 틈을 파고 든 것이 바로 의료민영화 논쟁이었다. 정부나 대한의사협회가 모두 부정하는 의료민영화라는 말이 의료계는 물론 연말 정국까지 뜨겁게 달군 것이다.

해가 바뀌자 '의료민영화'는 '의료영리화'로 대체되고 있다. 의사협회의 지적대로 민간병원이 다수인 우리나라 실정에서는 '의료민영화' 논쟁보다는 '의료영리화' 논쟁이 맞는 말이다. 대한의사협회는 2014년 1월 11일 '의료제도 바로 세우기를 위한 전국의사 총파업 출정식'을 개최, 원격진료 반대와 건강보험정책심의위원회 구조 개혁 등과 함께 의료영리화 반대를 투쟁 목표로 정했다. 의료민영화 논란에 묻혔던 원격진료와 영리병원 반대, 의료 수가 개혁을 이끌어내겠다는 현실적인 목표를 내세운 것이다.

정부와 의사협회는 한차례 집단 휴진(3월 10일)을 겪고 나서야 원격진료(의료)와 의료법인 영리 자회사, 건강보험 및 의료제도 등에 대해 협의안을 이끌어냈다. 응급실 의사까지 모두 집단휴진에 나서는 전면 파업(3월 24~29일)을 앞두고 '파국은 막아야 한다'는 공감대가 형성된 것이다.

의료민영화 논란을 불러일으켰던 의료법인의 영리 자회사 설립 문제는 의사협회, 대한병원협회, 대한치과의사협회, 대한한의사협회, 대한약사회가 참여하는 논의기구를 별도로 마련, 진료수익의 편법 유출 등 우려되는 문제점을 개선키로 했다.

의사-환자간 원격진료 허용 문제에 대해서는 원격진료의 안전성과 유효성을 검증하기 위해 6개월 동안 시범사업을 시행하고 그 결과를 의료법 개정안 입법에 반영하기로 양측이 합의했다.

정부와 의사협회의 협의안은 의협 전 회원들의 찬반 투표에 의해 지지를 받았지만 앞으로 추진 과정에서 논란이 예상되는 항목도 적지않다. 정부와 의협은 협의안에 의료 수가(의료서비스 대가)를 결정하는 건강보험정책심의위원회(건정심)의 공익위원을 가입자와 공급자가 동수로 추천하여 구성하는 등 건정심 객관성을 제고하는 국민건강보험법 개정을 추진한다는 문구를 넣었다. 하지만 이 부분의 해석을 놓고 정부와 의협이 다시 대립할 가능성이 있다.

시민단체 등의 시각도 비판적이다. 건강세상네트워크 · 경제정의실천시민연합(경실련) · 한국노총 · 민주노총 등이 참여한 '건강보험가입자 포럼'은 "정부는 의료계를 달래기 위해 국민들의 보험료 부담은 고려하지 않고, 수가와 건강보험료를 결정하는 건정심에 의료계 몫을 확대하는 방안에 합의해줬다"며 의 · 정 협의안을 '야합'으로 규정하기도 했다.

2013년 말 전국을 들썩이게 했던 의료민영화 논란은 정부와 의료계의 타협으로 새로운 국면을 맞고 있다. 하지만 건강보험료 인상 등 국민이 떠안게 될 부담이 적지않을 것으로 보여 추진과정에서 수많은 난관이 예상된다.

김용 의료포털 코메디닷컴 기자

수서발 KTX 자회사 설립이 결정되면서 철도노조와 시민
단체가 철도 민영화를 위한 사전 포석이라며 크게 반발하
고 있다. 반면 코레일 측은 자회사간 경쟁체제 도입을 통
한 경영효율화 조치라고 주장한다. 그러나 철도노조와 정
부 측 주장의 이면에는 더욱 본질적인 문제가 있다. 철도
노조는 근로조건 악화를 우려하고, 정부는 민영화에 대한
국민의 부정적 정서를 피해가며 사실상의 민영화 효과를
노리고 있다는 사실이다.

경영 효율화인가, 민영화 신호탄인가

2013년 12월 10일 코레일(KORAIL) 이사회에서 수서발(發) KTX 운영을 전담
하는 자회사 설립을 결정하자 코레일 민영화 논란이 본격적으로 불거지며 후
폭풍이 만만치 않았다. 전국철도노동조합(철도노조)과 시민단체는 수서발 KTX
분할을 철도 민영화를 위한 사전 포석으로 간주해 이사회 구성의 적법성을 문
제 삼아 파업에 돌입했고 법적 대응에 나서는 등 투쟁을 강화했다. 이에 반해
코레일 이사회는 "KTX 자회사 간 경쟁을 통한 경영효율성 강화 조치"라고 맞
받았다.

2013년 12월 12일 서울 서초동 서울중앙지방검찰청 앞에서 '수서발 KTX 운영 주식회사 출자' 의결을 한
코레일 이사진에 대한 배임혐의 고발과 관련해 전국철도노동조합 박태만 수석부위원장
(오른쪽에서 두 번째)과 노조원 및 KTX 민영화 저지 범대위 관계자들이 기자회견을 하고 있다.

2016년 초 개통 예정인 수서발 KTX는 수서에서 출발해 동탄과 평택을 거쳐 영호남으로 내려간다. 서울역에서 출발하는 KTX와는 평택에서 만나고, 이후부터는 고속철도 전용선 1개를 공동 사용한다. 고객과 지역민 처지에서는 서울역과 수서역 가운데 주거지에서 가까운 역을 선택하면 되므로 수서발 KTX 자회사는 사실상 지역 내 독점사업자로 봐야 한다. 하지만 정부는 이를 '경쟁체제 도입'이라고 표현한다.

수서발 KTX 자회사는 코레일이 41%의 지분을 확보하고 나머지 59%는 연기금 등 공적자금이 투자되는 형태로 실립된다. 국토교통부(국토부)는 지분의 민간 양도를 금지하는 규정을 코레일 정관에 포함하고, 향후 코레일 운영 실적에 따라 지분 확대를 허용하는 등 민영화 논란을 피하려고 전력하고 있다. 이런 지분구조 또한 KTX의 유효한 경쟁체제를 구축하기 어렵게 한다.

그럼에도 철도노조가 민영화 논란을 부각하려고 애쓰는 이유는 무엇일까.

사실 국토부가 당초 원했던 경쟁체제는 수서발 KTX 운영을 민간기업에 맡기는 방식이었다. 1990년대 말부터 논의돼 2000년대 초 최종 확정된 '철도산업 선진화 방안'에서 국토부는 우리나라 철도산업의 근본 문제점을 오랜 독점체제로 파악하고, 유럽 주요국가에서 도입한 경쟁체제를 정책 목표로 삼았다.

민영화 논란 부각하려는 이유

하지만 민영화가 효율성을 상징하는 정책수단으로서 일반인에게조차 거부감 없이 받아들여지던 1990년대, 2000년대 중반까지와 달리, 2000년대 후반에 접어들면서 예상치 못한 사회적 저항에 직면하게 됐다. 복지 논쟁이 주된 사회 의제로 등장하면서 민영화를 바라보는 시각도 부정적으로 바뀌었기 때문이다. 여기에 4대강사업 등 이명박 정부가 추진한 친기업적 정책에 대한 반감이 더해져, 국토부는 수서발 KTX 민영화를 실행할 동력을 잃었다.

그 대안으로 급하게 마련한 경쟁 모형이 독일식 지주회사제도다. 수서발 KTX 노선은 새로운 자회사를 만들어 운영하고 여객, 물류, 차량 정비, 역세권 개발 같은 분야를 각각 별도의 자회사로 분리해 운영하게 하는 것이 새로운 모형의 골자다. 코레일은 서울역발 KTX를 운영하면서 지주회사 기능을 담당하게 된다. 사실 지주회사 안은 국토부가 지난 몇 년간 추진했던 원안에서 대폭 양보한 것이다. 더욱이 수서발 KTX 지분의 민간 양도를 원천적으로 금지하고, 코레일 지분을 매년 10%씩 늘릴 수 있게 했으니 적어도 표면적으로는 코레일이 많은 것을 잃었다고 보기 어렵다. 그럼에도 철도노조가 강경 노선을 선택한

지 주 회 사 제 도　지배회사 또는 모회사가 산하에 자회사를 두고 자회사의 주식을 소유함으로써 자회사 지배권한을 갖는 제도. 수서발 KTX 운영을 전담하는 자회사의 지배권한이 지주회사인 코레일에 있으므로 민영화 추진은 아니라는 것이 정부와 코레일의 입장이다.

2013년 12월 9일 전국 철도노동조합이 파업에 돌입한 가운데
최연혜 코레일사장이 서울 용산구 코레일 서울본부 대강당에서
국민 사과문을 발표하고 있다(왼쪽).
서승환 국토교통부장관(오른쪽 사진 가운데)이 12월 11일 서울 종로구
정부서울청사에서 철도노조 파업 관련 대국민 담화문을 발표하고 있다.

이유는 지주회사제도가 노조에 미치는 파장이 민영화 못지않기 때문이다.

정부와 철도노조가 주장하는 경쟁체제와 민영화 주장의 이면에는 양측이 전면에 드러내고 싶어 하지 않는 본질적인 부분이 있다. 정부 처지에서는 민영화에 대한 국민의 부정적 정서를 고려해 경쟁체제를 도입하되, 민영화 논란으로 확전되는 것을 두려워한다. 불과 몇 달 전까지 수서발 KTX 운영을 민간기업에 맡기는 등 단계적 민영화를 염두에 뒀던 국토부로서는 민영화 효과를 너무 낙관했다는 비판이 자회사 설립을 통한 경쟁체제 도입 자체에 대한 비난으로 번지는 게 부담이다.

반대로 철도노조가 왜 그처럼 강경하게 나섰는지는 파업 정당성에 대한 주장을 살펴보면 금세 눈치 챌 수 있다. 코레일 측이 "현재 철도노조 파업은 근로조건과 관련된 내용이 아니기 때문에 불법파업이 확실하다"고 주장하자, 철도노조는 "자회사 설립이 근로조건에 영향을 미칠 것이 확실하므로 정당한 파업"이라고 대응했다. 민영화 주장의 이면에 근로조건이 있는 것이다.

수서발 KTX의 분리 운영이 코레일 인건비 구조에 미치는 영향은 크게 세

가지로 나눠서 분석할 수 있다. 먼저 수서발 KTX가 자회사로 분리되면 기존의 서울역발 KTX 노선의 수익성이 악화될 것이다. 물론 현재 KTX 노선의 경우, 초과 수요가 존재하기 때문에 감소폭에 대한 예상은 예측기관마다 다르지만 감소 자체에 대해서는 이견이 없어 보인다. 하지만 코레일 재정구조는 KTX 노선 운영의 흑자로 일반 철도 운영의 적자를 보전하는 형태다. 일반 철도 전 노선이 적자인 점을 고려하면 새로운 KTX 노선을 코레일이 운영하는 것만으로도 코레일의 경영실적은 급격히 개선될 테고, 그럼 인건비 문제가 수면 아래로 가라앉을 개연성이 크다. 이 경우 일반 철도의 민영화 논란도 잠재울 수 있다.

코레일 임금 수준, 복리 낮아질 가능성

또한 지주회사 체제로 전환될 경우 물류 부문이 가진 적자구조가 극명히 드러나게 된다. 여객 부문에 비해 매우 열악한 재정구조를 가진 물류 부문은 지난 5년간 비용이 매출의 200%에 달하고 매출 대비 인건비 비중이 100%를 상회한다. 다시 말해, 매출로 인건비를 충당하지 못하는 구조다. 물론 공익서비스의무(PSO) 지원금 감소의 영향도 있으나, 근본적인 사업구조 자체의 비효율로 사업 정상화가 어려운 부문이다. 일반 여객철도 부문에 비해 물류 부문은 그동안 여론의 관심을 받지 못했는데, 자회사 형태로 운영할 경우 본격적인 경영 개선의 대상이 될 테고, 그 과정에서 인력 구조조정을 필연적으로 수반할 것이다.

무엇보다 철도노조를 힘들게 하는 것은 수서발 KTX와 서울역발 KTX의 비

공익서비스의무 (PSO) 지원금 철도운영자가 제공하는 공익적 서비스에 대해 국가가 보상성격으로 지급하는 지원금. 수익성이 떨어지는 벽지노선 운행, 노인·장애인·국가유공자 등에 대한 할인혜택, 정기승차권에 대한 할인혜택 등 공공서비스로 인해 발생하는 손실액을 보상해주는 제도다. 정부는 철도공사의 방만하고 비효율적인 경영을 이유로 이 손실액의 전액 보상을 거부함으로써 최근 몇 년간 지원금이 감소했다.

용구조가 동일선상에서 비교된다는 점이다. 수서발 KTX는 신생 조직으로 일부 필수 인력을 코레일에서 수혈할 수밖에 없지만, 그래도 철도노조의 영향으로부터 자유로운 편이라 새로운 틀에서 탄력적인 인력구조를 설계할 수 있다. 현재 코레일 인력구조는 중간 관리층 비율이 하위직급 비율보다 월등히 높은 항아리 모양이다. 이러한 인사적체 문제를 해결하려면 수서발 KTX로의 인력 이동이 불가피한데, 수서발 KTX 노선이 별도 법인으로 분리되면 기존의 노사 협약 사항을 그대로 적용할 수 없으므로 직원의 임금 수준 및 복리후생 수준이 낮아질 개연성이 높다.

따라서 국토부가 원하는 경쟁체제 효과는 요금에 앞서 비용 측면에서 먼저 나타날 것이다. 동일 사업을 운영하는 두 회사의 비용구조가 선명하게 드러나 비교가 가능해지면, 기존 코레일의 인건비 구조 개선에 대한 사회적 요구가 급격히 높아지리라는 것은 당연한 예상이다.

하지만 이러한 효과가 장기적으로 유지될지는 불확실하다. 2014년 1월 10일 공식 출범한 수서발 KTX 법인도 공기업 운영원칙을 따를 수밖에 없으므로 지속적인 경영 개선을 할 수 있는 내부 역량을 유지할지에 대해서는 다소 회의적이다. 한 가지 분명한 것은 코레일이 스스로 경영 개선을 수행하고 지속할 수 있다는 역량을 보여주지 못하면, 많은 부작용에도 민영화 주장이 여론의 지지를 받을 수밖에 없다는 점이다.

엄태호 연세대 행정학과 교수

대체휴일제

찬반논란 끝에 2014년도부터 대체휴일제가 도입됐다. 문제는 적용대상을 관공서와 대체휴일제에 찬성하는 민간기업으로 제한해 휴일 양극화가 우려된다는 점이다. 대체휴일제의 혜택을 모든 직장인이 공평하게 누리기 위해서는 대체휴일제의 장단점을 보완하고 재계의 협조를 구하는 등 여전히 넘어야 할 산이 많다.

대체휴일제, 누가 언제 쉴 수 있나

대체휴일제란 공휴일과 주말이 겹치면 평일 중 하루, 일반적으로 월요일을 쉬게 하는 제도다. 이는 공휴일 수를 현행보다 늘린다기보다 이미 규정돼 있는 연간 15일의 공휴일 수를 매년 동일하게 유지하려는 취지다. 대체휴일제가 도입되면서 매년 평균 2일 안팎의 대체휴일이 발생할 것으로 예상되고 있다.

선진국들도 정확하게 대체휴일제는 아니지만 비슷한 형태의 휴일제도를 시행하고 있다. 영국이나 미국은 월요일 공휴일제를 도입했다. 예를 들어 우리나라처럼 법정공휴일을 특정날짜로 지정하는 것이 아니라 '몇째 주 월요일'로 정

함으로써 대체휴일의 효과를 누리는 것이다. 일본은 '해피먼데이(Happy Monday)'
제도를 도입했는데, 공휴일과 일요일이 겹치면 월요일에 쉬도록 한다. 중국도
총 휴일보장제를 시행해 주말과 겹친 휴일을 일수로 보장한다.

내수 활성화, 일자리 창출

대체휴일제는 2013년 2월 대통령직인수위원회가 140개 국정과제의 하나로
포함시키면서 활발하게 논의되기 시작했다.

대체휴일제를 도입한 가장 큰 이유는 경제적 측면에서 볼 때 내수 활성화
에 도움이 되기 때문이다. 현대경제연구원의 대체휴일제 활용방안에 대한 설문
조사에 따르면 우리 국민 중 대체휴일이 발생하면 이를 휴가여행으로 활용하겠
다는 사람이 약 70%에 달한다(휴가여행으로 활용하겠다는 사람 69.8%, 그러지 않겠다는 사람
30.2%). 이 같은 설문 결과는 대체휴일제 도입으로 내수가 활성화할 가능성이 높
다는 사실을 의미한다. 즉, 국민의 여행 빈도가 높아지면서 자연스럽게 여행업
을 중심으로 음식이나 숙박업 등 서비스산업 전반에 걸쳐 긍정적인 효과가 나
타날 것이다.

일자리 창출에도 도움이 될 것으로 예상된다. 한국문화관광연구원은 구체
적으로 약 10만 개 이상 일자리 창출효과가 있다고 발표했다. 선진국의 사례분
석을 살펴봐도 휴일을 매개로 소비를 활성화하고 이를 통해 경제가 순환하도록
하는 계기를 마련한 경우가 많다. 일본은 휴일을 국내관광 수요를 확대하는 등

대 체 휴 일 제 정부가 발표한 안에 따르면 설과 추석 연휴, 어린이날만 대체휴일제의 적용을 받는다. 설과 추석 연
휴, 어린이날이 공휴일과 겹칠 경우 그날 다음의 첫 번째 비공휴일을 쉬는 제도다. 2014년도부터 적
용되므로 첫 대체휴일은 추석연휴(9월 7일~9일)와 일요일(9월 7일)이 겹치는 연휴 다음날인 9월 10
일이 된다.

대체휴일이 생기면 휴가여행으로 활용하겠다는 국민이 약 70%에 달한다.

내수 활성화의 주요한 방법으로 적극 활용하고 있다. 중국과 일본은 2~6주의 장기휴가와 5~7일의 장기연휴를 의도적으로 만드는 정책을 실시해 소비 활성화를 모색한다. 우리나라에서도 주 40시간 근무제 시행 후 유통업이나 여행업 등 연관 산업의 매출이 신장됐으며, 휴일정책의 내수 활성화 효과가 일반적인 경기부양책보다 높다는 의견도 많다. 휴일을 적극적으로 활용해 민간소비를 활성화함으로써 내수가 진작된다면 국내 기업들에도 새로운 성장동력의 기회로

내 수 활 성 화 수출시장이 아닌 국내시장의 활성화. 과거에는 내수보다 수출에 역점을 두는 경향이 강했으나 수출의존도가 지나치게 높을 경우 세계경제의 흐름에 따라 경제기반이 크게 흔들릴 수 있다는 사실을 인지하게 되면서 내수와 수출의 균형이 중요시되기 시작됐다. 국내 소비자들이 돈을 쓸 수 있는 여건이 조성돼야 생산자도 안정적으로 이윤을 창출하고 고용을 확대하는 선순환 경제구조를 정착시킬 수 있으므로 내수 활성화는 안정적인 경제성장의 기반이라고 할 수 있다.

작용할 수 있다.

대체휴일제는 박근혜 정부가 추진하는 '창조경제'에도 탄력을 줄 것으로 기대된다. 한국은 일을 많이 하는 나라로 널리 알려져 있다. 2011년 기준 연평균 근로시간이 약 2090시간으로, 동유럽의 폴란드나 헝가리 등보다 많은 시간을 일하고 있다. 경제협력개발기구(OECD) 전체 평균이 약 1770시간이므로, OECD 평균보다도 거의 300시간 이상 더 일하는 셈이다. 1400시간대인 프랑스나 독일 등과는 비교도 할 수 없을 정도이며, OECD 국가 중 멕시코를 제외하고 일을 가장 많이 한다.

그렇다고 시간당 노동생산성이 선진국에 비해 높은 것도 아니다. 노동자 한 명이 시간당 30달러에도 미치지 못하는 부가가치만을 창출하고 있다. OECD 선진국인 프랑스, 독일, 미국 등은 50달러를 약간 넘고, 이탈리아도 40달러를 넘은 현실을 볼 때 우리 수준을 짐작할 수 있다. 우리나라보다 노동부가가치가 낮은 나라는 폴란드, 터키, 헝가리 등 일부 국가에 불과하다. 결국 장시간 일을 한다고 해서 생산성이 높아지는 것은 아니라는 뜻이다. 선진국의 경우 휴일을 노동생산성 향상을 위한 재충전의 시간이자 근로자의 당연한 권리로 인식하고 있다는 사실에서 이러한 점은 잘 드러난다.

경영부담 가중 우려

요즘은 우리나라에서도 재충전의 기회가 부족한 상황에서 업무에 매몰되는 근무형태로는 업무효율을 극대화하기 어렵다는 인식이 점차 확산되고 있다. 따라서 대체휴일제를 통해 근로자에게 적당한 휴식을 제공함으로써 업무생산성을 높이는 동시에, 재충전의 기회를 부여해 창의성도 향상시킬 수 있다면 최근 사회적으로 관심이 높은 창조경제 활성화에도 큰 도움이 될 것이다.

한편 우리나라 직장인의 가치관도 과거와는 달리 직장에서의 업무와 일상의 삶을 균형 있게 조화시키려는 방향으로 점차 변화하고 있다. 휴식을 통해 삶의 질도 되찾고 생산성을 높일 수 있는 방안을 찾아가고 있는 것이다. 장시간 근로는 능력개발 기회를 가로막아 노동생산성 하락을 초래할 뿐 아니라 근로자의 삶의 질도 저하시킬 수 있다. 업무능률을 향상시키는 동시에 삶의 질을 높일 수 있는 일과 삶의 균형(work-life balance)을 이루기 위해서도 대체휴일제 도입은 필요한 일이었다.

하지만 국내 기업들은 휴일을 임금상승이나 생산손실 등과 같은 비용부담 측면에서 바라보는 인식이 강하다. 기업들이 대체휴일제를 반대하는 가장 큰 이유도 경영부담을 가중시킬 것이라는 우려 때문이다. 특히 근무일수 감소에 따른 직접적인 매출액 하락과 인건비 상승을 걱정하고 있다. 일부 대기업의 경우 대체휴일제를 실시하더라도 이를 감내할 경쟁력이 있지만 다른 상당수 기업, 특히 중소기업의 경우 지금도 어려움을 겪고 있는 인력문제를 더욱 가중시킬 것으로 전망하고 있다.

최근 지속적으로 이슈화하고 있는 대체휴일제나 정년연장제 같은 제도들이 많은 부분 기업의 인건비 부담을 전제로 한 것인 만큼, 기업의 부담을 도외시하기 어려운 게 사실이다. 따라서 인건비 문제로 인해 경영부담이 가중될 수 있는 중소기업 등의 입장을 고려해 이들에 대한 실질적인 지원대책을 마련해주는 배려도 병행돼야 하며, 기업들이 감내할 수 있는 범위 내에서 기존 휴일제도를 개선하는 등의 논의가 필요하다는 주장이 많다.

대체휴일제로 인한 휴일 양극화를 우려하는 시각도 있다. 공무원이나 대기업 정규직 직원의 경우 대체휴일제를 적극 활용할 수 있을 것으로 예상돼 긍정적이지만, 중소기업 노동자의 경우 과연 대체휴일제를 제대로 활용할 수 있을지 불투명하다. 현재 주 5일 근무제가 시행되고 있지만, 적지 않은 중소기업 근로자들은 이에 따른 혜택도 충분히 받지 못하고 있어 대체휴일제가 휴일마저 양극화하는 현상을 부추길 것이라는 얘기다.

이런 우려는 이미 현실이 되었다. 정부는 2013년 11월 '관공서의 공휴일에 관한 규정 일부 개정령안'을 공포해 대체휴일제를 전격 도입했지만 재계의 반발을 고려해 적용대상을 관공서로 제한했다. 민간기업의 경우 노사의 단체협약이나 취업규칙 등에 대체휴일제를 적용한다는 규정을 두면 대체휴일을 쓸 수 있다. 결국 공무원과 노조의 영향력이 큰 대기업 위주로 대체휴일제의 혜택을 누릴 것이라는 얘기다.

앞에서 살펴본 것처럼 대체휴일제는 여러 가지 장점을 지녔지만, 감안해야 할 단점도 갖고 있다. 그러나 대체휴일제가 이미 도입된 만큼 이로 인해 상대적 박탈감을 느끼는 국민이 없도록 노사정(勞使政) 경제주체 모두가 큰 틀에서 윈-윈하는 방법을 모색하는 것이 바람직하다.

무엇보다 OECD 국가 중 가장 많은 시간을 일하면서도 노동시간당 국내총생산(GDP)은 최하위권에 머무르고 있는 국내 노동현실을 직시할 필요가 있다. 이제는 우리도 새벽부터 밤늦게까지 열심히 일해야 발전할 수 있다는 기존 사고의 틀에서 벗어나야 할 시기가 오지 않았나 생각한다. 대체휴일제를 통해 쉴 때는 쉬고 일할 때는 더욱 열심히 일하는 새로운 노동 패러다임으로 전환하는 계기가 마련된다면 그것만으로도 국가 전체 차원에서 유익한 성과가 아닐 수 없다.

장후석 현대경제연구원 연구위원

도로명주소가 전면 시행되면서 곳곳에서 혼란스럽다는 반응이 나오고 있다. 익숙한 동 이름 대신 도로명을 쓰게 되면서 적응이 쉽지 않은 데다 도로명주소 자체가 길보다 터 중심으로 자리잡은 우리 공간문화와는 잘 맞지 않기 때문이다. 그러므로 도로명주소 사용을 지나치게 강제할 것이 아니라 정착까지 오래 걸릴 수밖에 없음을 인지하고 국민의 혼란과 불편이 덜하도록 다각적인 노력을 기울여야 한다.

혼란스러운 도로명주소,
정착까지 얼마나 걸릴까

2014년부터 지번주소가 도로명주소로 변경됐다. 예를 들어 '서울 종로구 청진동 18-1'이 '서울 종로구 중학천길 18'이 된다. 동네 이름 '청진동'은 길 이름 '중학천길'로, 땅의 순서인 지번 '18-1'은 도로상의 건축물 순서인 건물번호 '18'로 바뀐다. 도로명은 크게 '대로(폭 40m 이상, 왕복 8차선 이상)', '로(폭 12m 이상, 왕복 2차선 이상)', '길'로 나뉜다. 큰 도로에서 작은 도로가 갈라질 경우 큰 도로명 뒤에 숫자를 쓴다. 진행 방향을 기준으로 왼쪽으로 갈라진 도로엔 홀수, 오른쪽으로 갈라진 도로엔 짝수가 붙는다. 건물번호는 20m 구간마다 도로 좌우에 기초번호가 부여되고, 그 뒤에 구간 내 건물 순서가 붙는 것으로 정해진다. 서에서 동쪽, 남에서 북쪽으로 왼쪽 건물엔 홀수, 오른쪽 건물엔 짝수가 차례로 붙는다.

정부는 새 주소를 사용하면 길 찾기가 더 쉽다고 한다. 대다수 선진국에서 도로명주소를 쓰므로 국가경쟁력은 물론이고 국가 이미지도 제고된다고 한다. 도로명주소 도입에 따른 사회경제적 효과도 연간 3조4000억 원에 달한다고 한다.

하지만 국민 절대다수는 새 주소를 여전히 잘 모른다. 알아도 선뜻 사용하려고 하지 않는다. 이에 정부는 강제적으로 시행하다보면 언젠간 '몸에 맞는 옷'같이 편해질 것이라고 한다. 과연 그럴까. 오래 준비해왔다지만 국민 눈높이에 맞는 주소 체계로 다듬는 시간은 분명 충분치 않았다. 강제 시행이 능사가 아니라는 주장은 그래서 설득력을 얻는다.

도로명주소로 바꾼 이유는 간단하다. 기존 지번주소가 불편하고 후진적이라고 보기 때문이다. 1910년대 일제가 세금을 걷기 위해 토지를 나누면서 번호

2013년 11월 광주광역시 북구 직원들이 도로명주소로 새로 인쇄된 건물 번호판 분류작업을 하고 있다.

를 붙인 게 지번주소다. 따라서 지번은 처음부터 사람이나 건물의 위치를 찾기 위한 게 아니라 땅의 자리를 파악하기 위한 것이었다. 필지별로 일련의 번호를 붙였기에 지번은 당초엔 일정한 방향과 순서를 가졌다. 또한 개별 필지는 개별 건물의 자리이기 때문에 지번주소는 건물주소의 의미도 함께 지녔다.

그러나 급격한 도시화를 겪는 동안 나눠지고 합쳐진 필지 위에 여러 건물이 들어서면서 붙여진 지번은 더는 일관성을 유지할 수 없게 됐다. 가령 1번지 다음에 2번지가 아니라 5번지 혹은 6번지가 붙으면 위치 정보로서의 지번주소는 '체계성'이나 '예측 가능성'을 잃게 된다. 그로 인한 국가행정 및 일상생활의 불편과 비용도 덩달아 커진다.

1970년대부터 여러 차례 전환 시도

정부 차원의 새 주소 전환 검토는 1970년대부터 시작됐다. 1971~73년 일본의 구역방식 주소체계를 도입하려고 전국 6대 도시에 시범 적용했고, 1980년엔 '신주소 표시제도 실시에 관한 규정'을 제정했다. 하지만 실효성이 없자 1995년 폐지됐다. 이후 도입 시도가 본격화한 건 1995년 청와대 국가경쟁력기획단이 주소제도 개선을 정책추진 과제로 채택하면서부터다. 1996년 7월 정부는 '도로명 및 건물번호 추진 방안'을 발표한 후 1997년 1월 서울 강남구와 경기 안양시에 1차 시범사업을 실시했다. 이듬해엔 경기 안산시 등 4개 도시로 확대했다. 1999~2003년 2단계 시범사업이 전국 135개 도시에서 시행됐다. 이때까지는 지번주소를 법적주소로 하면서 생활주소란 이름으로 도로명주소가 병행

법 적 주 소　행정상의 거주지 표기, 부동산거래, 우편물 수령 및 발신 등에 공식적으로 사용되는 법적 주소지. 도로명주소가 법적주소로 변경되면서 기존 주소는 병행 사용할 수 없게 되었다.

사용됐다. 그러나 도로명주소 사용은 기대만큼 확산되지 못했다. 부정적 평가와 함께 관련 예산이 대폭 삭감되면서 사업이 존폐 위기에 처했다. 강제력이 부족해 이런 상황이 벌어졌다고 판단한 정부는 '도로명주소의 입법화'를 대안으로 내놨다. 이렇게 해서 '도로명주소 등 표기에 관한 법률'이 2005년 발의되고 2006년 제정된 후 2007년부터 시행되고 있다.

법정사업으로 위상이 강화된 도로명주소는 2011년부터 지번주소와 병용하다 2012년부터 전면 시행토록 돼 있었다. 정부는 '도로명주소통합센터'를 설치하고, 도로명판 등 관련 시설물을 전국적으로 설치하는 일을 2010년 10월까지 완료했다. 대국민 홍보도 실시했다. 그럼에도 새 주소에 대한 국민의 인지나 수용 정도가 여전히 낮은 것으로 드러나자, 전면 시행을 2014년 이후로 2년간 미뤘다.

'익숙함'에 못 미치는 '작위성'

전면 시행을 2개월여 앞두고 안전행정부가 실시한 조사결과를 보면 자기 집의 도로명주소를 아는 사람은 전체의 32.4%, 우편물 주소에 도로명주소를 표기한 경우는 16%에 불과했다. 공공기관을 제외하면 새 주소 사용 경험은 더욱 적을 것이다. 사실상 국민이 새 주소를 사용할 준비가 안 돼 있었던 셈이다.

안전행정부의 성과목표를 보면 도로명주소 전면시행 이후에도 사용률은 전 국민의 45%에 불과하다. 길게는 20년, 짧게는 10년을 준비해 시행함에도 전 국민의 절반도 새 주소를 쓰지 않는다면 이는 잘못돼도 한참 잘못된 정책이다.

생활주소 법적주소와 별도로 실생활에서 널리 쓰이는 주소. 도로명주소가 법적주소로 확정된 만큼 당분간은 기존 주소가 생활주소로 쓰일 가능성이 높으나 병행표기를 할 수 없게 되었으므로 장기적으로는 도로명주소가 법적주소와 생활주소로서의 기능을 겸하게 될 것으로 보인다.

새 주소가 국민에게 잘 수용되지 않는 이유는 무엇보다 지번주소가 너무 '익숙'
하기 때문이다. 이는 단순히 시간의 문제가 아니다. 우리의 오랜 공간문화와 관
련된 것이다.

　1662년 도로명주소를 처음으로 도입한 영국에선 평지의 도로에 연해 집이
들어서고 도로 단위로 행정을 처리하는 가운데 도로 중심으로 한 지리적 공동
체가 형성됐다. 영국에선 도로명이 우리의 동명과 같다. 이에 비해 지형지세
가 다양한 우리나라에선 동네와 같은 면(面)과 그 표지물(느티나무, 바위 등)로 장소
의 위치를 인식하면서 지리적 공동체가 형성돼 있다. 서울과 같은 대도시에서
도 우리는 여전히 길보다 단지 같은 터의 위치 중심으로 '누가 어디 사는지'를
가늠한다. 지번은 우리 공간문화와 잘 들어맞는다. 지번주소 폐기를, 동(洞)으로
표현되고 인식되는 우리의 오랜 장소문화와 그 역사를 지우는 것으로 우려하는
건 이런 이유에서다.

　도로명주소는 도로의 위계(位階), 방향, 건축물 순서 등을 규칙화하면서 만든
위치정보다. 오랜 연구검토 끝에 나온 것이지만 보통사람들이 일상적으로 사용
하기엔 너무 '작위적'이다. 대로, 로, 길의 구분, 서에서 동과 남에서 북으로의
방향 확인, 좌우 구분, 20m의 확인 등 위치확인에 필요한 개별정보가 너무 많
다. 또한 그 공간 스케일이 일상적 공간인식 범위를 훨씬 벗어나 있다. 따라서
사용자 처지에선 도로명주소의 과학성은 단점이자 장애물로 작용한다. 전문가
들의 머릿속에서 나온 것으로 관리자 눈높이에 맞을지는 모르지만 일상인에겐
맞지 않다.

'제도의 순화' 과정 거쳐야

　영국의 도로명은 쉽게 인식할 수 있는 짧은 구간, 장소 특성을 살린 개성적
이름으로 돼 있어 누구나 쉽게 이용하고, 사용자의 공간의식과 일체화가 쉽게
이뤄진다. 반면 우리의 도로명주소는 '기하학적 공간의식'을 의도적으로 작동시

켜야 확인 가능하다.

그래서 인식자의 처지에서 볼 때 도로명주소는 지번주소 못지않게 복잡하고 어렵다. 편리성과 용이성이 떨어지면 결국 스마트폰이나 내비게이션 같은 기기의 도움에 의존할 수밖에 없다. 따라서 도로명주소가 아무리 체계적이고 과학적이라 하더라도 사용을 외면하고 기기를 사용해 위치를 찾는 게 일반화하면, '도로명주소 따로', '도로명주소 찾기 따로'가 될 가능성이 너무도 크다. 이렇게 되면 도로명주소는 주민등록번호와 같이 뜻도 모르는 '코드(비밀번호)'일 뿐이다.

4000억 원의 예산이 이미 투입됐고 주소 전환을 위한 법적 고시가 끝났다는 것은 새 주소 제도를 무조건 시행해야 하는 이유가 되지 못한다. 국민의 수용성과 시행상 혼란, 장차 발생할 사회경제적 비용 등을 헤아려보면 새 주소는 '제도의 순화' 과정을 반드시 거쳐야 한다. 우선 전면 시행을 보류하고 사용자 수용성을 훨씬 높여야 한다. 굳이 전면 시행을 한다면 최소 한 세대에 걸친 '안정화' 기간이 필요하다. 그 기간에 도로 위계, 도로 구간, 도로명, 번호체계 등을 사용자의 공간 행태나 장소 상황에 맞게 재조정하는 과정을 거쳐야 한다. 말하자면 일정 기간 지번주소와 함께 사용토록 하면서 적극적인 홍보와 함께 지역별주소검토위원회를 구성해 자체적으로 검토하고 보완할 수 있는 프로그램을 운영해야 한다. 그렇게 5년 혹은 10년마다 재정비해 보편적인 제도로 정착시켜야 한다. 경우에 따라 도로가 잘 발달한 곳에만 도로명주소를 쓰고, 골목길이 발달했거나 장소적 응집성이 강한 곳엔 기존 지번주소를 사용하도록 허용하는 게 바람직하다.

조명래 단국대 도시지역계획학과 교수

공직자 사생활과 언론보도

채동욱 전 검찰총장의 혼외자 의혹보도를 두고 '직무수행과는 상관없는 사생활일 뿐'이라는 의견과 '국민의 알 권리'라는 의견이 팽팽하게 맞섰다. 공직자의 사생활과 국민의 알 권리가 충돌할 때 어느 쪽을 우위에 둘 것인지는 여전히 논란의 대상이다. 그러나 명예훼손을 겨냥한 악의적 공격만 아니라면 공직윤리 문제로 연결될 수 있는 공직자의 사생활 보도는 공적 영역에 속한다고 보는 것이 우리 사회의 전반적 시각이다.

국민의 알 권리인가, 공직자 사생활보호인가

2013년 9월 6일, 〈조선일보〉는 1면 머리기사로 '채동욱 검찰총장 혼외아들 숨겼다'라는 제목의 '특종'을 보도한다. 채 총장은 전혀 모르는 일이라고 부인하면서 '검찰을 흔들고자 하는 시도'라고 규정했다. 당시만 해도 채동욱 당시 검찰총장은 '전두환 추징금 환수'라는 성과를 올리고 있었고, 살아있는 권력이 껄끄러워하는 '국정원 댓글사건' 수사도 소신 있게 밀어붙임으로써 정치검찰이라는 오명을 씻어가던 중이었다.

보도의 파장은 일파만파로 번지면서 급기야 법무부장관이 현직 검찰총장

감찰을 지시하고, 이에 반발한 검찰총장이 사의를 표명하는 지경에 이른다. 이후 사표수리를 두고 청와대와 법무부, 채 총장간의 힘겨루기가 벌어졌다. 논란 끝에 청와대는 법무부의 건의를 받아들이는 형식으로 사표를 수리했다.

사생활 보호와 알 권리의 충돌

세인의 관심은 단연 '임모씨의 아들이 채 총장의 혼외자가 맞는가'라는 것이고, 정치권은 "공직자의 도덕성 문제"니 "정권의 불순한 검찰 흔들기"니 정쟁을 벌였다. 호기심이나 정파적 이해관계를 떠나 '공직자의 사생활과 언론보도의 적절성'을 진지하게 고민하는 언론이나 정치인, 지식인이 많지 않았다는 게 아쉽다.

국민의 시각에서 알 권리인 표현의 자유는 올바른 여론형성을 위해 꼭 필요한 것으로 민주주의 정치제도의 전제가 되는 것이다. 민주주의 제도가 발달한 미국에서는 '명백하고 현존하는 위험'이 없는 한 제한할 수 없다는 원칙 아래 표현의 자유를 최상위 기본권으로 여긴다. 그러나 타인의 사생활을 들춰 명예를 훼손하는 보도는 불법행위다. 다만 공직자의 경우 국민의 선택과 감시를 받기 위해 사생활이 일정부분 공개될 수밖에 없다.

공직자의 사생활침해와 관련해 미국연방대법원의 1964년 설리번 판례('New York Times Co. vs. Sullivan' 판결)는 중요한 기준을 제시했다. "1)공직자(public official)의 공적인 행동에 관한 명예훼손 내용이 2)현실적 악의(Actual Malice)에 의해 작

| 감 찰 | 공적 업무를 수행하는 공직자의 불법행위나 부패행위 등을 감독하고 조사하는 일. 조직의 투명한 운영을 위해 공공기관에는 반드시 감찰기구를 두도록 돼 있으며 일반회사에서는 감사위원이 이 역할을 수행한다. 해당 조직원의 불법이나 부패행위가 의심될 때 감찰 관련법에 의거해 감찰해야 불법사찰이라는 의혹을 피할 수 있다. |

성됐음을 공직자 자신이 입증해야 한다"고 판시했다. 입증책임을 공직자에게 부담시킴으로써 표현의 자유 쪽에 힘을 실어준 것이다. 이후 공직자의 개념은 연예인, 운동선수 등 세상에 잘 알려진 인물을 뜻하는 공인(public figure)으로 확대됐다.

독일에서는 공직자의 사생활을 내밀영역, 비밀영역, 사적영역, 사회적 영역, 공개적 영역으로 나눈다. 내밀영역이나 비밀영역의 경우 공인의 인격권이 우선하지만, 사회적 영역과 공개적 영역은 공인의 인격권이 제한될 수 있다고 한다.

우리도 미국의 설리번 판례를 일부 받아들이는 듯하다. 대법원 판례에 의하면 표현의 자유로 인정되기 위해서는 1)대상자가 공인일 것 2)공공성, 사회성을 갖춘 공적 관심사안일 것 3)악의적이거나 현저히 상당성을 잃은 공격에 해당하지 않을 것을 요구한다. 기타 피해자가 위험을 자초한 것인지 여부 등의 사정도 적극 고려돼야 한다고 판시했다.

혼외자 문제는 과거에도 종종 논란이 됐다. 역대 대통령을 비롯해 고위공직자나 정치인들이 이 문제로 구설에 올랐다. 외국 정치인들도 마찬가지다. 라틴계 남부유럽의 경우 정치인의 사생활 문제에 대해 다소 관대한 듯하다. 1984년 프랑스 주간지 〈파리마치〉가 미테랑 당시 대통령의 '혼외딸' 존재를 보도하자 유력매체 〈르몽드〉와 〈르피가로〉는 "하수구 저널리즘"이라며 해당보도를 비판했다. 프랑스에서는 '공직업무에 지장만 없다면 문제될 것이 없다'는 시각이 우세

**설 리 번
판 례**

미국 일간지 〈뉴욕타임스〉와 앨라배마 주 몽고메리의 시의원 설리번 사이에 벌어진 명예훼손 소송에 관한 판결. 1960년 인권운동가 마틴 루터 킹 목사가 체포되자 그의 지지자들이 변호사 비용 마련을 위한 광고를 〈뉴욕타임스〉에 게재했는데, 이 광고가 경찰의 명예를 훼손했다며 설리번 시의원이 광고주와 〈뉴욕타임스〉를 상대로 소송을 제기한 사건이다. 치열한 법정논쟁 끝에 1964년 미국연방대법원이 광고주와 〈뉴욕타임스〉의 승소를 결정함으로써 언론의 자유, 표현의 자유가 공직자의 명예보다 중요하다는 역사적인 판례를 남겼다.

2013년 9월 13일 퇴임식을 마친 채동욱 검찰총장이 대검찰청을 떠나며 취재진의 질문에 답하고 있다.

한 듯하다. 오히려 혼외자의 해외여행 경비가 세금으로 충당됐다는 문제가 더 부각됐다. 베를루스코니 전 이탈리아 총리는 계속되는 성추문 보도에도 거뜬히 직책을 유지했다. 물론 이런 풍토를 마초이즘이라고 비판하는 사람들도 있다.

문화적 토양에 따라 시각 달라

반면 미국의 경우는 좀 더 엄격하다. 클린턴 전 대통령은 르윈스키와의 부적절한 관계로 특별검사의 조사를 받으며 탄핵위기에까지 몰렸다. 클린턴 대통령이 처음에 이를 부인하면서 거짓말을 했다는 것이 더욱 중대한 문제로 부각되기는 했다. 공직자의 공개된 거짓말은 미국에서는 치명적인 하자로 여겨진다.

요정정치의 전통이 있는 일본에서는 정치인의 성(性) 스캔들이 정치적 문제로 비화하는 경우가 드물다. 아소 총리나 다나카 총리에 대한 게이샤 염문설이나 혼외자 보도는 반향을 전혀 일으키지 못했다.

결국 채 총장 혼외자 보도의 적절성은 우리 국민이 공직자에게 요구하는 것이 무엇인지와 관련돼 있다. 공자는 벼슬아치에게 요구되는 것으로 '문질빈빈(文質彬彬)'을 언급했다. 능력(文)뿐 아니라 백성의 본보기가 될 인간됨됨이(質)도 갖춰야 한다는 것이다. 그러나 현대에 사는 우리 국민이 옛 공자의 말에서만 공직자상(像)을 찾고 있지는 않는 듯하다. 한 여론조사에선 47.1%가 '고위공직자라도 사생활을 보호해야 한다'라고 한 반면 44.8%가 '알 권리 차원에서 공개해야 한다'고 응답했다. 관련자들이 문제 삼지 않는 한 범죄가 아니고 공적업무 수행과도 직결되는 문제가 아니라는 생각, 검찰총장 같은 고위공직자는 사생활도 깨끗해야 한다는 생각이 엇갈리는 듯하다.

혼외자 보도의 적법성과 혼외자가 있는 사람이 검찰총장 자격이 있는지의 문제는 나눠 볼 필요가 있다. 보도 자체는 적법해도 제기한 내용이 검찰총장의 결격사유인지는 다시 따져봐야 할 것이기 때문이다.

혼외자 의혹 보도의 합법성 문제와 관련해 먼저 '공적 사안의 영역'에 해당하는지를 따져봐야 한다. 단지 혼외자가 있다는 것이 검찰총장의 직무수행과 무슨 연관이 있느냐는 의문이 제기될 수 있다. 채 총장의 부인이나 혼외자로 지목된 측에서 문제 삼지 않는다면 범죄행위라고 단정할 수 없을뿐더러 채 총장이 자초한 부분도 없기 때문에 단지 한 개인의 순수 사생활영역일 뿐이라는 주장도 일리가 있다. 그러나 보도가 나간 후 공직윤리 문제로 격론이 벌어지고, 보도의 적절성에 대해 국민여론도 팽팽하게 맞서는 상황이라면 일단 공적 사안의 영역이라고 판단된다.

공적 사안이라도 악의적 공격이라면…

또 다른 쟁점은 '악의적 공격'에 해당하는지다. 야당과 상당수 언론은 채 총장이 정권의 눈엣가시와 같은 존재였다는 정황을 들어 권력기관 등에서 받은 자료를 이용해 친여(親與) 매체가 정파적으로 보도했다는 의혹을 제기한다. 피해자의 제보 등 합당한 동기가 있는 자연스러운 취재결과물이 아니라는 것이다. 단지 채 총장을 낙마시키려는 목적으로 언론기관이 정권담당자로부터 소스를 받아 기획보도한 것이라면 '악의적 공격'에 해당할 것이다. 그러나 〈조선일보〉가 취재 동기나 과정을 명확히 밝히지 않는 한 이를 확인하기가 쉽지 않을 것이다.

보도내용이 검찰총장의 결격사유인지는 우리 국민의 의식구조에 비춰봐야 한다. 앞서 각국의 사례에서 보듯이 문화적 토양에 따라 시각차이가 있기 때문이다. 한 여론조사 결과를 보면, 법무부장관의 채 총장 감찰지시를 놓고 "정치적 외압에 따른 부당한 조치"라는 응답이 46.8%에 달해 "장관으로서 정당한 조치다"는 응답 38.7%보다 8.1%p 더 높게 나왔다. 우리 국민 의식은 남부유럽과 미국의 중간에 있는 것 같다. 재직 중 혼외자 문제로 파생된 별도의 불미스러운 일이 없다면 혼외자의 존재사실만으로는 검찰총장 자격의 결격사유라고 보지 않는 것이다.

공직자의 사생활이 어디까지 공개돼야 하느냐의 기준은 규범적으로 해답이 있는 것이 아니라 우리 사회 구성원간에 바람직한 공직자상과 언론의 기능이라는 주제를 놓고 객관적인 자세로 건전한 상식을 공유하는 과정을 통해 답을 얻을 수 있는 문제다.

보도의 주체인 〈조선일보〉의 한 논설위원은 과거 친자확인소송을 당한 이만의 환경부장관에 대한 혼외자 논란이 불거지자 프랑스 미테랑 대통령의 사례를 들면서 '그래서 어떻다는 말이냐'는 제목의 칼럼을 써 퇴진요구가 부당하다는 주장을 편 바 있다. 그리고 이제 와서 채 총장과 이 장관의 경우는 다르다고 강변한다. 하지만 설득력이 떨어진다. 일관된 기준은 안 보이고 그저 정파적 관점에 따른 일관성이 보일 뿐이다.

남성원 법무법인 청맥 변호사

밀양 송전탑 건립을 둘러싼 갈등은 공사가 진행중인 지금도 계속되고 있다. 주민들은 생존권을 이유로 고압송전로의 지중화를 요구해왔고 한전은 당장의 전력수급난을 이유로 공사강행 방침을 굽히지 않았다. 원전을 추가 건설할 때마다 밀양과 같은 갈등을 겪지 않으려면 고압송전로의 지중화 방안을 비롯해 원자력발전에 대한 국민적 합의과정이 반드시 뒤따라야 할 것이다.

송전탑 둘러싼 10년 갈등, 정녕 탈출구는 없나

10년 가까이 끌어온 경남 밀양 송전탑 갈등이 좀처럼 해결의 실마리를 찾지 못하고 있다. 2013년 5월 29일 한국전력과 밀양 주민 측, 그리고 국회가 각각 3명씩 추천해 꾸린 전문가협의체가 중재안 마련에 나서면서 잠시 소강상태에 접어든 듯했으나 전문가협의체의 부실조사, 편파보고서 논란이 불거지며 성과 없이 끝나고 말았다. 공사를 강행하려는 한국전력과 반대하는 주민 측이 소송으로 맞서고 자살, 사고사 등 사망사건까지 벌어지면서 밀양 송전탑 갈등은 끝없이 증폭되는 양상을 보이고 있다.

경남 밀양시 부북면 위양리 평밭마을 입구에서
주민들이 한전의 송전탑 공사 재개에 반대하며
진입로를 줄로 막은 뒤 농성을 하고 있다.

밀양송전탑반대주민대책위원회(이하 주민대책위)는 고압송전탑 건립공사를 주민생존권을 박탈하는 일로 인식하고 있다. 주민들은 마을인근에 초고압송전선로가 들어서면 전자파가 건강에 악영향을 줄 것이라고 믿는다. 이로 인해 주변 일대 땅값은 떨어지게 마련이고 따라서 건강과 재산상의 불이익을 당할 수밖에 없다는 것이다.

특히 기장군 울주군 양산시 밀양시 창녕군 등 5개 시·군을 지나는 신고리~북경남 노선에 계획된 총 161기 철탑 중 약 43%인 69기가 밀양지역에 들어선다는 사실이 밀양시민의 자존심을 건드리고 있다. 그런데 마을주민들의 동의도 없이 한전과 시공사가 건장한 용역인부를 고용해 물리력을 앞세워 밀어붙이는 바람에 시골노인들이 발끈해 '내 고향산천을 내가 지켜 후손에게 물려주겠다'며 생업을 전폐한 채 투쟁전선에 나선 것이다.

주민의 대척점에 선 한전의 처지 또한 절박하다. 2011년 9월 15일 전국적으로 사상 초유의 순환정전사태가 발생했을 뿐만 아니라 전력사용량이 겨울철 정점을 찍은 2013년 1월 13일 전력예비력이 419만kW로 예비율이 5.5%에 불과했다. 통상적으로 예비전력이 500만kW 이하면 비상상황에 돌입, 전력수급 준비단계에 따라 '관심' '주의' '경계' '심각' 수준으로 상향된다. 한마디로 전력수급 비상상황에 돌입한 것이다.

국민권익위 중재도 해결 못해

한전은 당초 신고리 원자력 3호기 발전전력을 경남 창녕군에 위치한 북경남 발전소까지 송전하기 위해 765kV 송전선로를 2012년 12월까지 준공할 예정이었지만 밀양지역 일부 주민의 반대에 부딪혀 공사가 답보 상태에 있다.

한전은 이 송전선로가 경과하는 다른 지역(울산 울주군, 부산 기장군, 경남 양산시, 경남 창녕군, 밀양 청도면)은 초기에 반대가 심했으나 합의가 이뤄져 철탑공사가 완료된 상태인데, 유독 밀양에서만 반대가 심해 전력수급의 불안요소가 되고 있다며 '블랙아웃(정전)'이라는 최악의 상황을 가정해 밀양주민들을 압박하고 있다.

밀양 송전탑 갈등의 시작은 1990년대 말로 거슬러 올라간다. 당시 신고리 원자력발전소에서 생산한 전력을 서경북~신충북으로 송전할 계획이 마련됐다. 그러나 2000년 이후 한전에 의해 송전선로 노선이 북경남~서경북~신충북으로 급선회했다. 2005년 8월에야 경과지로 편입된 북경남의 밀양시 5개면(단장면, 산외면, 상동면, 부북면, 청도면)에서 주민설명회가 개최됐고, 이곳 주민들은 이

순환정전
사태

전력수급난에 대처하기 위해 지역 또는 시설별로 돌아가면서 강제 단전을 실시하는 것. 2011년의 순환정전사태는 단전 순서와 일시를 정확히 고지하지 않아 혼란을 초래한 데다 전력사용량이 많은 산업체나 대규모 상업시설보다 일반 가정을 1순위 단전대상으로 지정해 일반 국민에게만 고통을 지나치게 전가한다는 비난을 샀다.

때서야 고압송전선로가 자신들의 마을을 통과한다는 사실을 알게 됐다.

밀양시는 발끈했다. 이에 2009년 12월 국민권익위원회 산하 갈등조정위원회가 꾸려져 중재에 나서기도 했다. 권익위 중재를 통해 제도개선위원회 구성과 초전도 케이블에 대한 포럼 등을 통한 합의안이 마련돼 주민과 한전 간의 갈등이 해소되는 듯했다. 그러나 2010년 8월 한전 측은 밀양시장과 창녕군수 및 관계공무원 등을 직무유기 혐의로 고소하고, 이어 20억 원에 달하는 손해배상청구소송을 제기했다. 결국 같은 해 10월 밀양시는 토지수용재결 신청에 따른 열람공고를 시행했다. 이 공고 이행은 송전선로가 지나가는 지역주민들의 토지를 한전이 강제 수용할 수 있는 근거가 됐다.

전국 100곳에서 송·변전 시설 놓고 갈등

밀양시는 2011년 1월 17일까지 열람공고를 마친 뒤, 같은 해 1월 28일 토지수용재결 신청서 열람공고 결과를 중앙토지수용위원회에 제출했다. 주민들은 이에 강력 반발해 2011년 2월 8일 3만133명의 서명을 받아 중앙토지수용위원회에 토지수용심의보류 청원서를 제출했다. 그러나 중앙토지수용위원회는 이를 보류했다. 이어 중앙토지수용위원회는 2011년 4월 1일 토지수용재결(강제수용)을 통해 한전의 손을 들어준다. 이에 따라 한전은 같은 해 4월 4일 오전 8시부터 밀양지역 경과지 5개 면의 철탑부지에서 공사강행과 일시중단, 공사재개를 반복해 왔다.

이 과정에서 2012년 1월 한전의 공사강행에 반대하던 밀양시 주민 이치우 씨가 분신사망하면서 주민대책위가 결성돼 현재까지 한전과 공사현장 곳곳에서 부딪치며 갈등이 격화됐다.

한전과 주민대책위간의 주요 쟁점은 전자기파의 위해성, 전력대란 공방 등 여럿이지만 최대 쟁점은 우회로를 포함한 지중화(地中化) 문제로 귀결된다. 주민대책위는 고압송전선을 땅속에 묻는 지중화 3대안(초전도체, 밀양 구간 345kV 지중화,

울산~함양 고속도로 지중화)을 한전에 강력하게 요구한다. 밀양시 단장면 82호 송전탑에서 부북면 132호 송전탑까지 송전선로를 땅속에 묻으라는 것이다.

이에 대해 한전은 초전도체 지중화의 경우 변전소와 케이블 구조물 건설 등에 2조7000억 원이 소요될 뿐만 아니라, 설계와 인·허가 기간을 제외하고 터널 및 케이블 공사와 공구를 4개로 분할해 병행시공한다 해도 완공까지 12년이나 소요된다며 난색을 표하고 있다. 또 신고리~북경남 구간의 345kV 지중화 문제도 지중화에 1조 원이 들고 완공까지 10년이 걸리는 등 시공기간 장기화에 따른 신고리 3, 4호기의 전력공급 불가로 전력수급 불안만 야기할 뿐이라고 항변한다.

특히 함양~울산간 고속국도 병행구간을 이용한 지중화 방안의 경우 1조4000억 원에 달하는 공사비용과 지반침하로 구조물 시공이 불가능한 점을 차치하더라도 전력공급 시기는 2013년 말인데 비해 도로건설 시기는 2019년으로 병행시공이 불가능하다고 반박한다.

원전原電에 대한 국민적 합의 필요

이에 반대대책위는 "지중화 비용 2조7000억 원과 공시기간 12년의 근거가 무엇이냐"며 정확한 자료제시를 요구한다. 이를 근거로 시시비비를 가려보자는 입장이다.

고압송전선로 공사를 둘러싼 주민반발은 비단 밀양지역만의 문제가 아니다. 밀양과 인접한 경북 청도면 삼평리 주민 20여명은 2012년 10월부터 주민의 건강권과 재산권 침해를 이유로 고압선로 지중화를 요구하며 23호기 건설현장 진입로 입구에서 천막농성을 벌이고 있다. 전북 군산의 군산산업단지와 새만금산업단지 간 송전선로 설치사업 역시 2008년 이후 6년이 지났지만 주민들의 반대로 현재 사업진행이 중단된 상태다. 이를 비롯해 송·변전 시설 건설을 둘러싸고 한전과 지역주민이 마찰을 빚었거나 빚고 있는 지역은 전국적으로 100

곳이 넘는 것으로 알려졌다.

　기대를 모았던 전문가협의체의 활동이 성과 없이 끝나면서 국회의 대화권고도 별다른 효력을 발휘하지 못하고 있다. 그러나 밀양 송전탑 갈등을 이대로 방치할 수는 없다. 생업마저 포기한 채 공사현장을 몸으로 막아서고 있는 밀양 주민들의 고통이 너무 크고 주민들과의 오랜 갈등으로 한전이 입은 피해도 적지 않다. 이대로 공사가 마무리된다고 해도 흩어진 민심은 두고두고 우리 사회의 갈등요인으로 작용할 것이다.

　그러므로 공사강행만을 고집할 것이 아니라 주민들을 설득하고 피해를 보상하려는 보다 적극적인 노력이 이제라도 다시 시도돼야 한다. 무엇보다 우리나라가 원자력발전소 폐기정책을 추진하지 않는 이상 원전의 추가건설은 불가피하고 그때마다 밀양 송전탑 사태와 같은 갈등이 벌어질 수 있다는 데 문제의 심각성이 있다. 이 같은 갈등이 되풀이되지 않도록 하려면 원전 건설과 가동에 대한 국민적인 합의가 필요하다. 한전이 '송전선로 지중화 주장'을 원전가동 중단 및 원전폐기 정책으로 해석하고 공사를 강행한 것도 원전 가동정책, 나아가 원전 수출정책과 맞닿아 있기 때문이다.

강태봉 부산일보 지역사회부 기자

송 · 변 전 시 설　발전소에서 생산되는 전력을 멀리 떨어진 지역으로 운반하기 위한 송전시설(송전선로와 송전탑)과 전압의 크기를 조절하기 위한 변전시설. 대용량의 전력을 손실을 최소화하면서 멀리까지 운반하려면 전압을 최대한 높여야 하므로 발전소 근처 변전소에서는 초고압 전력을 송전선로를 통해 송전한다. 이 초고압 전력은 각 지역의 1차 변전소, 2차 변전소를 거치며 적절한 전압으로 변압돼 전력사용자에게 공급된다.

2013년 우리 사회 갈등의 한 축이었던 택시법이 택시발전법안으로 대체돼 국회를 통과했다. 택시의 대중교통수단 인정여부가 주요 쟁점이었으나 통과된 법안은 대중교통 인정 대신 점진적 감차를 통한 택시의 공급과잉 해소에 역점을 두고 있다. 택시발전법안이 택시업계의 만성적자와 고질적인 관행을 바로잡을 대안이 될 수 있을지 귀추가 주목된다.

택시 대중교통화 논란은 잠재웠지만 이제부터가 문제다

오랜 진통 끝에 2013년 12월 31일 택시법이 국회 본회의를 통과했다. '대중교통육성 및 이용촉진에 관한 법률(일명 택시법)' 대신 '택시운송사업의 발전에 관한 법률안(일명 택시발전법안)'이라는 대체법안을 국회에서 처리하며 택시지원법을 둘러싼 논란에 종지부를 찍은 셈이다. 이로써 택시를 대중교통수단으로 인정해 달라는 택시업계의 요구는 무산된 대신 택시의 공급과잉 해소방안, 택시운전자와 사업자에 대한 실질적인 지원방안 등이 구체적으로 마련될 전망이다. 그러나 대중교통 인정이 무산되면서 택시발전법안에 대한 택시업계의 반응은 그리

2013년 1월 22일 이명박 대통령은 택시를 대중교통 수단으로 인정하는 '대중교통 육성 및 이용 촉진법' 개정안에 대해 거부권을 행사했다.

달갑지 않다.

택시법은 어려워진 택시업계가 수년 전부터 요구해온 사안이다. 2012년 6월, 택시업계 노사가 서울광장에서 대규모 집회를 연 뒤 대통령선거와 맞물려 택시법 관련논의가 본격화했다. 2013년 초, 국회에서 택시를 대중교통으로 인정하는 택시법을 통과시켰으나 대통령이 국회에 재의를 요청하며 거부권을 행사하고 국민의 반대여론이 거세 관철될 가능성은 희박했다.

수요 줄어도 면허대수 늘어

사실 택시업계의 어려움은 택시 대수는 증가하는데 택시수요는 감소하고, LPG 가격은 오르는데 택시요금 인상은 억제된 탓에 운영수입이 줄어 택시운전자가 낮은 임금에 시달리는 현실에 기인한다. 택시수요는 자가용 보급 확대, 대중교통서비스 개선, 대리운전 활성화 등으로 지난 15년간 23% 감소했다. 하지만 면허 대수는 오히려 24% 증가했다. 지방자치제 실시 이래 택시 면허 대수는 20만 대에서 25만 대로 늘어 공급과잉이 심각하다. LPG 가격은 천정부지로 뛰어올랐지만 택시요금은 물가관리 차원에서 상대적으로 억제됐다. 그러다보니 택시운전사의 임금은 월 150만~180만 원 수준으로 열악하다.

택시업계가 살길을 찾아 사회적 배려를 촉구하는 것은 당연하다. 버스운전
사는 상대적으로 높은 임금을 받고 사회적으로도 대중교통으로 대접받는 현실
에서 '택시도 대중교통이 되면 여건이 좋아지겠구나' 하는 생각이 들 법도 하다.
그러나 택시의 대중교통 인정은 택시업계의 어려움을 타개할 최선책이라고 할
수 없었다.

2011년 기준으로 정부는 연 8247억 원을 택시업계에 지원했고, 지자체에서
도 상당한 예산을 지원했다. 그런데 택시법이 시행되면 적자보전, 택시요금 소
득공제, CNG 차량 개조비용 지원, 택시 감차 보상 등으로 연 1조~2조 원의 국
민혈세를 추가 투입해야 한다. 또한 만에 하나, 택시가 버스전용차로를 운행하
게 되면 버스전용차로는 그 기능이 마비될 것이 분명하다.

택시업계는 택시법이 통과되더라도 재정지원을 요구하지 않을 것이라고 했
지만 재정지원 없는 택시법은 실효성이 없다는 것을 누구보다도 택시업계가 잘
알 것이다. 반드시 짚고 넘어가야 할 것은 택시법이 시행된다 해도 정작 택시운
전사에게 돌아가는 혜택은 크지 않을 것이라는 점이다. 택시업계에 여러 가지
지원이 이뤄진다 해도 특별한 기술을 요하거나 자격제한이 까다롭지 않은 택시
운전사 노동시장의 특수성으로 인해 그 혜택은 택시운전사보다는 택시업체로
돌아갈 개연성이 높다. 택시 운영수입의 대부분이 택시회사로 들어가고 그 일
부가 운전사에게 임금으로 지급되는 현재의 구조에서는 저렴한 임금으로 대체
가능한 노동시장이 있는 한 각종 혜택이 택시운전사에게 돌아가기 쉽지 않다.
국회에서 택시법이 통과된 이후 대부분의 법인택시 운전사들이 택시법에 반대
한 것도 이 때문이다.

감차 보상　택시의 과잉공급 문제를 해소하기 위해 택시 대수를 자율적으로 줄이도록 유도하는 방안. 택시운전
사가 택시영업을 자발적으로 그만두거나 택시회사에서 감차를 실시하는 경우 반납하는 택시면허에
대해 정부와 지방자치단체의 예산과 택시업계의 자체부담금 등의 재원으로 보상을 해주는 제도다.

수송효율 낮은 택시

일반적으로 대중교통수단은 수송효율이 높을 뿐 아니라 외부효과를 유발하고, 노선과 스케줄, 요금체계가 정해져 있어 아무나 이용할 수 있는(公共·public) 것으로 정의된다. 대중교통을 국민의 세금으로 지원하는 것은 이 때문이다. 그러나 택시는 수송효율을 나타내는 실차율(주행거리 중 손님을 태우고 영업하는 비율)이 낮다. 서울시의 경우 2011년 택시의 하루 평균 주행거리 434km 중 손님을 태우고 영업한 거리는 257km로 실차율이 59% 수준에 불과했다. 운영시간 기준 실차율은 41%로 더 낮았다. 서울택시 2대 중 1대는 빈차로 운행하는 셈이다.

더욱이 하루 434km를 운행하는 택시는 자가용보다 10배의 교통량을 유발한다. 수송효율이 낮은 교통수단이 많이 운행한다는 것은 도로교통이 혼잡해진다는 것을 뜻한다. 그만큼 교통사고율이 높아지고 에너지 효율도 떨어질 수밖에 없다. 운송효율이 낮고 외부편익보다 사회적인 비용을 유발하는 택시를 대중교통으로 보고 교통정책을 펴는 나라는 없다.

더 큰 문제는 택시업계의 어려운 여건을 택시 대중교통화로 해결할 수 있다고 오인하는 점이다. 교통수단으로서의 택시와 택시운전사, 그리고 택시업계의 문제는 별개다. 택시운전사와 택시산업이 어렵다고 교통수단으로서의 택시가 무작정 대중교통이 돼야 한다는 정치적인 접근이 국민의 반감을 살 수밖에 없었던 이유이기도 하다.

먼저 대중교통수단으로서 택시 고유기능을 다하도록 하려면 줄어드는 택시 수요에 맞춰 감차(減車) 등 구조조정을 통해 택시공급을 조절하는 노력이 선행돼야 한다. 연료비 인상 등에 따라 원가에 맞는 수준으로 요금수준을 책정하려는 노력은 그 다음 문제다. 특정이용자의 교통수단인 택시의 원가와 요금의 차이를 국민세금으로 충당해서는 안 될 것이다.

정부가 택시법의 대안으로 제시해 국회를 통과한 택시발전법안은 택시 총량제, 감차 보상, 개인면허발급 감소유도, 택시 운전자격 관리강화 등 과잉공급을

해소하고 수급조절 관리를 강화하는 데 초점을 맞췄다. 근로시간 상한제와 운송
비용 전가 금지 등 택시운전사 근로여건을 향상하는 내용도 포함돼 있다. 또한
요금 다변화 및 현실화, 차고지 건설지원, CNG 차량 개조비용 지원 등 택시산
업의 경쟁력 향상 방안도 담았다. 택시를 대중교통으로 인정하는 것만 제외하면
국회에서 통과시킨 택시법이 요구하는 내용을 대부분 수용했다고 볼 수 있다.

장기발전 틀 마련해야

택시를 대중교통으로 인정할 것인가가 그 동안의 논란이었다면 택시발전법
안이 통과된 지금은 우리나라 택시의 발전방향에 대해 고민할 시점이다. 택시
는 운전기사가 딸린 자가용이나 다름없다. 그것도 이용할 때만 요금을 지불하
면 되고 주차, 차고지, 영업손실 등의 문제는 걱정하지 않아도 되는 아주 편리
하고 비교적 저렴한 자가용이라고 할 수 있다. 자가용이 많지 않고 대중교통도
변변치 않던 과거에는 택시수요가 많아 박리다매(博利多賣)가 가능했기에 저렴한
수준의 요금이 유지될 수 있었고 그만큼 많은 국민이 애용하는 교통수단이 될
수 있었다. 그래서 대중교통일 수도 있다는 오해를 낳기도 했다.

그러나 국민소득이 증가하고 자가용 보급 확대와 대중교통의 서비스 향상
으로 택시의 수요가 줄어 과거와 같은 박리다매 형태로는 기존의 서비스를 유
지할 수 없게 되었다. 그러자 택시종사자에게 적정한 인건비가 보장되지 않게
된 것이 문제의 시작이다. 이를 요금인상으로 풀자니 국민의 체감물가지수가
높아지고 택시승객은 오히려 줄어들어 악순환이 되풀이되는 것이 정책당국의

택시 총량제　인구수에 비례하는 택시 대수를 산출해 이 수준이 유지되도록 하는 것. 각 지방자치단체별로 적
정 수준의 택시 대수를 산출한 후 증차 또는 감차를 단계적으로 추진함으로써 택시의 총량을 조
절하는 것이 택시 총량제의 개념이다.

고민이었다. 택시공급을 줄여야 한다는 지적이 잇따랐으나 양도양수가 가능해 자연소멸되는 택시가 거의 없는 개인택시 중심의 택시공급정책과 택시 인·면 허권을 쥐고 있는 지자체장의 선심성 행정으로 택시공급은 역으로 증가해 문제를 더욱 악화시키는 결과를 초래했다.

수요가 줄면서 적정한 인건비를 보장받지 못하는 구조는 택시를 대중교통으로 인정해서 풀 문제가 아니다. 운전기사가 딸린 자가용이나 마찬가지인 택시를 저렴하게 이용하기 위해 국민세금을 지원한다면 택시이용률이 낮은 국민입장에서는 불공평한 일이 아닐 수 없다.

결론적으로 이제 택시는 과거의 틀에서 벗어나 선진화된 택시로 거듭나야 할 시점이다. 대중교통 수단으로서의 기능은 줄이고 교통약자, 노령자, 관광객 및 방문자 등을 위한 교통수단으로서의 기능에 좀 더 비중을 두는 것이 택시의 고유기능에 충실한 운행방안이 될 것이다. 더불어 선진국의 택시정책이 역사적으로 어떻게 변화돼 왔는지를 살펴볼 필요도 있다.

택시발전법안은 택시업계의 고질적인 저수익 구조와 불합리한 운행관행을 바꿀 계기를 마련한 것에 불과하다. 이제부터는 정부와 택시업계가 지혜를 모아 택시의 수익구조를 개선하고 서비스의 질도 높이는 방안을 지속적으로 찾아나가야 할 것이다.

고승영 서울대 건설환경공학부 교수 · 대한교통학회장

운 송 비 용 전 가 금 지 유류비, 세차비, 차량수리비 등 택시운송에 필요한 비용을 택시회사가 운전자에게 떠넘기지 못하도록 하는 규정. 택시운송에 필요한 비용을 택시회사가 부담하도록 함으로써 택시운전사의 소득수준을 높이기 위한 규정으로 이를 위반하는 경우 과태료 부과 등의 제재조치가 따른다.

국민의 상식을 재판에 반영하자는 취지에서 도입된 국민참여재판 제도에 최근 우려의 시각이 쏠리고 있다. 배심원 평결은 권고적 효력만 지녀야 함에도 사실상 재판부의 유·무죄 판결에 지나치게 높은 영향력을 끼치고 있기 때문이다. 특히 법률 비전문가인 배심원단은 이념과 정서, 감정에 치우친 판단을 하게 될 여지가 적지 않으므로 최소한 공안사건과 정치적 사건만이라도 국민참여재판에서 배제하는 등 제도개선이 시급하다.

배심원 평결은
재판에 얼마나 영향 미치나

헌법 제103조에 '법관은 헌법과 법률에 의하여 그 양심에 따라 독립하여 심판한다'라고 천명하고 있듯이 우리나라는 모든 국민이 법관에 의해 재판을 받을 권리를 보장한다. 그런데 사법의 민주적 정당성과 신뢰를 높이기 위해 '국민의 형사재판 참여에 관한 법률'(이하 '국민참여재판법')이 제정됐고, 2008년 1월 1일부터 만 20세 이상 국민이 배심원으로서 형사재판에 참여해 유·무죄에 관해 평결하고 양형에 관해 의견을 개진하는 국민참여재판 제도가 도입됐다.

배심원 평결의 '사실상' 기속력 우려

최근 이에 대한 국민의 불안감이 커지고 있다. 특히 안도현 시인의 공직선거법 위반 사건을 담당한 1심 재판부는 배심원의 전부 무죄 평결과는 달리 후보자비방 혐의에 대해 유죄로 판결하며 "법률전문가가 아닌 일반인으로 구성된 배심원이 법리적 관점에서 유무죄를 판단하기가 쉽지 않고, 정치적 입장이나 지역의 법 감정, 정서에 판단이 좌우될 수 있는 여지가 엿보인다"며 국민참여재판의 근본적인 문제점을 지적하는 상황에 이르렀다.

영·미법계에서 시행되는 배심제는 일반 국민으로 구성된 배심원이 재판에 참여해 독립적으로 유·무죄 판단에 해당하는 평결을 내리고, 법관은 그 평결에 기속되는 제도다. 이와 달리 대륙법계인 독일과 프랑스에서는 일반 국민인 참심원이 재판부 일원으로 참여해 법관과 동등한 권한을 가지고 사실관계 및

안도현 시인의 후보자비방 혐의에 대해 배심원들은 무죄 평결을 내렸지만 1심 재판부는 유죄를 선고했고 2심 재판부는 다시 무죄를 선고했다.

2012년 대통령선거 당시 안도현 시인이 자신의 트위터에 17차례에 걸쳐 박근혜 후보가 안중근 의사의 유묵을 소장하거나 유묵 도난에 관여했다는 취지의 글을 올려 공직선거법상 허위사실공표 및 후보자 비방 혐의로 불구속 기소된 사건. 이 사건에 대해 1심 재판부는 배심원 평결과 달리 유죄를 선고했으나 2014년 3월 25일 열린 항소심에서는 "후보자 비방죄는 인정되나 검찰의 허위성 입증이 충분하지 않고 피고인이 진실로 믿을 만한 이유가 있다"며 무죄가 선고됐다. 이후 검찰은 항소심에 불복해 대법원에 상고했다.

법률문제를 판단하는 참심제를 채택하고 있다.

　우리의 국민참여재판 제도는 영·미법계의 배심제와 대륙법계의 참심제 요소를 혼용한 제도라 할 수 있다. ①재판장은 변론이 종결된 후 법정에서 배심원에게 공소 사실의 요지와 적용 법조, 피고인과 변호인 주장의 요지, 증거능력, 그 밖에 유의할 사항을 설명해야 한다. ②배심원은 제1항의 설명을 들은 후 유·무죄에 대해 평의하고, 전원의 의견이 일치하면 그에 따라 평결한다. ③만일 유·무죄에 대한 배심원 전원의 의견이 일치하지 않으면 평결을 하기 전에 심리 에 관여한 판사의 의견을 들어야 한다. 이 경우 유·무죄의 평결은 다수결로 한다. ④배심원 평결이 유죄인 경우 배심원은 심리에 관여한 판사와 함께 양형에 관해 토의하고 그에 관한 의견을 개진하는데, 재판장은 양형에 관한 토의 전에 처벌의 범위와 양형의 조건 등을 설명해야 한다. ⑤무엇보다 배심원의 평결과 의견은 법원을 기속하지 아니하고 다만 권고적 효력을 가진다(국민참여재판법 제46조 참조).

　2008년부터 2012년까지 5년 동안 총 848건의 국민참여재판 통계를 보면, 92.2%인 782건에서 배심원 평결과 재판부 판결이 일치했다. 배심원의 무죄 평결에도 재판부가 유죄로 판결한 사건은 2008년 7건, 2009년 6건, 2010년 13건, 2011년 24건, 2012년 12건 등 62건이고, 반대로 배심원이 유죄로 평결하고 재판부가 무죄로 판결한 사건은 총 4건이었다.

　통계를 보더라도 배심원의 유·무죄 평결은 권고적 효력에만 그치는 것이 아니라 '사실상' 기속력이 인정되어 법관의 심증을 제한하고 있다. 상황이 이러

기 속 력　재판을 통해 결정된 사항이 지니는 구속력으로 판결의 취지를 존중해 그 결정대로 따른다는 의미. 우리나라 국민참여재판의 배심원 평결은 권고적 효력, 즉 재판부가 배심원 평결에 구속되지 않고 참조만 할 수 있도록 하고 있으나 배심원 평결에 대한 존중이 확대되면 재판부가 아닌 배심원단의 평결이 곧 재판 결과가 되는 기속력이 강화될 수 있다.

국민참여재판에서 배심원들이 선서를 하고 있다.

하니 안도현 사건 1심 재판부 또한 후보자 비방 혐의에 대해 유죄 판결을 내리면서 "(배심원) 평결이 법관의 직업적 양심을 침해하지 않는 범위 내에서만 기속력을 가진다"고 밝히면서도 배심원의 '무죄' 평결을 반영하기 위해 법원이 내릴 수 있는 최저형인 벌금 100만 원의 선고유예라는 '유죄' 판결을 내렸던 것이 아닐까.

공안 · 정치적 사건 포함 재검토 필요

헌법은 '모든 국민은 헌법과 법률이 정한 법관에 의해 법률에 의한 재판을 받을 권리를 가진다'(제27조) '법관은 헌법과 법률에 의하여 그 양심에 따라 독립하여 심판한다'(제103조)라고 규정하고 있다. 즉 독립된 법관에 의해 재판받을 권리는 사법부 독립의 요체이므로, 헌법이 개정되지 않는 한 배심원의 평결에 기속력을 부여하는 것은 무리다. 따라서 배심원 평결을 단순히 참고용으로 확인하라는 권고적 효력이 현재 실무처럼 '사실상' 기속력을 미치는 것으로 남겨두는 것은 문제다. 배심원 평결의 권고적 효력의 유지는 헌법적 결단임과 동시에 독립된 법관에 의한 재판을 받을 국민의 기본권인 만큼 당연히 유지돼야 한다.

그렇다면 개선 방향은 무엇인가. 국민참여재판 제도의 유지를 전제로 한다면 이 부분은 △배심원 평결 및 의견에 대한 권고적 효력의 유지 △대상 사건의 축소 △배심원 선정의 다양성 등으로 해결해야 한다.

2013년 12월 말, 법무부는 국민참여재판 제도 개정안을 입법예고했다. 주요 내용 중에서 판사가 피고인에 대한 배심원의 유·무죄 평결을 존중하고 배심원의 유·무죄 및 양형에 관한 의견을 판결서에 기재하도록 강제하는 내용이다. 개정안에 적시된 배심원의 평결 '존중'은 판사로 하여금 배심원의 평결과 의견에 기속되는 결과를 초래할 것이다. 이것은 법률상 명확성의 원칙에 반하는 것은 물론 '법관'에 의한 독립된 재판을 받을 헌법적 권리를 침해하는 것이므로 재고돼야 할 것이다.

원래 국민참여재판 제도의 대상 사건은 살인, 강도, 강간 등 중범죄만 해당됐다. 그런데 2012년 7월 1일부터 제1심 형사합의부 관할사건으로 확대하면서 문제가 발생했다. 즉 종래 일반 국민의 눈높이에서도 사실관계를 비교적 쉽게 파악할 수 있는 살인·강도·강간 등과 달리 이제는 일반 국민으로서는 생소하고 복잡한 법리를 동원해야 하는 뇌물 등 공무원범죄, 명예훼손 등 신용범죄, 배임·횡령 등 경제범죄 및 자신의 정치적 신념에 따라서 사실 판단 자체가 혼동될 우려가 있는 선거법·노동법·국가보안법 등 공안사건 등으로도 확대된 것이다.

'무이유부기피' 신청 적극 활용해야

무엇보다 공안사건에 일반 국민이 배심원으로 참여하는 것은 우리나라처럼 좌·우 이념 대립, 계층과 세대 간 갈등, 지역감정이 심한 나라에서는 매우 부적절하다. 예를 들어 2013년 6월 24일 부산지법에서 인터넷 게시판에 '숨겨둔 자식하고 연관이 있는 것 아녀?' 등 허위사실을 53회 공표한 것으로 기소된 강모 씨는 무죄 평결과 판결을 받았다. 반면 이틀 뒤에 같은 부산지법에서 인터넷 게시판에 '칠푼아 숨겨논 사생아 저거 우짤껴' 등 허위사실을 23회 공표한 것으로 기소된 전 모 씨는 유죄 평결 및 판결(징역 8월에 집행유예 2년)을 받았다. 이는 우리나라 법원 판결에 대한 불신풍조 확산 우려는 물론, 법치주의의 근간인 법적 안정성의 유지에도 장애가 된다고 할 수 있다. 따라서 위와 같은 공안사건 등은 국민참여재판 대상사건에서 원칙적으로 제외하는 것이 맞다.

현재 국민참여재판 배심원은 다음과 같이 선정한다. 안전행정부장관이 관할 지방법원장에게 매년 관할구역 내에 거주하는 만 20세 이상 국민의 성명·생년월일·주소에 관한 주민등록 정보를 송부하면 지방법원장이 이를 활용해 배심원후보예정자 명부를 작성한다. 그중에서 필요한 수의 배심원 후보자를 무작위 추출하고, 선정된 배심원과 예비배심원의 재판 기일을 통지한다.

물론 이렇게 선정된 배심원에 대해 '무이유부기피' 신청 절차가 있기는 하지만, 특정 지역에서 특정 정당에 대한 충성도가 매우 높은 우리의 정치 성향을 감안한다면 공안사건, 정치적 사건을 국민참여재판에 부치는 것은 위험하다. 이 경우 전담 재판부를 서울중앙지방법원에만 단독으로 설치하고, 다양한 경력의 배심원을 선정하는 것도 고려해야 한다. 특히 법원에서는 정치적으로 '오염'된 배심원을 적극적으로 배제하기 위한 노력이 필요하다.

선종문 썬앤파트너스 대표변호사

무 이 유 부 기 피 신 청 절 차   선정된 배심원 후보자 가운데 검사 측과 변호인 측이 각각 부적합한 배심원을 배제할 수 있도록 하는 절차. 기피하는 특정 배심원 후보에 대해 검사 측이나 변호인 측 모두 이유를 설명할 필요는 없기 때문에 무이유를 전제로 한 기피 절차라고 할 수 있다. 배심원의 수는 형사사건의 중요도에 따라 결정되는데 보통 5인, 7인, 9인으로 구성된다. 배심원이 9인인 재판에서는 검사 측과 변호인 측이 각각 5명까지 기피할 수 있고 7인이면 4명, 5인이면 3명까지 기피할 수 있다.

재판소원 도입 문제를 두고 헌법재판소와 대법원은 오래 전부터 팽팽한 입장차를 보여왔다. 헌법재판소는 법원의 판결이나 결정도 헌법정신에 위배될 수 있으므로 재판소원이 도입돼야 한다는 주장이고 대법원은 재판절차에 관한 최종 판단권은 대법원에 있으며 재판소원이 사실상의 4심으로 기능해 3심제를 채택한 우리 법질서와도 맞지 않다며 반대하고 있다.

재판소원 두고 헌재와 대법원은 왜 대립할까

2013년 6월 헌법재판소(헌재)는 법원의 재판도 헌법소원 대상이 돼야 한다는 취지의 의견서를 국회에 제출했다. 독일 등에서 채택하고 있는 재판소원을 도입하자는 것이다. 법조계에선 이 문제를 두고 찬반양론이 팽팽히 맞서고 있다. 재판소원은 재판에 대한 헌법소원 구제절차를 뜻한다. 법원의 재판권 행사 또는 불행사로 인해 청구인의 기본권이 침해당한 경우 청구인의 헌법소원심판청구에 따라 헌재가 행하는 심판이다.

헌재는 헌법에 합치되는지 아니면 위헌인지 여부를 심리 판단하는 사법기관이다. 헌재법 제68조 제1항은 공권력의 행사 또는 불행사로 인해 헌법상 보장된 기본권을 침해받은 자는 법원의 재판을 제외하고는 헌재에 헌법소원심판을 청구할 수 있다고 규정한다. 헌법소원은 공권력의 행사 등에 의해 헌법상의 기본권이 침해당한 경우 이에 대한 구제를 요청하는 헌법재판 절차다. 여기에는 입법작용이나 행정작용 등이 모두 포함된다. 그러나 유독 사법작용인 법원의 판결에 대해서는 예외가 인정돼왔다. 최종 법률해석기관으로서 법원의 권위를 인정해왔기 때문이다.

독일, 스페인, 프랑스 등 채택

재판소원 도입문제는 법조계에선 오래된 숙제 중 하나였다. 헌재가 법원에 대해 헌법적 통제를 할 필요가 있느냐, 없느냐가 논란의 핵심이다. 역사적으로 헌법소원은 독일의 히틀러 시대에 사법부의 독립이 형해화(形骸化)하고 사법부에 의한 인권유린이 자행된 것에 자극받아 만들어져 발전한 제도다. 1951년 연방 헌재에 의해 법체계로 확립됐다. 독일, 체코, 스페인, 프랑스 등에서 널리 인정되고 있다.

반면 오스트리아 같은 국가는 재판소원을 인정하지 않는다. 민·형사 최고법원, 행정법원, 헌재가 각각 독립적이고 균등한 헌법기관으로 자리매김했기 때문이다. 미국은 연방대법원이 헌재의 기능을 동시에 담당하고 있어 상호간 충돌이 발생하지 않기 때문에 재판소원의 도입문제가 논란이 되지 않고 있다.

입 법 작 용 입법기관인 국회가 법안을 개정 또는 제정하는 행위. 국회가 필요한 법률을 제정하지 않거나 불충분 또는 불완전하게 입법해 기본권을 침해당한 경우 헌법소원의 대상이 된다.

행 정 작 용 행정의 주체인 정부가 추진하는 행정행위. 사회질서를 유지하고 국민의 생명과 재산권을 지키기 위한 행정행위가 헌법정신에 위배되거나 절차상 하자가 있는 경우 헌법소원의 대상이 된다.

속출하는 사법 불일치 사례를 방지하기 위해서라도 재판소원은 인정하되
소송남발 등의 부작용을 막기 위한 방안을 검토하는 것이 현실적인 대안이라는 지적이 적지 않다.
사진은 헌법재판소 대심판정.

도입한다 해도 실익이 거의 없기 때문이다.

헌재법이 헌법소원 대상에서 법원의 판결을 제외한 점에 대해서는 찬반양론이 대립한다. 먼저 위헌론(재판소원 찬성론) 측은 입법·행정작용과 마찬가지로 공권력의 행사 중 하나인 사법작용에 의한 기본권침해 사항도 평등권 보장차원에서 당연히 헌법소원 심판대상이 돼야 한다고 주장한다. 법원의 판결이나 결정도 헌법정신과 배치될 수 있기 때문에 헌법소원을 통한 구제절차가 필요하다는 것이다.

이에 반대하는 사람들은 우선 법원의 재판결과를 헌법소원의 대상으로 볼 것인지 여부는 입법자의 자유에 속하는 것이며, 우리 헌법의 해석상 재판절차에 관한 최종적인 판단권은 대법원에 있다고 강조한다. 또한 재판소원이 사실상 4심을 인정하는 효과가 있기 때문에 3심제를 채택한 우리의 법질서와도 맞지 않는다고 주장한다. 게다가 이를 도입할 경우 '소송공화국'이 될 수 있다는 현실적인 우려도 내놓고 있다. 논란의 당사자인 대법원도 비슷한 이유로 재판소원 도입에 반대한다. 찬성하는 쪽의 논리, 반대하는 쪽의 논리 모두 틀린 말은 아니다.

그러나 정작 논쟁을 촉발시킨 헌법재판소는 중도적인 입장을 취하고 있다. 법원의 재판을 헌법소원의 심사대상에서 제외한 법규정이 헌법에 위반되진 않지만, 예외적인 경우에 대해서는 헌법재판소 결정의 기속력을 담보하기 위해 법원의 재판에 대한 헌법소원을 인정해야 한다는 것이다. 예를 들어 헌법재판소가 위헌으로 결정한 법령을 적용해 나온 재판결과는 국민의 기본권을 침해할 수 있어 헌법소원의 대상으로 봐야한다고 주장한다. 사실상 제한적 찬성론이다.

사법 불일치 사례 속출

재판소원 문제로 인한 갈등은 그동안 우리사회에서 심심찮게 찾아볼 수 있었다. 실제로 문제가 된 사건 하나를 예로 들어보자. 1996년 구 소득세법 제23조 제4항 단서 등에 따라 양도차익을 기준시가가 아닌 실거래가액으로 산정해 양도소득세를 부과한 국세청의 처분을 취소해달라고 요구하는 사건이 있었다. 당시 헌법소원 청구자는 국세청이 실거래가 기준으로 세금을 산정한 데 불복해 법원에 재판을 청구했지만 1심과 2심에서 패소판결을 받고 대법원의 판단을 기다리는 중이었다. 그런데 헌법재판소는 위 법규정(구 소득세법 23조 4항)에 대해 한정위헌 결정을 내렸다. 실거래가가 아닌 기준시가를 기준으로 양도소득세를 내는 것이 헌법정신에 맞다고 판단한 것이다. 헌재는 구 소득세법이 조세법률주

한 정 위 헌 헌법소원의 대상이 된 법률조항이 일정 범위 내에서 위헌요소가 있다고 판단하는 것. 법률조항 자체가 위헌은 아니지만 특정사건과 관련해 해석할 때 위헌이라고 볼 여지가 있는 경우 한정위헌 결정을 한다. 법률조항의 위헌이 아닌 합헌 여부를 판단하면서 일정 범위 내에서 합헌이라고 볼 수 있을 때는 한정합헌이라고 한다.

의와 포괄위임 금지의 원칙에 위배되기 때문에 위헌이라고 밝혔다.

그러나 대법원은 헌재의 판단에 따르지 않았다. 대법원은 헌재의 한정위헌 결정은 법률 문안은 그대로 둔 채 내용과 적용범위만을 정하는 법률해석에 지나지 않기 때문에 법원의 판단에는 어떠한 영향력도 미치지 못한다고 밝히면서 청구인의 청구를 기각했다. 헌법재판소의 결정으로 인해 최종 법률해석기관인 대법원의 권위가 훼손될 수는 없다고 판단해 내린 결정이 아닌가 싶다. 어쨌든 두 사법기관이 서로 다른 해석을 내놓으면서 상당한 혼란이 빚어졌다.

이런 사례는 헌법재판소가 만들어진 1988년 이후 수도 없이 많았다. 헌재가 도로교통법의 특정조항에 대해 위헌결정을 했음에도 불구하고 대법원이 같은 날 이 법조항을 합헌으로 해석한 일도 있다. 최근에는 정부위원회에서 활동하는 민간위원에 대해 뇌물죄를 적용할 수 있는지에 대해 법원이 민간위원도 공무원으로 간주해야 한다고 본 데 반해 헌법재판소는 아니라고 판시해 논란이 됐다. 이와 같은 사법 불일치는 사건이 벌어질 때마다 심각한 사회문제를 초래해왔다.

사법기관들이 제각기 다른 법해석을 내놓는다면 국민은 어느 장단에 춤을 춰야 할 것인가. 대법원이 법률해석에 최종적인 해석권자라고 해도 그 법해석이 헌법위반 여부와 관련된 사항이라면 헌법재판소의 해석과 어느 정도 조화를 이루는 게 당연하다고 필자는 생각한다.

헌재 · 대법원 위상 재정립도 필요

많은 법조인은 재판소원이 인정되지 않는다면 헌법재판소가 헌법에 관한 최종해석자로서의 지위를 확보하기 어려울 것이라고 걱정한다. 헌법재판소 결정이 실효성을 갖지 못할 수 있다는 것이다. 특히 문제가 되는 건 앞서 언급한 사례와 같은 헌법재판소의 변형 위헌결정이다. 헌법재판소가 법률 자체는 위헌이 아니라고 판단하자 대법원이 헌법으로 보장된 최종 법률해석 권한을 내세워 헌법재판소의 결정을 무력화하는 경우다.

사법 불일치를 막기 위해서라도 재판소원은 인정될 필요가 있다. 다만 소송의 남발 같은 문제점을 방지할 수 있는 방안 역시 충분히 검토돼야 한다. '헌재의 위헌결정으로 효력이 상실된 법률'이 적용된 재판결과로 청구요건을 최대한 한정하는 것 등이 하나의 방안이 될 수 있을 것이다. 실제로 재판소원을 채택하고 있는 독일의 경우 헌법소원의 90% 정도가 재판소원이라는 점은 우리에게 시사하는 바가 크다. 독일 헌법재판소는 일정한 기준을 설정해 대부분의 청구를 각하한다고 전해진다.

그리고 차제에 헌법재판소와 대법원 사이의 위상도 합리적으로 재정립할 필요가 있다고 본다. 최상위 개념인 헌법의 가치를 다루는 기관이 헌재이므로 이를 중심으로 사법계에서 상호 불일치가 발생하지 않도록 사법체계를 합리적으로 재정립할 필요가 있다. 최고 사법기관에 걸맞게 구성과 체계를 갖추는 것도 꼭 필요한 일이다.

김승열 법무법인 양헌 대표변호사 · KAIST 겸직교수 대입전형에 입학사정관제가 도입된 지 7년이 지났지만 여전히 존폐논란에서 자유롭지 않다. 성적 위주의 학생평가 방식을 지양하고자 도입된 제도이나 비교과활동의 사교육을 조장해 오히려 '스펙 경쟁'을 부추긴다는 비판이 제기되고 있다. 그러나 입학사정관제가 시행되는 이상 사교육의 영향력이 큰 비교과활동의 자료제출을 규제하는 방식으로 운영의 묘를 발휘해 입학사정관제의 순기능을 살려나가야 할 것이다.

'스펙 경쟁' 없는
공정한 입학사정관제 가능한가

박근혜 정부 출범 직후 입학사정관제가 폐지된다는 언론보도가 나오자 이를 두고 한바탕 소동이 일었다. 박근혜 대통령의 대표적인 대입관련 공약이 '대입전형 간소화'였는데, 이에 따르면 3000가지가 넘는 현행 대입전형이 대략 '수능 위주' '논술 위주' '학생부 위주' 등 세 가지로 간소화된다. 이렇게 되면 입학사정관제는 폐지되는 게 아니냐는 일각의 해석이 있었고, 급기야 CBS 노컷뉴스에서 교육부가 내부적으로 입학사정관제 폐지를 결정했다는 보도를 하기에 이른 것이다. 교육부는 즉시 해명자료를 냈고 서남수 장관이 직접 나서서 "입학사정관제가 없어지는 것이 아니다"라고 밝혔다.

입학사정관제를 둘러싼 이런 소동과 논란의 배경은 무엇인가. 입학사정관제는 노무현 정부 시절부터 새로운 대입전형 방식으로 검토되기 시작했으나 본격적으로 도입된 것은 이명박 정부 들어서다. 입학사정관제의 가장 두드러진 특징은 성적 이외의 평가요소를 적극적으로 고려한다는 것이다. 지원자의 성장환경이라든지 비교과활동(extracurricular activities)을 반영하는 것이다. 그리하여 성적만으로 드러나지 않는 종합적이고 총체적인 됨됨이를 평가하겠다는 것이 입학사정관제다.

입학사정관제의 가장 큰 약점이 바로 여기에 있다. '교과성적'과 '비교과활동' 중에서 어느 쪽에 부모의 영향력이 더 많이 미칠까. 물론 교과성적에도 부모의 영향력이 작용한다. 부모의 학력이나 소득에 따라 학업성취도나 수능 점수에 차이가 있다는 것은 널리 알려진 사실이다. 그럼에도 교과성적은 공교육에서 제공하는 프로그램을 기반으로 평가한다는 원칙이 있다. 반면 비교과활동이란 거칠게 말하면 '밑도 끝도 없는' 것이어서, 부모의 학력·문화·소득의 영향을 상대적으로 더 많이 받을 수밖에 없다.

미국, 영국만 도입한 '예외적 제도'

적지 않은 사람이 입학사정관제가 선진국에서 보편적으로 통용되는 제도인 줄 안다. 그런데 실상은 전혀 그렇지 않다. 서구 주요 선진국 가운데 성적에 비

입학사정관제　입시전형 전문가인 입학사정관이 지원자의 성장환경이나 적성, 자질 등을 평가해 대학이 추구하는 인재상에 맞는 신입생을 선발하는 제도. 대학이 입학사정관을 채용, 육성한 다음 이들로 하여금 신입생을 공정하게 선발토록 하는 제도로 주로 학생부와 자기소개서, 포트폴리오 등을 검토하고 심층면접을 통해 선발하는 과정을 거친다.

교과활동까지 더해 대학입학생을 선발하는 나라는 미국과 영국밖에 없다. 나머지 대부분의 나라에서는 성적만으로 선발한다. 독일, 프랑스, 스웨덴, 캐나다, 호주다. 그렇다. 프랑스의 일부 그랑제콜에서 추천서를 요구한다든지, 캐나다의 일부 대학에서 에세이(자기소개서)를 요구하는 등의 사소한 예외가 있을 뿐이다. 구체적으로는 프랑스처럼 대학입시 성적만으로 선발하기도 하고, 캐나다처럼 고교내신 성적만으로 선발하기도 하며, 독일처럼 대학입시와 고교내신 성적을 합산하기도 하고, 스웨덴처럼 고교내신 성적과 대학입시 성적 가운데 지원자가 택일하도록 하기도 한다. 어쨌든 대부분의 선발기준은 성적이다.

같은 북미지역이지만 미국과 캐나다에 사는 고등학생의 생활을 비교해보면 재미있는 대척점을 발견할 수 있다. 미국에서 교육열이 높은 중산층 이상 거주 지역의 학생들은 비교과활동을 한 가지라도 더하기 위해 분주하게 움직인다. 봉사활동, 인턴, 연구 클럽, 오케스트라 연습 등으로 쉴 틈이 없다. 반면 캐나다 학생들은 고교내신 성적만으로 대학에 진학할 수 있기 때문에 에세이를 요구하는 일부 대학에 지원하거나 미국대학에 진학하려는 일부 학생을 제외하고는 삶에 여유가 있다. 최근 이른바 '기러기 가족'이나 '교육이민자' 가운데 상당수가 미국이 아닌 캐나다를 택하는 데는 이런 배경이 작용하는 것이다.

입학사정관제는 선진국에서 보편화한 제도라기보다는 다소 예외적인 제도다. 다만 세계 최강국인 미국이 채택하고 있어 그 가치가 과대평가된 측면이 있다. 특히 미국에서는 명문사립대에서 입학사정관제의 우산 아래 기여입학제(legacy admission)를 시행하고 있다. 전 세계적으로 유사한 사례를 찾아보기 어려운 노골적인 '학벌장사'가 벌어지고 있는 셈이다. 2000년대 들어 〈월스트리트

비 교 과 활 동 교과성적 이외의 활동으로 성적에는 드러나지 않는 학생의 인성, 적성, 특기 등을 엿볼 수 있는 영역이다. 출결상황, 수상경력, 자격증 및 인증 취득상황, 진로희망, 창의적 체험활동, 특별활동, 봉사활동 등이 비교과활동에 해당한다.

입학사정관들이 대입 면접을 진행하고 있다.

저널〉에서 입학사정관제를 파헤친 보도가 퓰리처상을 수상하고 〈타임〉 등 주요언론에서 이 문제를 다루면서 비로소 그 실상이 본격적으로 알려지기 시작했다. 아이비리그 신입생 가운데 무려 13%가 기여입학제로 입학하는 것으로 추정된다. 퓰리처상을 수상한 기자 대니얼 골든의 저서 《왜 학벌은 세습되는가》(동아일보사)나 UC버클리대 교수인 제롬 카라벨의 《누가 선발되는가》(한울) 등을 보면 입학사정관제의 가장 어두운 부분을 실감하게 된다.

'스펙 경쟁' 불 지핀 서울대

입학사정관제가 우리나라에 도입되자 한국사회 특유의 사교육과 결합하면서 부작용을 양산하고 있다. 입학사정관제를 겨냥한 중장기 대입컨설팅 서비스가 인기를 끌고 있고 자기소개서에 첨부할 수 있는 토플 성적표나 경시대회 입상실적을 만들기 위한 고급 맞춤형 사교육 수요가 증가하고 있다. 이른바 '스펙 경쟁'이 한창이다.

사실 따지고 보면 아직 입학사정관제가 대세라고 말할 수준은 아니다. 2013년 대학신입생 기준으로 입학사정관전형의 정원비율은 전국 4년제 대학 전체로 따지면 13.5%에 불과하고, 서울지역 명문대 10여 개로 한정해도 30%가 되지 않는다. 그런데 2012년 서울대가 수시정원을 극단적인 수준으로(전체 정원의 80%) 확대하고, 수시지원자 전원에게 자기소개서를 요구해 면접을 보겠다고 발표했다. 이로 인해 서울대 진학을 목표로 하는 상위권 학생을 중심으로 입학사정관제가 '대세'라는 착시현상이 일어났다. 심지어 중학생, 초등학생도 '내가 서울대에 가려면 입학사정관제를 준비해야 하는구나'라고 생각하게 됐다.

당시 서울대는 자기소개서에 각종 비교과활동 이력을 토플 성적표든, 올림피아드 경시대회 수상실적이든, 개인적인 연구경력이든 내용에 제한을 두지 않고 10개까지 첨부할 수 있게 했다. 입학사정관제를 대비한 사교육에 불을 지핀 것이다. 서울 강남지역을 중심으로 사교육업계가 세분화·전문화하는 방향으로 재편된 이유 중 하나가 바로 입학사정관제에 있다.

외국어시험, 교외 경시대회 성적 안 받아야

그렇다면 입학사정관제를 없애는 게 능사일까. 꼭 그렇지만은 않다고 본다. 입학사정관제가 도입되면서 고등학교를 중심으로 학생들의 각종 자율적 활동을 바라보는 시선이 상당히 관대해졌고, 심지어 학교에서 적극적으로 동아리활동을 지원하는 사례도 늘고 있다. 또한 학생들이 스스로 주제를 정해 연구하고 보고서를 작성하는 프로젝트 수업(과제연구 수업)과 같은 새로운 방식의 수업이 도입되는가 하면 예전에는 찬밥신세이던 진로교육이 각광받고 있다. 입학사정관전형을 준비하려면 장래의 전공이나 직업을 미리 정해두는 편이 유리하기 때문이다.

이러한 변화는 입학사정관제가 없었다면 기대하기 어려운 것이었다. 입학사정관제가 부모와 사교육의 영향력을 키운다는 문제점을 드러낸 게 사실이지만 공교육에 기여하는 부분이 있다는 점도 부인할 수 없다.

결국 단기적으로는 입학사정관제의 부정적 측면을 최소화하고 긍정적 측면을 살리는 운영의 묘를 발휘해야 한다. 어차피 대선공약을 이행하려면 대입전형을 '수능 위주' '논술 위주' '학생부 위주' 3가지로 재편해야 한다. 그런데 학생부에도 교과성적(내신성적)뿐만 아니라 비교과활동이 기록된다. 다만 학생부에 오를 수 있는 비교과활동 내용은 교내학생회·동아리 활동, 교내대회 입상실적, 탐방·봉사활동 등으로 제한되기 때문에 그 부작용이 상대적으로 적다. 그렇다면 비교과활동 자료 가운데 학생부(학생생활기록부)에 기록되지 않는 공인외국어 시험성적이나 교외 경시대회 입상실적 등의 제출을 규제하고, 입학사정관전형을 '학생부 위주 전형'의 일부로 편입하는 것이 가능하다.

사실 학생부 위주 전형과 입학사정관 전형에는 중요한 공통점이 있다. 두 전형 모두 교과성적과 비교과활동을 함께 본다는 것이다. 이미 학생부 위주 전형에서 자기소개서를 요구하고 면접을 보는 식으로 입학사정관제를 도입하는 경우가 적지 않다. 따라서 비교과활동 자료제출에 대한 규제만 제대로 실행된다면 입학사정관제를 학생부 위주 전형의 부분집합으로 만들 수 있다. 이러한 방안은 사교육에 대한 제어, 대선공약의 이행, 공교육 활성화라는 3가지 목표를 모두 충족시킬 수 있는 유일한 교집합이기도 하다.

교육부는 2013년 하반기에 발표한 새 대입제도 개편안을 통해, 필자의 주장대로 입학사정관제에서 교외 스펙을 제출하는 것을 규제하기로 하고, 이를 학생부 위주 전형의 부분집합으로 편입시켰다. 교육부는 내신성적을 중심으로 보는 전통적인 학생부 위주 전형은 '학생부 교과 전형', 입학사정관 전형은 '학생부 종합 전형'이라고 명명했다.

이범 교육평론가(전 서울시교육청 정책보좌관)

한국사 수능 필수화

2017학년도부터 한국사가 수능 필수과목으로 지정됐다. 문제는 한국사를 수능 필수과목으로 지정한다고 해서 역사교육의 내실화가 담보되지는 않는다는 데 있다. 역사교육의 목적은 단순히 민족사 교육이나 민족적 자긍심을 고취하는 데 있는 것이 아니라 역사적 사고력을 기르고 세계시민으로서의 역할을 자각케 하는 데 있다. 이제 수능 필수화 논쟁에서 나아가 역사교육의 패러다임을 고민해야 할 시점이다.

수능시험 본다고 역사교육 내실화 담보될까

한국사가 대학수학능력시험(수능) 필수과목으로 지정되면서 2017학년도 수능부터 모든 수험생이 한국사 시험을 치르게 됐다. 한국사의 수능 필수화가 결정되기까지 우리 사회는 한바탕 홍역을 치러야 했다. 한국사를 수능 선택으로 할 것인가 필수로 할 것인가라는 단순한 문제에서 나아가 어떤 한국사를 어떻게 가르쳐야 하는지를 두고 치열한 논쟁이 벌어지곤 했다.

수능 필수화가 결정되었다고 해서 이 논쟁이 마무리된 것은 아니다. 최근의 고등학교 한국사 교과서 채택을 둘러싼 논란에서 보듯 한국사를 어떤 관점에

2013년 6월 5일 서울 광화문광장에서 '한국사 수능 필수과목 선정'을 위한 100만 서명운동을 벌이고 있는 한국홍보전문가 서경덕 성신여대 교수(뒷줄 가운데)와 배우 송일국 씨(뒷줄 오른쪽).

서 접근할 것인가를 두고 오히려 더욱 치열한 갈등이 벌어질 가능성이 높다. 그러나 역사교육 문제를 이념의 관점에서 접근하는 것은 자칫 소모적인 논쟁으로 흐를 위험이 크다. 당장 한국사 수능을 치러야 하는 학생과 학부모에게는 혼란만 가중시키고 한국사 수능 필수화의 부작용을 지적하는 목소리에 힘이 실리면서 입시제도가 다시 요동칠 수도 있다. 중요한 것은 우리의 미래를 짊어진 학생들에게 우리 역사를 어떻게 가르치느냐에 있다.

역사가 시간 속의 인간에 관한 학문이라면, 사회는 공간 속의 인간에 관한 학문이라고 할 수 있다. 전자가 과거라면, 후자는 현재를 연구대상으로 삼는 경향이 있다. 과거 없는 현재는 있을 수 없지만, 다른 한편으로 현재를 이해하고 그 문제들을 해결하는 데 기여하지 않는 과거에 대한 지식은 무용하다. 사회와 역사는 공간과 시간처럼 인간 삶의 궤적을 좌표로 그려내는 X축과 Y축이기에 서로가 서로를 필요로 한다.

그런데도 왜 우리는 역사를 바라보는 관점을 두고 갈등을 빚고 있을까. 그 기원은 광복 후 미군정 당시 입안된 교육과정으로 거슬러 올라간다. 미군정은 미국의 예에 따라 역사를 사회교과목 범주 안에 포함시켰다. 미국은 고대부터 형성돼 발전한 국가가 아니라 근대에 영국식민지에서 독립한 뒤 세계 각지의 이민자들을 받아들여 만들어진 국가다. 그래서 역사교육의 중요목표는 건국과정, 이민자로 이뤄진 사회구성원들을 하나의 국가로 통합할 수 있는 민족적 정체성을 주입하는 데 있었다.

미국 초등학교 역사교과서에 해당하는 〈Our Nation〉은 첫 문장에서 미국사를 이렇게 정의한다. '우리 민족의 역사 내내 미국인들은 모두에게 자유와 평등을 가져다주기 위해 일했다.' 자유와 평등이라는 헌법이념에 따라 누가 미국인인지를 정의하며 그런 이념을 지향하는 국가를 위해 이바지한 이민자들의 역사로 미국사를 기술한다. 그래서 오늘의 미국을 만들기까지 공헌한 수많은 사람의 이름이 나온다. 대다수가 대통령과 같은 높은 지위의 사람이 아닌 일반 시민이다. 그들이 미국을 건국하고 지켜냈다는 것을 부각하는 방식으로 서술됐다. 이민자들의 사회로부터 국가와 민족이 탄생한 미국의 역사는 고대사와 중세사가 없기 때문에 사회교과목의 범주에 포함될 수 있다.

한국사에선 사회보다는 민족이 상위범주로 여겨진다. 예컨대 현재 한국사회는 일반적으로 남한사회만을 지칭하지만 한국사는 당연히 북한을 포함한다. 한국사회와 한국민족 사이의 이같은 불일치가 일어난 분단시대를 극복하는 것이 우리가 해결해야 할 최대의 역사적 과제라고 믿어왔다.

하지만 최근 민족이 아니라 국가의 개념으로 한국사를 재구성해야 한다고 주장하는 이들이 나타났다. 이들은 한국 현대사는 북한까지 포함하는 '민족'이 아니라 대한민국이라는 '국가'를 주체로 서술해야 한다고 주장한다. 이런 주장

뉴 라 이 트 계 열　'새로운'을 뜻하는 new와 '우익'을 뜻하는 right의 합성어로 신우익 세력이라고 할 수 있다. 자유민주주의와 시장경제를 신봉하고 민족주의를 배격하는 등 우파가 가야 할 길을 제시한다는 명분을 내세우며 정계, 학계, 종교계 등에서 보수주의자를 자처하는 이들이 모여 만든 단체를 뉴라이트 계열이라고 한다. 2004년 11월 자유주의연대를 시작으로 교과서포럼, 헌법포럼, 자유주의 교육연합, 뉴라이트 전국연합 등이 출현했다.

이 공개적으로 제기된 것이 뉴라이트 계열의 '교과서포럼' 학자들이 집필한 〈대안교과서 한국 근·현대사〉(기파랑 2008)다. 이 교과서의 콘셉트에 해당하는 문장을 인용하면 이렇다.

"우리는 이 책에서 민족 중심의 역사관을 누그러뜨리려고 애썼다 (…) 우리는 이 책에서 '우리 민족' 대신에 '한국인'을 역사적 행위의 주체로 설정하였다. 이는 기존의 역사서술에 비해 꽤 큰 변혁이다. 이로써 지난 130년간의 역사가, 자유와 인권을 갈망하고 자신의 사회적 경제적 가치를 개선하고자 노력하는 보통사람들의 역사로 바뀌었다. 한국의 근·현대사가 동아시아의 역사에서, 나아가 세계사에서 보편적으로 실천되어온 근대문명의 한 가닥으로 자리잡게 되었다."

한국사 수능 필수과목화의 선결문제는 한국사의 주인공을 민족과 국가 중 무엇으로 설정하고 서사를 구성할지를 정하는 것이다. 현행 중학교 교과서는 머리말에서 한국사를 '우리 민족이 걸어온 발자취이자 그에 대한 기록'이라고 정의한다. 한국민족이란 한국사를 정의하는 주체가 아니라 한국사로 해명해야 할 대상이기 때문에 이 같은 정의는 엄밀하게 말해 시대착오적이다.

왜 '사회'가 아니고 '역사'인가

역사가들은 일반적으로 민족을 한국사의 주체로 설정하는 데 비해 〈대안교과서 한국 근·현대사〉 집필자들은 정치학이나 경제학 등을 전공한 사회과학자들이다. 역사과목을 통한 민족교육인가, 사회과목을 통한 시민교육인가를

수능 필수과목화 대학수학능력시험에서 수험생 전원이 치러야 하는 시험과목으로 전환한다는 뜻. 현행 수능에서 사회탐구 영역 중 하나로 선택과목이던 한국사는 학생들의 역사의식을 고취하기 위해 필수과목으로 지정해야 한다는 의견과 수능부담을 가중시킬 뿐이라며 반대하는 의견이 팽팽히 맞서다가 필수과목화하는 방향으로 결정됐다. 이에 따라 2014년도부터 고등학교의 한국사 이수단위가 늘어나는 등 역사교육이 강화되고 필수과목화는 2017학년도 수능부터 적용된다.

둘러싸고 1970년대 독일에서 일어난 교육과정 논쟁은 시사하는 바가 크다. 제 2차 세계대전 패전 후 독일에서는 민족주의에 대한 일대 반성이 일어났다. 몇 몇 주정부에서는 민족교육 대신 시민교육을 해야 한다는 문제의식으로 중등학교에서 역사 대신 사회를 필수과목으로 지정하려는 움직임이 일어났다. 그러자 사상 처음으로 좌파와 우파 역사가가 연대해 이 같은 개편에 반대하는 운동을 벌였다. 결국 개편은 안됐지만 독일 역사학이 정치사에서 사회사로 패러다임을 전환해야 한다는 주장이 '빌레펠트학파'를 중심으로 큰 세력을 얻었다.

그렇다면 왜 사회가 아니고 역사여야 하는가. 인간은 사회적 동물이다. 하지만 그 사회는 역사적으로 형성된 것이라 역사를 알지 못하면 우리가 어떤 사회적 동물인지 알 수 없다. 역사와 사회의 관계는 '역사 없는 사회는 공허하고 사회 없는 역사는 맹목적이다'라는 말로 정리된다.

2013년 7월 동아시아컵 축구대회 한일전에서 벌어진 해프닝이 이를 잘 보여준다. 당시 한국 응원단은 이순신 장군과 안중근 의사의 그림, '역사를 잊은 민족에게 미래는 없다'는 대형 걸개를 내걸었다. 이에 대해 시모무라 하쿠분 일본 문부과학상은 "그런 일이 일본 국내에서 있었다면 다른 응원관중이 막았을 것"이라며 "그 나라의 민도를 묻게 된다"는 말을 했다.

과거사를 반성하지 않는 일본인이 다른 나라 국민에게 그런 말을 할 자격이 있는지 의심스럽지만, 우리에게도 문제는 있었다. 축구는 축구일 뿐 '문명화한 전쟁'이 아니다. 이 사태는 일본 관료뿐 아니라 우리 응원단의 역사의식 수준도 잘 보여줬다. 맹목적인 민족주의 역사감정을 부추겨 역사교육을 하는 것은, 안 하느니만 못하다. 민주시민 교육의 중요성은 아무리 강조해도 지나침이 없다.

역사교육의 목표는 '세계시민양성'

역사교육의 두 가지 중요한 목표는 역사를 통해 한국인의 정체성을 고취하는 동시에 세계시민으로서의 삶을 영위할 수 있는 능력과 자질을 배양하는 데 있다. 요컨대 역사를 잊은 민족과 사회엔 미래가 없기 때문에 역사를 사회교과목 중 하나로 상대화할 것이 아니라 사회교과의 핵심과목으로 필수화해야 한다는 데는 동의한다.

하지만 역사과목에 이런 특별한 지위를 부여하려면 적어도 두 가지 전제조건이 충족돼야 한다. 첫째, 한국사가 아니라 세계사를 포함한 역사가 필수과목이 돼야 한다. 글로벌시대, 다문화 사회에서 민족사로서 한국사를 교육하는 것은 시대착오다. 한국사회가 다문화 사회로 변해갈수록 민족교육이 아니라 대한민국의 헌법적 가치를 구현하는 민주공화국 시민교육이 요구된다. 따라서 한국사와 세계사라는 이분법적 역사교육에서 탈피해 '세계 속의 한국'을 문명사적으로 이해할 수 있는 역사교육을 해야 한다.

둘째, 역사가 암기과목이 되지 않을 방안을 강구해야 한다. 우리 삶에 정답이 없듯이 역사에도 정답은 없다. 중요한 것은 문제를 파악하는 능력이지 답이 아니다. 문제해결 능력을 중심으로 역사교육을 개편하려면 수능 필수과목화가 명약은커녕 오히려 독약이 될 수 있다. 학생 스스로 역사 서사를 구성하는 능력을 키워주는 것을 목표로 시험문제가 출제돼야 한다. 예컨대 미국 고교에서는 '당신이 지지하는 대통령후보의 참모로서 선거에서 승리하기 위해 노예해방 이후 미국역사를 참조해 어떤 조언을 하겠는가'에 대해 논술하라는 시험문제가 출제된다. 이런 시험의 평가에서 중요한 것은 정답이 아니라 역사적 사고력이다.

오늘날 사회와 국가가 얼마나 위대한지는 창조적 사고를 하면서 다르게 생각할 줄 아는 자유로운 영혼을 가진 시민과 국민이 얼마나 많은지에 달렸다. '역사는 역사가에게만 맡기기에는 너무나 중요하다'는 것을 역사가들 스스로 깨달아야 한다. 융합이 화두가 된 시대에 다른 사회과목 담당자들의 목소리를 최대한 반영해 역사교육의 패러다임을 전환하기 위해 노력해야 한다.

김기봉 경기대 사학과 교수 · 한국연구재단 인문학단장

2013년 아베 신조 일본 총리가 "한국은 교섭을 할 수 없는 어리석은 국가"라고 말했다고 〈주간문춘(週刊文春)〉이 보도해 가뜩이나 경색된 한일 관계가 더 얼어붙었다. 일본 정부는 보도 내용을 부인했다. 〈주간문춘〉의 보도는 사실일까. 이 보도를 어떻게 봐야 할까.

정언政言 유착 극우언론이
총리 '다중인격' 폭로한 꼴

〈주간문춘(週刊文春·슈칸분)〉은 월간지 〈문예춘추(文藝春秋·분게이 주)〉를 발행하는 ㈜문예춘추사(文藝春秋社)에서 내는 주간지다. 문예춘추사는 아쿠타가와상(芥川賞)과 나오키상(直木賞)을 받은 소설가이자 극작가이며 저널리스트인 기쿠치 간(菊池寬·1888~1948)이 1923년 1월 창립한 회사다.

〈주간문춘〉은 1959년 4월 첫 호를 냈으며 매주 목요일 발간돼 권당 380엔(한화 약 4200원)에 판매된다. 일본 측 자료에 따르면 〈주간문춘〉의 매주 발행부수는 70만1200부로 일본 주간지 중 1위다. 성향으로 보면 〈SAPIO〉 〈주간현대(週

刊現代 · 슈칸겐다이)〉와 함께 반한(反韓) 논조의 극우지로 분류된다. 다만 발행부수 에서 짐작할 수 있듯 다른 극우지와는 달리 기사의 신뢰성이 높은 편이다.

〈주간문춘〉은 2013년 말 3차례의 보도로 한국을 자극했다. 결정적인 것 은 기사에 아베 총리의 발언을 인용한 것이다. 2013년 11월 14일 발매된 〈주 간문춘〉은 '한국의 급소를 찌른다(韓國の「急所」を突く!)'라는 기사에서 아베 총리 주변의 말을 빌려 아베 총리가 "중국은 어리석은 국가이지만 아직 이성적인 외교게임이 가능하다. 한국은 교섭을 할 수 없는 어리석은 국가"라고 말했다 고 보도했다.

또한 아베 총리는 박근혜 대통령에게 반일(反日)을 불태우게 하는 것은 주변 의 간신이라며 그 필두는 윤병세 외교부장관이라고 비난했다고 보도했다. 이어 아베 총리의 측근이 비공식적으로 한국에 대한 제재를 검토하고 있다면서 일본 기업들을 한국에서 일제히 철수시키는 시나리오 등 새로운 차원의 정한(征韓 ·

아베 총리의 발언을 전한 〈주간문춘〉 기사.

〈주간문춘〉 보도로 아베 총리는 겉다르고 속다른
면모를 드러낸 셈이 됐다.

한국 내 여론이 들끓자 일본 정부의 대변인 격인 스가 요시히데 관방장관은 "(아베 총리가) 그런 말을 하지 않았다"고 보도 내용을 부인했다. 그러자 〈주간문춘〉은 11월 20일 후속 기사에서 "관방장관이 본지 보도를 부정했다"고 전제한 뒤 "그러나 본지는 아베 총리와 대단히 가까운 복수의 인물들에게서 증언을 취득했다. 공개석상에서는 결코 말하지 않았던 아베 총리의 본심인 것"이라고 보도했다. 일본 정부의 해명이 거짓이라고 반박하면서 앞서 보도한 아베 총리 발언이 사실이라고 거듭 강조한 것이다.

발언 있었다고 인정한 셈

〈주간문춘〉 보도로 아베 총리는 겉다르고 속다른 면모를 드러낸 셈이 됐다. 몇 가지 정황 증거를 볼 때 아베 총리가 〈주간문춘〉에 보도된 내용의 발언을 한 것은 사실로 보인다. 주목할 만한 정황 증거는 기사에 대한 일본 정부의 미온적인 태도다. 일본 정부는 오보라고 주장하면서도 〈주간문춘〉에 기사를 바로잡아달라고 요청하지 않았고 법적 대응도 일절 하지 않았다. 한국과 마찬가지로 일본은 허위보도에 대해선 해당 언론인 처벌, 오보 시정, 손해배상, 발행금지 등 민·형사상 책임을 물을 수 있도록 하고 있다. 또한 미디어에 의한 인권침해를 특별구제 대상으로 두는 '인권옹호법'을 따로 두고 있다.

사안이 중대하고 오보 피해를 구제할 각종 법적 장치가 있는데도 일본 정부가 보도에 전혀 대응하지 않은 점으로 볼 때 기사 내용이 사실일 개연성이 높다. 일본에선 언론사 기사를 둘러싸고 소송이 벌어지는 경우 법원이 기사의 진위를 우선 판단하는 경향이 있다. 〈주간문춘〉은 2013년 10월 의류제조업체 유니클로를 비판하는 기사를 게재했다가 유니클로로부터 2억2000만 엔(약 24억 2000만 원)의 손해배상 및 발행금지 청구소송을 당했다. 이에 대해 도쿄지방법원은 "기사 내용의 신빙성이 높다"는 이유로 청구를 기각했다. 언론 기사와 관련해 일본법은 기사 내용이 사실로 증명되고 공공의 이해에 관련된 것이면 위법성이 인정되지 않는다고 본다(일본 형법 제230조의 2항).

요컨대 아베 총리의 '한국은 어리석은 국가' 발언이 사법기관에서 사실로 판명날 수 있기 때문에 일본 정부가 함부로 소송을 못 건 것으로 충분히 추정할 수 있다.

정언政言 유착

아베 정권과 〈주간문춘〉은 '정언 유착관계'로 봐도 무방하다. 양측 모두 극우 성향으로, 그 이념적 정책적 지향성이 거의 일치해 〈주간문춘〉은 아베 정권에 우호적인 기사를 자주 게재해왔다. 아베 정권은 자신의 입장을 대변해줄 공신력 있는 '스피커'로 〈주간문춘〉 같은 극우 언론사들을 활용해왔다. 반대로 이들 언론사는 아베 정권에서 고급 정보를 얻어 뉴스 가치를 높여왔다. 양측은 떼려야 뗄 수 없는 공생관계라고 할 수 있다.

아베 총리의 발언을 전한 〈주간문춘〉 기사에는 기사 작성자의 이름이 나와 있지 않다. 언론사에서 일반적으로 일어나는 일은 아니지만, 취재원을 극단적으로 보호하기 위해 기자 이름을 아예 빼버리는 일이 있긴 하다. 당시 보도도 이러한 경우로 볼 수 있다.

다만, 언론과 취재원으로서 〈주간문춘〉과 아베 정권이 예전부터 가까운 사이라는 점은 확인된다. 아베 정권에 대한 〈주간문춘〉의 이전 기사들을 보면

아베 정권은 한 · 중 정상회담에 복잡한 심경을 내보였다.

'〈주간문춘〉 측이 아베 총리와 대단히 가까운 복수의 인물에게 접근이 가능하다'는 〈주간문춘〉 측 주장이 어느 정도 입증되는 것이다. 주간지에 특정한 내용을 흘린 뒤 공식적으로 부인하는 건 일본 정치인들이 자주 사용해온 언론 플레이 기법이기도 하다.

이런 정황에 따르면 '아베 총리 측이 공개석상에서는 결코 말하지 않았던 아베 총리의 본심을 〈주간문춘〉에 흘려줬다'는 〈주간문춘〉의 주장은 개연성이 충분하다. 결론적으로, 〈주간문춘〉이 보도한 아베 총리의 발언은 사실로 규정할 수 있으며, 이는 일본의 극우 언론이 아베 총리의 '다중인격'을 폭로해준 꼴이 된다.

아베 총리는 2013년 11월 14일 총리관저에서 한국 측 정치 · 경제계 인사들과 만난 자리에서 "일본과 한국은 자유민주주의 가치를 공유하는 관계로 협력을 강화해야 한다"고 말했다. 수차에 걸쳐 박근혜 대통령과의 한일 정상회담을 제안하면서 여러 유화적 메시지를 전하기도 했다.

그러면서 뒤로는 총리 본인이 직접 "한국은 교섭도 할 수 없는 어리석은 국가" "박근혜 대통령이 반일을 불태우는 건 윤병세 외교장관 같은 간신 때문"이라는 막말을 퍼부었고, 그 측근이 "정한 전략" 같은 몰상식한 발언을 통해 침략 근성까지 노골적으로 드러낸 것이다. 아베 총리가 이렇게 겉과 속이 너무나 다른 언행을 하는 한 일본 정부에 대한 신뢰는 더욱 떨어질 수밖에 없다.

아베 정권이 내부적으로 한국을 업신여기는 것은 최근의 미일 관계와 관련이 깊다. 미국은 중국의 대두를 점점 버거워하고 있다. 또한 재정도 충분치 않다. 동아시아·태평양에서 현상을 유지하기 위해 일본의 경제력을 보다 적극적으로 활용하려고 한다. 이런 사정이 표면화한 게 일본의 집단자위권에 대한 미국의 승인이다. 일본은 미국의 대리인 구실을 지렛대 삼아 한국에 은근히 헤게모니를 과시하려는 것으로 비친다.

다른 한편으로, 아베 정권은 한국의 커진 국력을 민감하게 의식하는 것 같다. 한국 경제는 일본 경제를 급속히 추격하고 있다. 경상수지 흑자 폭에서 사상 처음으로 한국이 일본을 앞질렀다. 국제신용등급, 구매력 기준 근로자 연봉에서도 일부 기관의 조사이긴 하지만 한국이 일본을 추월했다는 소식이 들린다. 전자·반도체 등 일부 분야에선 '제조업 대국' 일본의 아성이 한국에 의해 이미 무너졌다. 아베 정권이 밀실에서 한국에 원색적으로 악담을 퍼붓는 것은 이런 상황 인식에 따른 신경질적인 반응일 수 있다.

니체가 〈주간문춘〉 기사 본다면…

〈주간문춘〉은 2013년 12월 5일엔 '금주의 바보'라는 기사에서 박근혜 대통령을 금주의 바보로 선정했다. 이 기사에서 "박근혜 대통령은 취임 직후부터 다케시마(독도의 일본식 명칭) 문제와 군 위안부 문제로 소동을 피우고 있다" "박 대통령은 악담을 퍼뜨리는 아줌마 외교를 하고 있다"며 박 대통령을 원색적으로 비난했다. 또 "박 대통령은 사람들로부터 사랑받은 경험이 적다. 이러한 상황을 타개하려면 사랑이 필요하다. 성인 남자친구가 지금 필요한 시점"이라고 성희롱에 가까운 막말을 늘어놓았다.

이에 대해 청와대 측은 "일일이 대응할 가치가 없다. 막말과 막글은 부끄러운 일이고 스스로 평생 후회하면서 살아갈 불명예스러운 일"이라고 했다.

〈주간문춘〉은 이처럼 아베 발언을 전한 첫 보도 외엔 별다른 팩트가 없음에도 시리즈 형식으로 박 대통령을 비난해왔다. 이는 아베 발언의 귀책을 발언 당사자인 아베 총리가 아닌 박 대통령에게 돌리려는 고육책으로 풀이된다. 아베 발언 기사를 내보낸 뒤 취재원인 아베 총리 측에 피해가 덜 가도록 나름대로 애를 쓰고 있는 셈이다.

〈주간문춘〉은 11월 20일 기사에서 아베의 발언이 사실이라고 거듭 강조하면서도 이 발언에 대한 한국 측 반응을 전하면서 "한국 측에 자성을 바라는 건 무리한 것인가"라고 비꼬았다. 이것 역시 아베의 발언 자체보다는 그 발언을 둘러싼 한국 측 태도로 초점을 돌리려는 시도로 비친다.

'금주의 바보'는 〈주간문춘〉이 2013년 4월부터 고정란으로 싣고 있는 연재 기사로, 집필 담당자는 데키나 오사무라는 '오타쿠(특정한 어떤 것에 몰두하는 사람) 스타일'의 작가다. 그는 1975년생으로, 와세다대에서 서양문학을 전공했으며 독일 철학자 니체와 관련된 책을 몇 권 낸 뒤로 스스로를 '철학자'라고 일컫는다. 니체가 만약 '박 대통령의 성인 남자친구' 같은 기사를 본다면, 이런 기사를 쓰는 사람을 과연 자신의 후학으로 인정해줄지 의문이다.

한국 언론은 〈주간문춘〉을 원래 있던 자리로 되돌려놓는 게 좋다. 근래 〈주간문춘〉이 주목받은 건 아베 총리의 발언을 기사에 인용해서였다. 그러나 이후에 나온 '금주의 바보' 기사 같은 것은 〈주간문춘〉 자신의 의견 개진에 불과하다. 〈주간문춘〉 같은 일본 극우 언론의 비이성적 혐한(嫌韓) 논조는 어제오늘 일이 아니므로 새로울 게 없다. 우리가 무시하면 그만이다. 일본 사회의 공론 장에서도 이런 기사를 걸러낼 자정 기능은 있을 것이다.

표리부동 부끄러워해야

아베 정권은 2013년 출범 초 60%가 넘는 높은 지지를 받았다. 이후 아베노믹스 효과가 한풀 꺾이고 말았다. 여기에다 언론자유 침해 소지가 큰 비밀보호법을 야당과 언론의 반대에도 불구하고 강행처리하면서 여론 지지율은 40%대로 추락했다. 이로 인해 아베 정권은 '과거 퇴행적 정책을 펴도 다 용인된다'는 기존의 믿음을 수정해야 하는 처지가 됐다.

아베 정권의 과거 퇴행적 정책이란 과거사를 부정하는 것, 쇼와시대처럼 인접국이야 어떻게 되든 군국주의 맹주로 되돌아가려 하는 것 등이다. 이러한 정책의 근저에는 아베 정권을 떠받드는 일본 극우 진영의 '일본 천황이 일본을 지배한다'는 팔굉일우(八紘一宇) 사상, '일본 민족만 위하면 된다'는 신도(神道) 사상이 자리 잡고 있다.

아베 정권은 주변국과의 관계에서 균형감을 잃고 있다. 인류의 보편적 사고에서 멀어지는 행동을 계속 보여주고 있는 것이다. 겉으로는 신사처럼 말하지만 언행일치가 안 되고 신뢰를 주지 못한다. 아베 정권은 〈주간문춘〉 보도로 표리부동이 드러난 걸 부끄러워해야 한다.

장팔현 충청역사문화연구소 소장

묵향

47

영화 〈변호인〉 신드롬

영화 〈변호인〉 열풍은 2014년 대한민국의 단면을 고스란히 보여주는 증상이다. 영화 한 편을 놓고 지나치게 정치적 암호로 해석하는 것도 강박이다. 영화의 어디까지가 사실이냐는 것은 부차적인 문제다. 1000만 관객의 강렬한 반응 이면에 있는, 현실에 대한 답답함에 주목해야 하지 않을까.

우리는 왜 상상 속 '리틀 빅 히어로'에 열광하는가

영화 〈변호인〉이 2014년 3월 현재 1136만 관객을 동원했다. 인구 5분의 1을 넘는 관객수다. 그만큼 많은 관객이 이 영화를 봤느냐의 문제는 또 다른 질문이다.

프랑스의 영화평론가 프랑수아 트뤼포는 이런 말을 했다. "어떤 영화가 성공을 거둔다면 그것은 우선 사회학적 사건이다. 영화의 질 문제는 부차적인 것이 된다"라고. 〈변호인〉에 따라붙는 1136만 관객이라는 숫자는 '사회학적 사건'의 일부에 불과하다. 〈변호인〉 열풍은 2014년 대한민국의 단면을 고스란히 보여주는 증상이기 때문이다.

영화 〈변호인〉. 중요한 것은 관객에게 감동을 주는 장면이 허구의 영역이라는 사실이다.

담론 부재 시대와 논쟁의 시대

1970, 80년대를 살아온 사람들 대부분에게 '이데올로기'나 '민주'는 가볍게 입에 담을 만한 명사가 아니다. 〈변호인〉은 이데올로기와 민주라는 어려운 명사를 전면에 내세운 작품이다. 지금이야 그런 명사를 아무렇게나 말해도 무방하지만 여전히 영화를 향유하는 주요 계층에게 쉽게 농담으로 건넬 명사는 아니라는 뜻이다.

1950, 60년대 좌우 대립의 시대를 지나 1970년대 무조건적 경제 발전 시기, 1980년대의 정치적 암흑기를 지나오는 동안 '시민'은 스스로를 약자와 동일시해왔다. 1990년대 이후 민주화가 됐다고는 하지만 1997년 IMF 외환위기 이후 몰아친 경제의 광풍은 그 달콤한 햇볕을 쪼일 심리적 여유마저 앗아가고 말았다. 대학만 졸업하면 취업이 보장되고 빚지고라도 집을 사면 몇 년 안에 보람된

1136만 관객을 끌어들이며 신드롬을 불러일으킨 영화 〈변호인〉.
사실이냐 허구냐를 따지기 전에 현재 대한민국의 단면을 드러낸
'사회학적 사건'으로 볼 수 있다.

이익을 돌려주던 황금시대가 끝나버렸기 때문이다.

수치상으로 보자면, 2014년 현재 우리 사회는 1970, 80년대와 비교할 수 없으리만치 살기 좋아졌다. 문제는 사람들이 체감하는 삶의 질은 더 나빠졌다는 것이다. 여기엔 절대적 이념의 증발을 대신한 상대성의 지옥도 한몫한다. 상대성이라는 지옥은 서로가 서로의 적이 되는 심리적 압박감을 자극한다.

어찌 보자면 영화 한 편을 두고 좌와 우를 나누고, 정의와 부정을 구분하는 세상은 지나치게 정치적이라고 할 수 있다. 정치를 두고 외면하는 것도 문제라면 모든 예술을 정치적 암호로 해석하는 것 역시 강박이다. 노무현의 실화이니까 봐야 한다는 논리나 노무현의 실화이니까 보지 않겠다는 논리가 서로 다르지만 닮아 있는 이유이기도 하다.

사실, 〈변호인〉 현상 속에는 노무현의 실화이니까 이상의 어떤 사회적 무의식이 담겨 있다. 우리는 우선 이 영화가 담론 부재 시대에 논쟁적 대상이 되었

음을 주목할 필요가 있다. 이 한 편의 영화를 두고 그 평가하는 방식에 따라 내 편과 네 편을 가르는 방식 또한 그렇다. 우리 사회에서 출구를 찾지 못한 채 맴돌던 어떤 의견들이 〈변호인〉이라는 공동의제를 두고 충돌하기 시작했다. 논쟁은, 아무리 격렬하다 할지라도 의미 있다. 문제는 논쟁이 아니라 귀를 닫고 상대를 공격하는 빌미로 영화가 사용되기도 한다는 점이다.

사람들은 〈변호인〉을 통해 무언가 자신의 이야기를 하고 싶어 한다. 어떤 사람은 현 정부에 대한 불만을 이야기하고, 어떤 사람은 고(故) 노무현 대통령에 대한 그리움을 고백하고, 어떤 사람은 순수한 드라마적 감동을 이야기한다. 분명한 것은 적어도 〈변호인〉에 대해 각기 자신의 해석과 정치적 견해를 반영하려고 한다는 점이다. 논쟁하고픈 열망들이 출구를 찾아 헤매는 셈이다.

리틀 빅 히어로에 대한 열망

논쟁에 대한 열망만큼이나 강렬한 것은 바로 '리틀 빅 히어로'의 탄생이다. 더스틴 호프만이 주연을 맡았던 1992년 작 〈리틀 빅 히어로〉에서 영웅은 바로 작지만 큰 소시민이었다. 그는 사고 현장에서 우연히 누군가를 구하고 홀연히 자리를 떠난다. 영웅이 되고자 했던 의도는 없었지만 그의 소박한 선의는 작기 때문에 더욱 영웅적으로 조명된다.

최근 한국 영화계에서 1000만 관객을 동원한 작품들은 공교롭게도 대개 리틀 빅 히어로를 주인공으로 내세웠다. 〈7번방의 선물〉의 딸 바보 아빠가 그랬고, 〈광해〉의 주인공인 광대 하선이 그랬다. 그들은 나라를 세우고 정적을 물리치는 큰 영웅이 아니라 딸아이를 지키고 아내를 웃게 하는 작은 영웅들이다.

〈변호인〉의 송우석 변호사도 그렇다. 송우석이 관객에게 감동을 주는 가장 큰 이유는 그가 변화했다는 데 있다. 영화의 처음부터 그가 인권 변호사로서 정의를 위해 싸웠다면 오히려 마지막 항변의 카타르시스는 없었을 것이다. 그가 처음엔 가난뱅이였기에, 심지어 밥값도 내지 못하고 도망간 한심한 사람이었기에, 그리고 돈푼깨나 번 이후에도 요트나 타고 제 배 채우기 급급했던 인간이기에 그의 변화는 더욱 드라마틱하다.

왜냐하면, 그, 송우석은 우리와 거의 똑같은, 평범한 사람이기 때문이다. 정의니 민주니 하는 거창한 말보다 내 배 따뜻하게 불려주는 국밥 한 그릇이 더 반가운 남자, 세상 돌아가는 이치보다 주판알 속 계산에 더 빠른 남자, 그 남자는 우리 장삼이사(張三李四)의 모습 그대로를 비춰주는 거울과도 같다.

송우석이라는 속물 변호사가 인권 변호사로 거듭나는 과정도 그렇다. 그는 정치적으로 대오각성한 끝에 마치 신의 계시를 받듯 정의의 세계에 투신하는 게 아니다. 가까운 국밥집 아줌마에게 진 마음의 빚을 갚는 심정일 뿐이다. 송우석은 대단한 영웅이 아니라 작지만 큰 영웅, 즉 우리도 어쩌면 될지도 모를 그런 영웅의 모습에 가깝다.

중요한 것은 관객에게 감동을 주는 변화의 장면이 픽션의 영역이라는 사실이다. 송우석이 국밥집에서 밥값을 안 내고 도망가는 장면이나 변론을 맡게 된 과정, 심지어 군의관을 증인으로 택하는 것도 모두 픽션이다.

우리가 오해하는 것 중 하나는 날것의 이야기가 사람들에게 감동을 준다는 생각이다. 하지만 아리스토텔레스가 말했듯 잘 꾸며진 이야기야말로 사람들을 감동시킨다. 잘 꾸며졌다는 것은 보는 이의 공감을 이끌어내는 재구성을 의미한다. 어디까지 사실이건 간에 관객이 감동을 느끼는 영화 〈변호인〉은 극적으로 재구성된 '이야기'다. 이는 최근 오히려 실화임을 강조한 작품들, 〈남영동 1985〉나 〈천안함 프로젝트〉가 되레 흥행에서 고배를 마신 상황과도 유사하다.

관객은 실화라는 것 그 자체로 움직이지 않는다. 이 탁월한 재구성에 큰 몫을 차지하는 것이 바로 송강호를 비롯한 배우의 연기다. 송강호의 연기는 그 어떤 사실성을 넘어선 호소력을 전달한다. 그리고 영화 〈변호인〉이 관객에게 주는 감동의 8할은 바로 이 송강호의 연기에서 비롯된다고 봐도 무방하다.

〈변호인〉에 대한 관객의 강렬한 반응 이면에는 현실에 대한 답답함이 있다. 여기엔 이 영화의 배경이 30여 년 전 과거라는 점도 관련돼 있다. 1980년대, 정치적으로는 암울했지만 적어도 먹고사는 데에서는 꽤나 희망적이었다.

복고와 향수의 시너지

대학생들이 출석 일수의 3분의 1도 채우지 못한 채 거리에서 싸웠어도 대기업에 취직해 부모님께 효도할 수 있었던 시절이다. 적어도 20대 때 대의와 정의를 위해 싸웠다는 빛나는 훈장을 달고 서른 무렵의 비겁한 자아와 만날 수 있던 시기이기도 했다. 서른이 되고 마흔이 되도 이 세계가 조금 달라지는 데 한몫했다는 뜨거운 자긍심, 1980년대에 20대를 보낸 이들에겐 그런 뿌듯함이 있다.

거리에서 1980년대를 보내지 않은, 정치에 무관심한 사람에게도 1980년대는 호황기였다. 프로야구가 시작됐고, 경기는 흥청거렸으며 곧 열리게 될 아시아경기대회나 올림픽이 건설 경기에 불을 붙이던 시기였다. 적어도 그 시절에는 조금 더 나은 삶에 대한 기대와 열망이 있었다.

2014년은 1980년대에 그토록 기다리던 바로 '그' 미래다. 하지만 세상살이는 도무지 나아진 것 같지 않다. 더 나아졌다고들 수치가 말해주지만 많은 사람이 그 변화를 체감하지 못한다. 대한민국은 짧은 기간에 역사를 만들어왔다. 우리에게는 리틀 빅 히어로라는 개념이 없다. 그리고 사실, 히어로도 없다. 죄다 반성과 사죄를 해야 할 안티 히어로들만 가득하다. 우리에게 실존 인물의 히어로라는 건 너무나 멀리 있다.

리틀 빅 히어로의 핵심은 모든 인간의 마음속에는 '선근'이 있고, 따라서 아무리 타락하거나 보잘것없는 인간일지라도 세상을 위해 조금 더 나은 인간으로 바뀔 수 있다는 믿음이기도 하다. 인간에 대한 믿음, 그게 바로 리틀 빅 히어로의 핵심이다. 어쩌면 우리는 역사의 실명 속에서 우리가 찾고 싶은 바로 그 영웅을 찾지 못하는 건지도 모른다. 그래서 픽션의 재구성 속에서 우리에게 필요한 영웅을 소환하는지도 모른다.

강유정 영화평론가

48

인터넷 게임을 도박, 마약, 알코올과 함께 4대 중독 유발 물질로 취급하는 일명 게임중독법이 발의되자 찬반 양측의 공방이 가열되고 있다. 게임을 중독물질로 규정하는 것이 과도할 뿐 아니라 게임산업을 위축시키는 발상이라며 반대여론이 팽배하지만 일부 학부모단체를 중심으로 찬성여론도 형성되고 있다. 게임중독 문제가 심각한 사회현상이기는 하나 법으로 규제하기보다 중독의 원인을 살펴 그 연결고리를 끊으려는 노력이 우선돼야 한다.

게임중독, 법으로 해결할 수 있는 문제인가

인터넷 게임을 도박, 마약, 알코올과 함께 4대 중독 유발 물질로 취급하는 '중독 예방·관리 및 치료를 위한 법률안'(게임중독법)을 놓고 논란이 거세다. 부모 세대와 자녀 세대, 여당과 야당, 국회와 산업계 등으로 갈려 치열하게 논쟁을 벌인다.

인터넷 실시간 검색어에 법안을 발의한 국회의원 이름이 오르내리고, 온라인상에서도 찬반 논쟁이 뜨겁다. 게임중독법을 반대하는 온라인 서명은 2014년 3월 현재 참여자가 32만 명에 육박할 정도로 뜨거운 호응을 얻고 있다. 법안을 찬성하는 측에서도 학부모단체 등 10 여 개 시민사회단체가 지지성명을 냈다. 야당 원내대표가 법안을 비난하자, 법안을 발의한 신의진 새누리당 의원이 이를 다시 반박했다. 정부까지 나서서 법안이 과도하다며 게임은 제외해야 한다는 견해를 밝혔지만 논란은 여전히 진행형이다.

법안에 대한 새로운 의견이나 방침이 나올 때마다 게임업체 주가도 출렁인다. 산업에 미치는 영향이 만만찮을 것이라는 방증이다.

인터넷 중독을 도박, 마약, 알코올처럼 치료가 필요한 중독 유발 물질로 취급해야 한다는 움직임이 일고 있다.

게임이 중독 유발 물질?

신의진 의원이 발의한 법안은 4대 중독 유발 물질을 관리하는 것이 핵심이다. 법안에 따르면, 국가기관은 5년마다 중독 실태를 조사하고 이를 기초로 중독 예방·치료와 방지 및 완화 정책의 기본 목표, 추진 방향을 수립하고 시행해야 한다. 해당 산업의 광고와 판촉에 제한을 둘 수 있으며 생산, 유통, 판매도 관리할 수 있게 했다.

논란이 되는 부분은 '인터넷 게임 등 미디어 콘텐츠'를 중독 유발 물질로 규

게 임 중 독 법 새누리당 신의진 의원이 2013년 4월 대표발의한 '중독 예방·관리 및 치료를 위한 법률안'. 2014년 들어 게임중독법에 대한 공청회를 개최하는 등 법안통과를 강행할 의지를 보이고 있으나 찬반의견이 팽팽하게 대립하면서 난항을 거듭하고 있다. 게임중독법이 국회를 통과하면 게임의 주무부처도 문화체육관광부에서 보건복지부로 변경돼 도박, 마약, 알코올과 함께 보건복지부의 관리를 받게 된다.

게임중독자 대부분은 자신이 프로게이머가 될 수 있다고
생각하지만 그렇게 되는 경우는 극소수에 불과하다.

정한 부분이다. 게임업계와 게임 이용자들은 의학적 치료가 필요한 도박, 마약,
알코올 중독과 게임을 동일하게 바라보는 것을 이해할 수 없다는 반응이다.

반면 법안을 발의한 신 의원 측은 의사로서 게임중독을 치료한 경험과 주변
사례 등에 비춰 게임중독을 관리해야 한다는 입장이다. 특히 중독 예방을 일원
화하자는 차원이지 업계 우려처럼 산업을 위축시키기 위한 법안은 아니라고 설
명했다.

하지만 논란은 급속히 확산됐다. 직접적인 영향권에 있는 게임업계가 가장
크게 반발했다. 한국인터넷디지털엔터테인먼트협회(협회)는 게임 규제안을 규탄
하는 성명을 발표하고, 홈페이지를 통해 게임중독법을 반대하는 온라인 서명운
동을 시작했다. 온라인 서명운동은 한때 협회 홈페이지가 마비될 정도로 게이
머들의 폭발적인 지지를 받았다. 한국게임개발자협회도 성명을 통해 '게임중독
이라는 명칭은 게임 개발자와 이용자에 대한 불명예이며, 문화산업과 인터넷을

320

통제해 세금을 징수하기 위한 발판 만들기'라고 비판했다. 한국게임개발자협회는 조직적인 반대활동에 나설 계획이다.

반대 분위기가 거세지자 이번엔 학부모단체에서 게임중독법을 찬성하는 서명운동을 펼치겠다는 의지를 내비쳤다. 아이건강국민연대는 아이들의 게임중독을 막으려면 국가적 관리가 필요하다면서 오프라인 지지서명에 나섰다.

정치권도 공방에 가세했다. 전병헌 민주당 원내대표는 2013년 10월 10일 인터넷 커뮤니티 '루리웹닷컴'에 '국회의원 전병헌입니다'라는 글을 게재하면서 게임중독법에 대한 견해를 밝혔다. 전 의원은 "겉으로는 육성해야 한다면서 실제로는 규제의 칼을 꺼내드는 '꼰대적' 발상으로 인해 게임산업 종사자뿐 아니라 게임 팬들이 뜨겁게 제도권에 항의 의사를 표출하고 있다"며 "아날로그 시대의 감성으로 디지털 시대의 게임문화를 과도하게 몰이해하는 것 같다"고 강하게 비판했다. 이어 "게임을 마약과 동일시하고 규제하겠다는 것은 기본적으로 법리에도 맞지 않는 일"이라며 "민주당 의원들은 교육문화위원회, 미래방통위원회 상임위 활동을 통해 반대의사를 명확히 하고 있다"고 강조했다.

전 의원의 공격에 법안 발의자인 신 의원은 기자회견을 통해 반박했다. 신 의원은 11월 11일 국회에서 브리핑을 통해 "전병헌 의원이 '꼰대적 발상'이라고 한 것은 명백히 세대갈등을 조장하는 발언"이라며 "게임중독, 알코올중독, 도박중독에 빠져 고통받는 수백만 가족을 꼰대라고 폄훼할 것인가"라고 지적했다. 이어 "법안 취지를 왜곡하고 법안에 들어 있지 않은 내용까지 꺼내 비난하는 것에 대해 유감스럽다"면서 "중독 문제를 해결하려면 가정의 구실이 중요하지만, 개인 건강뿐 아니라 사회적 안전이 위협받고 있어 국가의 중독 예방을 위한 적극적인 노력도 필요하다"고 강조했다.

결국은 기술에 연결된 사람중독

법안을 둘러싼 논쟁이 가열되지만, 해결책은 뚜렷하지 않다. 여야 간, 세대

속칭 '게임중독법'을 발의한 신의진 새누리당 의원.

간 갈등만 조장한다는 우려도 나온다. 현재로서는 법안 통과 가능성도 크지 않아 보인다. 최근 게임산업 주무부처인 문화체육관광부(문화부)도 법안에 대한 반대의사를 내놨다. 법안 취지에는 공감하지만, 게임을 중독 물질로 규정한 것은 과도하다는 의견이다.

이수명 문화부 게임콘텐츠산업과장은 "법안 취지에는 원칙적으로 공감한다"면서도 "중독 물질로 규정한 범위가 광범위하고 포괄적이며, 객관적 인과관계가 입증되지 않았기 때문에 평등 원칙과 명확성 원칙, 과잉금지 원칙에 위반돼 게임을 제외해야 한다는 것이 문화부의 견해"라고 밝혔다.

해결책 없이 논란만 가중되는 이유는 게임중독법을 둘러싼 주체들이 모두 자신의 주장만 내세울 뿐 상대 견해를 귀담아듣지 않기 때문이다. 게임중독에 대한 정확한 통계는 없지만, 분명히 우리 주변에는 게임에 빠져 헤어나오지 못하는 사람들이 존재한다. 게임에 중독된 사람을 보면 10대 청소년과 20대 젊은 층이 대부분이다. 게임에 중독된 사람은 본인뿐 아니라 가족까지 고통 받는다. 따라서 게임에 과도하게 몰입하는 것을 예방하고 관리하는 일이 필요하다.

과 잉 금 지 원 칙

국가의 안전, 질서유지, 공공복리 등을 위해 국가가 국민의 기본권을 제한할 때 '필요한 경우에 한해' 적법한 절차를 밟음으로써 국민의 기본권을 과도하게 침해하지 않는 원칙. 공권력이 과잉 금지 원칙에 위배되는 목적과 수단으로 국민의 기본권을 침해할 경우 국가가 손해배상책임을 져야 한다.

하지만 게임중독 문제를 해결하려면 중독됐다는 현상만 볼 것이 아니라 어떤 과정에서 중독됐는지도 함께 살펴봐야 한다. 게임중독에 대한 인과관계가 밝혀지진 않았지만, 게임중독에 빠진 사람은 대부분 가정이나 사회에서 원만한 관계를 형성하지 못하고 있다는 점은 시사하는 바가 크다. 게임중독 이전에 가정과 학교, 사회에서의 사회화 과정에 문제가 있고, 이 과정에서 게임에 빠졌다는 추론이 가능하다.

최근 게임중독법 사태에 대해 일침을 가한 한 게임업체 대표의 말이 흥미롭다. 김학규 IMC게임즈 대표는 트위터를 통해 "게임이 중독적인 이유는 게임이 아니라 게임 속에 있는 다른 사람 때문"이라며 "싱글게임에는 아무리 중독적 요소를 넣어도 (게임을 하는 사람이) 중독되지 않는다"고 말했다. 김 대표는 "행위중독의 본질은 결국 사람중독"이라면서 "사람은 기술에 의해 연결된 '타인과의 관계'에 중독되는 것"이라고 지적했다.

권건호 전자신문 통신방송사업부 기자

49

동성결혼 합법화

영화 제작자이자 감독인 김조광수 씨가 동성연인과 공개 결혼식을 올린 데 이어 혼인신고까지 추진하면서 우리나라에서도 동성결혼 합법화 논란이 일고 있다. 동성결혼 합법화 찬성론자들은 개인의 행복추구권과 평등권을 주장하고 반대론자들은 우리의 법질서와 정서에 위배될 뿐 아니라 자녀를 출산할 수 없어 인류의 보편적 가치에도 어긋난다고 주장한다.

우리는 동성결혼 받아들일 준비 돼있나

남녀간의 결합만 결혼으로 인정할 것인지, 성별이 같은 두 사람의 결합도 결혼으로 인정할 것인지를 놓고 지구촌이 시끌시끌하다. 문화적 다양성을 포용하는 톨레랑스(관용)의 나라로 불리는 프랑스에서조차 동성결혼 합법화 때문에 찬·반론자 사이에 살인까지 일어날 정도로 몸살을 앓고 있다. 우리나라에서도 2013년 9월 영화 제작자이자 감독인 김조광수 씨가 동성연인과 공개결혼식을 올려 동성결혼에 대한 찬반논란이 일었다.

게이(Gay 남성 동성애자), 레즈비언(Lesbian 여성 동성애자) 등 동성애자는 트랜스젠

영화 제작자이자 감독인 김조광수(왼쪽) 씨가
동성인 김승환 씨와 결혼을 선언하며 우리 사회에서도
동성결혼 합법화 문제가 공론화하고 있다.

더(Transgender 성전환자), 바이섹슈얼(Bisexuality 양성애자)과 함께 성소수자로 불린다. 이들은 2000년 방송인 홍석천씨의 커밍아웃(자신의 성정체성을 밝히는 짓)을 계기로 양지로 나오기 시작해 해마다 퀴어(queer)문화축제를 여는 등 세상의 차별과 편견을 깨기 위한 노력을 해왔다. 그 결과 동성애에 대한 우리 사회의 인식이 상당부분 개선된 것이 사실이다.

김조광수씨는 공개결혼식 이후 혼인신고를 신청했으며 이 혼인신고가 받아

퀴어(queer) 문화 축제

성소수자들의 존재를 알리고 자긍심을 높이기 위해 매해 6월경 개최하는 축제로 퍼레이드, 영화제, 전시회, 토론회 등 다양한 행사가 열린다. 퀴어축제는 1969년 미국 뉴욕 맨해튼의 스톤월이라는 게이바 단속에 저항한 스톤월 항쟁을 기념하기 위해 시작됐으며, 1970년 뉴욕에서 열린 게이 퍼레이드를 필두로 현재는 세계 여러 나라에서 매해 개최되고 있다. 우리나라의 퀴어문화축제는 2000년부터 시작됐다.

들여지지 않자 소송은 물론 헌법소원도 제기하겠다고 밝혔다. 동성결혼 합법화 문제를 공론화하겠다는 것. 하지만 현행법에서 이들의 혼인신고는 사실상 불가능하다.

물론 동성 사이의 결혼을 금지하는 규정은 법 어디에도 없다. 그러나 헌법 제36조 1항에 "혼인과 가족생활은 '양성'의 평등을 기초로 성립돼야 한다"고 규정하고 있다. 민법에서도 '혼인'의 당사자를 부부(夫婦 결혼한 한 쌍의 남녀)로 보고 있다. 대법원에서는 이를 근거로 혼인은 남녀간의 육체적, 정신적 결합으로 한정한다. 이에 따라 동성의 혼인신고는 인정하지 않는다.

14개국 동성결혼 합법화

실례로 2011년 대법원은 결혼한 성전환자의 성별정정청구사건에서 "혼인 중에 있거나 미성년자인 자녀를 둔 성전환자의 성별정정은 허용되지 않는다"고 판결하며, 그 근거로 '우리 민법은 동성간의 혼인을 불허한다'고 판시했다. 혼인 중인 성전환자에 대해 성별정정을 허용할 경우 법이 허용하지 않는 동성혼을 인정하는 셈이 된다는 것이다.

김조광수씨는 헌법소원과 함께 동성결혼 합법화를 위한 입법활동도 병행할 계획이라고 밝혔다. 동성결혼 합법화는 지난 대선 때 민주당 문재인 후보의 공

성별정정 청구사건 우리나라 법률에는 성별정정의 요건과 절차에 관한 명시적인 조항이 없어 사회적 이슈가 되는 성별정정청구사건에 한해 법관의 재량으로 성별정정을 허가하는 등 극히 예외적인 경우에만 성별정정이 가능했다. 그러나 2006년 대법원에서 최초로 성전환자의 호적정정과 개명을 허가한 데 이어 2013년에는 여성에서 남성으로 성별정정을 신청한 사건에 대해 외부성기의 성형 없이도 성별정정이 가능하다는 판례가 나오는 등 성별정정의 가능성이 점차 확대되는 추세에 있다. 단, 한쪽이 성별정정을 할 경우 결과적으로 동성결혼이 될 수 있는 혼인 중의 부부, 부모의 성별정정으로 인해 미성년자인 자녀에게 정신적 혼란과 사회적 피해를 줄 수 있는 경우에 한해서는 성별정정을 허용하지 않고 있다.

약이기도 했다. 민주당 장하나, 진선미 의원도 2013년 5월 31일 열린 퀴어문화
축제에서 "성소수자들에 대한 동성결혼이 합법화될 수 있도록 노력하겠다"고
말했다.

그러나 법조계에서는 사회문화나 국민의 법 감정을 봤을 때 동성결혼 합법
화는 '시기상조'라는 의견이 대다수다. 2013년 4월 한국교회언론회가 미디어리
서치에 의뢰해 전국 만 19세 이상 성인남녀 1000명을 대상으로 설문조사한 결
과, 동성결혼을 법적으로 반대한다는 의견(67%)이 허용해야 한다는 의견(32.1%)
보다 두 배 이상에 달했다. 2013년 2월 민주당이 발의한 '포괄적 차별금지법안'
(성별, 장애, 나이, 성적지향 등을 이유로 한 차별을 모든 영역에서 금지하는 내용) 역시 동성애가
포함됐다는 이유로 거센 반발에 부딪혀 결국 철회됐다.

다른 나라는 어떨까. 2001년 네덜란드가 처음으로 동성결혼을 법적으로 허
용한 이후 벨기에, 캐나다, 스페인, 덴마크, 노르웨이, 스웨덴, 포르투갈, 아이
슬란드, 남아공, 아르헨티나, 우루과이, 뉴질랜드, 프랑스, 영국 등 14개 국가
가 동성결혼을 허용하고 있다. 미국, 브라질, 멕시코는 지역별로 허용한다. 미
국은 2014년 3월 기준 18개 주에서 동성결혼을 합법화하고 있다. 독일, 핀란
드, 아일랜드, 룩셈부르크도 동성결혼의 법적 허용을 적극 검토하고 있다.

"결혼은 찬성해도 입양은 반대"

하지만 대부분의 국가는 동성결혼을 금지하고 있다. 동성결혼을 허용하는
국가에서도 진통이 계속되고 있다. 프랑스에서는 2013년 5월 동성결혼 합법화
반대시위에 100만 명(주최 측 추산)이 운집했다. 68혁명 이후 최대 시위대 숫자라
고 한다. 동성결혼 합법화에 반대하며 두 명이 자살했는가 하면 극우주의자들
이 파리 도심에서 좌파청년을 살해하는 사건까지 발생했다. 브라질에서도 합법
화를 반대하는 대규모 시위가 이어지고 있다. 하원과 상원에서 법안이 통과돼
여왕의 승인만 남겨둔 영국에서도 가톨릭교회와 성공회에서 강하게 반발하고

있다.

동성결혼 합법화를 찬성하는 이들은 헌법에 보장된 행복추구권을 내세운다. "사랑하는 사람과 결혼해 행복을 추구하고 결혼할 권리가 있다. 인간의 행복을 성적지향으로 재단해서는 안 된다"고 주장한다. 또한 "이성결혼은 허용하고 동성결혼만 거부하고 규제하는 것은 평등권에 위배된다"고 주장한다. 헌법에 평등권이 보장돼 있는데 이성애자들에게는 주어지는 결혼이 동성애자에게는 안 되는 것은 평등권을 침해하는 헌법위반이라는 것이다.

찬성론자들은 "개인의 자기결정권을 최대한 존중해야 한다"고 강조한다. 누군가를 사랑하고 결혼하는 것은 개개인의 기본적인 인권이자 선택의 자유라는 것. 이들은 "동성애자도 성적취향만 다를 뿐 이성애자들과 똑같이 인권이 존중돼야 한다"며 "그들이 법률적으로 보호받지 못한다는 것 자체가 차별"이라고 말한다. 또한 현대사회는 다양화한 사회이므로 가족에 대한 정의와 유형 또한 다양성을 인정해야 한다고 주장한다. 동성결혼 가정도 다양한 가정의 한 형태로 인정돼야 한다는 것이다.

반면 동성결혼 합법화를 반대하는 이들은 "동성결혼은 우리 헌법과 민법, 형법의 질서와 정면으로 배치될 뿐 아니라 창조의 질서를 거스르는 비윤리적인 행위"라고 말한다. 이들은 동성애를 죄악이라고 단정한다. "동성애는 선천적으로 결정되는 것이 아닌 자신의 의지와 선택에 의해 형성된 왜곡된 성개념"으로 치료될 수 있는 것이라고 확신한다.

반대론자들은 무엇보다 동성결혼은 자녀를 낳을 수 없는 점을 문제 삼는다. 성(性)은 생식(출산), 즐거움(쾌락), 사랑(신뢰)을 수반해야 하는데 동성결혼은 생식이란 기능이 원천적으로 배제돼 인류의 보편적 가치에 어긋난다는 것.

동성혼 가정의 입양도 문제점으로 지적한다. 입양된 자녀들은 친구들과는 다른 자신의 가족에 대해 정체성 혼란이라는 큰 고통을 겪게 된다는 것. 프랑스인들이 동성결혼 합법화를 반대하는 큰 이유도 아이의 인권을 위해 동성부부에게 입양을 허용해서는 안 된다는 것이다. 여론조사를 보면 프랑스 국민 60%는 동성결혼을 지지하지만, 동성부부가 아이를 입양하는 것에는 50% 이상이 반대하는 것으로 나타났다.

이에 대해 찬성론자들은 저출산 문제는 이성결혼 가정의 가치관, 경제사정 등이 원인이지 동성결혼과는 큰 상관이 없다고 반박한다. 오히려 동성간 결혼을 허용한 나라에서 자녀입양률이 크게 높아지는 긍정적인 측면이 있다고 주장한다. 동성부부 가정의 입양자녀가 겪게 되는 가치관 혼란 문제에 대해서도 "오히려 부모와 사회의 교육으로 성적소수자도 존중해줘야 한다는 것을 이해시킬 수 있다"고 반박한다.

절충점으로 '시민결합제도' 등 검토할 만

앞에서 살펴봤듯 현재 우리 사회의 통념상 동성결혼 합법화는 쉽지 않아 보인다. 하지만 동성동거자들이 분명히 존재하는데도 이들이 상속이나 재산증여, 사회보장, 의료보험 등 동거인으로서의 권리를 박탈당하고 있다는 점은 해결해야 할 문제임에 틀림없다. 프랑스는 그동안 시민연대협약(PACS)을 운영해왔다. 이성 혹은 동성커플이 동거계약서를 법원에 제출하고 3년 이상 지속적인 결합을 한 사실을 인정받으면 사회보장, 납세, 유산상속, 재산증여 등에서 보통 부부와 똑같은 권리를 보장하는 협약이다. 또한 현재 동성결혼을 허용하지 않고 있는 유럽국가들 중 20개국에서 동성의 동반자 관계를 인정해 상속 등 일부 제한적 권리를 법적으로 인정하는 시민결합(civil union) 제도를 시행하고 있다. 우리도 이런 제도를 적극 검토해 절충점을 찾는 노력이 필요하다.

최호열 동아일보 시사잡지팀 기자

50

육사 3금 제도

음주와 성(性)문란 사건, 약혼녀와 성관계를 가졌다는 이유로 퇴학처분된 사건 등 육사에서 불거진 일련의 사건들로 인해 육사의 3금 제도가 논란이 됐다. 제도를 찬성하는 측에서는 3금 제도를 강화해 보다 엄격하게 규제하는 방안을, 반대하는 측에서는 시대착오적인 제도이므로 폐지하는 방안을 해결책으로 제시하고 있다.

3금 제도 없이는
유능한 장교 양성 불가능한가

2013년은 육군사관학교(육사)의 3금 제도(금주·금연·금혼)에 국민의 관심이 쏠린 한해였다. 불미스럽게도 잇따른 음주와 성(性)문란 사건이 계기가 됐다. 2013년 5월에는 교내에서 남자생도가 음주 후 동료 여자생도를 성폭행하는 충격적인 사건이 있었다. 육사교장이 성폭행 사건에 책임을 지고 전역하는 초유의 일이 발생했다. 같은 해 8월에는 태국에서 봉사활동 하던 사관생도 다수가 유흥업소를 출입한 일이 적발된 데 이어 미성년자 성매매 사실이 발각되는 등 생도의 일탈이 끊이지 않았다. 근본원인을 단지 생도 개인의 자질과 도덕성 문

2013년 3월 8일 충남 계룡대 연병장에서 열린 3군 장교 합동 임관식에서
박근혜 대통령이 육사 수석 졸업생 양주희 소위에게 계급장을 수여하고 있다.

제로 치부하기엔 도가 지나쳐 육사교육의 내용과 시스템에 대한 논란이 확산되면서 육사 차원에서 근본적인 대책을 마련해야 한다는 여론이 들끓었다.

　육사는 사태수습과 향후 재발방지를 위해 8월 26일 '육사 제도·문화혁신 태스크포스(TF)'를 통해 생도의 3금 제도를 강화하고 교육체계를 개선하는 '육사 제도·문화혁신' 방안을 발표했다. 먼저 3금 제도를 한층 강력하게 시행해 정예장교로서 요구되는 고도의 자기절제능력을 배양하기로 했다. 이에 따라 육

3 금 제 도　3금 제도는 공군사관학교와 해군사관학교에서도 시행하고 있다. 금주, 금연, 금혼 규정은 동일하나 시대변화에 따라 예외를 허용하는 경우가 생기면서 적용기준은 사관학교마다 조금씩 다르다. 음주가 허용되는 상황에 차이가 있거나, 육사는 금혼을 엄격하게 적용하는 반면 공사나 해사는 4학년 2학기에 한해 약혼을 허용하는 식이다. 그러나 육사의 기강해이가 사회적 문제로 대두되면서 3사 모두 3금 제도를 더욱 강화하는 추세를 보이고 있다.

사는 이성교제는 허용하지만 1학년 생도, 같은 중대 생도, 지휘계 선상의 생도, 생도와 교내 근무 장병·군무원 간의 이성교제는 금지하는 등 그 범위와 행동지침을 명확히 규정했다. 아울러 건전한 성윤리의식을 정착시키기 위해 '양성평등상담센터'를 설치하고 양성평등 동료상담자 제도를 운영하기로 했다.

육사는 창설 당시인 1952년부터 미국 웨스트포인트 사관학교 제도를 도입해 3금 제도를 운영해 왔다. 전통적으로 모든 생도에게 3금 제도를 적용하고 있으며 생도 내규에 이를 명시하고 어길 경우 퇴교 등의 조치를 내려왔다. 각군 사관학교는 교내 축제행사에서, 또는 훈육관이나 교수들이 통제하는 회식에서 일정량의 술을 마시는 것은 허용하지만 담배와 결혼은 엄격하게 금지한다.

이러한 3금 제도 존폐논의는 과거에도 꾸준히 제기됐다. 특히 1994년에는 '21세기를 지향하는 육사교육개혁안'을 검토하는 과정에 3금 제도의 폐지 혹은 완화 방안을 검토했으나 역대 교장과 생도대장이 위원인 전통위원회에서 부결된 바 있다. 이후에도 3금 제도의 폐지 및 완화 문제가 꾸준히 거론되다가 이번 사건 처리과정에서 육사가 내놓은 특단의 조치를 계기로 활발히 논의되고 있다.

육사출신을 포함한 많은 예비역 장교는 3금 제도가 육사의 좋은 전통이기 때문에 이를 유지해야 한다고 주장한다. 이들은 3금 제도가 군의 독자성과 사관학교의 전통을 계승하는 규제사항이며 어려운 야전생활을 해나갈 생도들에게 4년 동안 절제하고 극기하는 소중한 경험이 된다고 본다. 이들은 또 육사는 일반대학과 달리 교내에서 집단 내무생활을 하며 국가가 교육비를 전액 부담하는 학교기관이기 때문에 엄격한 규율이 요구되고 자기희생이 따라야 한다고 주장한다. 사관생도에 대한 국민의 기대수준이 높고 군과 사회에서 해온 과거 경험을 되돌아본다면 엄격한 규율과 자기희생으로 조국을 지킨다는 의식이 필요하다는 것이다. 또한 앞으로 국가의 훌륭한 간성(干城)이 되려면 그 정도의 인내와 극기는 필요하다고 말한다. 거기엔 "우리는 해냈는데 왜 후배들은 못하느냐"는 질타도 포함돼 있다.

반대로 3금 제도를 폐지해야 한다는 주장도 만만치 않다. 그들은 우리가 도입할 때 모델로 삼은 웨스트포인트도 1960년대에 3금 제도를 폐지했고 당시 웨스트포인트를 모방해 3금 제도를 유지하던 다른 국가의 사관학교도 이를 폐지해 이제 3금 제도를 유지하는 곳은 우리나라밖에 없다고 주장한다. 아울러 3금 제도는 변화해온 시대정신에 맞지 않고 생도의 의식변화를 고려하지 않은 시대착오적인 것이며, 생도를 쉽게 통제하려는 행정편의주의에 불과하다고 본다. 생도가 허위보고하는 기풍이 생긴 것도 비현실적인 3금 제도 탓이라는 것이다.

허위보고와 양심불량자

최근에는 국가인권위원회와 법원이 3금 제도 개선을 요구하고 나섰다. 인권위는 2008년 8월, 육사의 3금 제도 위반에 대해 퇴교조치를 내리는 것이 인권침해라고 판단해 국방부장관에게 제도개선을 권고한 바 있다.

서울행정법원은 2013년 7월 약혼녀와 성관계를 가졌다는 이유로 사관생도에게 퇴학처분을 내린 것은 부당하다고 판결한 데 이어 2014년 1월 항소심에서도 같은 판결을 했다. 전 육사생도 A씨가 육사를 상대로 낸 퇴학처분취소소송에서 원고일부승소판결을 내린 것. 재판부는 "국가가 내밀한 성생활의 영역을 제재대상으로 삼아 간섭하는 것은 사생활의 비밀과 자유를 침해하는 것"이라고 판결했다. 또한 "성의 개방풍조는 막을 수 없는 사회변화"라면서 "A씨의 성관계가 군기를 문란하게 하거나 사회의 건전한 풍속을 해친다고 보기 어려워 징계사유에 해당하지 않는다"라고 판결이유를 설명했다.

이런 상황을 지켜보면서 다음과 같은 이유로 3금 제도의 개선이 필요하다고 본다. 첫째, 사관학교 교육은 훌륭한 장교를 육성하는 체계로 발전해야 한다. 자율과 책임이 동시에 작동하는 제도가 가장 바람직하다. 좋은 제도란 타율보다는 자율이, 획일성보다는 다양성이 살아 숨쉬는 제도를 말한다. 훈육관 등 감독자 수를 늘려 감시를 강화하는 등의 타율적인 교육만 강요하면 훌륭한 장교를 양성할 수 없다.

둘째, 군인과 생도는 제복을 입은 대한민국 시민이다. 따라서 대한민국의 법정신과 시대정신에 맞는 교육을 해야 한다. 아무리 좋은 전통이라 해도 헌법정신에 맞지 않거나 인권을 위배해서는 당위성이 없어진다.

셋째, 모든 교육은 합목적일 때 성과가 높다. 사관학교 교육의 목적은 훌륭한 장교를 양성하는 것이다. 때로는 부하들과 함께 술을 마시고 못하는 담배도 피우며 정을 나눠야 할 때가 있다. 따라서 생도 시기에 이러한 분야에 대한 적절하고 절제된 교육이 필요하다.

넷째, 통상적으로 사회의 가치관은 시대정신을 만들고 시대정신에서 제도가 만들어진다. 바로 이러한 제도가 행동을 유발한다. 아름다운 전통이던 3금 제도도 과거보다 훨씬 자유로운 성 풍속과 음주문화 등으로 이제는 세계의 모든 사관학교에서 폐지할 만큼 구시대적인 제도로 전락했다.

다섯째, 지킬 수 없는 전통은 과감히 개선해야 더 좋은 전통을 수립할 수 있다. 지킬 수 없는 3금 제도를 유지하려면 그만큼 허위보고가 많아지고 양심불량자를 양산할 수 있다. 육사의 또 다른 전통인 명예제도가 무너질 수 있다. 따라서 노력하면 지킬 수 있는 제도로 보완해나가야 한다.

장기적으로는 폐지해야

그러면 어떻게 개선할 것인가. 생도들이 명예와 품위를 지키며 스스로의 정체성을 확립하도록 극기하고 자존심을 키워가는 방향으로 3금 제도를 점진적·단계적으로 보완하고, 일정 시점이 되면 발전적으로 폐지할 것을 제안한다. 첫 번째 단기처방으로, 육사에서 발표한 '육사 제도·문화혁신' 방안을 한시적으로 실천에 옮기면서 모든 관계자가 참여하는 공청회를 열어 공론화·담론화 과정을 거쳐 최적의 방안을 도출한 후 3금 제도의 문제점을 보완해야 한다.

두 번째 중기대책으로, 3금 제도를 학교 내부에서만 운용하고 외출·외박과 휴가 등에서는 자율권을 보장할 수 있도록 해야 한다. 음주의 경우에는 복귀 몇 시간 이전에는 음주해서는 안 된다거나 술냄새를 풍겨서는 안 된다는 방향으로 조정하면 될 것이다. 결혼과 약혼은 3학년부터는 가능한 방향으로 검토해도 될 것이다. 그것 때문에 생도생활이 어렵다는 인식은 일방적인 견해일 수 있다.

세 번째 장기정책으로, 단·중기적인 방안이 건전하게 정착되면 3금 제도를 폐지하는 것이다. 세계 대부분의 사관학교는 3금 제도 없이도 훌륭한 전통을 유지하며, 유능한 장교를 양성하고 있다. 그런데 우리는 안 된다는 것은 편파적이고 일방적인 논리다. 육사에는 3금 제도 말고도 좋은 전통이 많다.

'명예제도' '자치제도' '절차탁마' 등은 어느 곳에서도 찾아보기 힘든 좋은 제도다. 가장 좋은 전통은 시대와 법정신에 부합하면서 인권을 보장하는 것이다. 무엇보다도 이를 지키는 집단이 긍지와 자부심을 가져야 하다. 3금 제도도 그러한 방향으로 발전하길 바란다.

최근 육사가 도덕적, 법적으로 문제가 되지 않는 선에서 영외 음주·흡연·성관계를 부분적으로 허용하는 등 3금 제도 완화를 검토하고 있는 것은 반가운 소식이 아닐 수 없다.

하정열 한국안보통일연구원장(예비역 육군소장)

51

제한상영가 등급

김기덕 감독의 영화 〈뫼비우스〉가 영등위로부터 사실상의 상영불가 판정인 제한상영가 등급을 받았다. 영등위의 심의제도는 표현의 자유를 침해한다는 비판이 꾸준히 제기돼 왔음에도 여전히 논란이 반복되고 있다. 이를 해결하기 위해서는 심의기구의 민간자율화를 비롯해 기존 예술영화전용관을 활용하는 방안 등이 시급히 논의돼야 하며 궁극적으로는 제한상영가 등급의 폐지를 추진해야 한다.

상영불가 판정인 제한상영가, 왜 폐지 못하나

2013년 6월 김기덕 감독의 영화 〈뫼비우스〉가 영상물등급위원회(영등위)로부터 제한상영가 등급을 받았다. 제69회 베니스영화제에서 〈피에타〉로 황금사자상을 수상, 우리 국민에게 큰 자긍심을 선사한 세계적 감독의 신작이기에 논란과 파문이 크게 일었다.

국민정서에 반한다는 등의 이유로 제한상영가 등급을 받은 영화는 성인들조차 도심 외곽의 제한상영관에서만 관람할 수 있다. 그런데 국내엔 정작 제한상영관이 단 한 곳도 없어 제한상영가 판정을 받은 영화는 개봉이 사실상 불가

능하다. 개봉하려면 문제로 지적된 장면들을 자진 삭제해 재심의를 통과해야만
한다. 검열시비가 생기는 핵심원인이다.

국제적 감독인 김지운의 〈악마를 보았다〉, 레오 카락스의 〈홀리 모터스〉
등도 앞서 이런 운명을 거쳐야 했다. 반면 김곡·김선의 〈자가당착〉은 2013년
5월 행정소송에서 영등위에 승소해 제한상영 결정이 취소된 데 이어 영등위의
항소도 2014년 2월 재판부에 의해 기각됨에 따라 정상적(?)인 개봉에 희망이 보
이고 있다. 김기덕 감독 겸 제작자는 영등위로부터 받은 5가지 지적에 근거해
근친상간 등 21컷의 장면을 삭제하거나 수정했다. 결국 1분40초 가량의 영상을
들어냈다.

영등위의 등급심사 통계에 따르면 2013년 6월 현재 최근 1년간 등급분류 심
사를 받은 영화 1051편 가운데 청소년관람불가와 제한상영가 판정을 받은 작품
이 각각 480편과 12편으로 전체의 46.8%에 달한다. '성인전용' 등급에 해당하
는 청소년관람불가와 '성인전용 이상' 내지 '연령 외' 등급에 해당하는 제한상영
가 비율은 2008년 29%에서 2010년 30.5%, 2012년 45.8%로 해마다 높아지는
추세다. 이와 관련해 영등위는 "해마다 출시되는 영화가 크게 늘어나고, IPTV
나 VOD 서비스 등 차후 부가시장을 목적으로 한 성인영화가 급증한 데 따른
것"이라며 등급분류를 보수적으로 하는 것은 아니라고 설명했다.

미국 'X등급'과 달라

하지만 김수용 초대위원장, 이경순 3기 위원장에 이어 지명혁 4기, 박선이

문제가 된 장면들을 삭제하고 재심의를 통과해 개봉한 영화
〈악마를 보았다〉의 한 장면.

5기 위원장이 들어선 최근 4~5년 사이 영등위의
보수성이 강화된 흔적과 근거는 많다. 그간 영등
위를 둘러싼 정치적 외압은 거의 없었다고 봐야
하겠지만 영등위가 정권의 성격에 따라 '분위기
를 탄다'는 지적은 개연성이 있다. 새 자리를 위
해 정치권에 줄을 대려고 부단히 노력한 위원장이 있다는 설도 나돌았다. 위원
장직을 수행하면서 심의행정에 보수적·규제적 분위기를 조성하려 했을 것이
라는 추정을 낳기도 한다.

흔히들 국내 제한상영가 등급을 미국의 'X등급'으로 본다. 하지만 정작 미국

에는 심의기구에서 부여하는 이런 명칭의 등급이 없다. 미국영화협회(MPAA)가 심의물인 영화와 비디오물의 지나친 외설과 폭력성 등을 문제 삼아 (연령분류에 따른) 등급을 제외한 UR(Unrated)이나, 유사한 이유 등으로 판권소유자가 아예 등급신청을 포기하고 NR(Not Rated), 즉 '등급 없음'으로 시장에 진출하는 경우를 X등급으로 통칭하는 것이다. NR은 '무등급'이나 '비등급', UR은 '등급 외'로 번역하는 것이 합당하겠다.

이런 '무등급'과 '등급 외'가 우리의 제한상영가 등급에 해당하는 것일까. 일부는 그렇고 일부는 그렇지 않다. 우리나라도 예전에는 영화법상의 검열적·위헌적 등급보류 조항을 적용해 이른바 외설·폭력영화는 시장진출 자체를 금지했지만, 2002년부터는 완전등급제를 도입해 시행하고 있다. 기존의 전체관람가, 12세관람가, 15세관람가, 18세관람가(청소년관람불가)에 제한상영가 등급을 추가해 헌법상의 자유시장 원리와 표현의 자유(언론·출판의 자유), 나아가 국민의 행복추구권을 누릴 제도적 장치를 마련한 것이다. 완전등급제의 핵심은 국가나 민간의 어떤 심의법제와 기구도(등급을 보류, 제외, 거부할 권한은 있겠지만) 특정영화의 유통, 곧 시장진출 자체를 막거나 결과적으로 국민의 볼 권리를 차단할 수 없다는 것이다.

하지만 이는 '원천적 금지'의 불용(非허용)만을 의미한다. 선진국은 물론 어떤 나라도 영상콘텐츠의 무제한 유통을 허용하거나 영화법 외 형법 등 책임사항에 면죄부를 주는 경우는 없다. 나라마다 정도 차이는 있어도 대부분 선량한 풍속을 현저히(또는 극단적으로) 위반하는 영상물에 유통상의 일부 제한을 두고 그 내용과 표현에 대해 형사처벌로 다스린다. 이러한 일부 유통제한과 형법·특별법 적용은 그 자체로 위헌이 아니며, 과잉금지의 원칙을 준수하는 한 합법이라는 게 국내외 법조계의 통설이다. 다만 표현 수위가 문제가 되는데 이는 미국, 유럽, 호주, 일본, 싱가포르, 한국 등 나라마다 큰 차이를 보인다.

우리나라는 김대중 정부 때부터 국가의 심의개입이 위헌사항임을 인식하고 영등위 등의 심의기관을 민간자율기구의 법정위원회로 만들었다. 그러나 영등위는 헌법재판소가 이미 2002년에 사실상의 행정기관으로 판시했거니와, 내부 사정을 살펴봐도 합의제 민간행정기구가 맞다. 그래서 검열논란이 불거질 때마다 영화계 일각에서 영화심의기구의 민간자율화 논의가 고개를 쳐드는 것이다.

제작가협회, 극장협회, 영화인회의 등 국내 영화관련 단체들은 정체성으로 보나 원칙으로 보나, 미국 또는 일본처럼 영등위의 민간자율화를 추진하는 게 합당할 것이다. 그런데도 그들은 이 같은 노력을 경주하는 데 적극적이지 않다. 업계나 관련단체(연대기구)가 심의라고 하는 대(對)국민 '행정'을 담보할 수 없다고 보는 것이다.

만약 그간의 연령등급 적용이 너무 보수적이고 편파적이어서 영화계가 큰 손해를 봤다면, 또 많은 자유를 누리지 못해왔다면 민간자율화가 적극적으로 추진됐을 것이다. 하지만 대중영화의 제작이나 배급에 매달리는 영화계 주류는 원론적인 차원을 넘어 제한상영가 문제를 자기 일로 여기지 않는 경향이 있다. 물론 내용과 표현이 문제가 돼 청소년관람불가를 받을 때는 해당영화사가 재심의를 요청하거나 장외설전을 벌이는 일도 종종 있다.

3가지 대안

이와 달리 순수 창작단체인 한국영화감독조합은 제한상영가 등급 폐지를 강력하게 주장하고 있다. 〈뫼비우스〉에 대한 제한상영가 판정이 나온 즉시 공

합의제 민간행정기구 정부의 특정 행정기능을 공무원 조직이 아닌 민간인에게 위탁해 민간전문가들이 각 사안에 대해 합의하는 방식으로 행정기능을 수행토록 하는 기구. 공무원의 획일적인 업무처리방식을 지양하고 정부의 간섭을 줄이는 장점이 있으나 정부가 위원을 위촉하는 행정기구인 이상 정치권의 입김으로부터 완전히 자유롭다고는 할 수 없다. 이에 반해 민간자율화란 정부의 어떤 관여도 없이 관련 민간단체 또는 민간인들이 자율적으로 조직을 구성해 해당 사안에 대해 논의하는 방식이다.

식 보도자료를 통해 "영등위는 〈뫼비우스〉에 대한 제한상영가 등급판정을 철회하라. 문화체육관광부는 영등위를 민간자율화하는 문제를 포함해 합리적 등급분류를 위한 논의의 틀을 즉시 만들라"며 박선이 위원장의 사퇴를 요구하기도 했다. 그렇다면 제한상영가 문제의 해법 혹은 대안은 뭘까. 크게 세 가지로 요약할 수 있다.

첫째, 영등위를 민간자율화하고 18세관람가(청소년관람불가) 이상의 제한상영가 등급을 두지 않는 것. 하지만 이를 위해서는 영화계의 준비와 합의가 필요하다. 반대의견도 만만치 않다.

둘째, '등급 외' 등급을 신설하는 것. 한때 영등위는 제한상영가 등급을 폐지하고 영화 및 비디오물에 대한 '등급(연령) 외' 등급을 신설하려 했지만 뜻을 이루지 못했다. 심의기구가 '등급 외' 등급을 악용할 수 있다는 우려와 불이익을 받을까봐 이를 수용하지 않으려는 업계의 대응이 걸림돌이 됐다.

셋째, 제한상영가 수준의 예술영화를 예술영화전용관에서 상영하는 것. 2013년 7월 4일 문화체육관광부는 제한상영가 수준의 예술영화를 예술영화전용관에서 상영하는 방안을 추진하겠다고 밝혔다. 이를 위해 영화법(영화 및 비디오물의 진흥에 관한 법률) 개정을 검토하고 있다고 했다. 하지만 제한상영가 수준의 예술영화를 상영하는 예술영화전용관을 새로 만들게 아니라 기존 예술영화전용관을 활용해야 할 것이다. 기존 예술영화전용관보다 교통접근성이 더 나쁜 곳에 신설한다면 안 하느니만 못하다. 그리고, 이렇게 한다고 모든 문제가 해결되는 것은 아니다. 광고·선전의 제한을 푸는 문제가 남는다. 이는 결국 제한상영가 등급이 없어져야만 풀릴 문제다.

앞서 제시한 세 가지 안 중 어느 것도 입법타당성과 실효성 면에서 절대적 우위에 있지 않다. 제한상영가에 관한 갑론을박이 거듭되는 이유다.

곽영진 영화평론가 · (사)한국영화평론가협회 총무이사

52

약탈 문화재 반환

2013년, 과거 일본에 의해 약탈된 것으로 추정되는 '부석사 불상 반환 논란'이 있었다. 일본에 있던 불상이 도난당해 우리나라로 반입되자 일본이 반환을 요구한 것. 이를 계기로 약탈 문화재, 특히 임진왜란 때 약탈된 문화재 문제가 거론되기 시작했다. 19세기 이전의 문화재 약탈사건에 대해서는 적용할 국제법이 없어 외교적 협상으로 풀어야 한다. 우리나라가 어떤 대비를 하느냐에 따라 과거 약탈당한 문화재의 향방이 결정될 것이다.

약탈된 우리 문화재 왜 돌려받기 어려울까

일본 아베 정부 출범 이후 처음 열린 2013년 9월 23일의 한일 문화부장관 회담. 여기에서 돌출된 부석사 불상 문제에 대한 국민의 높은 관심과 민감한 반응은 이 문제의 잠재적 중요성을 시사하고 있다. 일본 측은 "국제규약에 따라 합리적으로 처리하겠다"는 유진룡 장관의 발언을 '반환약속'으로 보도하며 반환을 기정사실화하려는 의도를 드러냈다. 그러나 부석사 불상 문제는 도난과 약탈이라는 두 가지 범죄가 얽힌 국제적으로도 희귀한 문화재 범죄사건인 만큼 국제법이나 국제관행의 프레임으로는 해결하기가 어려운 특이한 사례라

하겠다.

불법 문화재, 즉각 반환 않는 게 관행

도난 문화재를 다룬 '1970 유네스코협약'에 따르면 1970년 이후 도난당한 문화재는 반환해야 한다. 전시(戰時)약탈문화재와 관련해서는 1954년 이후 발생한 전시 문화재 약탈사건을 다루는 '1954 헤이그협약'과 함께 19세기 이후 약탈 문화재를 다루는 국제관습법이 있다. 최근 학계나 유네스코 등 국제사회의 논의를 볼 때, 이 국제관습법에는 전시약탈뿐만 아니라 점령지 또는 식민지에서 공권력에 의해 불법 반출된 문화재도 반환대상에 포함시켜야 한다는 견해가 유력하다.

어쨌든 19세기 이전에 일어난 문화재 약탈사건에 대해서는 적용할 국제법이 없는데 이는 국제법이 성립되지 않았다는 것이지 19세기 이전에 약탈된 문화재는 반환하지 않아도 된다고 면죄부를 주는 것은 아니다. 따라서 적용할 국제법이 없다면, 19세기 이전 약탈 문화재 문제는 양국간 외교적 협상으로 풀어야 할 것이다.

일단 현행 국제법에 따른다면 2013년 절도범

일본에서 국내로 반입된 부석사 관음보살좌상.

 문서 형태로 존재하지 않는 불문법으로 국제사회가 암묵적으로 합의하고 준수하는 관행. 성문법인 조약은 해당조약을 체결한 국가에만 효력을 발휘하지만 국제관습법은 세계 모든 국가에 효력을 발휘한다. 전쟁범죄, 집단살해범죄, 인종차별, 노예제도, 전시(戰時) 약탈 등의 행위에 대해 금지하는 것이 대표적인 국제관습법에 해당한다.

에 의해 국내에 들어온 부석사 불상은, 비록 수백 년 전 약탈됐을 가능성이 있더라도 일본에 반환돼야 한다. 따라서 국제법에 따라 치리하겠디는 유 장관의 말은 '반환약속'으로 해석될 여지가 있다. 그러나 불법 문화재는 반환해야 한다는 국제법 원칙과 실제로 불법 문화재가 반환되는 것은 별개의 문제다. 불법 문화재가 즉각 반환되지 않는 것이 국제적인 관행이기 때문이다.

가까운 예로 1866년 병인양요 때 프랑스 해군에 약탈당한 외규장각도서는 전시약탈 문화재로 불법성이 확실했지만, 반환받기 위해 20년간 피나는 외교교섭을 거쳤다. 이 과정에서 프랑스는 우리 측에 등가(等價)의 문화재를 내놓으라고 집요하게 요구하기도 했다. 2010년 일본은 일제강점기에 조선총독부가 불법 반출했거나 적법 반출 후에도 반환하지 않고 일본 궁내청에 불법 소장하던 실록 등 조선시대 도서류를 반환했는데, 이 역시 불법 문화재임이 확실했음에도 수년간의 외교교섭이 필요했다. 1920년 조선총독부가 발굴해 도쿄국립박물관에 불법기증한 경남 양산 부부총 출토품은 1950~60년대 한일 국교회담 때부터 반환대상에 포함돼 치열한 교섭을 벌였지만 아직까지 반환되지 않은 상태다. 부부총 유물은 2013년 10월 중순부터 3개월간 양산에서 대여방식으로 전시된 후 다시 일본으로 반환됐다. 100년 만에 밟은 고국땅에서 고작 100일밖에 머물지 못한 셈이다.

이처럼 가까운 일제강점기에 약탈해간 대량의 불법 문화재를 움켜쥔 채 최근 도난당한 부석사 불상, 그것도 왜구의 약탈가능성이 현저한 문화재임에도

외 규 장 각 도 서 정조가 강화도에 설치한 외곽서고인 외규장각의 도서. 역대 왕의 글과 글씨, 의궤, 지도 및 주요서적과 함께 왕실관련 물품 등을 보관하기 위해 즉위 직후 창덕궁에 규장각을 설치한 정조는 규장각 도서 중 보존가치가 높은 도서들을 보관하기 위해 1782년 외규장각을 설치했다. 외규장각에는 약 6000권에 이르는 도서가 소장돼 있었으나 병인양요 당시 약 340여 권이 약탈돼 그중 297권이 프랑스국립도서관에 보관돼 오다가 20년에 걸친 외교교섭 끝에 2011년 모두 반환됐다.

즉각 반환하라는 일본의 요구는 자가당착적이라고 하겠다. 이에 대해 과거 대량으로 약탈당한 우리 문화재에 대한 반환문제를 제기하지 못하고 또 양국간 문화재 문제를 협상으로 풀 것을 제안하지 않은 채 국제규약만 거론한 유 장관의 대응에 국민적 불만이 폭발한 것은 어쩌면 당연한 일이다.

일본은 불상 출처 해명해야

일반적으로 소유권분쟁이 발생하면 문제를 제기한 쪽에서 불법을 입증할 의무가 있다. 이는 문화재분쟁에서도 마찬가지다. 그러나 2000년대 초반부터 조금 다른 관행이 형성되고 있다. 불법 문화재 근절을 위한 노력의 하나로 미국과 유럽의 문화재정책당국은 박물관에 소장품의 출처 및 유래를 조사, 기록, 공개할 것을 권고하고 있다. 이는 특히 나치 시대에 약탈된 문화재의 원소유자 보호를 위한 조치였지만 차츰 박물관의 윤리적 의무가 되어가고 있다.

그런 점에서 우리 재판부가 '일본 관음사가 불상을 정당하게 취득한 사실이 확정될 때까지 불상반환을 금지한다'고 가처분결정을 내린 것은 국제적 기준에 맞는 합리적 판단이라 하겠다. 박물관보다 한층 높은 윤리적 의무를 져야 하는 일본정부는 불상의 반환요구를 외치기에 앞서 출처를 해명해야 할 것이다.

약탈 가능성이 크지만 일단 도난으로 반입된 부석사 불상에 집착하면 잃을 것이 더 많다는 일부 여론도 있다. 또한 이 불상은 한일간 문화재 문제에서 중

부부총   경남 양산 북정동 고분군 일대에서 발굴된 부부의 묘로 추정되는 고분. 삼국시대 귀족이나 신라왕조에 흡수된 호족으로 추정되는 남녀의 인골과 함께 3구의 인골이 함께 발견돼 순장풍습을 엿볼 수 있는 고분으로 꼽힌다. 부부총에서는 금동관과 곡옥목걸이, 금동말안장, 금제귀걸이 등 보물급의 유물을 비롯해 총 120여 점의 유물이 출토됐다.

요도가 높은 문화재는 아닐지 모른다. 그렇지만 이 불상은 과거 수백 년에 걸쳐 일본에 약탈된 우리 문화재, 특히 임진왜란과 그 이전 시대에 대거 약탈된 문화재 문제를 환기시키고 있다는 점에서 그 잠재적 중요성에 유의할 필요가 있다. 부석사 불상은 임진왜란과 그 이전에 일어난 우리 문화재 약탈문제를 국제적으로 처음으로 이슈화할, 다시 없을 기회인 것이다.

부석사 불상 문제에 약간의 참고가 될 만한 사례로 프랑스 루브르박물관의 모나리자 절도사건을 들 수 있다. 레오나르도 다빈치는 1516년 미완상태의 모나리자를 프랑스에 가져온 후에 완성했는데 1525년 임종하면서 이 그림을 제자 살라이(Salai)에게 유증했다. 살라이는 훗날 프랑스 왕(François I)에게 거금을 받고 모나리자를 매각했으며 프랑스혁명 이후 국보가 되어 루브르박물관에 전시됐다. 1911년 이 박물관의 직원인 이탈리아인 빈센트 페루기아가 모나리자를 훔쳐내 이탈리아 우피지박물관에 매각을 제의했다.

그러나 진본임을 확인한 우피지박물관은 즉각 루브르에 연락을 취했고 페루기아는 체포됐다. 그는 애국심에서 모나리자를 훔쳐 이탈리아로 반입했다고 주장했지만, 돈을 목적으로 저지른 절도임이 분명했다. 그는 1년형을 선고받았으나 국민적 영웅으로 대접받으며 징역 6개월만에 출소했다.

모나리자는 프랑스에서 완성됐고, 프랑스 정부의 소유가 명백하다는 점에서 하등의 이의 없이 프랑스로 반환됐다. 하지만 반환 전에 모나리자는 국민적 열광을 만끽하며 몇 달간 이탈리아 전역에서 순회 전시됐다. 이것이 이탈리아 정부가 내건 반환조건 중의 하나였다고 한다. 당시는 프랑스의 국제적 위세가 대단한 때였음에도 이탈리아 정부는 프랑스에는 큰 생색을 내는 한편 자국민에게도 조상의 위대한 업적을 가까이에서 볼 기회를 제공한 것이다.

모나리자 반환운동의 의미

현재로서는 수백 년 전의 문화재 약탈을 다루는 국제법이나 국제관습법은 없다. 게다가 수백 년 전의 문화재 약탈이 문제가 되는 국제사례도 찾아보기 어렵다. 수백 년 전 약탈과 피(被)약탈 관계에 있던 두 나라가 각자 당시와 동일한 국가로 남아있는 경우가 세계역사에서 희귀하기 때문이다. 500~700년 전으로 거슬러 올라가는 약탈 문화재 문제는 국제사회에서 한일간에만 있을 수 있는 일인 것이다. 따라서 한일 양국은 국제법에 따라 부석사 불상 문제를 처리하겠다는 안이한 생각을 접어야 한다. 진지한 대화와 협상을 통해 이 문제에 접근하면서 언젠가는 부딪쳐야 할 임진왜란 약탈 문화재 문제에 대비해야 할 것이다.

또한 부석사 불상은 그 자체로도 중요하다. 700년 전 역사를 추적해 약탈 여부를 확인하는 것도 그렇지만 불상의 원장소 반환이라는 문화재의 윤리적, 학술적 중요성에도 좀 더 유의할 필요가 있다. 왜구의 침범이 잦았던 고려 말 충남 서산 부석사에 있던 불상이 일본 쓰시마로 이전됐다면 이 불상은 당시 한일관계와 양국 민간교류의 단면을 밝히는 귀중한 물증이 될 것이다. 따라서 한일 양국은 도난과 약탈의 프레임에서 벗어나 '동아시아 지역사 복원'이라는 대국적 차원에서 불상의 부석사 반환을 협의해야 할 것이다. 700년 전 불상을 조성했던 부석사가 지금도 건재하기에 차제에 이 불상이 다시 부석사로 돌아간다면 향후 양 국민간 우호에 크게 기여할 것이다.

2012년 이탈리아 플로렌스에서는 모나리자의 모델이었던 조콘다(Lisa del Gioconda 1479~1542)의 유골이 발굴된 것을 계기로 이 지역을 중심으로 '모나리자 반환운동'이 본격화하고 있다. 플로렌스의 역사를 복원하기 위해서는 모나리자가 반드시 반환돼야 한다는 취지인데 반환 가능성은 별개의 문제로 치더라도 문화재를 바라보는 관점이 변하고 있음은 확실하다.

김경임 중원대 영미통상학과 교수

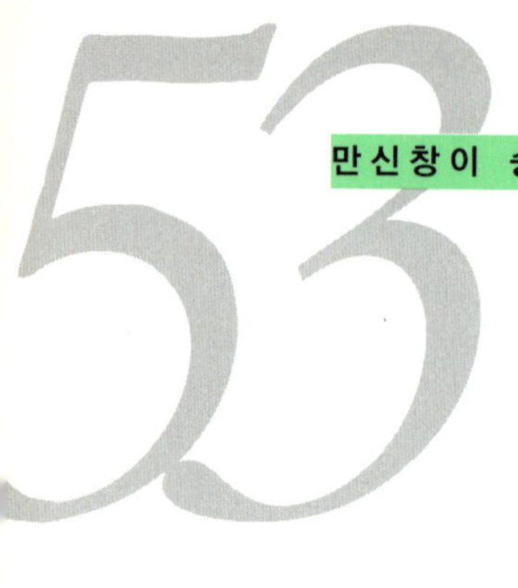

만신창이 숭례문 복원사업

안타깝게 유실됐다가 만인의 기대 속에 복원된 숭례문이 부실복원 문제로 몸살을 앓았다. 단청이 벗겨지고 기둥은 갈라졌으며 기와도 변색돼간다는 비보가 잇달아 날아들면서 국민의 속도 타들어갔다. 복원에 참여한 전문가들의 비리여부에 눈길이 쏠리는 형국이지만 실상은 기준도 모호한 '전통'을 고집하고 이명박 대통령 재임 중에 복원을 마무리하기 위해 지나치게 서두른 탓이 컸다. 숭례문의 지난 복원과정을 들여다보면 왜 이 지경에 이르렀는지 보다 확연해진다.

전통에 눌리고 정치에 밟히고…

백화가 만발한 2013년 5월 4일, 문화재청은 박근혜 대통령을 초청해 숭례문 복구 준공식을 열었다. 옥색 저고리에 푸른 치마 차림의 박 대통령은 취임식 때보다 더 환한 미소를 지으며 "대한민국의 얼굴인 숭례문이 국민의 품으로 돌아오는 감격의 순간을 국민과 함께 맞게 돼 기쁘다"며 "숭례문의 부활로 우리 민족의 긍지를 되살리고 새로운 희망의 문, 새 시대의 문이 열릴 것"이라고 축사를 했다.

그리고 여름 한 철을 지내고 가을을 맞은 그 해 10월 숭례문이 '앓고' 있는

복원식 직후부터 단청이 벗겨져 떨어지는 현상이 발견된 숭례문.

것이 발견됐다. 숭례문의 서까래를 빛내주는 단청이 벗겨져 떨어지더니(박락·剝落), 기와가 변색됐다고 하고, 누각 기둥이 갈라져 터져나갔다는 비보가 날아들었다. 이에 박 대통령은 숭례문 부실 복구는 물론 문화재 행정 전반을 철저히 조사해 엄중히 책임을 물으라고 지시했다. 문화재청 관계자들은 사색이 됐고, 국민은 숭례문이 불탔을 때만큼이나 속이 타들어갔다.

숭례문이 일찍 앓아눕는 바람에 더 큰 낭패를 피한 것이 그나마 다행이었다. 2013년 연말 정부는 복원에 참여한 이들에게 훈·포장을 줄 예정이었다.

2008년 2월 10일 방화로 불타 무너지는 숭례문.

대상자 선발과 공적 조사를 마친 상태에서 부실 복원의 실상이 드러난 것이다. 훈·포장 수여 후 이 사태를 맞았다면 더 큰 소동이 일었을 것이다.

이 사태는 우리의 문화재 관리·운영 수준을 적나라하게 보여주는 단면이다. 국민과 정부는 문화재를 중시해야 한다는 '원칙'만 알았지, 그 원칙을 지키려면 무엇을 어떻게 해야 하는지 몰라 갈팡질팡하고 있다는 게 드러났다. 여기에 '문화재 정치학'도 개입했다.

숭례문 부실 복원은 한마디로 '전통대로'와 '잘해보려고' 했기 때문에 일어났다. 화재 발생 3개월 뒤인 2008년 5월 문화재청이 '숭례문 복구 기본계획'을 발표하면서 '중요무형문화재 등 기술자들이 참여해 전통기법과 도구를 사용해 복

350

원한다'는 원칙을 세운 것이 화근이었다. 전통대로 한다고 해서 꼭 '잘하는 것'
은 아닌데, '잘하는 것'으로 꾸민 것이 문제였다.

처음 문제가 된 단청을 살펴보자. 조선시대 단청공들은 전통 안료와 아교를
사용했다. 아교는 단청색을 붙여주는 기능을 한다. 전통안료가 자연에서 추출한
천연안료를 뜻하는 것은 아니다. 조선시대에도 화학안료를 만들어 사용했다.

조선시대에도 화학안료 써

숭례문에서는 서까래 끝에 그린 장단색(핑크빛에 가깝다) 단청이 주로 떨어졌는
데, 이 색을 만들려면 유황과 녹인 납을 섞어야 한다. 우리 선조는 오래전부터
이 방식으로 장단색을 만들어 썼는데, 이는 화학식으로 표현하지 않아서 그렇
지 화학안료다. 이 때문에 조선시대 이전에 쓰던 것을 전통안료라고 일컫는다.

화학식으로 정리된 본격적인 화학안료는 1885년 영국에서 만들어졌다. 색
깔이 좋고 오래갔기에 이 안료는 곧장 세계로 퍼져나갔다. 1901년 조선은 덕수
궁 중화전 공사를 시작했는데 그때 서양의 화학안료로 추정되는 '양록'과 '양청'
을 구입했다는 기록이 남아 있다. 몇 년 후 조선은 일제의 식민지가 됐고 이후
화학안료가 빠르게 보급됐다. 그러나 일제는 우리 문화재 보수와 관련된 기록
을 남기지 않아 전통안료가 어떻게 단절됐는지는 알 길이 없다.

우리의 문화재 정책은 1971년 충남 공주에서 백제 무령왕릉을 우연히 발굴
하면서 비롯됐다고 할 수 있다. 이후 박정희 정부는 민족 자부심을 높이기 위
해 신라의 능을 발굴하고 문화재를 적극 복원했다. 이 바람에 단청장(匠)을 비롯
한 문화재 기술자들이 바빠졌다. 그 무렵 국내 최고의 단청공으로 활약한 이가
2006년 세속 나이 94세로 입적한 태고종의 만봉 스님이었다. 스님은 단청보다
는 불화(탱화)에 더 능했는데, 1971년 정부는 스님을 중요무형문화재 48호로 지
정했다.

숭례문 단청 작업을 한 홍창원 씨는 15세이던 1970년 만봉 스님 밑에 들어

가 잔심부름을 하며 일을 배웠다. 그는 "스님의 뒤를 이어 인간문화재가 되겠다는 원대한 꿈은 없었고, 그저 입에 풀칠할 수 있다는 것 때문에 따라다녔다"고 회고했다. 당시는 시멘트를 써서 석조 문화재를 복원하던 시절이라 누구도 전통 안료를 찾지 않았다. 중요한 것은 색을 내고 그 색이 오랫동안 가게 하는 것이었다.

그때도 나무에 단청을 붙이기 위해 아교를 썼는데, 그 모양이 길어서 '막대아교'라 했다. 막대아교로 붙인 단청은 오래가지 못했다. 정부는 한국과학기술연구소(KIST)에 방법을 찾게 했다. 그리하여 막대아교 대신 합성수지로 화학안료를 붙이는 방법이 개발돼(1972년), 그것이 정부 표준 시방서에 올랐다. 이후 '합성수지+화학안료' 단청이 대세가 됐다. 만봉 스님은 이러한 방법으로 1973년 숭례문 단청을 했고, 1988년에는 그의 제자인 김형주 씨가 다시 숭례문 단청을 했다.

홍창원 씨는 1986년 스님의 뒤를 이어 중요무형문화재 48호로 지정됐다. 문화재청은 문화재 복원을 중요무형문화재에게만 맡기지 않았다. 문화재 복원과 중수는 기술자가 소속된 업체에 의뢰한다. 1988년 홍창원 씨가 속한 업체는 서울 낙성대 공사를 하고 있었기 때문에 그해 숭례문 보수는 김형주 씨가 속한 업체가 맡게 됐다.

인프라 없이 '일본의 길'로

문화재청은 숭례문 복원을 앞두고 이런 관례를 깼다. 중요무형문화재 등 최고의 장인을 모아 복원한다고 선언하면서 홍 씨를 '징발'했다. 문화재청은 복원 공사를 명헌건설에 맡기고, 홍 씨를 비롯해 다른 회사에 소속된 최고 수준의 장인들을 이 회사로 옮겨오게 했다. 그때만 해도 이것은 '영예로운' 동원이었다.

그러나 문화재청이 홍 씨에게 천연안료로 단청을 하라고 주문하면서 일이 꼬이기 시작했다. 그가 "국내에는 천연안료 전통이 끊어진 지 오래"라고 난색

2013년 5월 4일 숭례문 복원식에 참석한
박근혜 대통령. 그는 문화재 행정 경험이 적은
변영섭 교수를 문화재청장에 '전격적으로' 지명했다가
'전격적으로' 경질했다.

을 표하자 문화재청은 일본의 예를 알아보라고 했다. 우리보다 목조건물이 훨씬 많은 일본에서는 단청을 두 가지로 한다. 문화재가 아닌 일반 신사(神社)나 사찰의 단청에는 무슨 안료를 쓰든 정부가 관여하지 않는다. 그러나 국보나 보물처럼 나라가 관리하는 목조건물에는 반드시 돌가루를 넣어 색을 내는(石彩) 천연안료로 단청을 하게 한다.

일본에서도 국보나 보물급 단청 공사는 발주가 적기 때문에 정부는 전통안료 단청의 경우 높은 공임을 주고, 그 일을 하는 사람을 제한해놓는다. '이너서클'을 만들어 자부심을 갖게 하고, 그들이 벌이를 할 수 있는 공간을 보장하는 것이다. 그러니 단청장의 길을 걷는 젊은이들은 선택을 한다. 실력이 달리면 일감이 많은 화학안료 쪽으로 가고, 자신 있으면 천연안료에 도전한다. 덕분에 일본에서는 천연안료 제작술이 유지되고 있다. 하지만 장단색의 예에서 보듯 우리나라는 조선시대에 이미 합성(화학)안료를 만들어 썼다.

우리의 문화재 보수 복원 기술은 대부분 일본에서 배워왔다고 해도 과언이 아니다. 일본 오사카에는 593년 준공됐다는 시텐노지(四天王寺)라는 절이 있다. 일본은 백제 기술자 3명을 불러 이 절을 짓게 했다는데, 그중 한 명이 유중광

(일본명 시게미쓰)이다. 유중광은 578년 '공고
구미(金剛組)'라는 조직을 만들어 공사를 했
는데, 이 조직이 1430여 년이 지난 지금까
지 같은 이름으로 이어지고 있다. 이 회사
는 2006년 파산했지만, 다른 건설회사가
인수해 여전히 사찰 건축과 개보수를 하고
있다.

일본 문화재계에는 이렇게 오랫동안
한 분야의 일만 해온 공방(工房)이 적지 않
다. 공방에선 신참자에게는 일을 시키지
않고 5, 6년은 청소 등 잡일만 하게 한다.
어깨너머로 배우는 시간이 충분히 지나고
인성도 순화됐다고 판단될 때 비로소 기술
을 가르쳐준다. 문화재청이 전통 방식대로

숭례문 2층 누각의 추녀 끝 지붕판에 그려진
핑크빛(장단색) 단청이 떨어져 있다.

국보 1호를 복원하겠다고 한 것은 '일본의 길'을 따르겠다는 것이었다. 그러나
일본엔 인프라가 있고 우리에겐 전혀 없다는 중요한 차이를 간과했다.

복원식 이후 한 달 만에 단청 떨어져

2010년 홍창원 씨는 일본산 천연안료를 구입해 왔다. 그러자 문화재 관련
시민단체들의 제보로 각 언론에서 '국보 1호에 일본 단청을 칠하려 한다'는 내
용의 보도를 쏟아내 한바탕 소동이 일었다. 그러나 천연안료를 구하려면 그 방
법뿐이었기에 밀고 나갈 수밖에 없었다. 또한 천연안료로는 필요한 모든 색을
낼 수 없기에 끊어진 지 오래인 전통 안료 기법도 찾아보기로 했다.

1970년대 서울 왕십리에는 자개공장이 많았는데 그곳에선 아교로 자개를
붙였다. 홍씨는 어린 시절의 기억을 되살려 어렵사리 그 아교를 구했다. 이른바

'막대아교'였다. 그러자 문화재청이 막대아교는 근대 이후 등장한 '공업용'이라며 문제를 제기했다. 그리고 알(卵)처럼 생겼다고 '알아교'로 불리는 것이 식용이니 "조선시대에도 그것을 썼을 것"이라며 알아교로 단청을 붙이게 했다.

알아교로 시험을 해보니 단청이 잘 붙지 않았다. 홍 씨는 방법을 찾기 위해 다양한 시도를 하다가 결국 4번 칠하는 것으로 문제를 해결했다. 잘 붙지 않기는 일본산 천연안료도 마찬가지였다. 그것도 여러 번 칠해 입혀야 했다. 우리가 천연안료를 외면한 것은 공해에 약한 것도 한 원인이었다. 그래서 숭례문처럼 도심에 있는 문화재를 복원할 때는 전혀 사용하지 않았다.

숭례문 서까래는 성벽 위 2층으로 올려진 누각 지붕 밑에 있다. 2층 누각은 정자처럼 벽 없이 탁 트인 구조다. 광장 한복판의 높은 곳에 있으니 숭례문 서까래는 단청에 치명적인 비바람에 노출될 수밖에 없다.

이런 사정 때문에 문화재를 아는 사람들은 숭례문 단청이 머잖아 곧 떨어질 것으로 예상했다. 가장 노심초사한 이는 홍 씨인데 그는 이미 2013년 6월에 단청이 떨어지는 것을 봤다고 밝힌 바 있다. 준비가 제대로 안 된 상태에서 추진한 '전통 계승'이 '왜색(倭色)' 시비만 일으키고 실패로 끝나게 된 것이 숭례문 단청이었다.

덜 마른 목재

큰 목재를 다뤄 건물을 짓는 이를 '대목(大木)' 또는 '대목수'라고 한다. 중요무형문화재로 지정된 대목장은 3명인데, 그중 가장 나이가 많고 유명한 사람이 74호인 신응수 씨다. 그런 신 씨가 진두지휘 했는데도 숭례문에는 균열된 기둥과 서까래, 보가 적지 않다. 문화재청은 불타지 않은 부재는 그대로 두게 했기에 숭례문에는 예전 기둥들도 함께 서 있다. 그런데 자세히 살펴보니 균열은 새 기둥뿐만 아니라 본래부터 있었던 기둥에도 나 있었다.

나무는 베어내도 계속 움직이는 '생물'이다. 품고 있는 습기 때문이다. 덜 움직이게 하려면 오래 건조시켜야 한다. 근대 이전에는 나무로만 건물을 지었으니 건물의 변형을 막기 위해 나무 말리는 데 많은 정성을 쏟았다. 나무가 품은 습기의 비율인 함수율(含水率)이 13% 정도가 될 때까지 건조시킨 후 사용했다. 함수율 13%를 맞추려면 5년 이상 건조시켜야 한다. 지금은 그렇게까지 할 수 없기에 문화재청은 24%를 요구한다. 정부 표준 시방서에도 24% 함수율을 맞추라고 해놓았다.

대목들에게 가장 골치 아픈 것은 완공한 건물에서 기둥과 보가 갈라졌다는 항의다. 이 때문에 신 씨는 미리 나무를 준비해둔다. 이는 '쟁이'로서의 고집, 그리고 자신에게 늘 공사가 맡겨질 것이라는 자신감이 있기에 가능한 일이다. 신 씨는 보통 함수율 20% 이하의 나무로 집을 지었다. 그런데 숭례문은 큰 건물이라 신 씨가 준비해둔 목재로 감당할 수가 없었다.

숭례문 화재 후 전주이씨 종친회 등에서는 문중 땅에서 자라는 좋은 소나무를 내놓겠다고 했다. 그래서 조선 태조 이성계의 5대 조부인 이양무가 묻혔다는 강원도 삼척의 '준경묘' 주변에서 큰 소나무를 베어와 말렸다. 문화재청은 숭례문 복원을 서둘렀기에 함수율이 24%로 떨어지자 바로 재료로 사용하게 했는데, 갈라진 목재들은 대개 이렇게 마련된 것들이다. 문화재청은 자기 말마따나 '전통대로' 하고 싶었다면 정부 시방서를 따를 것이 아니라 함수율이 13%가 될 때까지 기다렸다가 공사를 했어야 한다.

전통이 뭐길래

문화재청은 '전통대로'를 '그때그때 달라요' 식으로 적용했다. 누각 2층 바닥은 두께 7cm의 송판을 깔고 전통못으로 고정했다. 전통못은 몸통이 사각형이고 위로 올라올수록 두꺼워지기에 따로 머리 부분이 없다. 문화재청은 숭례문 현장에서 수거된 것과 경복궁에 보관된 전통못을 쓰게 했으나 너무 약했고 수량도 적었다. 이 때문에 신인영 대장장에게 현장에 대장간을 마련해 전통못을

숭례문 2층 누각 기둥의 균열. 법적 함수율은 맞췄지만
덜 마른 나무를 써서 성급히 공사했기 때문에 일어나는 현상이다.
오래 말린 나무도 조금씩은 틀어진다.

만들게 했다. 못은 기둥과 달리 눈에 잘 띄지 않기에 작업자의 요구를 수용해 보다 강하게 만들었다. 이는 '전통대로'를 슬쩍 외면한 사례다.

전통기와는 단청처럼 기술이 단절되지 않고 이어졌다. 1980년대까지도 일본식 기와를 올린 집이 많았고, 그 후로는 문화재 보호가 활성화해 꾸준히 수요가 이어졌기 때문이다. 기와의 수명은 100년 정도인데, 이는 제대로 된 기와의 경우다. 그렇지 못한 기와는 몇 번의 겨울과 여름을 지나면 동파(凍破)되거나 열파(熱破)된다.

지금의 광화문 현판(왼쪽)과 2010년 11월 복원 3개월 만에 갈라진 광화문 현판.

이 때문에 정부는 KS 표준화를 시도했다. 그리하여 ㈜고령기와 등 몇몇 회사에서 동파나 열파가 거의 되지 않는 KS 규격 기와를 만들어냈다. 이른바 '기계기와'다. 기계기와는 전통기와보다 강하게 압축하고 가스불을 이용해 훨씬 높은 온도에서 구워낸다. 도기나 자기에 가까운 강도의 기계기와가 나오자 고궁과 절은 거의 이 기와를 썼다. 숭례문도 1997년 개수 때 이 기와를 올렸다.

기계기와는 먹(墨)빛을 띠지만 전통기와엔 은은한 회색이 돈다. 따라서 멀리서 보면 전통기와 지붕이 멋있어 보인다. 기계기와가 시장을 장악한 시기에 단한 사람만이 전통기와 제작을 고집했다. 1988년 문화재청은 나무와 숯을 이용한 방식으로 기와를 굽는 제와장(製瓦匠) 한형준 씨(2013년 작고)를 중요무형문화재 91호로 지정했다. 문화재청은 한 씨에게 전통기와 제작을 주문했으나 워낙 연로해 그의 전수조교인 김창대 씨가 맡게 됐다.

문화재청은 전통문화 기술을 잇기 위해 2000년 충남 부여에 한국전통문화대학교를 세웠다. 김 씨는 이 학교에 기와 굽는 가마인 '와요(瓦窯)'를 만들고 2만 6000여 장을 구워냈다. 기존 기와를 벗기고 새 기와를 올리는 것을 '번와(翻瓦)'라고 하는데, 번와는 제와만큼이나 어려운 기술이다. 문화재청은 중요무형문화재 121호인 번와장 이근복 씨에게 2012년 5~11월 숭례문에 전통기와를 올리게 했다.

그런데 이 기와가 벌써 변색된다는 게 작금의 시비다. 숭례문 단청이 떨어지고 목재가 균열될 것을 예측했던 전문가들은 이 대목에서 "전통기와도 곧 깨져나갈 것"이라고 단언한다. 이들은 "도대체 전통이 뭐냐?"고 반문한다. "기계기와는 전통기와의 한계를 극복하기 위해 만들어낸 것이니 이것도 우리 전통문화다. 그런데 왜 이를 외면하고, 조선시대 기술로 만든 것만 전통기와로 보느냐"는 것이다.

갈팡질팡 '문화재 정치학'

문화재청은 숭례문과 이어진 성곽 일부를 복원했다. 성곽 복원에는 이의상·이재순 두 석장(石匠) 팀이 참여했다. 한양 도성을 이룬 돌은 인왕산이나 안산 등 4대문 인근 산에서 가져왔을 것이다. 그러나 아무리 전통을 강조해도 서울 시내에는 채석장을 만들 수 없기에 비슷한 돌이 있는 경기도 포천에서 가져왔다.

그래도 돌 다듬는 연장만큼은 전통적인 것을 쓰라고 주문했다. 두 석장으로 하여금 요즘 나오는 더 좋은 연장은 놔두고 옛 기억을 토대로 신인영 대장장의 대장간에서 전통 방식대로 망치와 정 등을 만들게 하고, 그것으로 돌을 다듬게 했다. 석공들에겐 한복 작업복 차림으로 일하게 했다. 또 크레인 대신 거중기(擧重機)로 돌을 들어 올리게 했다.

그런데 거중기는 조선 후기에 정약용이 개발한 것이니 한양 도성을 만들 때는 '목도'로 날랐거나 줄을 걸어 돌을 당겨올렸을 가능성이 높다. 그러나 목도꾼은 사라진 지 오래고, 숭례문 현장은 너무 좁아 줄을 걸 수도 없었다. 결국 크레인으로 돌을 올렸다. 전통 흉내내기를 제대로 할 수 없었던 것이다.

시간을 들여야 하는 나무 건조는 짧게 하고, 돌을 쪼고 나르는 일은 오래하게 해서 효율을 떨어뜨린 '갈팡질팡 전통 복원'엔 '문화재 정치학'이 작용했다.

정치적 요소를 의식해 문화재 정책을 결정했다는 얘기다.

통상적으로 문화재 복원은 전문 업체가 맡아서 하고 감리를 받는다. 숭례문 복원공사는 명헌건설, 감리는 금성종합건축사에 낙찰됐다. 그러나 정작 두 회사는 할 일이 별로 없었다. 문화재청이 모든 것을 다 했기 때문이다.

문화재 복원공사의 일인자로는 김의중 씨가 꼽힌다. 그는 장원건설 소속으로 덕수궁 함명전 복원을 막 끝낸 다음 문화재청의 부름을 받았다. 그리고 명헌건설로 소속을 옮겨 현장소장을 맡았다. 이어 문화재청은 앞에서 거론한 중요무형문화재들을 명헌건설로 불러 각자의 공사를 하게 했다.

문화재청에서는 소속 공무원 3인이 현장에 상주하다시피 했다. 그러니 명헌건설은 공사를 이끌 수가 없었다. 감리사도 지켜보기만 했다. '전통대로'는 안 가본 길이니 그 방법을 찾아내기 위한 시도가 거듭돼야 한다. 이는 문화재청이 주도해야 할 일인데, 문화재청은 이것보다는 숭례문 복원이 잘되고 있다는 것을 알리는 데 치중했다. 이는 왜색 안료 시비를 잦아들게 하는 방법이기도 했다.

전통대로의 복원을 강조했기에 문화재청은 최초의 숭례문과 성곽 형태를 알고자 했다. 이 때문에 처음 2년은 숭례문 주위를 발굴하는 데 보냈다. 우리나라는 지형상 보통 100년에 1m 정도 흙이 쌓인다고 한다. 비가 올 때 흘러내리는 토사가 100년이 지나면 1m나 쌓이는 것이다(자연 상태일 경우). 그래서 평지에서 유물을 발굴할 때는 10여 m를 파들어간다.

사공 많은 배는 산으로

발굴에 들어간 문화재청은 숭례문의 최초 지반이 현재 지표면 1.6m 밑에 있다는 것을 확인했다. 그 깊이에서 숭례문의 문짝 기둥인 문설주를 꽂는 바닥돌 '문지도리석' 등을 찾아낸 것이다. 화재가 났을 때 숭례문 석벽 높이가 6.4m였으니 처음에는 8m로 웅장했다는 것이 확인됐다. 하지만 문화재청은 60cm

숭례문 2층 누각에서 본 주변 풍경. 2층 누각은 뻥 뚫린 구조로 높은 곳에 있어 강한 비바람을 직접 맞는다. 물에 약하고 공해에 약한 전통안료 단청은 금방 벗겨질 수밖에 없다.

정도까지만 드러나게 하고 최초 기단 등을 되묻었다.

일부 인사는 "국토해양부 측이 '흙을 걷어내면 숭례문은 그 아래를 지나는 지하철 1호선의 진동을 더 받게 돼 보존에 어려움이 있을 수 있다'고 했기 때문"이라고 말한다. 장인들에게는 금과옥조처럼 적용된 '전통대로'가 타 부처와 얽히면 통하지 않은 것이다. 이렇게 '의미 잃은' 발굴로 2년을 흘려보냈다.

숭례문은 이명박 대통령이 취임 전 당선인이던 2008년 2월 10일 오후 8시 50분쯤 세상에 불만을 품은 채종기(당시 69세) 씨가 시너를 뿌리고 불을 붙여 일어난 화재로 무너졌다. 화재 소식을 들은 이 당선인은 바로 현장으로 달려와 발을 구르다 자정 무렵 숭례문이 무너지는 것을 보고 맥없이 발길을 돌렸다. 숭례문 복원을 맡은 이들은 이명박 대통령 재임 중에 공사를 마치고자 했다.

문화재청은 숭례문 복원식을 2012년 8월 15일 광복절 즈음에 한다는 목표를 세우고 공사를 독려한 것으로 전해진다. 그런데 2010년 11월 광화문 현판 사건이 일어났다. 문화재청은 1990년 시작한 경복궁 복원의 일환으로, 2006년 12월부터 시멘트로 지어진 광화문을 철거하고 '1865년의 모습'으로 복원하는 작업에 들어갔다. 그리고 2010년 8월 15일 이 대통령이 참석한 가운데 '기분 좋게' 광화문 복원식을 열었다.

그런데 석 달 뒤에 광화문 현판이 갈라진 것이 발견됐다. 현판 나무를 충분히 건조하지 않은 것이 원인으로 지적됐다. 그러자 같은 현상이 숭례문에서도 일어날 수 있다고 보고 복원 시기를 이 대통령 퇴임 직전으로 미뤘다. 그러나 그때가 다가와도 자신할 수가 없었다. 그러던 중 18대 대통령선거에 당선된 박근혜 대통령당선인 캠프가 이를 알고 복원식을 박 대통령 취임 이후로 연기하라고 요구했다.

문화재청은 적극 협조했다. 그러나 상급 기관인 문화부의 생각은 달랐다. 문화부가 "장관도 모르게 그러한 일을 결정하느냐"고 문화재청을 강하게 질책하자 복원식을 이명박 정부 이후로 결정한 문화재청 핵심 인사는 사표를 냈다. 그러자 많은 이는 그가 박근혜 정부에서 문화재청장에 임명될 것으로 예측됐다. 그러나 박 대통령은 누구도 예측하지 못한 고려대 세종캠퍼스 고고미술학과의 변영섭 교수를 청장에 임명했다.

변 청장은 문화재 시민운동을 이끄는 그룹과 가까운 편이라 그 후 숭례문 복원을 둘러싼 시민단체의 반발은 줄었다. 컹컹 짖어야 할 '워치독'은 그냥 바라보기만한 것이다. 그리고 문화재청은 박 대통령을 모시고 화려한 복원식을 했다가 한 달 만(6월)에 단청이 떨어지는 사태를 맞았다. 그러자 '문화재 정치학'의 한 주역인 박 대통령은 숭례문 복원에 대해 철저한 조사와 엄중한 문책을 지시하고 변 청장에게도 책임을 물어 퇴임시켰다.

숭례문 복원은 '전통대로'에 눌리고 문화재 정치학에 밟혔으니 사공 많은 배처럼 산으로 갈 수밖에 없었다. 그 많은 논쟁이 모두 탁상공론이 된 것이다. 사건이 커지고 나서야 바른 소리가 나왔다. 숭례문 성곽 공사에 참여했던 한 인사는 이렇게 실토했다.

"단청은 건물을 다 지어놓고 제일 마지막에 하는 것 아닌가. 숭례문에 기와를 올리는 것이 지난해 늦가을에 끝났으니 단청은 한겨울에 한 셈이다. 숭례문의 2층은 허공에 떠 있기에 찬바람이 들이친다. 이 때문에 휘장을 치고 난로를 켜놓고 단청을 칠했다. 안 그래도 처음 시도하는 공법인데 한겨울에 단청이 붙겠나. 아교가 제대로 녹기나 하겠느냐는 말이다. 여느 절에서도 그렇게는 안 한다. 목조건물은 완성한 다음에도 조금씩 움직이며 말라간다. 이 때문에 2년여가 지난 후 날 좋은 때를 골라 단청을 한다.

복원 현장에서는 경험 많은 현장소장도, 감리도 제 구실을 못했다. 높은 분들이 너무 많이 찾아왔기 때문이다. 현장이 고층건물로 둘러싸여 있어 온 국민이 지켜보고 있다는 압박감도 컸다. 기술자들은 제 목소리를 못 내고 시키는 대로만 할 수밖에 없었다. 그렇게 했다가 중요무형문화재들만 망신을 당하게 됐다. 물론 그들에게도 문제가 있다. 진짜 프로라면 끝까지 '안 된다'며 버텼어야 하는데 따라가기만 했다."

다음과 같은 증언도 나왔다

"복원을 시작할 때 일부 중요무형문화재들은 서로 끼워달라고 경쟁했다. 어떤 이는 공짜로 봉사하겠다고까지 했다. 그런데 나중엔 '전통 방식대로 하니 비용이 더 들어간다'며 공사비를 올려달라고 한 달 동안 공사를 안 하기도 했다. 문화재청은 이들의 요구를 수용해 전통 방식의 공임을 높여줬다. 문화재청과 장인들이 결탁한 셈이다.

문화재청은 숭례문 복원을 계기로 조직을 키웠다. 숭례문 방화로 '문화재 지킴이'라는 새로운 일자리가 만들어졌으니 문화재청은 겉으로는 울어도 속으로는 웃었을 것이다. 진짜 고생한 이들은 시키는 대로 묵묵히 일한 현장 일꾼들이다. 그들의 고생이 묘한 야합 때문에 구렁텅이로 떨어졌다. 해보지도 않은 전통 방식을 써서 시간에 맞춰 하려고 허둥대다 실패한 것, 숭례문 사건은 그 이상도 이하도 아니다.”

진짜 프로는 없는가

숭례문 복원과 비교되는 것이 전북 익산의 미륵사지탑 해체 복원이다. 이 탑은 일제강점기에 시멘트로 고정해놓은 것이 파손돼 1998년 문화재청과 전북도는 이 탑을 해체했다가 2007년 복원하기로 하고 작업에 들어갔다. 그런데 해체를 하는 와중에 많은 유물이 나오자 시기를 늦춰 2010년 5월에야 완전 해체를 했다. 그리고 3년간 복원 방법에 대해 논의한 끝에 ‘2016년 완성’을 목표로 올해 11월에야 복원공사에 들어가기로 했다. 그 사이에 사업비는 계속 올라갔고 돈문제가 얽혀 검찰 내사가 있었다. 하지만 천천히 했기에 실수가 적은 편이었다.

숭례문과 미륵사지탑 사이를 왔다갔다 하는 것이 우리의 문화재 정책이고 행정이다. 우리는 1971년 치밀한 준비 없이 우리 손으로는 처음으로 백제 무령왕릉을 성급히 발굴했다가 많은 자료를 잃는 아픔을 겪었다. 그 반작용으로 고분 발굴 기술이 크게 발전했으나 이후로는 답보를 거듭했다.

숭례문 복원 실패는 이 한계를 극복하는 계기로 삼아야 한다. 문화재를 전통 방식대로 복원하겠다는 목표를 세웠으면 전통 방식이 이어질 수 있는 인프라를 만들고 그것이 안착되도록 끈질기게 기다려야 한다. 대통령을 위하겠다는 정치색도 배제해야 한다. 그 시작은 정권과 가까운 이가 아닌, 진짜 전문가를 문화재 담당 부처의 핵심에 임명하는 것이다.

1993년 프랑스의 미테랑 대통령은 고속철 TGV를 한국에 수출하기 위해 병인양요(1886년) 때 약탈해간 외규장각 도서를 반환한다고 약속했다가 학예사들의 반발로 주저앉았다. 그리고 오랜 회담 끝에 5년씩 계속 임대하는 방식으로 한국에 반환했다(2010년). 우리 문화재 전문가들도 이러한 정도의 전문성과 소신을 갖고 일해야 한다. 정치와 명분에 춤추지 말고. 그것이 한국을 문화국가로 만들어가는 길이다.

이정훈 동아일보 시사잡지팀 편집위원

2013

1월 1일 **2013년도 예산안 늑장처리** – 342조 원 규모의 2013년도 예산안이 1일 오전 6시 4분 국회 본회의에서 통과됐다. 예산안을 둘러싼 여야의 충돌은 연례행사지만 해를 넘겨 예산안이 처리된 것은 헌정사상 초유의 일이었다.

1월 6일 **박근혜 정부 대통령직인수위원회 출범** – 김용준 위원장과 진영 부위원장을 주축으로 하는 대통령직인수위원회가 출범했다.

1월 9일 **민주통합당 비상대책위원회 출범** – 대선 패배 이후 충격에 빠졌던 민주통합당이 문희상 의원을 위원장으로 하는 비상대책위원회를 출범시키고 대선 패배 후유증 수습에 나섰다.

1월 15일 **정부조직개편안 발표** – 박근혜 정부의 대통령직인수위원회가 정부조직개편안을 확정, 발표했다. 이명박 정부에서 폐지했던 경제부총리와 해양수산부를 부활시키고 미래창조과학부를 신설하는 등 3처 17부 17청으로 확정됐다.

12월 18일 **감사원, 이명박 정부의 4대강 사업 부실 지적** – 감사원이 이명박 정부의 역점사업인 4대강 사업에 대해 보의 내구성 부족과 미흡한 수질관리, 부당한 준공검사 등 총체적 부실이라는 감사결과를 발표했다.

1월 20일　**국가정보원, 서울시 공무원 유우성씨 간첩혐의 구속 발표** – 국정원이 탈북자 출신으로 2011년 6월부터 서울시청에서 근무하던 공무원 유우성씨를 간첩혐의로 구속해 수사 중이라고 발표했다. 북한 국가안전보위부의 지령에 따라 서울에 거주하는 탈북자 명단과 이들의 동향을 북한에 넘긴 혐의라는 내용이었다.

1월 21일　**미국 제45대 대통령 취임** – 재선에 성공한 버락 오바마 미국 대통령이 제45대 대통령에 취임했다.

1월 22일　**이명박 대통령 택시법 거부권 행사** – 2012년 12월 31일 국회를 통과한 '대중교통 육성 및 이용촉진에 관한 법률(일명 택시법)'에 대해 이명박 대통령이 거부권을 행사했다. 택시를 대중교통으로 인정하는 이 법안이 대통령에 의해 거부됨에 따라 정부는 택시법을 대신할 법안 제정을 추진키로 했다.

1월 28일　**미얀마 '민주화의 꽃' 아웅산 수지 첫 방한** – 2010년 11월 7년간의 가택연금에서 풀려난 뒤 야당 민족민주동맹을 이끌고 있는 미얀마 민주화운동의 지도자 아웅산 수지 의원이 평창 겨울 스페셜올림픽에 참석하기 위해 방한했다. 29일 이명박 대통령을 비롯해 박근혜 대통령 당선인, 박원순 서울시장 등과 만난 데 이어 31일에는 광주 국립5·18민주묘지를 찾아 헌화했다.

1월 29일　**김용준 초대총리 후보 사퇴** – 대통령직인수위원장에 이어 박근혜 정부 초대총리로 지명된 김용준 후보가 인사청문회도 치르기 전, 지명 닷새 만에 자진사퇴했다. 총리 후보자로 지명된 직후부터 두 아들 병역면제 논란과 부동산 투기의혹이 일었다. 총리 후보의 사퇴로 박근혜 정부의 내각구성에도 차질을 빚었다.

　　　　　이명박 대통령 임기 말 특별사면 단행 – 임기를 채 한 달도 남기지 않은 이명박 대통령이 여론과 박근혜 대통령 당선인의 반대에도 불구하고 55명에 대한 특별사면을 단행했다. 최시중 전 방송통신위원장과 천신일 세중나모여행 회장 등 측근이 포함된 특사 강행을 두고 법과 원칙을 무시했다는 비판이 잇따르자 여야 정치권에서는 사면법 개정을 추진하기로 했다.

1월 30일　**나로호 발사 성공** – 한국의 첫 우주발사체 나로호가 10차례의 발사 연기와 2차례의 발사 실패 끝에 이날 오후 4시 마침내 발사에 성공했다. 2002년 8월 개발계

획을 세운 지 10년 5개월 만에 나로우주센터에서 이륙한 나로호가 정상궤도 진
입에 성공함으로써 우리나라는 자국 땅에서 자국의 위성을 우주로 쏘아올린 나
라를 뜻하는 '스페이스 클럽'에 세계 11번째로 가입하게 됐다.

2월 12일 **북한 3차 핵실험 전격 실시** – 유엔 안전보장이사회의 거듭된 경고에도 북한이 끝
내 3차 핵실험을 강행했다. 북한은 실험 후 핵탄두의 소형화, 경량화에 성공했다
고 주장했으며 이 주장이 사실일 경우 북한의 핵무장이 현실화할 가능성이 높아
1차(2006년), 2차(2009년) 핵실험 때와는 달리 한반도의 핵 위기가 고조됐다.

2월 22일 **정부, '전교조 법외노조화' 방침** – 고용노동부가 전국교직원노동조합(전교조)의
법적지위 박탈이 불가피하다는 결론을 내렸다. 앞서 고용부는 2010년과 2012년
두 차례에 걸쳐 해직교원에게 조합원 자격을 부여한 노조규약이 '노동조합 및 노
동관계조정법'과 '교원노조법'에 어긋난다며 시정명령을 내렸으나 전교조는 "해
고조합원을 안고 가겠다"는 원칙을 굽히지 않았다. 고용부의 전교조 법외노조화
방침으로 인해 향후 정부와 전교조 간의 갈등이 예고됐다.

2월 25일 **제18대 대통령 취임** – 제18대 대통령으로 선출된 박근혜 대통령의 취임식이 국
회의사당 광장에서 개최됐다. 대한민국 역사상 최초의 여성대통령이자 박정희
전 대통령의 뒤를 이은 부녀대통령의 탄생이라는 이색기록을 낳은 취임식이었
다. 그러나 대통령 취임식이 열리는 이날까지도 정부조직법 개정안이 국회에서
처리되지 못한 데다 잇단 인사잡음으로 인사청문회조차 지연돼 내각 없이 대통
령 혼자 출범하는 반쪽 출범식이 됐다.

2월 28일 **교황 베네딕토 16세 사임** – 고령과 건강상의 이유로 사임계획을 밝혔던 교황 베
네딕토 16세가 이날 오후 8시 교황직에서 물러났다. 생존한 교황의 사임은 1415
년 그레고리 12세 이후 598년 만의 일이었다.

3월 8일 **유엔 안전보장이사회 새 대북제재 결의안 채택** – 유엔 안보리가 3차 핵실험을 벌
인 북한에 대한 제재를 대폭 강화하는 내용의 결의안 2094호를 채택하고 북한이
추가 도발할 경우 더 중대한 조치를 할 것이라고 경고했다. 결의안의 주요내용은
①금수품목을 실은 것으로 의심되는 북한 선박에 대한 검색 의무화 ②금수품목
을 실은 것으로 의심되는 북한 항공기의 이착륙 및 영공 통과 금지 ③무기로 전

용될 가능성이 있는 모든 품목 북한과의 수출입 거래 금지 ④미사일 개발에 기여할 수 있는 금융거래 및 투자금지 의무화 ⑤북한 외교관들에 대한 활동 감시 촉구 등이다. 대북제재 결의안 채택을 앞두고 북한은 군사적 대응 운운하는 위협발안을 쏟아내는 등 강력하게 반발했다.

3월 13일   **프란치스코 교황 선출** – 사임한 교황 베네딕토 16세의 뒤를 이어 프란치스코가 266대 교황으로 선출됐다.

3월 14일   **시진핑(習近平) 중국 공산당 총서기, 국가주석 선출** – 중국 국가주석에 시진핑 공산당 총서기가 선출됐다. 덩샤오핑(鄧小平) 이후 군부 내 영향력이 가장 큰 지도자로 평가되는 시진핑의 권력 장악으로 중국의 개혁개방 노선이 더욱 강고해질 것이라는 추측이 뒤따랐다.

3월 20일   **주요 방송사와 은행 전산망 마비** – 방송사와 금융회사의 전산망이 동시에 마비되는 사상 초유의 정보보안 사고가 발생했다. 중국에서 유입된 것으로 밝혀진 악성코드가 정보보안업체의 백신 프로그램으로 위장해 유포되면서 발생한 이날 사고로 시민들은 큰 혼란을 겪었고 사이버테러의 위력을 실감했다.

3월 22일   **정부조직법 개정안 국회 본회의 통과** – 박근혜 정부의 정부조직법 개정안에 여야가 최종 합의함으로써 정부 출범 이후 장기화됐던 국정공백을 해소할 길이 열렸다.

박근혜 정부, 민간단체 인도적 대북지원 첫 승인 – 대북 지원단체인 '유진벨재단'이 북한 지원을 위해 신청한 총 7억7800만 원 상당의 결핵약 반출을 통일부가 승인했다.

4월 1일   **정부 '4·1 주택시장 정상화 종합대책' 발표** – 박근혜 정부가 첫 부동산 대책을 내놨다. 2013년 말까지 1가구 1주택자가 파는 9억 원 이하 중소형 주택 구입 시 5년간 양도세 전액 면제, 공공분양 물량 연간 7만 채에서 2만 채로 축소, 보금자리주택 신규지정 중단, 생애 최초 내집 마련 시 대출금리 인하 및 대출규제 완화 등의 내용이 포함됐다.

4월 3일   **북한 개성공단 출입제한 조치 감행** – 북한의 미사일·핵 도발로 인해 남북관계가 경색되자 북한이 개성공단 출입제한 조치를 취했다. 개성공단에 체류 중인 남측 근로자의 귀환은 허용하되 개성공단 방문은 불허한다고 통고함에 따라 이날 개성공단으로 들어갈 예정이던 근로자들이 도라산 남북출입사무소에서 발길을 돌려야 했다.

4월 8일   **북한 개성공단 잠정 중단 선언** – 북한이 개성공단에서 북측 근로자를 모두 철수하고 공단 가동을 잠정 중단한다고 선언했다. 이에 우리 정부도 '개성공단 폐쇄'도 감내하겠다며 강경한 태도를 취했다.

용산개발사업 청산절차 돌입 – 코레일(한국철도공사) 이사회가 서울 용산국제업무지구 개발사업 청산을 최종결정했다. 시행사인 드림허브가 자금난으로 사업진척에 난항을 겪자 코레일 주도로 정상화 방안이 추진됐으나 결국 무산됐다. 사업비만 31조 원에 이르는 '단군 이래 최대 개발'로 불리던 용산개발사업이 백지화되면서 당시까지 투입된 경비 1조 원만 낭비하고 말았다.

영국 최초의 여성총리 대처 사망 – '철의 여인'으로 불리던 마거릿 대처 전 영국총리가 88세를 일기로 사망했다.

4월 16일   **미국 보스턴 마라톤 대회 폭탄테러** – 보스턴 마라톤 대회 결승지점에서 폭탄테러가 일어나 3명의 사망자와 260여 명의 부상자가 발생했다. 사제폭탄을 이용해 테러를 저지른 용의자는 체첸공화국 출신 이슬람교도 형제로 한 명은 검거과정에서 사망하고 체포된 다른 한 명에게는 2014년 2월 사형이 구형됐다.

4월 17일   **박근혜 정부 초대내각 구성 완료** – 2월 20일부터 시작된 인사청문회가 마무리돼 정부 출범 52일 만에 정홍원 국무총리를 수장으로 하는 초대내각 구성이 완료됐다. 인사청문회 과정에서 각종 의혹 끝에 후보자들이 줄줄이 낙마하면서 청와대의 인사검증 부실 논란을 낳았고 국회 인사청문보고서가 채택되지 않은 장관 3명의 임명을 강행해 야당의 반발을 샀다.

4월 18일   **경찰, 국가정보원 대선 개입 의혹 최종 수사결과 발표** – 18대 대통령선거 기간 중에 발생한 국정원 직원의 댓글공작 의혹에 대해 수사해온 경찰이 "국정원 직원 2

명이 게시글 작성 등으로 국내 정치에 개입했다"는 최종 수사결과를 발표하며 이 사건을 국정원법 위반혐의로 검찰에 송치했다. 그러나 "선거법 위반 혐의는 없다"고 밝혀 야당으로부터 "정치적 수사"라는 비판을 받았다.

4월 19일   **한미 원자력협정 개정 무산** – 2014년 3월 만료되는 한미 원자력협정을 개정하기 위한 한미 양국의 협상이 협정 만료시한을 2년 연장하는 안에 합의함으로써 사실상 무산됐다. 국내 원전에서 배출되는 사용후핵연료 저장시설이 포화상태에 이르러 자체 재처리 권리를 확보하는 것이 시급한 문제였으나 사용후핵연료 재처리를 금지하고 있는 원자력협정 개정이 무산됨에 따라 원전 관련 산업발전에도 차질을 빚게 됐다.

4월 24일   **국회의원 재 · 보궐선거 실시** – 이날 치러진 재 · 보궐선거에서 안철수(서울 노원 병 · 무소속), 김무성(부산 영도 · 새누리당), 이완구(충남 부여–청양 · 새누리당) 후보가 국회의원으로 선출됐다. 함께 치러진 광역의원(4곳)과 기초의원(3곳) 선거에서도 새누리당과 무소속 후보가 승리해 야당인 민주당은 전패를 기록했다.

4월 26일   **정부, 개성공단 철수 결정** – 개성공단 문제를 다룰 남북 당국 간 협의 제안을 북한이 거부하자 정부가 신변안전을 위해 현지에 체류 중인 우리 측 인원의 전원철수를 결정했다. 이에 따라 29일까지 단계적 철수가 진행됐고 개성공단은 2004년 공단가동 이후 최대위기를 맞으며 입주기업들의 피해를 키웠다.

4월 30일   **국가정보원 압수수색** – 국정원의 대선 및 정치 개입 의혹을 수사 중인 서울중앙지검 특별수사팀(팀장 윤석열)이 전날 원세훈 전 국정원장을 조사한 데 이어 국정원을 전격 압수수색했다. 국정원 의혹사건에 윗선의 지시가 있었는지를 확인하기 위한 근거자료를 찾는 것이 이날 압수수색의 목적이었다.

    기업 등기임원의 5억 원 이상 보수 공개 결정 – 국회가 '자본시장과 금융투자업에 관한 법률'을 개정해 사업보고서 제출 대상 법인(상장회사)의 사업보고서에 5억 원 이상의 보수를 받는 등기임원의 개인별 보수와 그 구체적인 산정기준 및 방법을 기재하도록 했다.

5월 4일   **민주당 전당대회 개최, 김한길 당대표 선출** – 민주당 5 · 4전당대회에서 김한길

의원이 당대표로, 최고위원으로는 신경민, 조경태, 양승조, 우원식 의원이 선출됐다.

숭례문 복구 준공식 – 화재로 전소된 지 5년 만에 국보 제1호인 남대문로 숭례문이 복구돼 박근혜 대통령이 참석한 가운데 성대한 준공식을 열었다.

5월 8일 **박근혜 대통령 한미 정상회담** – 4박6일 일정으로 미국을 방문하기 위해 5일 출국한 박근혜 대통령이 현지시간으로 7일 오마바 미국 대통령과 정상회담을 열었다. 이날 회담에서 한국은 한반도 신뢰프로세스에 대한 미국 측의 지지와 미국의 확고한 방위공약을 확인하고 한미 FTA의 충실한 이행 등 경제협력 강화를 약속했다.

5월 10일 **윤창중 청와대 대변인 성추문 사건으로 경질** – 박근혜 대통령의 미국 방문을 수행 중이던 윤창중 청와대 대변인이 주미대사관 인턴 여직원을 성추행한 사실이 드러나 현지시간으로 9일 전격 경질됐다.

5월 29일 **밀양 송전탑 공사 잠정 중단 합의** – 송전탑 공사를 둘러싸고 충돌을 빚어온 한국전력과 경남 밀양 주민들이 국회가 제시한 중재안을 받아들여 공사를 40일간 멈추기로 합의했다. 국회 중재안은 정부와 밀양 주민, 국회에서 각 3명씩 추천하는 9명으로 '전문가협의체'를 꾸려 송전탑 건설의 대안으로 주민들이 제시한 '우회송전 방안' 및 '송전설비 지중화'의 타당성을 검토하고 이 연구가 진행되는 동안 공사를 중단하는 내용이었다.

6월 4일 **정부, 고용률 70% 로드맵 발표** – 박근혜 정부가 주요 국정과제 중 하나인 고용률 70% 달성을 위해 시간선택제 일자리 도입구상을 발표했다. 2017년까지 70% 고용률을 달성하려면 약 238만 개의 일자리를 새로 만들어야 하는데 이 가운데 40% 가까이를 양질의 시간선택제 일자리로 채운다는 구상이었다.

6월 6일 **북한, 남북 당국 간 대화 제의** – 미중 정상회담을 하루 앞두고 북한이 개성공단 정상화와 금강산관광 재개를 위한 남북 당국 간 대화를 제의했다. 개성공단 철수 이후 완전히 단절됐던 남북관계가 북한의 대화 제의로 개선될 조짐을 보이자 류길재 통일부장관은 6월 12일 서울에서 남북 장관급 회담을 갖자고 제의했다.

6월 12일　　**남북 당국회담 무산** – 서울에서 개최될 예정이던 남북 당국회담이 결국 무산됐다. 9일부터 판문점에서 남북 실무접촉을 하며 당국회담의 의제와 대표단 구성을 두고 협상을 벌였으나 11일 북한이 남측 대표단 명단에 이의를 제기하며 회담 불참을 선언했다. 장관급이 아닌 차관급 수석대표를 문제 삼으며 북한이 회담을 보류하자 개성공단 통행 재개를 학수고대하던 입주기업들이 양측 정부에 대해 참았던 원망을 표출하기 시작했다.

6월 20일　　**버냉키 쇼크로 국제 금융시장 혼란** – 벤 버냉키 미국 연방준비제도 의장이 경기 부양을 위해 풀었던 자금을 거둬들이는 출구전략을 공식화하면서 국제 금융시장이 큰 혼란에 빠졌다. 2013년 하반기 양적완화 규모 축소, 2014년 중반 양적완화 종료, 2015년 통화긴축이라는 '3단계 출구전략' 일정을 밝히면서 2008년 금융위기 이후 이어지던 글로벌 경제의 양적완화 시대가 끝난다는 시그널을 보내자 각국의 금리가 급등하고 세계 주요 증시는 일제히 급락했다. 한국 금융시장에서도 주가, 원화가치, 채권 가격이 동반 급락하는 '트리플 약세'가 나타나며 경제 불안 심리가 요동쳤다.

6월 24일　　**국가정보원 2007년 남북정상회담 회의록 전격 공개** – 국정원이 서해 북방한계선(NLL) 포기 발언 논란을 야기했던 노무현 전 대통령과 김정일 북한 국방위원장의 2007년 남북정상회담 회의록을 국회를 통해 전격 공개했다. 국정원이 2급 비밀로 분류된 회의록 전문을 일반 문서로 재분류해 공개하자 민주당은 국정원에 법적 책임을 묻겠다며 강력 반발했다.

6월 27일　　**박근혜 대통령 한중 정상회담** – 박근혜 대통령이 중국을 방문해 시진핑(習近平) 국가주석과 정상회담을 열었다. 두 정상은 이날 발표한 '한중 미래비전 공동성명'에서 한반도 비핵화 실현 및 한반도 평화를 위해 함께 노력하기로 합의했다. 아울러 한중 자유무역협정(FTA) 체결 협상을 진전시키고 2014년 10월 만기가 돌아오는 양국 간 통화 스와프를 2017년 10월까지 연장하는 데도 합의했다.

　　　　　　전두환 특별법 국회 본회의 통과 – 공무원이 불법으로 취득한 재산을 끝까지 환수할 수 있도록 추징 시효를 늘리고 추징 대상을 가족 등 제3자로까지 확대하는 내용의 공무원범죄에 관한 몰수 특례법 개정안(일명 '전두환 추징법')이 국회 본회의를 통과했다. 이로써 2013년 10월 만료될 예정이던 전두환 전 대통령의 미납추징금 환수 시효가 2020년 10월까지 연장됐고 부인과 자녀들 명의로 옮겨둔 은닉재산에 대한 추징도 가능해졌다.

7월 2일　　**국회, 2007년 남북정상회담 회의록 및 녹음기록 열람 의결** – 국정원이 공개한 남북정상회담 회의록의 왜곡여부가 논란이 되자 국회에서 대통령기록물로 지정돼 국가기록원에 보관 중인 정상회담 관련 자료 제출 요구안을 의결했다. 재적의원 3분의 2 이상이 찬성해야 가능한 대통령기록물 열람 안건에 대해 재석의원 276명 중 257명이 찬성함으로써 NLL 포기발언의 진위여부를 확인할 길이 열렸다.

　　　　　　그룹 계열사 간 '일감 몰아주기' 규제법안 국회 통과 – 국회 본회의에서 그룹 계열사 간 '일감 몰아주기'를 규제하는 '독점규제 및 공정거래에 관한 법률(공정거래법)' 개정안이 통과됐다.

7월 3일　　**북한, 개성공단 관련인원 방북 허용** – 북한이 개성공단 입주기업과 개성공단관리위원회 인원의 방북을 허용했다. 개성공단에 남겨둔 설비 및 자재에 대해 입주기업이 장마철 피해대책을 마련할 수 있도록 방북을 허용하겠다고 제안하자 통일부가 개성공단 실무회담을 제의했다.

7월 6일　　**아시아나 항공기 샌프란시스코 공항 착륙사고** – 승객 등 307명을 태우고 미국 샌프란시스코 공항에 착륙하던 아시아나항공 214편 보잉 777 여객기가 착륙과정에서 사고를 일으켰다. 동체 꼬리 부분이 활주로에 충돌한 후 화염에 휩싸이면서 뒷부분이 떨어져 나간 이 사고로 3명이 사망하고 182명이 부상당했다.

　　　　　　개성공단 가동중단 사태 돌파구 마련 – 개성공단 문제를 논의하기 위한 남북 당국 간 실무회담이 6일부터 7일 새벽까지 진행돼 막혔던 남북대화에 다시 물꼬가 트였다. 이날 회담에서는 개성공단의 완제품 및 원부자재와 설비 반출 허용, 10일부터 기업 관계자의 개성공단 방문 허용 등이 합의됐다. 그러나 개성공단의 본격적인 정상화 방안에 대해서는 남북 간 이견 차가 커 합의에 이르지 못했다.

7월 10일　　**원세훈 전 국가정보원장 구속 수감** – 원세훈 전 국정원장이 공사 수주 청탁 등의 명목으로 건설업자에게서 금품을 받은 혐의로 구속 수감됐다.

버냉키 쇼크 진정국면 전환 – 경기부양용 양적완화를 축소하는 출구전략 일정
을 발표함으로써 세계 금융시장이 큰 혼란에 빠지자 벤 버냉키 미국 연방준비제
도 의장이 양적완화 기조를 당분간 더 유지하겠다고 밝혔다. 이에 따라 세계 주
요 증시가 일제히 상승세로 돌아섰으며 원화가치도 상승하는 등 세계 금융시장
이 진정세를 보이기 시작했다.

감사원, 4대강 사업 계약집행실태 조사결과 발표 – 앞서 4대강 사업의 부실공사
를 지적했던 감사원이 다시 건설사들의 담합 의혹을 밝힌 감사결과를 발표했다.
국토부가 사업계약을 진행하며 건설사 담합의 빌미를 제공하고 방조까지 했다는
내용이었다. 특히 사실상 대운하 재추진을 염두에 둔 사업이었다고 밝히면서 청
와대가 4대강 사업을 비판하고 이명박 전 대통령 측에서 반박하는 상황이 벌어
지기도 했다.

7월 16일　**전두환 전 대통령 재산압류** – 검찰이 1672억 원에 달하는 추징금을 미납하고 있
는 전두환 전 대통령 일가와 출판사 시공사, 허브빌리지 등 관련 회사 등을 전격
압수수색하고 재산압류 절차에 착수했다. 또 아들인 재국 재용 씨, 딸 효선 씨 등
도 출국금지했다. 이날 압수수색에서는 그림, 도자기 등 고가의 동산이 다수 압
류됐으며 이후에도 추가압류가 지속적으로 진행됐다.

7월 17일　**전시작전통제권(전작권) 북핵문제와 연계키로 한미 논의** – 정부가 2015년 12월 1
일로 예정된 전작권 전환 시기를 북한 핵위협의 제거 수준과 사실상 연계키로 미
국과 논의 중이라고 밝혀 전작권 전환이 애초 예정된 시기보다 늦춰질 가능성이
높아졌다.

국가기록원 2007년 남북정상회담 회의록 원본 확인 실패 – 여야 의원 10명으로
구성된 '2007년 남북정상회담 관련자료 열람위원단'이 노무현 전 대통령의 NLL
포기취지 발언 여부의 진실을 가려줄 핵심자료인 회의록 원본을 찾는 데 실패했
다. 이에 따라 NLL 포기취지 발언 논란이 대통령기록물 폐기 또는 유실 논란으
로 재점화했다.

국가정보원 정치개입 의혹에 대한 국정조사특위 정상화 – 전날 국정원 여직원 '감
금 혐의'로 고발된 민주당의 김현, 진선미 의원을 특위에서 배제하지 않고는 회

의에 참석할 수 없다는 새누리당의 요구로 파행을 겪었던 국정조사특위가 김현, 진선미 의원의 위원직 사퇴로 정상화됐다.

기업 지배구조 관련 상법 개정안 입법예고 – 법무부가 기업지배구조 개선을 위한 상법 개정안을 입법예고했다. 이는 경제민주화의 일환으로 지배주주의 사익추구를 견제하고 소액주주의 이익을 보호하기 위한 정책으로 재계의 강력한 반발을 불러왔다.

7월 21일   **진보정의당 정의당으로 당명 변경** – 2012년 9월 통합진보당 분당사태 당시 창당한 진보정의당이 정의당으로 당명을 바꾸고 천호선 최고위원을 당대표로 선출했다. 진보신당도 임시 당대회를 열고 노동당으로 당명을 바꿨다.

7월 24일   **정부, 4·1 부동산 대책 후속조치 발표** – 국토교통부가 4·1 부동산 대책의 후속조치로 수도권의 주택공급을 획기적으로 줄이는 방안을 발표했다. 주택공급을 큰 폭으로 줄여 수급 불균형을 해소함으로써 침체된 주택시장을 정상화하기 위해 조치였다.

7월 30일   **김영란법 국무회의 통과** – 대가성이 없더라도 직무와 관련한 금품 수수에 대해 형사처벌하는 ‘부정청탁 금지 및 공직자의 이해충돌 방지법(김영란법)’ 제정안이 국무회의를 통과했다.

8월 1일   **민주당 장외투쟁 돌입** – 국가정보원 정치개입 의혹에 대한 국정조사특위가 원세훈 전 국정원장과 김용판 전 서울경찰청장, 김무성 의원과 권영세 주중대사의 증인채택 문제로 파행되자 민주당이 서울광장에서 장외투쟁에 나섰다.

8월 14일   **남북, 개성공단 정상화에 극적 합의** – 공단운영이 파행을 빚은 지 133일 만에 남북이 개성공단 정상화에 극적으로 합의했다. 6차 회담에 이르기까지 재발 방지와 책임 문제를 두고 공방을 벌이며 공단 폐쇄위기까지 치닫던 남북은 7차 회담에서 비로소 5개항에 합의하고 개성공단을 정상화하기로 했다. 회담이 진행되는 동안 개성공단 출입이 허용되기는 했으나 정해진 시간에만 통행이 가능했고 인터넷 및 휴대전화 통신도 허용되지 않았다. 또 통관물자도 전수(全數)조사를 실시해 기업들의 불편이 컸다.

〈개성공단 정상화 합의 5개항〉
1. 개성공단 중단사태 재발 방지
2. 남측 인원들의 신변안전 보장
3. 국제적 수준의 기업활동 보장
4. 개성공단 남북공동위원회 구성
5. 안전 위한 제도적 장치 마련

8월 15일　**박근혜 대통령, 북한에 이산가족 상봉과 DMZ 세계평화공원 조성 제안** – 박근혜 대통령이 8 · 15 광복절 경축사에서 북한에 추석 이산가족 상봉과 비무장지대(DMZ) 세계평화공원 조성을 제안했다.

8월 16일　**국가정보원 국정조사 1차 청문회 원세훈, 김용판 증인 출석** – 원세훈 전 국정원장과 김용판 전 서울경찰청장이 국정원 국정조사 청문회에 증인으로 출석했다. 그러나 핵심 증인을 불러놓고도 여야는 알맹이 없는 공방만 벌이느라 별다른 성과를 얻지 못했다. 금품수수 의혹과 정치 개입 의혹으로 재판을 받고 있던 두 증인은 "증언의 진위가 왜곡될 경우 재판에 불리할 수 있다"며 이례적으로 증인선서를 거부해 논란을 빚기도 했다. 이후 민주당은 새누리당 김무성 의원과 권영세 주 중국대사의 추가 증인 채택을 요구하며 장외투쟁을 이어갔고 새누리당은 민주당이 전직 국정원 직원에게 자리를 약속하고 만들어낸 '실패한 정치공작' 사건이라며 역공을 펼쳤다.

　　　　　정부, 남북적십자 실무접촉 공식제의 – 박근혜 대통령의 8 · 15 광복절 경축사 후속조치로 정부는 이산가족 상봉 등 인도적 문제를 논의하기 위한 남북적십자 실무접촉을 23일에 갖자고 북한에 공식 제의했다.

8월 18일　**북한 '금강산 관광 회담 후 이산가족 상봉 회담' 추가제의** – 북한은 남한 정부의 23일 남북적십자 실무접촉 제안을 수용하면서 하루 전인 22일 금강산 관광 재개를 위한 남북 실무회담을 먼저 개최하자고 제의했다. 이에 정부는 이산가족 상봉 회담 후 9월 25일 금강산 관광 회담을 하자고 수정 제의했다. 이산가족 상봉행사와 금강산관광 재개를 분리해 대응한다는 정부방침에 따른 제의였다.

8월 19일　**국가정보원 국정조사 2차 청문회, '수사외압' 관련 진실공방** – 국정원 국정조사청문회에 댓글 의혹사건의 당사자인 국정원 여직원 김모 씨와 당시 수사책임자였던 권은희 전 수서경찰서 수사과장(현 관악경찰서 여성청소년과장), 댓글분석을 담당한 서울지방경찰청 사이버범죄수사대 디지털증거팀 분석관 등이 증인으로 출석했다. 이날 청문회에선 김용판 전 서울지방경찰청장의 수사외압 여부와 댓글분석 작업의 공정성 여부, 그리고 국정원 여직원 김모 씨가 오피스텔에서 민주당 당원들과 대치하던 상황을 '감금'으로 볼 수 있는지를 두고 치열한 공방이 벌어졌다. 한편 국정원 여직원 김모 씨 등 현직 국정원 직원들의 신분노출을 방지하기 위해 청문회장에는 가림막이 설치돼 '가림막 청문회'라는 비판이 일기도 했다.

전두환 전 대통령 처남 이창석 씨 구속 수감 – 전두환 전 대통령 일가의 '비자금 관리인'으로 알려진 처남 이창석 씨가 경기 오산시 양산동 땅을 거래하는 과정에서 124억 원의 세금을 포탈한 혐의로 구속 수감됐다.

8월 22일 　**간첩혐의 서울시 전 공무원 유우성 씨 사건 1심 무죄 선고** – 1월 20일 국정원이 간첩혐의로 구속했다고 발표한 서울시 전 공무원 유우성 씨에 대해 1심 재판부가 무죄를 선고했다. 재판부는 탈북자 신원정보를 북한에 넘기고 밀입북도 했다는 유 씨의 혐의를 입증할 직접 증거가 부족하다는 이유로 국가보안법 위반혐의를 인정하지 않았다. 이날 유 씨의 간첩혐의를 입증할 유일한 증인이었던 유 씨의 여동생 유가려 씨가 "국정원 수사관들에게 회유 및 협박과 폭행, 가혹행위 등을 당해 허위진술을 했다"고 주장했으나 재판부는 이 진술은 받아들이지 않았다.

8월 23일 　**남북, 9월 이산가족 상봉행사 개최 합의** – 남북이 이산가족 상봉을 위한 남북적십자 실무접촉에서 9월 25일부터 30일까지 금강산에서 이산가족 상봉행사를 열기로 합의했다.

8월 27일 　**'대입전형 간소화 및 대입제도 발전방안' 발표** – 문제를 A, B형으로 나누는 선택형 대학수학능력시험을 2015학년도 수능부터 폐지하고 2017학년도 수능부터 한국사를 필수과목으로 지정하는 등 '대입전형 간소화 및 대입제도 발전방안'이 교육부에 의해 발표됐다.

8월 28일 　**국정원, 통합진보당 이석기 의원실 압수수색** – 국정원이 옛 민족민주혁명당(민혁당) 조직원 130여 명이 남한체제 전복을 위한 비밀결사 'RO(Revolutionary Organization · 혁명조직)'라는 이름의 단체를 결성해 통신, 철도, 유류저장고 등 국가 기간시설 파괴를 계획한 혐의로 이석기 통합진보당 의원을 수사 중이라고 밝혔다. 이날 국정원이 내란음모죄와 국가보안법 위반 혐의로 영장을 발부받아 이석기 의원실을 압수수색하려 하자 통합진보당 관계자들이 '공안탄압'이라며 저지해 혼란이 빚어졌다.

8 · 28 전월세 대책 발표 – 전세 값이 치솟자 정부가 전세로 집중된 주택 수요를 매매로 돌리기 위해 연리 1%대의 장기대출을 포함해 세제, 금융지원을 총망라한 '8 · 28 전월세 대책'을 발표했다. 8 · 28 대책은 서민층에 내집 마련의 길을 열어 준다는 점에서는 긍정적인 반면 빚을 늘려 주택구매를 촉진하는 방식이 길게는 경제에 부담이 될 것이라는 부정적인 의견도 많았다.

8월 29일　**통합진보당 이석기 의원 내란음모 혐의 사전구속영장 신청** – 국정원이 통합진보당 이석기 의원에 대해 내란음모 등의 혐의로 사전구속영장을 신청했으며 전날 체포한 홍순석 경기도당 부위원장 등 3명에 대해서도 같은 혐의로 구속영장을 신청했다.

8월 30일　**국사편찬위원회, 고교 한국사 교과서 8종 합격판정 발표** – 국사편찬위원회가 고교 한국사 교과서 8종에 대한 검정심의위원회 최종 심사 결과 모두 합격판정을 받았다고 발표했다. 8종 가운데는 보수 성향 학자들이 집필자로 참여해 야당과 진보 성향 학자들로부터 역사왜곡 및 사실오류가 상당하다고 비판받아온 교학사 교과서가 포함돼 향후 벌어질 '역사교과서 전쟁'을 예고했다.

9월 3일　**국세청, 조세피난처 탈세 11명에 714억 추징** – 국세청이 영국령 버진아일랜드 등 조세피난처를 통해 세금을 탈루한 11명에게 714억 원을 추징하고 탈루혐의가 확인된 또 다른 28명에 대해서도 조사를 벌이고 있다고 발표했다. 그밖에 탈루가 의심되는 267명의 신원을 확인했으며 이들 가운데는 전두환 전 대통령의 장남 전재국 씨와 김우중 전 대우그룹 회장의 아들 김선용 씨, 그리고 30대 대기업 총수 일가도 포함돼 있다고 밝혔다.

전두환 전 대통령 차남 전재용 씨 검찰소환 – 전두환 전 대통령의 미납추징금을

환수하기 위해 전 전 대통령의 비자금을 조사하던 검찰이 차남 전재용 씨를 피의
자 신분으로 소환조사했다. 이날 검찰은 전 전 대통령의 비자금이 유입된 것으로
의심되는 경기 오산시 땅 관련 의혹과 해외부동산 매입자금의 출처를 집중 조사
한 것으로 알려졌다.

9월 4일　　**통합진보당 이석기 의원 체포동의안 가결** – 내란음모 및 국가보안법상 찬양·고
무 등의 혐의로 사전구속영장이 청구된 통합진보당 이석기 의원에 대한 체포동
의안이 국회 본회의에서 압도적 찬성으로 통과됐다. 이에 따라 국정원은 법원에
서 구인장을 발부받아 이 의원을 수원지방법원으로 호송했다.

　　　　　노태우 전 대통령 미납추징금 완납 – 전두환 전 대통령의 미납추징금에 여론의
관심이 쏠린 가운데 노태우 전 대통령 측이 남은 230억 원의 추징금을 모두 납부
하면서 16년을 끌어온 미납추징금 논란이 마무리됐다.

9월 5일　　**통합진보당 이석기 의원 구속** – 이석기 의원에 대한 구속영장 실질심사에서 "사
안이 중대하고 범죄에 대한 소명이 충분하며 증거인멸 및 도주의 우려도 있다"는
법원의 판단에 따라 구속영장이 발부됐다. 한편 보수 성향 시민단체들은 대법원
에서 확정판결을 받은 반국가단체와 이적단체를 강제해산할 수 있도록 하는 법
안을 조속히 제정해 달라는 입법청원을 이날 국회에 제출했다.

　　　　　통상임금 관련 대법원 전원합의체 공개변론 – 상여금이 통상임금에 해당하는지
를 두고 재계와 노동계가 대립하면서 관련 소송이 잇따르자 대법원이 전원합의
체 판결로 확고한 판례를 만들어 통상임금 논란을 마무리할 계획으로 공개변론
을 실시했다.

9월 6일　　**일본 후쿠시마 등 8개 현 수산물 전면 수입금지 확정** – 일본 후쿠시마 원전사고
이후 후쿠시마 등 8개 현에서 나는 수산물 50종의 수입만 제한해오던 정부가 8
개 현에서 나는 모든 수산물에 대해 전면 수입금지를 결정했다. 원전사고 현장에
서 방사능 오염수가 바다로 유출되면서 일본 수산물에 대한 공포가 확산되자 취
해진 조치로 방사능 검역기준도 강화하기로 했다.

　　　　　4대강 사업 조사평가위원회 출범 – 감사원의 발표 등 4대강 사업의 문제점을 지

적하는 목소리가 높아지자 정부가 국무조정실 산하 4대강사업 조사평가위원회를 출범시켰다. 민간 전문가 15명으로 구성된 조사평가위원회는 1년간 현장조사와 연구를 수행하기로 했다. 한편, 검찰은 4대강 건설 입찰담합에 가담한 대형 건설사 4곳의 전·현직 고위임원 6명과 설계용역업체로부터 뇌물을 수수한 혐의로 정석효 한국도로공사 사장을 이날 구속했다.

9월 8일　　**박근혜 대통령 베트남 국빈 방문** – 박근혜 대통령이 베트남을 국빈 방문해 9일 쯔엉떤상 국가주석과 정상회담을 개최했다. 양국 정상은 2014년 높은 수준의 포괄적 자유무역협정(FTA)을 체결하기로 합의하고 베트남 석유비축사업과 화력발전소 건설 사업에 한국기업의 참여를 지원하기로 합의하는 등 양국의 공동번영을 위한 지속적 협력을 약속했다.

9월 10일　　**전두환 전 대통령, 미납추징금 완납 약속** – 전두환 특별법 제정, 압수수색 및 재산압류, 직계가족 및 친인척에 대한 조사 등 정치권과 검찰이 압박수위를 높여가자 전두환 전 대통령이 미납추징금 1672억 원을 완납하겠다고 약속했다. 전 전 대통령의 장남 전재국 씨는 이날 오후 3시 서초동 서울중앙지검에 출석해 대국민 사과를 한 뒤 자진납부 계획을 발표했다.

9월 11일　　**교육부, 한국사 교과서 8종에 대한 수정·보완 결정** – 교학사의 한국사 교과서를 둘러싼 논란이 끊이지 않자 교육부가 "교학사 교과서에 대해 제기된 오류가 다른 교과서에서도 발견됐다"면서 교학사 교과서를 포함한 한국사 교과서 8종의 내용을 모두 재검토해 수정·보완하기로 결정했다.

9월 12일　　**대체휴일제 도입 결정** – 정부와 여당이 공휴일과 일요일이 겹치면 이어지는 평일 하루를 쉬는 대체휴일제 도입을 결정했다. 2014년부터 설과 추석연휴, 어린이날에 한해 대체휴일제를 적용함으로써 연평균 1.1일의 휴일이 늘어나는 효과를 얻게 됐다.

9월 13일　　**채동욱 검찰총장 사퇴** – 취임 이후 정권과의 불화설에 시달려온 채동욱 검찰총장이 취임 162일 만에 사퇴했다. 국정원 댓글사건을 수사 지휘하는 과정에서 원세훈 전 국정원장의 신병처리를 두고 법무부, 청와대와 갈등설이 불거졌던 채 총장이 〈조선일보〉가 제기한 '혼외아들' 의혹에 대해 황교안 법무부장관이 감찰조사를 지시하자 사의를 표명했다. 한편 '혼외아들' 의혹보도와 관련해 혼외아들이라는 채모 군의 가족관계등록부와 학적부, 출입국 관련 기록 등 개인정보에 해당하는 기록들이 청와대 관계자들에게 유출된 정황이 드러나면서 개인정보 불법취득 논란이 불거지기 시작했다.

구자원 LIG그룹 회장 징역 3년, 법정구속 – 법원이 경영권 유지를 위해 분식회계를 하고 2000억 원대의 사기성 기업어음(CP)을 발행한 혐의로 2012년 11월 기소된 구자원 LIG그룹 회장에게 징역 3년의 실형을 선고하고 법정 구속했다. 같은 혐의로 구속 기소된 장남 구본상 LIG넥스원 부회장에게는 징역 8년의 중형이 선고됐다.

9월 15일   **청와대, 채동욱 검찰총장 사표수리 유보** – 채동욱 검찰총장의 사의 표명 이후 대검 중간 간부가 항의성 사직을 하고 평검사 회의가 열리는 등 반발이 확산되자 청와대가 '혼외아들' 의혹에 대한 진실규명을 먼저 하겠다며 사표 수리를 유보했다.

9월 16일   **대통령과 여야 대표 3자 회담** – 박근혜 대통령과 김한길 민주당 대표, 황우여 새누리당 대표가 국회에서 3자 회담을 했지만 주요 이슈에 대한 합의에 실패했다. 장외투쟁을 이어가던 김한길 대표의 영수회담 제안을 3자 회담으로 절충하면서 성사된 이날 회담에서 김 대표는 박 대통령에게 국정원의 선거개입 의혹에 대한 사과 및 책임자 처벌, 채동욱 검찰총장 사퇴 파문 관련자 문책, 법인세 인상 등 감세 기조 전환, 경제민주화 및 복지공약 이행 등 7가지를 요구했으나 확답을 얻지 못했다.

개성공단 본격 재가동 – 개성공단 정상화 결정 이후 설비 수리 등 재가동 준비에 나섰던 123개 입주기업 중 90개 업체가 시운전 및 재가동에 돌입해 공단 정상화에 속도가 붙었다. 북한 근로자 약 3만2000명도 정상 출근했다.

한명숙 전 총리 불법 정치자금 수수혐의 항소심 유죄판결 – 9억여 원의 불법 정치자금을 받은 혐의로 기소된 한명숙 전 총리가 항소심에서 징역 2년의 실형과 추징금 8억8000여만 원을 선고받았다. 앞서 2011년 10월 열린 1심에서는 직접 증거인 진술에 신빙성이 없다고 판단해 무죄를 선고했으나 항소심에서 이를 뒤집어 '정치적 판결'이라는 비판이 제기됐다. 한 전 총리의 대법원 상고로 사건은 다시 장기전에 들어갔다.

9월 21일 **북한, 이산가족 상봉행사 연기 일방적 통보** – 25일부터 진행될 예정이던 이산가족 상봉행사를 나흘 앞두고 북한이 행사 연기를 일방적으로 통보했다. 이에 상봉 예정자들은 좌절했고 개성공단 재가동으로 고무됐던 남북대화 분위기에도 먹구름이 드리워졌다.

9월 23일 **'2015~2016학년도 대입제도 확정안' 발표** – 교육부가 '2015~2016학년도 대입제도 확정안'을 발표했다. 앞서 8월 27일 공개한 '대입전형 간소화 및 대입제도 발전방안'을 두고 여론조사 및 각계 의견수렴을 거쳐 확정한 안으로 2015학년도 대학입시부터 수시모집 최저학력기준으로 사용되던 수능성적의 백분위 기준을 없애고 대신 등급을 활용하도록 했다. 또 논술은 가급적 치르지 않도록 하고 특기자 전형도 제한적으로 시행하도록 했다.

2015~2016학년도 대입제도 확정안

항목	확정내용
수시 최저학력기준	백분위 대신 등급 반영
논술고사	가급적 시행하지 않도록 유도
특기자 전형	불가피한 사유에 한해 제한적 운영
입학사정관 제도	학생부 위주 전형을 '교과' 및 '종합'으로 구분 시행
구술형 면접/적성고사	가급적 학생부를 활용하도록 유도
2015학년도 영어 선택형 수능	−2014년 11월 13일 시행 −영어 출제범위는 기존 A형의 '영어 I' + B형의 '영어 II' *영어 선택형 수능을 제외한 모든 선택형 수능은 2015학년도부터 폐지 *영어 선택형 수능도 2016학년도부터 폐지
전형방법	수시 4개, 정시 2개로 전형 수 제한 *예체능 계열과 사범계열의 인·적성 검사, 종교계열의 교리문답은 전형 수 제한에서 제외
전형 간소화	수시 원서접수 기간 통합하고 정시 동일 모집단위 내 분할모집 폐지 *단 정시 입학정원이 200명 이상이면 2개 군 이내 분할모집 허용

9월 24일 **차기전투기(FX)사업 원점 재검토 결정** – 노후 전투기 도태에 따른 전력 공백을 메우기 위해 첨단 전투기 60대를 도입하기로 한 3차 차기전투기(FX)사업의 원점 재검토가 결정됐다. 이날 열린 제70회 방위사업추진위원회에서 미국 보잉의 F−15SE를 FX 기종으로 결정하는 안이 상정됐으나 스텔스 성능에 대한 논란으

로 대다수 위원이 반대해 부결됐다.

민주당 김한길 대표, 전국순회 노숙투쟁 시작 – 8월 1일부터 서울광장 천막당사에서 장외투쟁을 하던 민주당이 노숙투쟁을 전국으로 확대하기로 하고 김한길 대표가 버스로 전국순회를 시작했다.

9월 25일   **기초연금 차등지급계획 확정** – 박근혜 대통령의 핵심 복지공약이었던 기초연금을 65세 이상 노인 중 소득 하위 70%에게 월 10만~20만 원까지 차등지급하는 안이 확정됐다. 차등지급의 기준은 국민연금 수령액으로 국민연금에 가입하지 않았거나 가입기간이 11년 이하로 짧아 국민연금을 적게 받는 노인들에게는 월 20만원을 지급하고 가입기간이 11년 이상이면 1년이 길어질수록 기초연금을 약 1만 원씩 줄이되 최소액수를 10만 원으로 정했다. 정부는 관련 법률안을 국회에 제출해 의결을 거친 뒤 2014년 7월부터 기초연금을 지급하겠다고 발표했다. 기초연금 도입계획이 발표되자 65세 이상 모든 노인에게 기초연금 20만 원씩을 지급하겠다던 대선 당시의 공약에서 크게 후퇴한 내용인데다 국민연금 장기가입자를 역차별하는 정책이라며 야당과 시민사회단체들로부터 비판이 쏟아졌다.

소설가 최인호 작고 – 《별들의 고향》《겨울나그네》《상도》《낯익은 타인들의 도시》 등 천재적인 작품활동으로 대중의 사랑을 받던 최인호 작가가 암투병 끝에 향년 68세로 작고했다.

9월 26일   **'2014년도 예산안' 및 '2012~2016년 중기재정운용계획' 발표** – 정부가 '2014년도 예산안'과 '2012~2016년 중기재정운용계획'을 국무회의에서 확정했다. 대선 당시 내놨던 과도한 복지공약과 경기부진으로 인해 25조9000억 원 규모의 적자예산으로 편성된 안이었다. 전체 예산 가운데 복지예산을 역대 최대인 29.6%나 편성했으나 기초연금, 4대 중증질환 진료, 반값 등록금, 고교 무상교육 등에 필요한 예산을 줄이거나 편성하지 않아 공약후퇴라는 비판에 직면했다.

9월 27일   **진영 보건복지부장관 사퇴** – 기초연금을 국민연금과 연계하는 방안에 반대하며 청와대와의 갈등설이 불거졌던 진영 보건복지부장관이 청와대의 만류에도 불구하고 공식 사의를 밝혔다.

여야, 정기국회 의사일정 합의 – 민주당의 장외투쟁으로 개점휴업상태이던 정기국회가 새누리당과 민주당 원내지도부의 정기국회 의사일정 합의로 정상화됐다. 여야는 30일부터 정기국회를 열고 긴급 현안질의와 국정감사, 법안 및 예산안 처리 등을 일정대로 진행하기로 합의했다.

9월 28일 **청와대, 채동욱 검찰총장 사표 수리** – 박근혜 대통령이 황교안 법무부장관의 건의를 받아들여 채동욱 검찰총장의 사표를 수리했다.

9월 30일 **동양그룹 법정관리 신청** – 재계순위 38위의 동양그룹이 법정관리(기업회생절차)를 신청했다. 이에 따라 사실상 그룹해체 수순에 들어가면서 동양그룹 회사채와 기업어음(CP)에 투자한 4만7000명에 달하는 투자자들에게 큰 피해를 안겼다. 동양증권이 계열사의 부실 채권을 판매하는 과정에서 위험성을 제대로 설명하지 않은 채 일부 불완전판매를 했을 가능성이 높아 투자자들이 집단소송을 준비하는가 하면 금융감독원이 동양증권의 회사채 및 기업어음(CP) 불완전판매 신고센터를 설치하자 민원이 폭주했다.

10월 1일 **국회 본회의 긴급 현안질의** – 정기국회를 정상화하는 조건으로 민주당이 요구한 긴급 현안질의가 진행됐다. 이날 여야는 정부의 기초연금 공약후퇴 논란과 채동욱 전 검찰총장의 사퇴배경을 놓고 치열한 공방을 벌였다.

10월 2일 **검찰, 남북정상회담 회의록 관련 국가기록원 압수수색 결과 발표** – 2007년 남북정상회담 회의록 폐기의혹을 수사하던 검찰이 국가기록원 대통령기록관을 압수수색한 결과 회의록이 없는 것으로 결론을 내렸다. 대신 퇴임 당시 노무현 전 대통령이 봉하마을로 가져갔다가 대통령기록관에 반납한 '봉하 이지원(e知園 · 청와대 문서관리시스템)'에서 발견한 수정본이 국정원에 보관돼 있던 회의록과 동일한 것으로 확인됐다. 이에 검찰은 회의록이 대통령기록관으로 이관되지 않은 경위를 조사하기 위해 참여정부 당시 회의록 작성 및 관리를 담당한 인사들을 소환할 계획임을 밝혔다.

밀양 송전탑 공사 재개, 반대 측 주민들과 충돌 – '전문가협의체'의 중재안이 주민 설득에 실패하자 한국전력이 5월 29일 이후 중단됐던 밀양 송전탑 공사를 재개했다. 공사강행에 주민들이 격렬하게 저항하면서 곳곳에서 충돌이 일어나 부상자가 발생하는 등 갈등이 다시 고조되기 시작했다.

10월 10일 서류위조 부품 사용 등 원전비리 확인 – 고장으로 원전가동이 중단되는 사고가 반복되자 원전 안전관리 실태점검에 나선 정부가 현재 가동 중인 원전 23기와 관련된 품질서류 2만2712건을 전수 조사한 결과 277개 품목의 서류가 위조된 사실을 확인했다고 밝혔다. 이에 따라 부품교체 작업을 진행하는 한편 품질보증서류 위조 또는 납품계약 비리 등의 혐의로 발주처, 납품업체, 검증기관 관계자 100명을 기소했다고 밝혔으며 이후 원전비리 근절을 위해 원전 공기업들에 대한 관리 감독을 강화하기로 했다.

10월 14일 국정감사 첫날부터 여야 첨예한 대립 – 국정감사가 시작됐지만 첫날부터 기초연금 수정안, 역사교과서 편향성 논란, 국군사이버사령부의 대선 관련 댓글작업 의혹 등을 놓고 여야가 날선 공방을 벌이다가 정회를 반복하는 등 파행을 겪었다.

10월 15일 국방부, 국군사이버사령부 대선 관련 댓글작업 의혹 조사 착수 – 국방부 국정감사에서 논란이 된 국군사이버사령부의 대선 관련 댓글작업 의혹에 대해 국방부가 합동조사 계획을 밝혔다. 야당은 국군사이버사령부가 국정원처럼 대선에 조직적으로 개입한 의혹이 있다고 주장했으나 국방부는 강하게 부인했다.

10월 18일 상부 보고 없이 국정원 직원 체포한 윤석열 수사팀장 업무 배제 – 국정원 댓글 의혹사건을 수사하던 서울중앙지검 특별수사팀의 윤석열 팀장이 상부 보고 절차를 거치지 않은 채 국정원 직원들을 체포하고 주거지를 압수수색해 검찰 지휘부가 수사팀에서 배제시켰다. 그러나 윤 팀장은 업무 배제 명령을 받은 뒤에도 이튿날 공소장 변경 신청서를 법원에 내 파문이 확산됐다. 공소장 변경 신청서에는 국정원 대북심리전단 직원들이 대선 직전 5만5689차례에 걸쳐 트위터에 특정 정당 또는 정치인들을 지지·찬양하거나 반대·비방하는 글을 게시했다는 내용이 포함돼 이후 여야 공방의 쟁점이 됐다. 윤 팀장의 업무 배제를 두고도 '항명'이라며 수사팀 배제는 당연한 조치라는 주장과 '수사팀에 대한 외압'이라는 주장이 팽팽히 대립했다.

10월 21일 국정감사장, 검찰 전 수사팀장과 책임자 정면충돌 – 국정원 댓글 의혹사건 수사팀에서 배제된 윤석열 전 수사팀장과 조영곤 서울중앙지검장이 국정감사장에서

상반된 진술을 하며 정면충돌했다. 국정원 수사 초기부터 외압이 있었다고 주장
한 윤 전 수사팀장은 국정원 직원들의 체포 및 압수수색 영장과 관련해 보고를
했다고 진술한 반면 조영곤 지검장은 정식보고가 아니었다고 진술하며 폭로공방
을 이어갔다.

교육부, 한국사 교과서 8종에 대한 수정·보완 통보 ― 9월 11일 한국사 교과서 8
종에 대한 수정·보완을 결정했던 교육부가 사실오류와 서술상 불균형이 발견
된 부분에 대해 수정·보완할 것을 각 출판사에 통보했다. 8종 교과서에서 발견
된 829건의 오류 및 서술상 불균형 가운데 교학사 교과서가 251건으로 가장 많
았다.

10월 22일　**민주당, 18대 대선 '총체적 부정선거' 규정** ― 국정원 댓글의혹 사건과 관련해 '대
선 불복' 논란을 피하려고 조심스러운 태도를 보이던 민주당이 지난 대선을 '총체
적 부정선거'로 규정하며 박근혜 대통령의 직접 사과와 관련자 문책을 요구하기
시작했다. 새누리당은 이에 대해 "국정원 직원들의 개인적인 일탈행위를 조직적
인 불법으로 침소봉대하고 있다"고 맞받았다.

10월 23일　**민주당 문재인 의원 '대선 불공정' 공식 거론** ― 18대 대선 당시 야권 단일후보였던
문재인 의원이 대선 이후 처음으로 "지난해 대선이 불공정했다"며 '박근혜 대통
령 책임론'을 정면으로 거론했다.

10월 24일　**전교조 합법노조 지위 박탈** ― 해직교원에게 조합원 자격을 부여한 노조규약 시
정을 요구하며 '법외노조화' 방침으로 압박하던 고용노동부가 마침내 전교조에
'법외노조'임을 통보했다. 이에 전교조는 정권퇴진운동까지 불사하는 총력투쟁에
나서는 한편 법외노조 통보 효력정지 가처분신청을 내겠다고 발표했다.

10월 29일　**동네의원 원격진료 도입 입법예고** ― 보건복지부가 동네의원을 중심으로 의사와
환자 간 '원격진료'를 허용하는 의료법 개정안을 입법예고했다. 대형병원에 환자
가 몰리는 현상이 심화되지 않도록 대상을 1차 의료기관인 동네의원급으로 제한
해 이르면 2015년부터 원격진료를 도입하겠다고 발표하자 의료계가 즉각 반대
했다.

10월 30일　**국회의원 재·보궐선거 새누리당 압승** – 경기 화성갑 보궐선거에서는 새누리당 서청원 후보가, 경북 포항남−울릉 재선거에서는 새누리당 박명재 후보가 각각 압도적인 표차로 승리함으로써 새누리당은 4월 재·보선에 이어 2연승을 기록했다.

　　　　　　국회 외교통일위원회 개성공단 현지 시찰 – 국회 외교통일위원회가 국정감사의 일환으로 개성공단을 시찰했다. 남한의 방북신청을 북한이 수용하면서 성사된 이날 시찰은 북한 땅에서 진행된 최초의 국감이라는 점에서 의미가 컸다.

10월 31일　**박근혜 대통령 국정원 대선개입 의혹 처음 언급** – 박근혜 대통령이 청와대 수석 비서관회의에서 국정원 대선개입 의혹에 대해 여야 대표와의 3자회동 이후 처음 입장을 밝혔다. 이날 대통령은 국정원 대선개입 의혹에 대해 철저한 진상조사와 재발방지를 당부하고 사법부의 판단을 기다려 책임자 처벌을 하겠다고 약속했다.

11월 2일　**박근혜 대통령 서유럽 순방** – 박근혜 대통령이 6박8일 일정으로 서유럽국가를 순방하기 위해 출국했다. 이후 프랑스, 영국, 벨기에, 유럽연합 본부를 차례로 방문하며 프랑수아 올랑드 프랑스 대통령, 데이비드 캐머런 영국 총리 등과 양자회담을 열고 영국 엘리자베스 2세 여왕이 주최하는 만찬에도 참석했다.

11월 5일　**통합진보당 정당해산심판 청구** – 이석기 의원 등의 내란음모사건 이후 통합진보당에 대한 정당해산심판 청구를 검토하던 법무부가 국무회의에 해당안건을 상정해 이날 통과됐다. 이로써 헌정사상 최초로 헌법재판소에서 정당해산 여부를 심판하게 됐으며 국무회의에서 함께 의결된 통진당 소속 의원직상실 선고 청구 및 정당활동금지 가처분신청까지 받아들여질 경우 통진당은 정당으로서의 지위는 물론 의원직까지 잃게 되는 최악의 상황을 맞을 것으로 전망됐다. 정당해산 심판 청구가 국무회의를 통과하자 통진당은 '총력 저항'을 선언하며 반발했다.

11월 6일　**게임중독법 논란 가열** – 새누리당 신의진 의원이 2013년 4월 발의한 '중독 예방·관리 및 치료를 위한 법률(일명 게임중독법)' 제정안에 대해 누리꾼들의 반대서명이 폭주하는 등 논란이 가열됐다. 게임중독을 도박, 마약, 알코올과 함께 4대 중독으로 규정해 관리한다는 법안이 발의된 이후 게임업계를 중심으로 논쟁이 시작됐으나 이즈음 국정감사에서 거론되면서 논란의 중심으로 떠올랐다.

11월 7일　**안도현 선고공판, 배심원 무죄평결 뒤집고 유죄 판결** – 18대 대선 당시 박근혜 당시 새누리당 후보의 명예를 훼손한 혐의로 기소된 안도현 전 문재인 민주통합당 후보 공동선거대책위원장에 대한 선고공판에서 벌금 100만 원의 선고가 유예됐다. 이는 10월 28일 열린 국민참여재판에서 배심원 7명 전원이 무죄 평결한 것과는 배치되는 유죄판결이었다. 이 재판을 계기로 국민참여재판의 근본적인 문제점을 지적하는 등 국민참여재판에 대한 논란이 시작됐다.

11월 8일　**민주당, 국가기관 대선개입 의혹 특검도입 요구** – 민주당 김한길 대표가 국가정보원과 국군사이버사령부, 국가보훈처 등 국가기관의 대선개입 의혹사건을 규명하기 위해 특별검사를 임명해 수사하자고 정부와 여당에 제안했다.

11월 11일　**남북정상회담 회의록 국가기록원 미이관 관련 노무현재단 '송구' 표현** – 'NLL 포기 발언' 논란으로 촉발된 2007년 남북정상회담 회의록이 국가기록원 대통령기록관에 이관되지 않은 사실이 확인되자 노무현재단이 "비록 고의는 아니었지만 어떤 이유에서든 (회의록) 최종본이 대통령기록관으로 이관되지 않았고, 이로 인해 불필요한 논란이 벌어진 데 대해서는 국민들에게는 송구한 일이 아닐 수 없다"는 내용의 보도자료를 발표했다.

민주당, 인사청문회 이외 모든 국회일정 보이콧 선언 – 국가기관 대선개입 의혹사건에 대한 특별검사제 도입과 국정원개혁특별위원회 국회 설치 등을 요구하며 민주당이 인사청문회(감사원장, 보건복지부장관, 검찰총장 인사청문회)를 제외한 모든 국회일정을 중단한다고 선언했다. 이에 따라 예산안 처리가 불투명해지면서 여당 일각에서는 준예산 편성을 거론하기 시작했다.

김학의 전 법무부차관 성접대 의혹 무혐의 처분 – 건설업자 윤중천 씨로부터 성접대를 받았다는 의혹이 제기돼 사퇴한 김학의 전 법무부차관이 검찰 수사착수 8개월 만에 "대가성을 전제로 한 성접대는 없었다"는 이유로 무혐의 처분을 받았다. 윤 씨도 여성들을 상대로 한 상습적인 성접대 강요와 성관계 촬영의혹 등에 대해 모두 무혐의 처분을 받았다. 반면 수사를 진행한 경찰 측과 피해여성들은 검찰 수사결과를 납득할 수 없다는 입장을 내놨다.

11월 12일   **'이석기 의원 내란음모' 첫 공판** – 내란음모 등의 혐의로 기소된 통합진보당 이석기 의원에 대한 첫 공판이 수원지방법원에서 진행됐다. 이날 공판에서는 이석기 의원을 총책으로 하는 'RO(Revolutionary Organization)'가 '대한민국 체제를 부정하는 비밀혁명조직'이라는 검찰 측 주장과 '국가정보원과 정부가 날조한 공안사건'이라는 변호인 측 주장이 팽팽하게 맞섰으며 RO 회합에서 내란을 모의한 내용이 담긴 녹취록의 증거능력 인정여부를 두고 치열한 공방이 벌어졌다.

11월 13일   **박근혜 대통령 한–러 정상회담** – 박근혜 대통령과 블라디미르 푸틴 러시아 대통령이 청와대에서 정상회담을 한 후 북한이 핵보유국 지위를 가질 수 없음을 강조하는 공동성명을 발표했다. 특히 두 정상은 북한 나진~러시아 하산지역의 철도 운영과 나진지역 항만개발 사업에 우리나라 기업들이 참여하는 내용의 양해각서(MOU) 체결에 합의함으로써 남–북–러 3각 물류협력 프로젝트에 한발 다가서는 성과를 이뤄냈다.

          '국회선진화법' 개정논란 점화 – 국회 폭력사태를 막기 위해 18대 국회에서 여야 합의로 개정된 국회법 제85조(국회선진화법)를 재개정하려는 움직임이 새누리당에서 시작되면서 '국회선진화법' 개정논란이 쟁점화하기 시작했다. 민주당의 반대로 주요법안 처리가 지연되자 최경환 새누리당 원내대표가 국회법 개정안 제출을 서두르겠다고 발표했으나 민주당은 이를 강하게 비판했다.

11월 14일   **일본 아베총리, 한일정상회담 거듭 촉구** – 박근혜 정부 출범 이후 얼어붙은 한일관계를 풀기 위해 아베 신조(安倍晋三) 일본 총리가 13일에는 주일 한국대사를 통해, 이날은 한국 국회의원들을 통해 거듭 한일정상회담을 희망하는 의사를 전했다. 그러나 청와대는 일제강점기와 일본군 위안부 문제에 대해 일본 정부가 먼저 성의를 보여야 한다는 원칙을 굽히지 않았다.

          연봉 5억 원 이상 기업 등기임원 연봉 공개방침 확정 – 금융위원회가 기업임원의 개인별 보수 공개 세부시행 방안을 확정했다고 발표했다. 이에 따라 2014년도부터 연봉 5억 원 이상을 받는 기업 등기임원의 개인별 보수를 공개하기로 했다.

11월 15일   **검찰 남북정상회담 회의록 수사결과 발표** – 남북정상회담 회의록 삭제·폐기 의혹을 수사해온 검찰이 회의록은 고 노무현 전 대통령의 지시에 따라 참여정부 때

폐기됐으며 대통령기록관으로 이관되지 않은 것 역시 노 전 대통령 지시에 따른 것이라는 수사결과를 발표했다. 또한 회의록 폐기에 관여한 혐의로 백종천 전 대통령통일외교안보정책실장과 조명균 전 대통령안보정책비서관을 불구속 기소했다고 밝혔다. 이에 새누리당은 "사초 폐기"라며 문재인 의원의 책임을 추궁했으나 민주당은 "정치검찰의 짜깁기 수사"라고 반박했다.

통합진보당 공판, 녹취록 왜곡여부 공방 – 통합진보당 이석기 의원 등 7명에 대한 3차 공판에서는 RO 회합 녹취록의 왜곡여부가 논란이 됐다. 녹취록을 작성한 국정원 수사관은 '선전수행'을 '성전(聖戰)수행'으로, '절두산 성지'를 '결전 성지'로, '구체적으로 준비하자'를 '전쟁을 준비하자'로, '혁명적 진출'을 '혁명 진출'로 기록하는 등 일부 오류가 있었으나 의도적 왜곡은 아니라고 주장했다.

11월 18일   **박근혜 대통령 첫 국회 시정연설** –국회일정 보이콧을 선언했던 민주당이 14일부터 국회일정에 복귀한 가운데 박근혜 대통령이 국회를 찾아 취임 후 첫 시정연설을 했다. 그러나 국가기관 대선개입 의혹에 대한 야당의 특검요구, 국정원 개혁방안 등 쟁점현안에 대해 "여야 합의를 존중하겠다"는 원론적 해법만 내놓아 아쉬움을 남겼다. 시정연설 후 민주당은 규탄집회를 열어 황교안 법무부장관 해임건의안과 남재준 국정원장 · 박승춘 국가보훈처장에 대한 해임촉구결의안을 제출하겠다고 밝혔다.

11월 19일   **전기요금 평균 5.4% 인상** – 산업통상자원부가 11월 21일부터 전기요금을 평균 5.4% 인상한다고 발표했다. 특히 산업용 전기요금이 주택용 2.7%보다 높은 6.4% 인상돼 전기요금 부담이 늘어난 기업들의 반발을 샀다.

11월 22일   **천주교 정의구현전국사제단 일부 신부, 대통령 사퇴촉구 미사 논란** – 천주교 정의구현전국사제단의 전북지역 일부 신부들이 전북 군산시 수송동성당에서 박근혜 대통령 사퇴촉구 미사를 강행해 사회적 논란이 됐다. 그동안 국가기관의 불법 대선개입을 규탄하는 시국미사는 여러 차례 열렸지만 대통령의 사퇴를 요구하는 미사는 처음이었다.

국방부, 차기전투기(FX)사업 기종 확정 – 공군 차기전투기(FX)사업 기종으로 미국 록히드마틴의 F-35A 스텔스 전투기가 최종 확정됐다. 그러나 현 사업비로는 60대를 한꺼번에 구매할 수 없어 분할구매를 할 수밖에 없는데다 무엇보다 F-35A의 개발시기가 계속 늦어지면서 정확한 도입시기를 장담할 수 없어 노후기종 퇴역으로 초래될 전투기 공백을 메우기 힘들다는 우려가 제기됐다.

11월 24일　**중국방공식별구역에 이어도 포함, 영토분쟁 위기** – 중국이 타국 항공기를 무력으로 통제할 수 있는 '방공식별구역'에 이어도 상공과 한국의 방공식별구역까지 포함시킨 것으로 확인됐다. 중국의 방공식별구역 선포는 센카쿠(尖閣) 열도(중국명 댜오위다오·釣魚島)를 둘러싼 일본과의 영토갈등에 대응하기 위한 것으로 자칫 군사적 충돌로 이어질 위험을 배제할 수 없는 조치였다. 이에 한국과 일본, 미국이 중국 측에 경고하는 한편 국방부는 중국이 설정한 방공식별구역을 인정하지 않겠다고 밝혔다.

한국철도공사 구조조정 예고 – 코레일(한국철도공사)이 노조의 과도한 경영간섭으로 지목돼 온 '인사 내부 공모제'를 없애고 200명의 인력을 구조조정하는 한편 자산 매각 등으로 부채비율을 낮추기로 하는 '재무구조 개선안'을 발표했다. 철도공사의 구조조정안은 정부가 공공기관들의 방만경영을 질타한 후 나온 첫 번째 자체 대책이었다.

11월 26일　**채동욱 혼외아들 의혹 개인정보 불법유출 관련자 확인** – 채동욱 전 검찰총장의 혼외아들 의혹과 관련해 불거졌던 개인정보 불법유출의 실체가 드러나기 시작했다. 조이제 서초구청 행정지원국장이 6월 14일 외부인의 요청을 받고 채 전 검찰총장의 혼외아들이라는 의혹이 제기된 채모 군의 가족관계등록부를 불법으로 조회했다는 진술을 검찰이 확보했다. 검찰은 조 국장에게 채 군의 기록조회를 요청한 외부인이 국정원 직원이라고 의심할 만한 정황을 포착하고 통화기록 등을 조사할 계획이라고 밝혔다.

11월 29일　**정부, 사실상 TPP 협상참여 결정** – 정부가 관세 철폐와 비관세 장벽의 완전 철폐를 목표로 하는 환태평양경제동반자협정(TPP)의 예비 양자협정에 나서기로 했다. TPP에 참여하면 다른 참여국들과 일일이 자유무역협정(FTA)을 체결하지 않고도 FTA를 체결한 것과 같은 경제적 효과를 얻을 수 있으나 참여국이 되기까지의 절차가 만만치 않은데다 농축산물과 제조업 등 일부 업종의 피해가 불가피해 향후 진행과정이 험난할 것으로 전망됐다.

12월 3일　**북한 장성택 실각 확인** – 국정원이 김정은 북한 노동당 제1비서의 고모부이자 북한의 2인자 역할을 해온 장성택 국방위원회 부위원장의 핵심 측근들이 11월 말 공개처형된 사실과 함께 장성택의 실각 가능성을 공개했다.

　　　　여야 '국정원개혁특위 설치–예산안 연내처리' 합의 – 감사원장 후보자의 임명동의안을 새누리당이 단독처리하면서 11월 29일 이후 국회 의사일정을 전면 거부하던 민주당이 새누리당과의 4자 회담에서 국회 정상화에 합의했다. 핵심쟁점이던 국가기관 대선개입 의혹에 대한 특검도입 논의를 미루자는 새누리당의 주장을 민주당이 수용하는 대신 민주당이 요구한 국정원개혁특위를 설치하기로 하고 국회에 정치개혁특위도 구성하기로 했다. 정상화에 합의한 여야는 2014년도 예산안 및 예산부수법안을 연내 처리하는 데도 합의했다.

12월 4일　**채동욱 혼외아들 의혹 정보유출 관련자 확대** – 채동욱 전 검찰총장의 혼외아들 의혹과 관련된 개인정보 불법유출사건의 범위가 안전행정부와 청와대로 확대됐다. 안전행정부 소속 김모 부장이 청와대 조오영 행정관에게 부탁하고 조 행정관이 다시 서초구청 조이제 국장에게 부탁해 채모 군의 가족관계등록부를 조회한 사실이 드러났다. 청와대는 조 행정관의 행위를 '개인적인 일탈'이라며 이날 직위해제하고 징계위원회에 회부했으나 청와대 윗선으로 수사가 비화하는 것을 차단하기 위한 신속한 대응이라는 의혹이 강하게 제기됐다.

12월 5일　**한국–호주 FTA 타결** – 한국과 호주의 자유무역협정(FTA)이 타결돼 이후 국회 비준절차가 차질 없이 진행되면 2015년부터 발효될 예정이다. FTA가 발효되면 호주에 대한 자동차 수출 가격경쟁력은 크게 높아지는 반면 호주산 쇠고기 수입가격이 단계적으로 낮아져 국내 축산농가들이 타격을 입을 것으로 전망되고 있다.

12월 6일　**세계인권운동사의 큰별 넬슨 만델라 타계** – 남아프리카공화국의 넬슨 만델라 전 대통령이 95세를 일기로 타계했다. 현지시간으로는 5일 오후 8시 50분이었다. 백인 정권의 인종분리 정책(아파르트헤이트)에 맞서 '아프리카민족회의(ANC)'를 이끌다 투옥돼 27년 6개월간 옥고를 치른 후 남아공 최초의 흑인 대통령이 된 넬슨 만델라는 '진실화해위원회'를 출범시켜 잘못을 고백한 백인을 사면하는 등 용서와 화합의 지도력으로 세계인의 추앙을 받았다.

12월 8일　　**이어도 상공 포함하는 한국방공식별구역 선포** – 정부가 중국의 일방적인 방공식
별구역 설정에 맞서 새로운 한국방공식별구역(KADIZ)을 선포했다. 그동안 한국
방공식별구역에서 제외됐던 이어도 상공을 포함해 마라도와 홍도 남쪽의 영공까
지 확장하는 조정안이었다. 정부는 새로 조정된 한국방공식별구역을 재외공관을
통해 각국에 통보하는 한편 방공식별구역 안에서의 우발적 충돌 방지와 항공기
운항 안전을 위해 주변국과 협의해나가기로 했다.

　　　　　　안철수 의원 신당 창당 준비기구 가시화 – 무소속 안철수 의원의 신당 창당 준비
기구인 '국민과 함께하는 새 정치 추진위원회(새정추)'의 윤곽이 드러났다. 국회
에서 기자회견을 열고 새정추 공동위원장 등을 발표한 안 의원은 신당 창당을 가
시화해 6·4 지방선거에서 수도권과 호남을 중심으로 민주당과 정면승부를 벌
일 것으로 추측됐다.

12월 9일　　**전국철도노동조합 총파업 돌입** – 코레일이 수서발 KTX 운영사를 독립계열사로
출범시킬 계획을 세우자 전국철도노조가 '수서발 KTX 민영화'를 위한 포석이라
며 총파업에 돌입했다. 코레일 사측은 철도노조의 파업을 불법으로 규정하고 노
조집행부 194명을 고발하는 한편 파업에 참여한 직원 4356명을 직위해제하는
등 강경대응에 나섰다.

12월 10일　　**주택취득세율 영구 인하하는 지방세법 개정안 국회 통과** – 주택취득세율을 영구
인하하고 이를 정부의 전월세 대책 발표일인 8월28일부터 소급적용하는 내용의
지방세법 개정안이 국회 본회의를 통과했다. 따라서 8월 28일 이후 집을 산 사람
들은 취득세를 절약할 수 있게 됐다. 6억 원 이하 주택은 현행 2%에서 1%로, 9억
원 초과 주택은 4%에서 3%로 각각 줄어든다. 6억 원 초과 9억 원 이하 주택은
현행대로 2%를 낸다.

　　　　　　KBS 이사회, 수신료 월 4000원 의결 – KBS 이사회가 수신료를 월 2500원에서
4000원으로 올리고 광고수입 비중을 현 40%에서 22%로 낮추는 안을 의결했다.
1981년부터 월 2500원으로 동결돼 왔으므로 32년 만의 인상안인 셈이다. KBS
수신료 인상안은 방송통신위원회의 검토를 거쳐 국회에 제출될 예정이나 수신료
인상에 반대하는 여론이 높아 국회 처리가 쉽지 않을 것으로 예상됐다.

수서발 KTX 운영사 설립 및 출자계획 의결 – 철도노조가 수서발 KTX 운영사 설립에 반대하며 이틀째 파업을 이어가는 가운데 코레일이 임시 이사회를 열고 수서발 KTX 운영사 설립 및 출자계획을 의결했다. 코레일은 9일에 이어 이날도 파업 참가자 1585명을 추가 직위해제했다.

고교 한국사 교과서 8종 최종승인 – 교육부가 수정 · 보완을 완료한 고교 한국사 교과서 8종 전체를 최종 승인했다. 이에 따라 2013년 말까지 일선학교가 교과서를 정하면 신학기부터 보급할 계획이라고 밝혔으나 민주당이 교학사 교과서를 다시 따지겠다고 예고하고 전국교직원노동조합(전교조)이 교학사 교과서 불채택 운동을 선포해 한국사 교과서를 둘러싼 논란이 지속될 것으로 전망됐다.

12월 11일   **정부 '공공기관 정상화 대책' 발표** – 현오석 경제부총리 겸 기획재정부 장관이 '공공기관 정상화 대책'을 발표했다. 한국거래소, 마사회, 예탁결제원 등 20곳을 복리후생이 과도한 '방만경영 공공기관'으로 선정하고 석유공사, 토지주택공사(LH), 가스공사 등 빚이 많은 12개 공공기관을 '부채과다 기관'으로 정해 중점 관리한다는 대책이었다. 방만경영과 과도한 부채 문제를 해결하지 못하는 기관장은 해임하기로 했다.

12월 12일   **국정원 자체개혁안 국회 개혁특위 보고** – 정치개입 의혹의 당사자인 국가정보원이 자체 개혁안을 국회 국정원개혁특위에 보고했다. 정치개입 금지를 위해 전 직원의 정치개입 금지서약을 의무화하고 퇴직 후 3년 이내 정당가입과 활동을 금지하며 정치관여 소지가 있는 지시를 받을 경우 해당 직원이 이의신청을 할 수 있도록 하며 국회와 정당, 언론사에 대한 국내 정보관(IO) 상시출입 제도를 폐지하겠다는 등의 내용이 포함된 개혁안이었다. 또 대선개입 논란의 발단이 된 대북심리전의 업무범위를 명확히 한정하겠다는 내용도 포함돼 있었다. 그러나 대공수사권 문제나 국회의 예산통제권 강화, 내부고발자 신분보장 강화 등 핵심쟁점을 피해간 개혁안이어서 민주당으로부터 '쥐꼬리만 한 개혁안'이라는 평가를 받았다.

12월 13일   **북한 장성택 사형사실 공개** – 북한 조선중앙통신이 장성택 국방위원회 부위원장이 12일 사형에 처해졌다고 밝혀 국제사회를 경악케 했다. 8일 당 중앙위원회 정치국 확대회의에서 해임과 출당, 제명 처분을 받은 지 불과 나흘 만에 벌어진 일이었다. 북한 노동신문은 장성택이 양손이 묶인 채 안전보위부원 2명에게 목과 팔을 잡혀 구부정한 모습으로 12일 국가안전보위부 특별군사재판에 나온 장면을 공개했다. 또 '국가전복음모' 등 장성택의 죄목을 낱낱이 적은 장문의 판결내용도 함께 공개해 사형의 정당성을 강조하려는 노력을 보이기도 했다.

12월 15일　　**대한의사협회, 정부 의료정책 반대 대규모 집회** – 전국철도노조의 파업이 장기화하고 있는 가운데 의사들마저 정부 의료정책에 반대하며 대규모 집회를 열었다. 대한의사협회 회원 2만 명은 정부가 입법예고한 원격진료와 병원 수익사업 허용 방침 등이 "사실상의 영리(투자개방형)병원 도입안"이라며 이들 의료정책을 철회하지 않으면 향후 진료거부 등 집단행동도 불사하겠다고 밝혔다.

12월 17일　　**서울지하철노조 파업 직전 노사협상 극적 타결** – 노조가 파업을 예고한 상태에서 임금협상과 단체협상을 진행하던 서울지하철 노사가 파업 돌입 9시간 반을 남겨놓고 극적으로 합의했다. 역대 철도파업 중 가장 긴 파업을 이어가던 철도노조 파업에 이어 지하철노조까지 파업에 돌입할 경우 시민불편이 가중될 것이라는 우려가 컸으나 노사협상으로 지하철노조의 파업은 철회됐다.

12월 18일　　**대법원 전원합의체 통상임금 범위 확정** – 재계와 노동계의 주장이 극명하게 엇갈리는 통상임금 범위에 대해 대법원 전원합의체가 의미있는 판례를 남겼다. 대법원 전원합의체는 정기상여금은 통상임금에 포함되나 수당 등 복리후생비에 속하는 임금은 포함되지 않는다고 판결했다. 다만 이를 과거 3년 전까지 소급적용해서는 안 된다고 제한해 통상임금의 범위를 확대하면서도 기업의 부담을 고려해 절충적인 판결을 했다는 분석이 나왔다.

12월 19일　　**미국 '양적완화' 규모축소 단행** – 미국 연방준비제도가 6월 예고한대로 '양적완화' 규모를 축소하는 출구전략을 시작했다. 하지만 양적완화 축소 금액이 100억 달러 규모에 불과한 데다 연준이 당분간 초저금리 기조를 유지하겠다고 밝히면서 시장에 미친 충격은 크지 않았다.

　　　　　　　국방부 '사이버사 정치글 게시의혹 중간수사 결과' 발표 – 국방부 조사본부는 국군사이버사령부 소속 일부 요원이 대선기간을 포함한 최근 3년간 1만5000여 건의 정치글을 올렸으나 윗선의 지시나 국정원 등 외부기관과의 연계 및 대선개입

사실은 발견하지 못했다고 발표했다. 야당은 부실수사라며 김관진 국방부장관의
사퇴와 특검도입을 주장했다.

12월 22일 **민노총 본부 사상 첫 공권력 투입** – 14일째 파업 중인 전국철도노조 지도부를 체
포하기 위해 이들이 은신 중인 곳으로 알려진 서울 중구 정동 경향신문사 건물
전국민주노동조합총연맹(민노총) 본부에 공권력이 투입됐다. 경찰이 강제진입을
시도하면서 경찰과 노조원 간의 물리적 충돌이 밤까지 계속됐으나 체포영장이
발부된 지도부 10명은 이미 민노총 건물을 빠져나간 뒤여서 체포영장 집행에 실
패했다. 민노총은 "정부가 노동자에게 전쟁을 선포한 것"이라며 경찰의 강제진
입을 규탄하고 대(對)정부 총력투쟁을 선언했다.

12월 23일 **남수단 파견 한빛부대, 일본 자위대로부터 실탄 지원** – 유엔 평화유지군으로 남
수단에 파견된 한빛부대가 역시 남수단에 파견된 일본 육상자위대로부터 실탄 1
만 발을 제공받을 계획이라고 국방부가 발표했다. 한국군이 일본 자위대로부터
탄약을 협조받기는 창군(1948년) 이래 처음으로 내전이 악화되면서 탄약보유량
이 부족해지자 한국군 화기와 호환 가능한 일본 측 실탄을 지원받기로 한 것이다.

12월 24일 **한빛부대 실탄지원 관련 한일 진실게임** – 일본이 한국군의 실탄요청을 빌미로 집
단적 자위권의 필요성을 강조하는 등 정치카드로 활용할 의도를 드러내고 이에
대해 우려하는 여론이 확산되자 국방부가 진화에 나섰다. 일본은 한빛부대장이
직접 일본 육상자위대에 실탄지원을 요청했다고 주장했으나 국방부는 남수단재
건지원부의 유엔사령관에게 요청해 지원받았다고 강조하면서 실탄지원을 둘러
싼 논란이 잠시 한일 진실게임으로 번졌다.

12월 26일 **일본 아베 총리 야스쿠니 신사 전격 참배** – 일본 아베 신조(安倍晋三) 총리가 취
임 1년을 맞아 A급 전범을 합사한 야스쿠니 신사를 전격 참배했다. 현직 일본 총
리의 야스쿠니 신사 참배는 2006년 고이즈미 총리의 참배 이후 7년 여 만으로
주변국들의 경고에도 불구하고 강행해 악화된 한일관계의 정상화는 물론 다른
주변들과의 관계에도 악영향을 끼칠 것으로 예견됐다. 한국 정부는 즉각 "개탄과
분노를 금할 수 없다"며 강하게 비판했다.

전국철도노조 파업 노사대화 시작 – 서울 종로구 조계사에 은신해 있던 박태만

철도노조 수석부위원장과 최연혜 코레일 사장이 대한불교조계종의 중재로 대화를 시작했다. 이 만남 뒤 곧바로 노사 실무협상이 진행돼 파업국면이 진정될 것으로 기대됐다. 한편 코레일은 철도파업 장기화에 대비해 파업인력을 대체할 기간제 직원 660명을 선발한다고 밝혔다.

12월 27일 **수서발 KTX 면허발급, '철도 경쟁체제' 도입 본격화** – 정부가 철도파업의 단초가 된 수서발 KTX의 사업면허를 발급했다. 이로써 수서발 KTX가 코레일의 자회사로 출범해 코레일과 경쟁을 벌이게 되는 '철도 경쟁체제'가 본격화하자 철도노조와 전국민주노동조합총연맹(민노총)이 28일 총파업을 선언하며 강하게 반발했다.

12월 28일 **민노총 총파업 결의대회** – 전날 예고한대로 민노총이 서울광장에서 총파업 결의대회를 열었다. 집회에는 경찰 추산 2만4000여 명(주최 측 추산 10만여 명)이 참석해 큰 충돌 없이 진행됐으나 시위대가 행진을 시작하면서 경찰과 크고 작은 충돌을 빚어 시민들이 큰 불편을 겪었다.

12월 30일 **21일 만에 철도파업 철회** – 역대 최장기 철도파업을 기록한 철도노조가 국회의 중재로 파업철회를 결정했다. 국회 국토교통위원회에 철도산업발전소위를 구성해 철도산업과 관련된 모든 현안을 다루자는 국회의 제안을 철도노조 지도부가 받아들인 결과였다. 단, 수서발 KTX 면허발급 등 이미 진행된 조치는 다시 거론하지 않기로 했다. 파업을 철회한 철도노조는 31일 현장으로 복귀하기로 했으나 정부와 코레일이 파업을 주도한 노조 간부들에 대한 사법처리 방침을 고수하고, 코레일이 노조를 상대로 낸 손해배상 청구소송도 진행할 계획이라고 밝혀 갈등의 불씨를 남겼다.

12월 31일 **막판 진통 끝에 새해 예산안 국회 예결위 통과** – 새해를 불과 12분 앞두고 국회 예산결산특별위원회(예결위)가 정부 제출안(357조7000억 원)보다 1조9000억 원가량 줄어든 355조8000억 원 규모의 새해 예산안을 의결했다. 예산안의 국회 본회의 통과는 해를 넘겼으나 준예산 편성이라는 최악의 사태는 피할 수 있었고 계류 중이던 법안 73건도 의결했다.

'외국인투자촉진법' 국회 통과 – '외국인투자촉진법(외촉법)' 개정안은 새해 예산안을 처리하는 과정에서 민주당 박영선 의원 등이 개정안 처리에 반대해 1월 1일 새벽에야 국회 본회의를 통과했다. 이 법은 지주회사(대기업)의 손자회사가 증손회사를 설립할 때 증손회사 주식을 50%만 가져도 설립할 수 있도록 지분규제를 완화하는 내용이 핵심이다.

어린이 통학차량의 안전규정 강화한 '세림이법' 국회 통과 – 2013년 3월 자신이 다니던 어린이집 통학차량에 치여 숨진 김세림 양(당시 3세)의 사고를 계기로 만들어진 '도로교통법 일부개정 법률안(일명 세림이법)'이 국회를 통과했다. 통학차량의 경찰서 신고 의무화와 보호자 동승 의무화 등을 골자로 하는 법이다.

국정원 개혁법안 국회 통과 – 국정원개혁특위에서 가결한 국정원 개혁법안도 국회를 통과했다. 법안의 핵심은 사이버 정치개입 금지, 국내 정보관(IO)의 정부·민간기관 출입금지 등을 국정원법에 명시하고 처벌규정을 강화했다.

〈국정원 개혁법안 주요내용〉
* 직원의 정보통신망을 이용한 정치활동 관여행위 금지
* 정치관여 금지 위반 시 처벌형량을 5년 이하 징역과 5년 이하의 자격정지에서 각각 7년으로 강화. 공소시효도 10년으로 연장
* 직원이 정치관여 행위의 집행을 지시받은 경우 이의제기 및 직무집행 거부, 수사기관에 신고할 경우 불이익조치 금지
* 국내 정보관(IO)의 정부·민간기관 출입금지
* 국정원 예산총액 기획재정부장관에게 제출하고 다른 기관에 계상된 예산은 국회에서 심사하는 등 국정원에 대한 외부통제 강화

2014

1월 1일　　**소득세법 개정안 등 세법개정안 국회 통과** – 소득세 최고세율(38%)을 적용받는 과표 구간을 현행 '3억 원 초과'에서 '1억5000만 원 초과'로 하향조정해 적용대상자를 확대하는 내용을 담은 소득세법 개정안을 비롯해 국세기본법, 법인세법, 상속세법, 조세특례제한법 개정안 등이 각각 국회 본회의를 통과했다. 박근혜 정부의 사실상의 '부자증세'로 해석되는 소득세 최고세율 과표 구간 조정으로 기

획재정부는 연간 4700억 원의 추가 세수가 발생할 것으로 추산했다. 최고세율 구간 적용 인원은 4만1000명에서 13만2000명으로 늘어나고, 1억5000만 원 초과 구간에 포함되는 납세자 1인당 최대 450만 원의 세부담 증가가 있을 것으로 전망됐다.

2013년 수출 및 무역흑자 사상최대 – 산업통상자원부는 2013년도 수출이 5597억2300만 달러로 2012년보다 2.2% 증가하고 수입은 2012년보다 0.8% 줄어든 5155억2900만 달러로 집계됐다고 발표했다. 2013년도 무역수지는 441억9400만 달러 흑자로 사상최대를 기록했다. 이로써 무역규모 2조 달러, 사상최대 수출과 무역흑자 등 '트리플 크라운'을 달성했다고 산업부는 설명했다.

도로명주소 제도 전면 시행 – 새해 첫날 지번주소 대신 도로명주소가 전면 시행돼 곳곳에서 혼란스럽다는 반응이 나오기도 했다.

1월 2일 **원–엔 환율 1000원대 붕괴** – 2013년 1월 초 1100원대로 떨어졌던 원–엔 환율이 양적완화와 엔저정책을 핵심으로 하는 일본 '아베노믹스'의 영향으로 이날 1000원대 이하로 떨어지면서 수출시장을 긴장시켰다.

1월 3일 **통합진보당 공판, RO 회합 녹음파일 및 녹취록 증거능력 인정** – 통합진보당 이석기 의원 등 7명에 대한 30차 공판에서는 녹취록 왜곡여부가 논란이 되면서 증거채택을 보류해온 RO 회합 녹음파일 및 녹취록의 증거능력을 대부분 인정하고 유무죄 판단의 자료로 삼기로 했다.

숭례문 복구공사 의혹 관련 압수수색 – 숭례문 복구공사에 고급 금강송 대신 값싼 목재가 사용됐다는 의혹이 제기돼 수사 중인 경찰이 공사를 총지휘한 도편수 신응수 대목장의 목재회사와 자택, 경복궁 내 치목장 등을 압수수색했다.

1월 5일 **채동욱 혼외아들 의혹 정보유출에 국정원 직원 개입 확인** – 채동욱 전 검찰총장의 혼외아들 의혹 관련 개인정보 불법유출 과정에 청와대 행정관에 이어 국정원 직원이 연루된 정황이 드러났다. 채 전 총장의 혼외아들로 지목된 채모 군의 학교생활기록부 정보를 불법유출한 혐의로 검찰이 소환 조사한 유영환 서울강남교육지원청 교육장이 국정원 정보관 송모 씨로부터 부탁받았다고 진술한 것으로 전해졌다.

교학사 교과서 채택철회 논란 – 교학사 한국사 교과서를 채택한 20여 개 고등학교가 이에 항의하는 여론에 밀려 줄줄이 교학사 교과서 선정을 철회하면서 전국 고등학교 가운데 단 1개교만 채택한 것으로 마무리됐다.

1월 6일　**박근혜 대통령 신년 기자회견** – 박근혜 대통령이 취임 이후 처음 내외신 기자회견을 열어 '경제혁신 3개년 계획'과 '한반도 통일시대의 기반 구축' 등 집권 2년차 국정운영 구상을 밝혔다.

1월 7일　**통합진보당 정당해산심판 관련 헌법소원 청구** – 통합진보당이 정부의 위헌정당 해산심판 청구에 대응해 헌법재판소의 심판절차가 위헌이라며 헌법소원을 청구했다.

한미 '북 급변사태 대응 협의체' 추진 합의 – 한국과 미국이 북한 비핵화를 위한 기존 6자회담과는 별도로 북한 내부정세를 파악하고 대북정책 공동수립에 집중하는 새로운 회의체제 가동에 합의했다. 이는 장성택 처형 이후 불안정성과 불확실성이 커진 북한 내부정세를 파악해 북한체제의 변화를 이끌어내기 위한 움직임으로 풀이되고 있다.

간첩혐의 서울시 전 공무원 유우성 씨, '증거조작' 혐의로 수사기관 고소 – 간첩혐의로 구속기소됐다가 1심에서 국가보안법 부분에 대해 무죄를 선고받은 뒤 항소심 재판을 받고 있던 서울시 전 공무원 유우성씨가 자신을 수사·기소한 수사기관을 국가보안법상 무고·날조 혐의로 고소했다. 유씨 측이 "날조·은닉됐다"고 주장한 증거는 유씨가 중국에서 촬영한 사진과 통화기록, 그리고 항소심 재판에서 새로 제출된 출입경기록 등이었다.

1월 8일　**신용카드 개인정보유출 사고 적발** – KB국민카드, 롯데카드, NH농협카드의 고객 거래정보 1억400만 건이 유출되는 사건이 발생했다. 국내 금융사의 개인정보유출 건수로는 사상 최대 규모로 금융권의 허술한 개인정보 관리를 질타하는 여론에 이어 주민등록번호의 근본적인 문제점을 제기하는 여론이 잇따랐다. 당시 현오석 경제부총리 겸 기획재정부장관이 개인정보유출 사건의 책임을 금융소비자 탓으로 돌리는 발언을 해 공분을 사기도 했다.

1월 9일　　**교육부 교과서 편수조직 구성 방침 공개** – 교학사 한국사 교과서를 둘러싼 논란이 끊이지 않자 교육부가 검정시스템 강화를 위해 편수조직을 두겠다고 발표했다.

1월 10일　　**수서발 KTX 운영업체 공식 출범** – 철도파업의 단초가 됐던 수서발 KTX 운영업체가 공식 출범했다.

1월 12일　　**한국 새 추기경에 염수정 대주교 지명** – 프란치스코 교황이 염수정 서울대교구장을 한국의 새 추기경으로 지명했다. 염 추기경은 고 김수환 추기경과 고 정진석 추기경에 이은 한국의 세 번째 추기경이다.

1월 15일　　**일본군 위안부 문제 해결촉구 법안 미국 하원 통과** – 미국 의회가 일본 정부에 위안부 문제 해결을 촉구하는 내용을 처음으로 법안에 명시했다. 이는 과거사 역주행을 이어가는 일본에 대한 경고인 동시에 법안 명문화를 통한 강도 높은 압박이라고 할 수 있다.

1월 16일　　**한–인도 정상회담** – 박근혜 대통령과 만모한 싱 인도총리가 정상회담을 통해 안보와 경제 분야의 확고한 동반자로서 양국의 협력토대를 만들기로 약속했다. 이날 정상회담에서는 특히 포스코의 인도 일관제철소 건설문제에 대해 만모한 싱 총리가 다양한 지원을 하기로 합의함으로써 9년째 답보상태였던 포스코의 인도 제철소 건설사업이 해결의 실마리를 찾았다.

　　　　　　일본군 위안부 문제 해결촉구 법안 미국 의회 통과 – 미국 의회가 일본 정부에 위안부 문제 해결을 촉구하는 내용을 법안에 명시했다. 이는 과거사 역주행을 이어가는 일본에 대한 경고인 동시에 법안 명문화를 통한 강도 높은 압박으로 위안부 관련 법안이 미국 상하원을 모두 통과한 것은 처음이었다.

1월 17일　　**고창 오리농가 AI 발생** – 전북 고창군 오리농가에서 고병원성으로 확인된 조류인플루엔자(AI)가 발생해 전국으로 번지기 시작했다.

1월 22일　　**박근혜 대통령 다보스포럼 연설** – 박근혜 대통령이 스위스 다보스 콩그레스센터에서 열린 제44차 세계경제포럼 연차총회(다보스포럼)에서 '창조경제와 기업가 정신'을 주제로 연설했다.

원세훈 전 국가정보원장 실형 2년 선고 – 황보연 전 황보건설 대표로부터 공사수주 청탁과 함께 억대의 금품을 받은 혐의로 구속 기소된 원세훈 전 국정원장에게 1심 재판부가 징역 2년의 실형과 추징금 1억6000여만 원을 선고했다.

1월 23일   **통상임금 가이드라인 발표** – 대법원 전원합의체에서 정기상여금이 통상임금에 포함된다고 판결한 이후 고용노동부가 통상임금 관련 노사지도지침을 발표했다. 고용부는 정기상여금이 특정 시점에 재직 중인 근로자에게만 지급되는지에 따라 통상임금 여부를 판단해야 한다면서 특정 시점에만 지급되는 상여금의 경우 '고정성'이 없어 통상임금에 해당하지 않는다고 밝혔다. 이 지침에 따르면 임금 인상폭이 당초 예상보다 낮아져 노동계가 "대법원 전원합의체의 판결 취지를 뒤집는 지침"이라며 반발했다.

1월 24일   **북한 이산가족 상봉 전격 수용** – 북한이 2013년 9월 일방적으로 무산시킨 이산가족 상봉행사를 다시 열자는 남한의 제의를 전격 수용했다. 이산가족 상봉을 금강산 관광과 연계해 온 기존 주장에서 물러나 조건 없이 남한의 제안을 받아들임으로써 남북관계 개선에 희망이 보이기 시작했다.

김한길, 안철수 정책연대 합의 – 민주당 김한길 대표와 무소속 안철수 의원이 국가정보원 대선개입 의혹 특별검사제 도입과 기초선거 정당공천 폐지 관철을 위한 공동행동에 나서기로 했다. 그러나 6 · 4지방선거를 앞두고 관심이 쏠린 '야권연대'에 대해서는 여전히 부정적인 입장을 밝혔다.

1월 28일   **박근혜 대통령 특별사면 단행** – 박근혜 대통령이 서민 생계형 형사범과 불우 수형자 5925명을 특별사면하고 운전면허 정지 및 취소를 당한 행정제재자를 포함해 290만 명에 대한 특별감면 조치를 단행했다. 이날 특별사면에는 부정부패에 연루된 정치인이나 기업인은 제외됐다.

'대학구조개혁 추진계획' 발표 – 교육부가 현재 56만 명 수준인 대학(4년제, 전문대) 정원을 2023년까지 40만 명 수준으로 줄이기 위해 전체 대학을 5등급으로 나눠 정원을 감축하는 '대학구조개혁 추진계획'을 발표했다.

일본, 교과서 지침에 '독도는 일본 땅' 명기 공식화 – 일본 정부가 '독도는 일본 땅'
이라는 주장을 중고교 교과서 제작지침에 담기로 공식 결정해 발표했다. 야스쿠
니 신사참배에 이어 독도 발언까지 일본의 도발이 계속되자 한국 정부는 중국과
공동으로 일본 제국주의 침탈역사에 대한 국제 공동연구를 진행하기로 하는 등
대응수위를 높이기로 했다.

통진당 해산심판청구 사건 첫 변론 – 헌정 사상 최초의 정당해산심판청구 사건인
통합진보당에 대한 위헌정당 해산심판과 정당활동금지 가처분신청 첫 변론이 헌
법재판소에서 진행됐다. 이날 정부 측에서는 황교안 법무부장관이, 통진당 측에
서는 이정희 대표가 각각 변론을 맡아 치열한 법정공방을 벌였다.

1월 31일　**여수 앞바다 원유 유출사고 발생** – 전남 여수 해상에서 싱가포르 선적의 대형 유
조선이 GS칼텍스의 송유관에 부딪쳐 원유가 유출되는 사고가 발생했다. 특히
송유관 파손 시 자동으로 벨브를 잠그는 장치가 작동되지 않아 원유 유출차단이
지연되면서 유출량이 처음 추정치보다 4.6배가량 많은 것으로 밝혀져 논란이
됐다.

2월 2일　**'공공기관 정상화 대책 이행계획' 발표** – 기획재정부가 금융 공공기관의 1인당 복
리후생비를 대폭 감축하고 부채중점관리 대상인 18개 공공기관의 부채감축 계획
을 담은 '공공기관 정상화 대책 이행계획'을 발표했다. 공공기관의 방만경영 해소
를 위한 이행계획이지만 많은 부분이 노사 간 단체협약 사안이어서 실제 추진과
정에서 상당한 진통이 따를 것으로 예상됐다.

고객정보 유출 카드사 3개월 영업정지 처분 – 금융위원회가 대규모 고객정보를
유출한 KB국민카드, 롯데카드, NH농협카드에 3개월 영업정지 처분을 내렸다.
이에 따라 카드 3사는 2월 17일부터 5월 15일까지 영업정지에 들어갔다.

2월 3일　**단기방학 실시 등 국내관광 활성화대책 발표** – 문화체육관광부 등 13개 정부부처
가 박근혜 대통령 주재로 열린 '제2차 관광진흥확대회의'에서 내국인의 국내관광
을 늘려 내수를 활성화하고 일자리를 늘리겠다는 내용의 대책을 발표했다. 내국

인의 국내관광 소비를 늘리기 위해 5월과 9월에 각각 11일씩 '관광주간'을 정하고 전국 초중고교는 이 시기에 맞춰 단기방학을 실시하며 휴가를 많이 쓸수록 더 많은 보상을 주는 방식으로 공무원들의 연차휴가 제도를 바꾸는 등의 대책이었다.

민주당 김한길표 정치혁신안 당론채택 무산 – 2월 임시국회가 개원되자 민주당 김한길 대표가 기자회견을 통해 국회의원의 특권을 내려놓자는 내용의 정치혁신안을 발표했다. 이에 새누리당과 무소속 안철수 의원 측은 긍정적인 입장을 표명했으나 민주당 내부에서는 '특권 내려놓기보다 야성(野性) 회복이 우선'이라며 반대해 당론 채택이 무산됐다.

롯데쇼핑 600억 원대 추징금 부과 – 2013년 7월부터 롯데쇼핑 4개 사업본부를 상대로 세무조사를 실시한 국세청이 세금탈루 혐의로 롯데쇼핑에 600억 원대의 추징금을 부과했다.

2월 5일 **메디텔 관련규제 철폐 등 관광진흥법 시행령 개정안 발표** – 정부가 메디텔(의료기관이 직접 운영하는 의료관광호텔)을 병원으로부터 1㎞ 이내에만 세워야 한다는 규제를 없애고 메디텔 설립자의 자격요건도 완화하는 등의 내용이 포함된 관광진흥법 시행령 개정안을 2014년 3월 1일부터 시행한다고 발표했다.

2월 6일 **윤진숙 해양수산부장관 해임** – 여수 원유 유출사고 발생 27시간 뒤에 현장을 찾는 등 안이한 대응으로 여론의 질타를 받은 윤진숙 해양수산부장관이 잇단 실언으로 국민의 공분을 사자 박근혜 대통령이 해임을 결정했다.

김용판 국정원 댓글사건 수사축소 · 은폐 혐의 무죄선고 – 2012년 대선을 앞두고 국가정보원의 선거개입 사건 수사를 축소 · 은폐한 혐의로 불구속 기소된 김용판 전 서울경찰청장에 대해 재판부가 무죄를 선고했다. 이에 야권은 검찰의 부실수사와 특검을 언급하며 반발했고 검찰은 12일 법원에 항소장을 제출했다.

2월 7일 **소치 겨울올림픽 개막** – 2014 소치 겨울올림픽이 현지시간으로 7일 러시아 소치 피시트 올림픽 스타디움에서 화려한 막을 올렸다.

쌍용자동차 정리해고 무효 판결 – 2009년 쌍용자동차가 단행한 정리해고가 무효라는 항소심 판결이 나왔다. 이는 정리해고가 적법했다는 1심 판결을 뒤집은 것으로 정리해고의 근거가 된 쌍용차의 2008년 회계감사보고서가 경영위기를 부풀린 것으로 드러난 데 따른 판결이었다. 이로써 소송을 낸 근로자 153명의 복직의 길이 열렸으나 쌍용차는 이에 불복해 대법원 상고 입장을 밝혔다.

2월 11일　　**김승연 한화그룹 회장 집행유예 판결** – 회사에 수천억 원의 손해를 끼친 혐의로 1, 2심에서 실형을 선고받았던 김승연 한화그룹 회장이 3년여의 법정다툼 끝에 파기환송심에서 집행유예 판결을 받았다. 1심 재판부가 산정한 3024억 원 규모의 배임액수가 파기환송심에서 1585억 원으로 줄어들면서 징역 3년에 집행유예 5년, 벌금 50억 원과 300시간의 사회봉사명령을 선고하는 것으로 마무리됐다.

LIG그룹 항소심 판결 – 경영권 유지를 위해 분식회계를 하고 2200억 원대 사기성 기업어음(CP)을 발행한 혐의로 기소된 LIG그룹 3부자에 대한 항소심 판결이 나왔다. 구자원 LIG 회장에게는 징역 3년에 집행유예 5년, 구 회장의 장남 구본상 LIG넥스원 부회장에게는 징역 4년, 차남 구본엽 전 LIG건설 부사장에게는 징역 3년형이 선고됐다.

이혜훈 새누리당 최고위원 서울시장 출마선언 – 이혜훈 새누리당 최고위원이 6 · 4지방선거 서울시장 출마를 선언했다.

2월 12일　　**남북 고위급 회담 개최** – 한국 측 수석대표인 김규현 대통령국가안보실 제1차장과 북한 측 수석대표인 원동연 통일전선부 제1부부장이 참석하는 남북 고위급 회담이 7년 만에 판문점에서 열렸다. 이산가족 상봉문제는 순조롭게 논의됐으나 북핵문제와 천안함 폭침, 연평도 포격 등의 의제에 대해서는 의견차가 커 정회와 속개를 반복하는 등 난항을 겪은 것으로 알려졌다.

2월 13일　　**유서대필 사건 강기훈 씨 및 부림사건 무죄 선고** – 1991년 5월 분신자살한 전국민족민주연합(전민련) 사회부장 김기설 씨의 유서를 대필한 혐의(자살방조)로 1992년 대법원에서 징역 3년의 확정판결을 받고 복역했던 강기훈 씨에 대한 재심 선고공판에서 무죄가 선고됐다. 또한 영화 〈변호인〉의 소재가 되면서 관심을 모았던 부림사건 관련자 고호석 씨 등 5명도 이날 재심 선고공판에서 무죄를 선고받았다. 이로써 각각 22년, 33만 만에 누명을 벗은 셈이 됐다.

2월 14일　　**간첩혐의 유우성 씨, '검찰 측 증거 위조'라는 중국 공문 제출** – 간첩혐의로 기소된 서울시 전 공무원 유우성 씨 측 변호인이 '검찰이 제출한 허룽(和龍) 시 공안국의 출입경기록 등 3건의 문서는 모두 위조된 것'이라는 중국 측 공문을 중국대사관 영사부로부터 받아 재판부에 제출했다고 밝혔다. 중국 측 회신에는 '한국 검찰이 제출한 공문은 중국 기관의 도장을 위조한 것으로 법에 따라 조사할 것'이라는 내용도 포함돼 엄청난 파장을 예고했다.

　　　　　　이재현 CJ그룹 회장 징역 4년 선고 – 1657억 원의 탈세 및 비자금 조성 혐의 등으로 구속 기소된 이재현 CJ그룹 회장이 징역 4년의 실형과 벌금 260억 원을 선고받았다. 조세피난처에 페이퍼컴퍼니를 세워 조세를 포탈한 혐의도 일부 인정돼 대기업 오너로는 처음 역외탈세 혐의에 대해 유죄가 인정됐다. 이에 이 회장 측은 항소할 뜻을 밝혔다.

2월 16일　　**이집트에서 한국인 탑승 버스 테러공격** – 이집트 시나이 반도의 국경 검문소에서 한국인 관광객들이 탑승한 버스가 폭탄공격을 받아 가이드와 관광객 등 한국인 3명과 현지인 운전기사까지 모두 4명이 사망했다. 한국인 관광객 31명은 충북 진천 중앙교회 신도로 성지순례여행을 떠났다가 변을 당한 것으로 알려졌다. 국제 테러단체인 알카에다와 연계된 이슬람 과격단체 '안사르 베이트 알마크디스(성지를 지키는 사람들)'는 이날 테러를 자신들의 소행이라고 주장했다.

　　　　　　검찰, 유우성 씨 간첩증거 조작논란 해명 – 간첩혐의로 기소된 유우성 씨의 혐의입증을 위해 검찰이 증거로 제출한 문서에 대해 중국 정부가 위조됐다는 회신을 하면서 파문이 일자 검찰이 "국가정보원으로부터 확보한 문건을 중국 공안당국의 확인을 받아 법원에 제출했다"며 "현 단계에서 위조라고 단정할 수 없다"고 해명했다.

2월 17일　　**내란음모혐의 이석기 의원 징역 12년 선고** – 통합진보당 내란음모사건 1심 선고 공판에서 내란음모와 내란선동, 반국가단체 찬양 선전 동조와 이적표현물 소지죄가 적용돼 이석기 의원에게는 징역 12년에 자격정지 10년이, 나머지 피고인 6명에게도 각각 유죄가 선고됐다. 이에 변호인은 "그동안 제기한 의문에 대한 설명이 충분하지 않은 판결"이라며 즉각 항소하겠다고 밝혔다.

경주 마우나리조트 체육관 붕괴사고 발생 – 경북 경주시 동대산 기슭에 위치한 마우나오션리조트 내 체육관 천장이 붕괴되면서 신입생 오리엔테이션 중이던 부산외국어대 신입생 등 10명이 숨지고 103명이 다치는 사고가 발생했다. 지붕을 지지하는 강철 H빔 7개 중 일부가 지붕에 쌓인 눈의 무게를 이기지 못하고 무너지면서 벌어진 참사였다.

새정치연합 창당발기인대회 – 무소속 안철수 의원이 이끄는 신당 새정치연합이 백범김구기념관에서 창당발기인대회를 열었다. 이날 대회에서는 안철수 의원이 신당의 법적 대표인 중앙운영위원장에 선출됐다.

2월 18일 **유우성 씨 간첩증거 조작사건 대검 진상조사팀 구성** – 유우성 씨 간첩증거 조작사건에 관해 대검찰청이 진상조사팀을 꾸려 조사에 나서기로 했다. 지휘는 윤갑근 대검 강력부장이, 실무팀장은 노정환 서울중앙지검 외사부장이 각각 맡기로 했다.

2월 19일 **재건축 초과이익환수제 영구폐지 추진** – 국토교통부가 침체된 아파트 재건축사업을 활성화하기 위해 재건축 초과이익환수제도를 폐지하겠다고 밝혔다. 또 재건축 시 의무적으로 지어야 하는 소형주택 비율 규제도 완화하고 수도권 민간아파트의 전매제한 기간도 계약 후 1년에서 6개월로 단축할 계획이라고 밝혀 재건축시장의 변화를 예고했다.

2월 20일 **남북이산가족 1차 상봉행사** – 남북관계 경색으로 3년 여간 중단됐던 남북이산가족 상봉행사가 금강산관광호텔에서 열렸다. 22일까지 진행된 상봉행사에는 남측 이산가족 상봉대상자 82명과 동반가족 58명이 북측 가족 178명과 상봉했다.

선행교육 규제법 국회 통과 – 학교 정규 교육과정에 앞서는 교육과 평가를 규제하는 '공교육 정상화 촉진 및 선행교육 규제에 관한 특별법'이 국회를 통과했다.

무소속 문대성 의원 새누리당 복당 확정 – 논문 표절의혹으로 2013년 새누리당을 자진 탈당한 무소속 문대성 의원(부산 사하갑)의 복당이 새누리당 최고위원회에서 결정됐다.

2월 21일 　**정부, 민간단체 인도적 대북지원 승인** – 통일부가 민간단체 '유진벨재단'과 '1090 평화와 통일운동'이 신청한 인도적 지원물품의 북한 반출을 승인했다. 이에 따라 유진벨재단은 7억2000만 원 상당의 결핵약을, 1090평화와 통일운동은 영유아를 위한 분유 17t(3억4000만 원)을 북한에 전달했다.

2월 23일 　**남북이산가족 2차 상봉행사** – 남북이산가족 2차 상봉행사가 금강산면회소에서 열렸다. 이번에는 북측에서 신청한 이산가족 88명이 남측 상봉단 357명과 만났다.

2월 24일 　**소치 겨울올림픽 폐막** – 2014 소치 겨울올림픽 폐회식이 열렸다. 한국은 금 3, 은 3, 동메달 2개로 종합 순위 13위를 기록했다.

　　　　전·월세 임대소득자 과세강화 방침 발표 – 국세청이 지하경제 양성화 차원에서 전·월세 임대소득자에게 소득세를 엄격하게 부과할 방침을 밝혔다. 국세청은 국토부로부터 전·월세 확정일자 자료를 넘겨받아 고액 월세 소득자에 대해 집중조사를 벌인 후 집주인이 자진신고하지 않은 임대소득에 대해 세금을 추징하기로 했다. 그러나 전문가들은 임대소득자들이 늘어난 세금만큼 월세를 올리면서 세입자의 부담이 커지는 부작용이 나타날 수 있다고 우려했다.

　　　　새정치연합 기초선거 정당공천 폐지방침 발표 – 새정치연합 창당준비위원회의 안철수 중앙운영위원장이 6·4지방선거에서 기초단체장과 기초의원에 대한 정당공천을 하지 않겠다고 밝혔다. 이는 2012년 대선 당시 여야 대선후보의 공통 공약이었으나 새누리당과 민주당이 정당공천 폐지에 난색을 표하고 있어 안 위원장이 선도적으로 정당공천 폐지약속을 실천한 셈이 됐다.

　　　　키리졸브 훈련 시작 – 3월 6일까지 예정된 한미 연합군사연습 키리졸브가 시작됐다.

2월 25일 　**박근혜 대통령 대국민담화 발표** – 박근혜 대통령이 취임 1년을 맞아 대국민담화를 발표하고 경제혁신 3개년 계획과 대통령 직속 통일준비위원회 발족, 공공부문 개혁 등 국정운영 목표를 제시했다.

2월 26일 　**'주택 임대차시장 선진화 방안' 확정** – 정부가 경제관계장관회의에서 '주택 임대

차시장 선진화 방안'을 확정했다. 월세 세제혜택 지원 대상을 2014년부터 총 급
여액 5000만 원에서 7000만 원으로 확대하고 공제방식도 소득공제에서 세액공
제로 전환하는 조치로, 공제방식 전환에 따른 세금 인하분이 한 달 치 월세와 맞
먹는 수준이어서 중산층과 저소득층 약 300만 가구가 월세 한 달분을 정부로부
터 직접 지원받는 효과를 볼 것으로 기대됐다. 이날 확정된 안에는 임대소득에
대한 과세는 강화하되 소규모 월세 임대소득자의 세 부담은 낮추는 방안도 포함
됐다.

2월 27일　**'가계부채 구조개선 촉진방안' 발표** – 정부가 주택담보대출의 만기를 '3년 이하
단기 상품'에서 '10년 이상 장기 상품'으로 바꿔 대출 만기가 한꺼번에 닥치는 위
험을 분산하고, 고정금리로 거치기간 없이 원금과 이자를 나눠 갚은 대출의 비중
을 높이는 등의 내용이 담긴 '가계부채 구조개선 촉진방안'을 내놨다. 그러나 3년
전 정부가 내놓은 대책과 크게 다르지 않아 가계부채가 1000조 원을 넘어서는
위기상황에서 안이한 접근이라는 비판을 받았다.

최태원 SK그룹 회장 실형 선고 – SK텔레콤 등 계열사의 펀드 출자금 450억 원
을 빼돌린 혐의(특정경제범죄가중처벌법상 횡령)로 기소된 최태원 SK그룹 회장
에 대한 상고심에서 대법원이 징역 4년을 선고했다. 같은 혐의로 기소된 최재원
수석부회장에게는 징역 3년 6개월이 선고됐다.

2월 28일　**방송통신위원회 KBS 수신료 인상안 의결** – 방송통신위원회가 KBS 수신료를 월
2500원에서 월 4000원으로 올리는 인상안을 의결했다. 이는 1981년 이후 33년
만의 인상방침으로 방통위를 통과함으로써 국회 승인이라는 마지막 관문만을 남
기게 됐다.

유우성 씨 간첩증거 조작의혹 문서감정 결과 발표 – 유우성 씨 간첩증거 조작의
혹 사건을 맡은 진상조사팀이 대검 디지털포렌식센터(DFC)로부터 국정원 측 문
서와 변호인 측 문서의 관인이 서로 다르다는 감정결과를 받았다고 발표했다. 중
국 삼합변방검사참(세관)의 관인이 찍힌 두 문서의 관인이 서로 다른 것으로 확
인되면서 둘 중 하나는 위조됐을 가능성이 높아졌다.

3월 2일　**민주당–안철수 신당, 통합신당 창당 합의** – 민주당 김한길 대표와 새정치연합 안

철수 위원장이 기자회견을 열어 양측의 통합을 발표했다. 6·4지방선거 전에 통합신당을 창당한다는 계획과 함께 기초선거는 무(無)공천으로 치르겠다고 선언했다.

정몽준 새누리당 의원 6·4지방선거 서울시장 출마선언 – 정몽준 새누리당 의원이 서울시장 출마를 공식 선언했다.

3월 4일　**유정복 안전행정부 장관 인천시장 출마선언** – 박근혜 대통령의 최측근인 유정복 안전행정부 장관이 6·4지방선거 인천시장 출마를 선언했다.

3월 5일　**'간첩조작의혹' 국정원 협조 조선족 자살기도** – 유우성 씨 간첩증거 조작의혹과 관련해 검찰조사를 받던 국정원 협조자 김모 씨가 "국정원으로부터 변호인 측 주장을 반박할 문서를 구해달라는 의뢰와 함께 돈을 받았으며 위조된 문서를 구해 건네줬다"고 검찰에서 진술한 뒤 숙소에서 유서를 남기고 자살을 기도했다. 중국 싼허(三合)변방검사참(세관)에서 발급됐다는 문서를 구해 국정원에 전달한 김 씨는 국정원도 위조사실을 알고 있다는 취지의 진술도 한 것으로 전해져 간첩증거 위조의혹이 국정원의 문서위조 사주 및 증인에 대한 허위진술 강요 의혹으로 번지기 시작했다.

　'주택 임대차시장 선진화 방안' 보완조치 발표 – 정부가 2월 26일 확정한 '주택 임대차시장 선진화 방안'에 집주인들의 반발이 잇따르자 보완조치를 내놓았다. 연간 2000만 원 이하의 월세수입을 얻는 2주택 이하 임대사업자에 대해 14%의 단일세율을 과세키로 한 방침을 2년 유예해 2016년부터 적용하고 2년 후에도 공제비율을 늘려 세 부담이 현재보다 늘지 않도록 하겠다는 방침이나 과세원칙은 변하지 않아 집주인들의 부담이 얼마나 완화될지는 미지수라는 지적이 적지 않다.

3월 6일　**크림자치공화국 의회, 러시아와 합병 결의** – 반정부 시위를 무력으로 진압해 유혈사태를 초래한 빅토르 야누코비치가 실각하는 등 우크라이나 정국이 혼란한 사이, 우크라이나의 친러시아 성향인 크림자치공화국 의회가 공화국을 러시아와 합병하기로 결의했다. 의회는 '크림이 러시아연방에 들어가는 것'과 '우크라이나 내 자치공화국으로 남는 것' 중에서 선택하는 주민투표를 16일 실시해 러시아와의 합병을 확정짓겠다고 밝혔다. 이에 우크라이나 연방정부는 물론 미국, 유럽 등 서방이 크게 반발했다.

삼성, 미국 판매금지소송 승소 – 애플이 삼성의 모바일 기기 미국 내 판매금지를 청구한 소송에서 삼성이 승소했다. 캘리포니아 주 연방지방법원은 삼성제품의 터치스크린 소프트웨어 특허기술로 인해 애플이 회복 불가능한 피해를 입었다는 인과관계를 입증하지 못했다며 삼성제품을 미국에서 판매하지 못하도록 하는 것은 불공정하다고 밝혔다.

3월 7일   **유우성 씨 간첩혐의 입증 위해 또 다른 문서 위조** – 유우성 씨 간첩증거 조작의혹과 관련해 국정원 협조자인 김모 씨가 유 씨의 간첩혐의를 입증하기 위한 또 다른 문서를 위조해 2월 국정원에 전달한 것으로 확인됐다. 김 씨는 위조를 시인한 싼허(三合)변방검사참 문건 외에 국정원으로부터 국정원이 제출한 유 씨의 출입경기록이 진본임을 입증할 새 문건을 구해달라는 요청을 받고 이 문건을 건넨 것으로 알려졌다.

민주당, 특검 도입과 국정원장 해임 주장 – 유우성 씨의 간첩혐의를 입증하기 위해 국정원이 법원에 제시한 유력증거가 '조작'으로 밝혀지자 민주당이 특별검사제 도입과 남재준 국정원장의 해임을 주장하며 대대적 공세에 나섰다.

3월 9일   **새누리당 남경필 의원 경기도지사 출마선언** – 새누리당 남경필 의원이 경기도지사 출마를 공식 선언했다.

3월 10일   **대한의사협회 집단휴진 강행** – 대한의사협회가 원격의료 등 정부 의료정책에 반발해 이날 하루 동안 집단휴진을 강행했다. 집단휴진에는 개원의와 종합병원에서 수련 중인 상당수 전공의들이 동참했으나 휴진율이 예상보다 높지 않아 우려했던 의료대란은 일어나지 않았다. 그러나 환자들이 대형병원으로 몰리면서 대기시간이 길어지는 등 불편을 겪는 사례가 많았다. 정부는 의사들의 집단휴진을 불법으로 규정하고 엄정 대응할 방침을 밝혔으나 의협은 필수인력까지 포함한 2차 집단휴진을 예고했다.

간첩증거 조작의혹 관련 국정원 압수수색 – 유우성 씨 간첩증거 조작의혹을 수사하는 검찰이 국가정보원을 압수수색했다. 검찰은 국정원이 간첩사건 증거로 제출된 문서 3건이 모두 위조됐다고 보고 국정원의 어느 선까지 위조행위에 개입했는지 규명하기 위해 김 씨를 10년간 접촉해 온 국정원 '블랙요원' 김 과장과 주(駐)선양영사관 관계자, 김 씨 외에 또 다른 국정원 협조자 등에 대한 조사도 진행할 계획이라고 밝혔다.

'개인정보 유출 재발방지 종합대책' 발표 – 개인정보 유출사고가 잇따르자 금융위원회와 기획재정부 등이 '개인정보 유출 재발방지 종합대책'을 발표했다. 금융회사의 고객정보 수집을 제한하고 고객이 자신의 신용정보 이용 및 제공 현황을 조회할 수 있도록 하며 금융회사가 불법 유출된 고객정보를 영업에 이용할 경우 징벌적 과징금을 부과하는 등의 대책을 발표한 정부는 6월까지 신용정보법을 개정해 이르면 7월부터 적용할 방침이라고 밝혔다.

프란치스코 교황 한국방문 확정 – 프란치스코 교황이 박근혜 대통령과 한국천주교회의 요청으로 대전교구에서 치러지는 제6회 아시아 청년대회 참석차 8월 14~18일 한국방문을 방문하기로 확정했다.

정의당 6·4지방선거 서울시장과 경기도지사 무(無)공천 방침 – 정의당 천호선 대표가 6·4지방선거에 서울시장과 경기도지사 후보를 내지 않기로 했다고 밝혔다. 이에 따라 서울시장과 경기도지사 선거는 사실상 야권 후보단일화가 이뤄졌다.

3월 11일   **한국–캐나다 FTA 타결** – 한국과 캐나다의 자유무역협정(FTA)이 협상 개시 8년 8개월 만에 타결됐다. 국회 비준 절차가 차질 없이 진행되면 2015년에 공식 발효될 것으로 보이는 한–캐나다 FTA로 한국은 자동차 분야에서 이득을 보는 대신 농축산물 분야에서는 손해를 볼 가능성이 큰 것으로 분석됐다.

간첩증거 조작사건 관련 이인철 영사 입건 – 유우성 씨 간첩증거 조작사건 수사팀이 이인철 주(駐)선양총영사관 영사를 사문서위조행사죄 등의 혐의로 입건했다. 이 영사는 국정원 대공수사팀의 요구로 유우성 씨의 북한 출입경기록에 대한 가짜 확인서를 공증한 것으로 드러났다. 검찰은 국정원 협조자인 조선족 김 씨에게서 가짜 확인서를 구한 국정원 '블랙요원' 김모 과장과 이 영사에게 가짜확인서

발급을 지시한 윗선을 밝히기 위해 집중수사하고 있다고 전했다.

3월 12일 **그린벨트 규제 푸는 '지역경제 활성화 대책' 발표** – 정부가 그린벨트 해제지역에 3, 4층 정도의 집만 지을 수 있던 규제를 풀어 고층아파트, 대형마트, 일반음식점, 공장 등의 건설을 허용하는 '지역경제 활성화 대책'을 발표했다. 서울 여의도의 36.6배 크기의 그린벨트에 개발 붐이 불면 경기회복의 온기가 수도권에서 지방으로 퍼질 것이라는 기대가 큰 반면 난개발을 우려하는 목소리도 나오고 있다.

김상곤 전 경기도교육감 6 · 4지방선거 경기도지사 출마선언 – 김상곤 전 경기도교육감이 경기도지사 출마를 공식 선언했다.

3월 13일 **한미 양국 계좌정보 교환 협의** – 한국과 미국이 해외금융계좌신고법(FATCA)과 납세자정보 자동교환 조세조약 협상을 상반기에 끝내고 7월부터 시행할 예정이라고 밝혔다. 이에 따라 2015년 9월부터 한국 국민과 기업이 미국 내에 갖고 있는 금융계좌 정보가 한국 국세청에 자동 통보돼 고의나 실수로 한국 세무당국에 신고하지 않았던 금융재산이 과세대상이 대거 포함될 것으로 예측되고 있다. 통보 대상은 1년 간 10달러 이상의 이자가 발생하는 미국 내 한국인 및 한국기업 계좌로 한미 양국은 매년 한 차례 계좌정보를 교환할 예정이다.

조현오 전 경찰청장 징역 8개월 확정 – 고 노무현 전 대통령의 차명계좌 의혹을 제기해 사자(死者) 명예훼손 혐의로 기소된 조현오 전 경찰청장이 대법원 상고심에서 징역 8개월을 선고받았다. 2010년 3월 경찰 내부강연에서 노 전 대통령의 차명계좌를 언급했다가 허위주장으로 밝혀지면서 4년 만에 형이 확정됐다.

3월 14일 **AI 항체 보유한 개 발견** – 1월 17일 발생한 고병원성 조류 인플루엔자(AI)가 확산되는 가운데 충남 천안시 닭 농장에서 기르는 개 세 마리 중 한 마리에서 H형 항체가 발견돼 방역당국이 역학조사에 나섰다. 항체가 발견된 것은 AI 바이러스가 개 몸속에 침투했다는 뜻으로 포유류인 개에게 AI 바이러스가 전파된 국내 최초의 사례였다.

3월 16일 **새정치민주연합 창당 발기인대회** – 민주당과 새정치연합의 통합신당이 당명을 새정치민주연합(새정치연합)으로 정하고 세종문화회관에서 신당 창당 발기인대회를 열었다. 공동 창당준비위원장으로는 민주당 김한길 대표와 새정치연합 안철수 중앙운영위원장이 선출됐다.

간첩증거 조작사건 관련 국정원 김모 과장 체포 – 유우성 씨의 간첩혐의를 입증하기 위해 조선족 협조자를 통해 위조문서를 만들어 재판에 제출한 혐의(모해위조증거 사용 및 위조사문서 행사 등)로 국정원 대공수사국 '블랙요원' 김모 과장(일명 김 사장)을 체포했다고 검찰이 밝혔다.

김황식 전 국무총리 6 · 4지방선거 서울시장 출마선언 – 이명박 정부 최장수 총리를 지낸 김황식 전 국무총리가 서울시장 출마를 공식 선언했다.

원희룡 전 새누리당 의원 6 · 4지방선거 제주도지사 출마선언 – 원희룡 전 새누리당 의원이 제주도지사 출마를 공식 선언했다.

3월 17일   **크림반도 주민투표 결과 압도적 찬성으로 러시아 귀속 확정** – 우크라이나 크림자치공화국의 주민투표 결과 압도적 찬성으로 러시아와의 합병이 결정됐다. 크림반도는 1954년 러시아(옛 소련)가 우크라이나에 넘긴 지 60년 만에 다시 러시아의 영토가 되는 계기를 마련했지만 미국과 유럽이 크림 합병을 반대하고 있어 군사 · 경제적 긴장이 고조되고 있다.

2차 집단휴진 앞두고 의 · 정 합의안 발표 – 정부와 대한의사협회가 원격진료, 건강보험 수가 결정구조 개선 등 의료계 쟁점현안에 대해 협의안을 마련했다. 원격진료는 의협의 주장을 수용해 6개월 시범사업 후 의료법 개정안에 반영하기로 합의했으며 의료 자법인 허용문제 역시 논의기구를 만들어 보건의료단체들의 의견을 반영하기로 했다. 또 건강보험 수가 결정구조도 의료계의 의견이 반영되도록 개선해 수가인상이 수월해질 것으로 예상됐다.

3월 18일   **검찰, 국정원 간첩증거 조작 관련 문건 확보** – 간첩증거 조작혐의로 체포된 국정원 대공수사국 '블랙요원' 김모 과장이 국정원 상부에 관련 문서가 위조된 정황이 담긴 보고서를 올렸고 이 보고문건을 검찰이 확보한 것으로 확인됐다. 이에 따라 보고라인에 있는 상급자들로 수사가 확대되기 시작했다. 한편 김모 과장은 19일 새벽 구속 수감됐고 자살을 기도했던 협조자 김모 씨도 앞서 구속됐다.

민주–새정치연합 정강정책 둘러싸고 충돌 – 새정치민주연합의 정강정책 초안을
마련한 안철수 중앙운영위원장 측이 정강정책에서 민주당 색채를 빼려다 민주당
의 거센 반발을 샀다. 김대중, 노무현 전 대통령의 대표 업적으로 꼽히는 남북 간
6·15공동선언과 10·4정상선언, 그리고 4·19혁명과 부마민주항쟁, 5·18광주
민주화운동, 6월 항쟁 등을 소모적인 이념논쟁의 소지를 없애겠다며 정강정책에
서 제외하면서 벌어진 일이었다.

3월 19일 **민주당 무(無)공천 백지화 논란 확산** – 새정치민주연합 출범의 최대 명분이었던
'기초선거 정당공천 폐지'를 두고 민주당 내에서 백지화를 주장하는 의견이 공개
적으로 표출되기 시작했다. 6·4지방선거가 다가오자 지역현장에서 정당공천을
하지 않으면 정당공천을 하는 새누리당에 대패할 수 있다는 위기감이 확산되고
있기 때문이다. 그러나 무공천 백지화 논의가 확산될 경우 신당창당에 큰 걸림돌
로 작용할 수 있다는 의견도 만만치 않다.

채널A 등 종합편성채널 3사 정부 재승인 심사 통과 – 방송통신위원회가 채널A,
JTBC, TV조선 등 종편 3사와 보도채널 뉴스Y에 대해 재승인을 의결했다.

간첩증거 조작사건 관련 권모 국정원 과장 소환 – 간첩증거 조작사건을 수사 중
인 검찰이 주(駐)선양총영사관 부총영사인 권모 국가정보원 과장을 문서위조 과
정 연루혐의로 피의자 신분으로 소환했다.

3월 20일 **박근혜 대통령 주재 규제개혁 끝장토론** – '암 덩어리' '쳐부숴야 할 원수' 등의 표
현을 사용해가며 불필요한 규제의 개혁을 강조해온 박근혜 대통령이 직접 규제
개혁 장관회의 및 민관합동 규제개혁 점검회의를 주재해 7시간 동안 끝장토론을
벌였다. 정부는 2016년까지 경제 관련 규제 1만1000개 중 2200개를 없애 전체
등록 규제를 20% 감축하기로 하고 신설되는 모든 규제에 효력시한을 부여하는
'일몰제'도 도입하기로 했다.

안철수 위원장 광주 찾아 정강정책 관련 논란 사과 – 새정치연합 안철수 중앙운
영위원장이 광주를 찾아 정강정책 초안에 5·18광주민주화운동과 6·15남북공
동선언 등을 명기하지 않은 데 대해 '실무진의 착오와 오해'였다며 해명하고 사과
했다. 민주당과 새정치연합은 '6·15공동선언과 10·4정상선언 계승'을 신당의

정강정책에 담기로 합의했다고 밝혔다.

대한의사협회 2차 집단휴진 철회 - 3월 17일 의·정 합의안 발표 후 집단휴진에 대한 찬반투표를 실시한 결과 집단휴진 유보의견이 우세하자 대한의사협회가 24~29일로 예정됐던 2차 집단휴진을 철회했다.

3월 22일 **채동욱 전 검찰총장 관련 개인정보 2013년 6월부터 수집사실 확인** - 채동욱 전 검찰총장의 혼외아들 의혹과 관련해 불거졌던 개인정보 불법유출사건을 수사 중인 검찰이 혼외아들 의혹이 제기된 시점보다 3개월 앞선 2013년 6월부터 청와대와 국정원 등 여러 기관에서 채 전 총장 주변을 캐는 정보수집활동이 분주하게 이뤄졌다는 사실을 확인했다. 검찰은 국정원 댓글사건 수사결과가 나오던 시점에 여러 국가기관이 동시에 움직인 점을 미심쩍어하면서 이를 배후에서 총지휘한 인물을 찾아내는 데 주력하겠다고 밝혀 채 전 총장과 관련된 논란의 재점화를 예고했다.

간첩증거 조작사건 관련 국정원 권모 과장 자살기도 - 간첩증거 조작의혹으로 검찰의 소환조사를 받았던 국정원 권모 과장이 자살을 기도해 의식불명 상태에 빠졌다. 권 과장은 검찰수사에 강한 불만을 토로하는 유서를 남긴 것으로 알려졌다.

3월 24일 **제3차 핵안보정상회의 개막** - 핵테러 방지와 핵안보 협력강화를 위한 제3차 핵안보정상회의가 네덜란드 헤이그에서 공식 개막했다. 이틀 일정으로 열린 이 회의에는 박근혜 대통령, 버락 오바마 미국 대통령, 시진핑(習近平) 중국 국가주석, 아베 신조(安倍晉三) 일본 총리 등 53개국 정상 또는 정상급 대표와 유럽연합(EU)·유엔·국제원자력기구(IAEA)·인터폴 등 4개 국제기구의 수장이 참석해 북한 핵·미사일 문제, 지구 차원의 비핵화와 핵안전 등의 의제를 논의했다.

G7 '헤이그 선언' 채택 - 제3차 핵안보정상회의에 참석한 주요 7개국(G7) 정상이 긴급회동을 갖고 크림자치공화국을 합병하기로 한 러시아를 제재하기 위한 '헤이그 선언'을 채택했다. 러시아가 크림반도 합병에 대한 전략을 바꿀 때까지 G8 회의에 참석하지 않겠다는 것이 '헤이그 선언'의 주 내용이었다. '헤이그 선언'이 채택되자 러시아는 'G8 체제에 미련이 없다'면서 G7의 경고를 일축했다.

3월 25일 **한미일 3국 정상회담** – 버락 오바마 미국 대통령이 네덜란드 헤이그에 있는 미국대사관저로 박근혜 대통령과 아베 신조(安倍晋三) 일본 총리를 초청해 한미일 3국 정상회담을 가졌다. 이날 회담에서 3국 정상은 북핵 폐기를 위한 실질적인 수단과 계획의 필요성을 논의하고 북핵 문제 해결을 위해 가까운 시일 안에 3국 6자회담 수석대표회의를 추진하기로 합의했다.

허재호 전 대주그룹 회장 황제노역 중단 – 조세포탈 등의 혐의로 기소돼 벌금 254억 원을 선고받은 허재호 전 대주그룹 회장에게 법원이 하루 5억 원씩 벌금을 감해주는 노역장 유치를 결정해 '황제노역'이라는 여론의 비난이 빗발치자 검찰이 노역장 유치를 즉각 중단하고 벌금을 납부토록 하겠다고 밝혔다. 건강검진 등을 이유로 노역을 하지도 않은 사흘 간 이미 15억 원이 탕감된 후였다.

3월 26일 **북한, 동해상에 탄도미사일 2발 발사** – 북한이 이날 새벽 노동 계열로 추정되는 탄도미사일 2발을 동해상으로 발사했다. 군 당국은 네덜란드 헤이그에서 개최된 한미일 3국 정상회담과 천안함 폭침도발 4주기를 겨냥한 무력시위로 보고 대북 감시태세를 강화했다.

새정치민주연합 공식 출범 – 민주당과 새정치연합의 통합신당인 새정치민주연합(약칭 새정치연합)이 중앙당 창당대회를 열고 공식 출범했다. 새정치민주연합의 대표로는 김한길, 안철수 공동 창당준비위원장이 선출됐다.

천안함 4주기 추모식 여야 정치인 대거 참석 – 국립대전현충원에서 열린 '천안함 46용사 4주기' 추모식에 새누리당과 새정치민주연합은 물론 그동안 참석치 않던 통합진보당과 정의당까지 대거 참석했다. 통합진보당은 이정희 대표 대신 오병윤 원내대표를 보냈지만 유족의 반발로 참석이 거부됐다.

한-독 정상회담 – 박근혜 대통령과 앙겔라 메르켈 독일 총리가 베를린 연방총리실에서 정상회담을 가졌다. 두 정상은 교역투자 확대와 통일 분야 협력방안 등을 심도 있게 논의했으며 특히 2013년 양국 간 교역액이 272억 달러(약 29조2481억 원)로 역대 최대 규모를 기록한 것을 높이 평가한 뒤 앞으로 직업교육과 중소기업 분야, 과학기술 분야에서 협력을 더욱 강화해 나가기로 약속했다.

검찰, 국정원 협조자와 국정원 요원 간 통신기록 압수수색 – 유우성 씨 간첩증거 조작사건을 수사하는 검찰이 국정원 협조자 김모 씨(구속)와 국정원 요원이 인터넷으로 통화와 팩스를 주고받은 단서를 포착하고 통신기록을 압수수색했다.

3월 27일　**헌재, 야간시위 사실상 전면 허용** – 헌법재판소가 '해가 뜨기 전이나 진 후에 시위를 해서는 안 된다'고 규정한 집회 및 시위에 관한 법률(집시법) 제10조와 이를 위반해 시위에 참가한 자를 처벌하는 제23조에 대해 재판관 6(한정위헌) 대 3(전부위헌) 의견으로 '한정위헌' 결정을 내렸다. 이는 '해가 진 후부터 밤 12시까지'의 야간시위를 금지하는 것은 헌법에 위배된다는 뜻의 결정으로 사실상 야간시위가 전면 허용된 셈이다.

교육부, 교과서 가격인하 명령 – 교육부가 2014년 출간된 검정교과서 30종 175개 도서 가운데 171개 교과서와 지도서에 대해 35~44%까지 가격조정명령을 내렸다. 교과서 출판업체들의 모임인 한국검인정교과서는 이에 불복해 법적 대응을 하겠다고 밝혀 교과서 공급파행이 장기화될 것으로 예측됐다.

헌법개정자문위원회, 6년 단임 분권형 대통령제 개헌안 마련 – 국회의장 직속 헌법개정자문위원회가 현행 대통령 5년 단임제를 6년 단임제로 바꾸는 개헌안을 마련했다. 대통령에게 과도하게 집중된 권력구조를 변화시켜 대통령은 국방·외교·통일 등 외치(外治)를 맡고, 국무총리가 내치(內治) 권한을 나눠 갖는 분권형 대통령제를 도입하며 지방자치단체의 파산제를 도입하는 등의 내용을 핵심으로 하는 개헌안이었다.

검찰, 유우성 씨 간첩사건 관련문건 3건 증거신청 철회 – 검찰이 위조 논란에 휩싸인 유우성 씨 간첩사건 관련문서 3건에 대한 증거신청을 철회했다. 국정원 대공수사국이 구해 검찰이 재판부에 제출한 문서 3건 모두 위조됐거나 위조됐을 가능성을 공식 인정한 것이다. 그러나 검찰은 유 씨가 2006년 5월 강을 건너 밀입북했다는 당초 공소사실은 그대로 유지하고 간첩 혐의 입증은 포기하지 않겠다고 밝혔다.

3월 28일　**박근혜 대통령 드레스덴에서 3대 대북제안 발표** – 독일을 국빈방문 중이던 박근혜 대통령이 드레스덴 공대에서 '한반도 평화통일을 위한 구상'이라는 제목의 연설을 했다. 이 연설을 통해 박 대통령은 대북 인도적 지원 확대, 민생 인프라 구축을 위한 남북경제협력, 남북 동질성 회복을 위한 민간교류 확대 등 3개 사업을 제안하고 이를 위해 '남북교류협력사무소를 설치하자'고 북한에 제의했다.

자살기도 국정원 권모 과장 의식회복 – 간첩증거 조작의혹으로 검찰수사를 받은 후 자살을 기도했던 국정원 권모 과장이 의식을 회복했으나 의료진은 "가장 최근의 기억을 관장하는 뇌 부위가 손상돼 지각능력에 장애가 있을 수 있다"고 말했다.

간첩증거 조작 관련 중국발신 문서 국정원에서 발송된 정황 포착 – 간첩증거 조작의혹과 관련해 중국 허룽시 공안국에서 발송됐다던 문서가 서울 국정원 본부에서 대공수사국 김모 과장의 부인 이름으로 가입된 인터넷 팩스 사이트에서 발송된 정황을 검찰이 포착했다. 이 문건은 간첩 혐의로 기소된 유우성 씨의 출입경 기록을 발급받은 사실이 있다는 발급확인서로 그동안 검찰과 외교부는 허룽시 공안국과 주선양 총영사관, 외교부, 대검찰청을 거치는 공식 외교경로로 전달받았다고 주장해왔다. 그러나 김 과장이 팩스발송 요금을 결제한 흔적도 발견됨으로써 검찰은 발신번호 수정이 가능한 인터넷 팩스 사이트에서 김 과장이 직접 조작했을 가능성을 의심하고 있는 것으로 알려졌다.

3월 30일   **안철수 대표, 박근혜 대통령에 기초공천 폐지 논의 제의** – 새정치민주연합 안철수 공동대표가 기자회견을 열어 "기초선거 공천 폐지 문제를 비롯해 정국 현안을 직접 만나 논의하자"며 박근혜 대통령에게 회담을 제의했다. 이를 두고 기초선거 무공천을 둘러싼 당내 논란을 대여 공세로 방향 전환하기 위한 것이라는 관측이 나왔다.

대한의사협회, 노환규 회장 배제한 비상대책위원회 구성 추진 – 대한의사협회가 의·정 합의를 통해 2차 집단휴진을 철회한 노환규 회장을 배제하고 비상대책위원회를 구성하기로 했다. 노 회장의 의·정 합의를 원격진료와 영리자법인 사안을 사실상 정부 측에 양보한 것으로 보는 의협은 이날 임시 대의원총회를 열고 '노 회장의 비대위 배제'를 투표에 붙여 61.5% 찬성으로 이같이 결정했다. 이에 따라 2014년 4월로 예정된 원격진료 시범사업 진행경과에 따라 비대위가 강경노선으로 선회할 가능성이 예상됐다.

3월 31일 **5억 원 이상 기업 등기임원 보수 공개** – 2013년 4월 30일 국회가 통과시킨 '자본
시장과 금융투자업에 관한 법률' 개정안에 따라 연간 5억 원 이상의 보수를 받는
등기임원들의 개별보수가 공개됐다. 12월 결산법인 사업보고서 제출 마감일인
이날 공개된 내용에 따르면 특정경제범죄가중처벌법상 횡령 혐의로 수감 중인
SK그룹 최태원 회장이 301억 원을 받아 최고 연봉자로 기록됐으나 최 회장은 연
봉반납을 선언했다. 그밖에 2013년 100억 원 이상을 받은 고액연봉자가 5명 안
팎인 것으로 밝혀졌으나 삼성그룹 이건희 회장 등은 미등기 임원이어서 연봉이
공개되지 않았다.

규제개혁 관련 '일괄입법'과 '패스트트랙' 제도 도입 추진 – '규제와의 전쟁'을 선포
한 정부가 규제완화와 관련된 법 개정안을 한꺼번에 모아 처리하는 '일괄입법'과
규제완화 관련 법안에 한해 법 개정 속도를 높이는 '패스트트랙' 제도 도입을 추
진하기로 했다.

금융회사 정보보안 평가등급제 도입 – 금융감독원이 신용카드 개인정보유출에
따른 재발방지 대책으로 앞으로 은행, 증권, 보험 등 금융회사의 정보보안 등급
을 매기고 낮은 등급을 받은 금융사에 대한 감독을 강화하기로 했다.

1차 의료기관　소아과, 내과, 산부인과, 치과 등 단일과목을 진료하는 의원과 한의원, 보건소 등 환자가 지리적으로 쉽게 접근할 수 있는 의료기관. 통원진료 및 치료를 주로 담당하며 30개 미만의 병상을 갖춰 단기 입원치료도 가능한 의료기관이다. 30개 이상의 병상을 갖춘 병원 및 종합병원, 한방병원, 치과병원, 요양병원 등을 2차 의료기관이라고 하고 3차 의료기관은 상급종합병원으로 대학병원과 대형병원을 지칭하며 중증질환 진료를 담당한다.

3금 제도　금주, 금연, 금혼을 규정한 사관학교의 제도. 3금 제도는 육군, 공군, 해군 사관학교가 모두 채택하고 있으나 시대변화에 따라 예외를 허용하는 경우가 생기면서 적용기준에는 조금씩 차이가 난다. 음주가 허용되는 상황이 다르거나 육사는 금혼을 엄격하게 적용하는 반면 공사나 해사는 4학년 2학기에 한해 약혼을 허용하는 식이다.

TOE(석유환산톤)　가장 보편적인 에너지원인 석유를 기준으로 에너지의 양을 표기하는 단위. 석유 1톤을 연소시켜 얻을 수 있는 에너지의 양을 1TOE라고 한다.

감사위원　감사는 주주총회, 이사회와 함께 주식회사를 구성하는 기관이다. 감사위원은 기업의 업무 및 회계현황을 감독하고 조사하는 업무를 수행하며 부정 또는 부실사례가 감지될 경우 이를 이사회에 보고할 의무를 지닌다. 감사위원의 업무소홀로 기업이나 제3자에게 손해를 끼칠 경우 연대책임을 져야 할 수도 있다.

감차 보상　택시의 과잉공급 문제를 해소하기 위해 택시 대수를 자율적으로 줄이도록 유도하는 방안. 택시운전사가 택시영업을 자발적으로 그만두거나 택시회사에서 감차를 실시하는 경우 반납하는 택시면허에 대해 정부와 지방자치단체의 예산과 택시업계의 자체부담금 등의 재원으로 보상을 해주는 제도다.

감찰　공적 업무를 수행하는 공직자의 불법행위나 부패행위 등을 감독하고 조사하는 일. 조직의 투명한 운영을 위해 공공기관에는 반드시 감찰기구를 두도록 돼있으며 일반회사에서는 감사위원이 이 역할을 수행한다. 해당 조직원의 불법이나 부패행위가 의심될 때 감찰 관련법에 의거해 감찰해야 불법사찰이라는 의혹을 피할 수 있다.

감형　선고받은 형의 기간을 줄이거나 단계를 낮춰주는 사면유형 중 하나. 사형에서 무기징역으로, 또는 무기징역을 유기징역으로 낮추거나 집행유예 기간을 줄이기도 한다. 죄 또는 형의 종류를 정해 일괄 감형해주는 일반감형과 특정인의 형을 낮춰주는 특별감형으로 나뉜다.

개방형직위제　공직에 공무원 뿐 아니라 민간인도 임용할 수 있는 제도. 1999년부터 도입된 제도로 공모절차를 통해 민간전문가를 임용함으로써 공직사회를 혁신하는 데 그 목적이 있다.

개인식별수단　개인의 신원을 확인할 수 있는 수단. 이름이나 생일 등은 중복가능성이 높아 일련번호를 사용하는 것이 일반적이나 우리나라의 주민등록번호처럼 평생 바꿀 수 없는 번호를 용도구분 없이 일괄 사용케 하는 국가는 극히 드물다. 미국, 영국, 일본, 호주 등은 사회보장번호, 사회보험번호 등 용도가 한정된 개인식별수단을 사용하며 변경이 가능해 정보유출 피해로부터 상대적으로 안전한 편이다.

건강증진기금　정부에서 국민건강과 관련한 각종 사업에 사용하기 위해 조성하는 기금. 이 기금의 주요재원이 담뱃값으로 담뱃값에는 담배소비세와 교육세, 부가가치세 외에 건강증진부담금이 포함돼 있다. 건강증진기금은 금연사업, 건강증진사업, 보건교육, 보건의료 조사·연구, 질병의 예방·검진·관리, 암치료, 국민영양관리, 구강건강관리, 공공의료 시설 및 장비 확충 등에만 사용하도록 돼 있다,

검사동일체 원칙　검찰총장 이하 모든 검사들은 한 몸처럼 움직여야 한다는 원칙. 검사 개개인의 독단을 방지해 검찰권의 오·남용을 막고 검찰수사의 신속성과 통일성, 공정성을 기하기 위해 소속 상급자의 지휘 및 감독에 따르도록 하는 규정이다. 소송진행 중에 검사가 교체돼도 전임검사가 처리한 업무가 그대로 연계돼 수사를 다시 하거나 기소내용이 바뀌지 않기 때문에 신속하고 통일된 업무처리가 가능하나 검찰수

사의 독립성과 정치적 중립성을 해친다는
비판도 적지 않다.

검은머리 외국인　외모는 한국인이나 외국
국적을 지닌 사람 또는 외국인인 척 가장해
한국 증시에 투자하는 내국인을 가리킨다.
전자는 한국에 거주하면서 외국 국적을 행
사해 이익을 취하는 경우가 아니면 문제시
되지 않지만 후자는 사익추구를 위해 신분
을 위장한다는 점에서 지탄의 대상이 된다.
자금을 해외로 빼돌린 후 자금출처를 묻지
않는 조세피난처 등을 통해 외국투자자인
것처럼 국내 증시에 투자해 주가를 끌어올
린 후 시세차익을 실현하고 빠져나가는 사
례가 대표적이다.

검정교과서　국가가 정한 교과서 검정기준
에 부합하는 교과서. 정부가 주도해 발행하
는 국정교과서와 달리 출판사에서 필진을
구성해 자유롭게 집필한 다음 정부의 검정
과정을 거치는 교과서로 검정기준에 합격
해야 출판 및 판매가 가능하다. 국정교과서
가 과목당 단 1종만 출판하는 것과 달리 검
정교과서는 복수의 출판사에서 발행해 학
교가 선택하는 방식으로 운영된다.

게임중독법　새누리당 신의진 의원이 2013
년 4월 대표발의한 '중독 예방·관리 및 치
료를 위한 법률안'. 인터넷 게임을 도박, 마
약, 알코올과 함께 4대 중독 유발 물질로
규정해 관리하려는 취지에서 발의된 법안
이다.

경상수지　국가간의 교역에서 자본거래를
제외한 재화와 서비스의 거래 상태를 나타
내는 지표. 상품의 수출입은 물론 여행·운
수서비스 등 서비스산업의 거래, 인력의 수
출입으로 인해 발생하는 소득 및 투자소득,
송금·기부·무상원조 등 대가가 따르지
않는 거래 등에서 발생하는 차액을 일컫는
다. 이들 거래를 통해 국내로 들어온 돈이
해외로 나간 돈보다 많으면 경상수지 흑자,
반대의 경우를 경상수지 적자라고 한다.

경제민주화　자본주의 시장경제의 모순을
완화하기 위해 국가가 시장에 개입해 경제
적 균형 또는 평등을 추구하는 정책. 자유
경쟁을 원칙으로 하는 자본주의 경제체제
는 기업의 불공정 거래, 독과점, 문어발식
확장 등을 통해 부의 심각한 불균형을 초래
할 위험을 내포하고 있다. 경제민주화란 이
를 규제하고 조정해 경제양극화를 완화함
으로써 궁극적으로 사회적 안정을 추구하
는 데 그 목적이 있다. 금산분리, 순환출자
금지, 공정거래법 등을 통해 대기업을 규제
하고 중소기업과 골목상권을 보호하는 정
책을 도입하는 등의 노력이 모두 경제민주
화의 일환이라고 할 수 있다.

고용할당제(일명 로제타플랜)　채용정원의
일정비율 이상을 특정 인력으로 고용하도
록 의무화한 제도. 청년, 여성, 장애인 등의
일자리 창출을 위해 주로 시행하며 정부가
영향력을 미칠 수 있는 공공기관과 지방공
기업에 우선 적용된다. 이를 일명 로제타플

랜이라고 하는 이유는 청년실업 문제의 심각성을 고발한 영화 〈로제타〉에 자극받은 벨기에 정부가 청년고용할당제를 실시해 큰 성공을 거둔 이후 고용할당제가 가장 현실적인 실업대책으로 부각됐기 때문이다.

국가에너지기본계획　안전하고 안정적인 전력공급을 위해 정부가 5년마다 수립하는 향후 20간의 에너지 수급정책. 원자력발전소(원전)와 석탄화력, LNG(액화천연가스)발전, 신재생에너지 등 에너지원별 비중의 중·장기적 계획을 수립하고 에너지 수요 전망에 따른 향후 에너지정책을 설정하는 것이 기본방향이다. 2008년 1차 국가에너지기본계획이 수립된 데 이어 2013년 2차 기본계획이 수립됐다.

국내파트　대공, 대정부 전복, 방첩, 대테러 및 국제범죄조직 등 국내 보안정보를 담당하는 국정원 부서. 원세훈 전 국정원장이 신설한 심리정보국이 2012년 대선기간 중 온라인 여론에 개입한 사실이 드러나면서 폐지 및 축소 논란의 대상이 됐다.

국민부담률　국민이 부담하는 각종 세금과 사회보장기여금의 비율. 국세와 지방세의 총액을 국내총생산(GDP)으로 나눠 세금의 부담률, 즉 조세부담률을 산출하고 의료보험료와 산업재해보험료, 국민연금, 사학연금, 공무원연금, 군인연금 등의 총액을 역시 국내총생산(GDP)으로 나눠 사회보장부담률을 산출한다. 즉 국민들이 소득 대비 세금과 공적보험 및 공적연금을 얼마나 많이 부담하고 있는가를 나타내는 수치라고 할 수 있다.

국민참여재판　국민이 배심원으로 형사재판에 참여해 유·무죄에 관해 평결하고 양형에 관해 의견을 개진하는 재판제도. 일반 국민의 상식과 정의감을 형사재판에 반영하기 위해 도입한 제도로 2008년 1월 1일부터 시행되고 있다. 형사사건의 피고인이 신청하는 경우에 한해 국민참여재판이 적용되며 배심원은 재판부에서 만 20세 이상 국민을 대상으로 무작위로 선정한다. 배심원 평결은 권고적 효력만 갖기 때문에 재판부는 배심원 평결을 참조하되 이에 구속되지 않고 독립적인 판결을 할 수 있다.

국민행복연금　기초연금과 국민연금을 통합해 관리하는 연금. 국민연금 재원을 기초연금으로 활용하지는 않지만 통합 관리하기 위해 박근혜 정부에서 도입한 연금제도다.

국적선택 명령　대한민국 국적과 외국 국적을 함께 가진 복수국적자에게 법무부장관이 하나의 국적을 선택할 것을 강제하는 명령. 국적법에서 정한 국적선택 기간 내에 국적을 선택하지 않거나 '외국 국적 불행사 서약서'를 제출하지 않는 경우 법무부장관은 1년 내에 하나의 국적을 선택하라는 명령을 내리게 된다. 이 기간 내에 국적을 선택하지 않으면 대한민국 국적이 상실된다.

국정교과서 정부(교육부)가 집필부터 출간에 이르기까지 전 과정을 주도해 만드는 교과서. 자유롭게 집필한 다음 정부의 검정과정만 거치면 되는 검정교과서와 달리 국정교과서는 집필방향이나 필진도 정부에 의해 정해진다.

국정원 휴대전화 감청 휴대전화 감청 설비를 통신회사가 의무적으로 설치해 국민의 휴대전화 통화를 국정원이 엿듣는 것. 간첩이나 테러 첩보에 대응하기 위한 수단으로 도입을 주장하는 의견이 있으나 권력에 의한 악용과 국민 사생활 침해를 우려하는 목소리가 높다.

국제관습법 문서 형태로 존재하지 않는 불문법으로 국제사회가 암묵적으로 합의하고 준수하는 관행. 성문법인 조약은 해당조약을 체결한 국가에만 효력을 발휘하지만 국제관습법은 세계 모든 국가에 효력을 발휘한다. 전쟁범죄, 집단살해범죄, 인종차별, 노예제도, 전시(戰時) 약탈 등의 행위에 대해 금지하는 것이 대표적인 국제관습법에 해당한다.

국제투명성기구(TI) 국제 반부패 운동을 추진하는 비정부기구(NGO). 1993년 설립돼 독일 베를린에 본부를 두고 있는 기구로 반부패 인식을 확산하기 위해 매년 국가별 부패인식지수를 발표하고 있으며 그밖에 뇌물공여지수, 세계부패바로미터 등을 발표하고 있다. 우리나라에서는 한국투명성기구가 국제투명성기구의 한국지부로 활동하고 있다.

공익서비스의무(PSO) 지원금 철도운영자가 제공하는 공익적 서비스에 대해 국가가 보상성격으로 지급하는 지원금. 수익성이 떨어지는 벽지노선 운행, 노인·장애인·국가유공자 등에 대한 할인혜택, 정기승차권에 대한 할인혜택 등 공공서비스로 인해 발생하는 손실액을 보상해주는 제도다.

공적소득보장체계 국민연금, 기초연금, 복지수당 등 공공복지를 위해 정기적으로 지급되는 소득의 보장체계. 사적인 소득(근로소득, 임대소득, 이자소득, 사적연금 등)의 불평등을 개선하고 사적소득이 불안정해지는 노후세대의 생계를 보장하기 위한 복지제도다.

과잉금지 원칙 국가의 안전, 질서유지, 공공복리 등을 위해 국가가 국민의 기본권을 제한할 때 '필요한 경우에 한해' 적법한 절차를 밟음으로써 국민의 기본권을 과도하게 침해하지 않는 원칙. 공권력이 과잉금지원칙에 위배되는 목적과 수단으로 국민의 기본권을 침해할 경우 국가가 손해배상책임을 져야 한다.

교학사 교과서 채택 논란 교학사 교과서란 보수 진영에서 집필하고 교학사에서 출판한 역사교과서다. 역사왜곡 및 사실오류 문제로 논란의 대상이었던 이 교과서를 20여 개

고등학교에서 채택하자 교학사 교과서를 비판해 온 측에서 학교 측에 압력을 가해 채택을 번복토록 한 사건이다. 이로 인해 교학사 교과서 채택이 잇따라 철회되면서 채 1%에도 못 미치는 채택률을 기록했다.

귀화 다른 나라의 국적을 얻어 그 나라의 국민이 되는 절차. 우리나라 국적법은 5년 이상 대한민국에 거주한 외국인으로, 대한민국 민법에 의해 성년이 되는 경우에 한해 귀화신청을 할 수 있도록 규정하고 있다. 귀화신청자를 대상으로 서류심사와 한국어 능력시험, 면접시험을 실시해 대한민국 국민으로서 자격과 소양을 갖췄다고 판단될 때 귀화를 허가한다. 단, 배우자가 대한민국 국민이거나 부모 중 한쪽이 대한민국 국민이었던 사람 등 일정한 자격요건을 갖춘 경우에는 국내 거주기간 요건을 완화해주는 간이귀화 신청이 가능하고, 대한민국에 특별한 공로가 있거나 국익에 도움이 될 수 있는 우수인재에 대해서는 특별귀화도 허용된다.

근로시간 단축 청구권 근로시간 단축을 근로자가 사용자에게 요구할 수 있는 권리. 근로자가 육아, 임신, 가족간병, 학업, 훈련 등의 사유로 근무시간 단축을 청구할 수 있는 제도로 시간선택제 전환 청구권이라고도 한다. 또 만 50세 이상의 장년층 근로자도 퇴직준비의 일환으로 근로시간 단축을 청구할 수 있다. 근로시간 단축 청구권은 해당사업장에서 1년 이상 근무하고 사유가 적합할 때 청구할 수 있으며 시간제 근무 후 원하면 언제든지 원래의 근무형태로 복귀할 수 있다.

근로시간 특례제도 근로자 대표와 사용자가 합의한 경우 특정업종에 한해 주당 법정 근로시간에서 12시간을 초과해 연장근로를 할 수 있도록 허용하는 근로기준법상의 제도. 장시간, 저임금 근로의 요인인 근로시간 특례제도 개선을 위해 보관 및 창고업, 도매 및 상품중개업, 보험 및 연금업, 연구개발업, 숙박업 등 다수의 업종을 특례업종에서 제외하는 개편안이 마련됐다.

금융실명제 금융거래를 할 때 실명으로 거래할 것을 강제하는 제도. 가명 또는 무기명에 의한 거래를 차단해 불법자금원의 추적을 가능케 하고 거래의 투명성 및 계약관계의 명확성을 기하기 위해 도입한 제도다.

기초노령연금 2008년 7월부터 도입된 복지연금으로 65세 이상 노령인구 가운데 소득수준 하위 70%에게 매월 정기적으로 지급하는 연금. 기초노령연금 대상자들로부터 신청을 받아 소득인정액에 따라 차등지급하는 것을 원칙으로 한다.

기초연금 노후생활이 어렵고 국민연금의 혜택을 충분히 받지 못하는 노령인구에게 지급하는 복지연금으로 현 기초노령연금을 대체하는 연금. 박근혜 정부의 기초연금안은 65세 이상 노령인구 가운데 소득 및 재산 기준으로 하위 70%를 대상으로 10~20만 원까지 차등지급하는 것이 핵심이다.

기획조정권 국정원의 정보수집 활동을 기획하고 조정하는 권한. 정보를 수집하는 기관이 정보수집의 범위, 수집한 정보의 활용까지 제한 없이 결정함으로써 권한남용의 위험성이 제기되고 있다. 이에 야권에서는 안보를 총괄하는 국가안전보장회의(NSC)로 국정원의 기획조정권을 이관해 NSC의 지휘를 받도록 함으로써 국정원의 정보수집 권한을 통제해야 한다고 주장하고 있다.

김영란법 대가성이 없어도 직무와 관련한 금품 수수에 대해 형사처벌하는 '부정청탁 금지 및 공직자의 이해충돌 방지법(김영란법)'. 이 법안을 입안하고 추진한 김영란 전 국민권익위원장의 이름을 따 일명 '김영란법'으로 부르기도 한다.

내란음모 국토의 일부 또는 전부를 불법 점유하거나 국헌을 문란케 할 목적으로 내란을 모의하는 것. 실제 국가 전복 또는 혼란을 목적으로 폭동을 일으키는 내란죄는 최고 사형이나 무기징역까지 선고할 수 있지만 내란예비, 내란음모, 내란선전 또는 선동 등의 행위에 대해서는 징역 3년 이상의 형을 선고한다.

내부자 고발 조직 내부의 종사자가 해당 조직의 부패와 비리를 외부로 알리는 행위. 공기업 및 사기업 또는 국가조직의 부정부패를 적발하는 데 큰 역할을 하기 때문에 흔히 양심선언이라고도 한다.

내수 활성화 수출시장이 아닌 국내시장의 활성화. 과거에는 내수보다 수출에 역점을 두는 경향이 강했으나 수출의존도가 지나치게 높을 경우 세계경제의 흐름에 따라 경제기반이 크게 흔들릴 수 있다는 사실을 인지하게 되면서 내수와 수출의 균형이 중요시되기 시작됐다. 국내 소비자들이 돈을 쓸 수 있는 여건이 조성돼야 생산자도 안정적으로 이윤을 창출하고 고용을 확대하는 선순환 경제구조를 정착시킬 수 있으므로 내수 활성화는 안정적인 경제성장의 기반이라고 할 수 있다.

노후 원전 폐기 설계수명이 다하고 더 이상 수명연장도 할 수 없는 원전을 폐기하는 절차. 노후 원전을 폐기할 경우 가장 큰 난제가 사용후핵연료 처리방법이다. 연료로 사용한 핵분열 물질은 엄청난 열과 방사능을 뿜어내기 때문에 이를 안전하게 폐기하려면 10년간 열을 식힌 후 10만년 이상 보관해야 하는 것으로 알려져 있지만 현대과학기술로는 안전한 영구폐기를 장담할 수 없다.

누진제 전기사용량을 여러 단계로 나눠 일정 사용량 이상부터 기본요금과 단가를 달리 부과하는 제도로 주택용 전기요금에만 적용된다.

뉴라이트 계열　'새로운'을 뜻하는 new와 '우익'을 뜻하는 right의 합성어로 신우익 세력이라고 할 수 있다. 자유민주주의와 시장경제를 신봉하고 민족주의를 배격하는 등 우파가 가야 할 길을 제시한다는 명분을 내세우며 정계, 학계, 종교계 등에서 보수주의자를 자처하는 이들이 모여 만든 단체를 뉴라이트 계열이라고 한다. 2004년 11월 자유주의연대를 시작으로 교과서포럼, 헌법포럼, 자유주의 교육연합, 뉴라이트 전국연합 등이 출현했다.

ㄷ ㅁ

다중대표소송　자회사의 이사가 임무해태 등으로 자회사에 손해를 발생시킨 경우 모회사의 주주가 해당이사를 상대로 책임을 추궁할 수 있는 법적수단. 자회사나 손자회사 이사의 불법행위로 인해 모회사의 소액주주가 피해를 입을 경우 모회사의 주주들이 직접 자회사나 손자회사 이사를 상대로 손해배상 청구소송을 제기할 수 있는 제도로 소액주주를 보호하기 위한 수단이다.

단말기 유통법　보조금 지급문제와 얽혀 어지러운 휴대전화 유통구조를 바로잡으려는 취지에서 발의된 단말기 유통구조개선법(안). 소비자가 같은 기종의 단말기를 부당한 가격에 구입하는 일이 없도록 제조사로 하여금 단말기 판매가격과 보조금 지급명세를 투명하게 공개하도록 하는 것이 이 법안의 핵심이다.

대체휴일제　공휴일과 주말이 겹치면 평일 중 하루, 일반적으로 월요일을 쉬는 제도. 2014년부터 도입된 대체휴일제는 설과 추석 연휴, 어린이날이 공휴일과 겹칠 경우 그날 다음의 첫 번째 비공휴일을 쉬는 방식으로 운영된다. 우선적용 대상은 관공서에 종사하는 공무원으로 민간기업의 경우 노사의 단체협약이나 취업규칙 등에 대체휴일제를 적용한다는 규정을 두면 대체휴일을 쓸 수 있다.

도로명주소　도로명과 건물번호로 표기하는 주소. 2014년부터 기존의 지번주소 대신 도로명주소가 법적주소로 사용되고 있다.

등기이사　주식회사의 이사회 구성원으로 등재된 이사. 이사회에 참여해 기업경영에 관한 주요안건을 의결할 권한을 지니며 그에 관한 법적인 책임도 지는 직책으로 책임경영의 기반이라고 할 수 있다. 이에 반해 이사회에 참여할 권한이 없어 기업경영에 관한 연대책임을 지지 않아도 되는 이사를 비등기 이사라고 한다.

몰수　불법으로 획득한 물건 또는 재산을 박탈해 국고에 귀속시키는 조치. 범죄로 인해 발생한 몰수당사자의 수익에 대해서만 몰수가 가능해 몰수당사자의 친족으로부터 물건 또는 재산을 몰수할 수는 없었으나 일명 '전두환 특별법'으로 친족에게 이전한 불법재산이나 이를 기반으로 형성한 친족의 재산도 몰수할 수 있게 되었다.

무이유부기피 신청 절차　국민참여재판에서 선정된 배심원 후보자 가운데 검사 측과 변호인 측이 각각 부적합한 배심원을 배제할 수 있도록 하는 절차. 기피하는 특정 배심원 후보에 대해 검사 측이나 변호인 측 모두 이유를 설명할 필요는 없기 때문에 무이유를 전제로 한 기피 절차라고 할 수 있다. 배심원의 수는 형사사건의 중요도에 따라 결정되는데 보통 5인, 7인, 9인으로 구성된다. 배심원이 9인인 재판에서는 검사 측과 변호인 측이 각각 5명까지 기피할 수 있고 7인이면 4명, 5인이면 3명까지 기피할 수 있다.

미란다원칙　경찰이 범죄용의자를 연행할 때 범죄용의자에게 고지해야 하는 피의자 권리. 묵비권 행사의 권리, 진술을 거부할 권리, 변호인의 도움을 받을 권리 등이 피의자 권리에 해당한다. 1960년대, 강간혐의로 미국 법원에서 재판을 받던 에르네스토 미란다가 미국 수정헌법에서 보장하는 피의자 권리를 침해당했다고 주장해 석방된 사건을 계기로 미란다원칙이 만들어졌다. 우리나라 형사소송법에서는 피의사실과 체포사유를 설명하고 변호인을 선임할 권리와 변명의 기회가 있음을 고지하도록 하고 있으며 이를 어길 경우 범죄사실이 인정되더라도 법원에서 증거능력을 인정받지 못하도록 하고 있다.

바세나르 대타협　1982년 11월 네덜란드 바세나르에서 타결된 노사정 대타협. 1970년대 이후 장기 불황과 비정상적으로 높은 실업률에 시달리던 네덜란드가 경기침체로부터 벗어날 수 있었던 노사정 대타협으로 노동조합은 임금인상 요구를 자제하고, 기업은 시간제 일자리 등 고용 확충에 힘쓰며, 정부는 노와 사의 이러한 노력에 행정적 재정적 뒷받침을 하는 것이 합의의 골자였다.

배임죄　타인의 사무를 처리하는 자가 그 임무에 위배되는 행위를 해 재산상의 이익을 취득하거나 다른 사람으로 하여금 이익을 취하게 해 위임자 본인에게 손해를 가하는 범죄.

법인약국　기업형 프랜차이즈 약국. 현 의료법 상에는 법인약국 설립이 금지돼 있으나 의료법을 개정해 법인약국을 허용하려는 정책이 추진되고 있다. 정부는 대기업과 병원, 제약회사, 의약품 도매상 등이 약국 사업에 진출할 수 없도록 약사만이 참여하는 법인약국을 허용하고 법인이 개설할 수 있는 약국의 수를 제한해 소규모 약국과 동네약국을 보호한다는 방침이지만 법인약국의 허용은 결국 대자본의 진입통로를 열어주는 결과로 이어지고 장기적으로 유통구조가 독점화돼 약제비 상승효과를 불러올 수 있다는 반대여론도 높다.

복권　형을 선고받아 상실되거나 정지된 자

격을 회복시켜주는 사면유형 중 하나. 선거권, 피선거권, 공무담임권 등을 복권시켜주는 것으로 자격의 상실 또는 정지 기간이 만료되지 않았더라도 유권자의 권리를 회복하거나 선거출마 또는 공직에 진출할 자격이 회복된다. 죄목을 기준으로 일괄 복권을 단행하는 일반복권과 특정 정치인이나 공직자를 대상으로 하는 특별복권으로 구분된다.

부부총　경남 양산 북정동 고분군 일대에서 발굴된 부부의 묘로 추정되는 고분. 삼국시대 귀족이나 신라왕조에 흡수된 호족으로 추정되는 남녀의 인골과 함께 3구의 인골이 함께 발견돼 순장풍습을 엿볼 수 있는 고분으로 꼽힌다. 부부총에서는 금동관과 곡옥목걸이, 금동말안장, 금제귀걸이 등 보물급의 유물을 비롯해 총 120여 점의 유물이 출토됐다.

부자 증세　고소득층의 조세부담을 늘리는 정책. 많이 버는 사람에게 많은 세금을 걷어 복지재원으로 사용함으로써 사회적 양극화와 빈부격차를 완화하는 데 그 목적이 있다.

분식회계　분식(粉飾)은 ‘분을 발라 꾸미다’라는 뜻으로, 분식회계란 말 그대로 기업의 재정상태가 실제보다 좋아보이도록 조작하는 것을 말한다. 주로 손실은 줄이고 이익은 부풀리는 수법이 사용되는데 분식회계로 인해 손해를 본 투자자는 기업을 상대로 손해배상 청구소송을 할 수 있다.

분양가상한제　아파트, 재개발, 재건축, 주상복합 등 민간주택의 분양가를 일정 수준 이상으로 올리지 못하도록 규제하는 주택시장 안정화 정책. 보통 택지비와 건축비에 업자들의 적정 이윤을 산정해 합리적인 분양가를 정한 후 그 이상으로는 분양가를 올리지 못하도록 규제한다. 2005년 아파트 가격이 고공행진을 하면서 공공택지에 짓는 주택에만 적용되다가 2007년부터 민간택지에 짓는 주택으로까지 확대됐다. 박근혜 정부 들어 내수활성화를 위해 공공주택에 한해 분양가 상한제를 폐지하려는 움직임을 보이고 있으나 집값 상승을 우려해 반대하는 여론도 만만치 않다.

비관세 장벽　관세보다 강력한 보호무역 조치로 관세 이외의 모든 무역장벽. 관세 장벽은 교역상대국과의 협상이나 압력을 통해 낮추거나 철폐할 여지가 있으나 비관세 장벽은 해당국가의 법으로 규제하고 있는 경우가 대부분이어서 상당히 복잡하고 접근 또한 쉽지 않다. 수입금지, 수출규제, 수출특혜, 통관절차 제한, 복잡한 기술규정 등이 대표적이다.

비교과활동　교과성적 이외의 활동으로 성적에는 드러나지 않는 학생의 인성, 적성, 특기 등을 엿볼 수 있는 영역. 출결상황, 수상경력, 자격증 및 인증 취득상황, 진로희망, 창의적 체험활동, 특별활동, 봉사활동 등이 비교과활동에 해당한다.

사면 법을 위반해 형사처벌 또는 행정처분을 받은 자들의 형을 대통령이 직권으로 면해주는 제도. 대통령 취임일이나 광복절, 명절 등 주로 특별한 날을 기념해 사면권을 행사한다. 생계형 범죄, 음주운전 벌금형처럼 죄목을 기준으로 사면대상자를 선정해 국회의 동의를 받은 후 사면하는 형식을 일반사면이라고 하고 죄목과 상관없이 특정인을 국회의 동의를 거치지 않고 사면하는 형식을 특별사면이라고 한다. 일반사면이 형 선고여부를 따지지 않고 사면대상자를 선정하는 데 반해 특별사면은 형이 확정된 경우에만 적용된다.

사외이사 회사에 상근하는 사내이사의 반대개념으로 비상임 이사 또는 비상근 이사라고도 한다. 기업 외부의 인사 중 회사업무나 기업경영과 관련해 전문성을 지닌 인물을 사외이사로 선임하며 상장회사인 경우 전체 이사진 가운데 일정 수 이상의 사외이사를 두도록 법으로 규정하고 있다. 사외이사 제도는 회사와 이해관계가 얽혀있지 않은 외부인사로 하여금 기업경영을 감시하고 조언하게 함으로써 기업경영의 투명성을 높일 목적으로 도입됐다. 따라서 해당기업의 최대주주나 주요주주, 그 배우자 및 직계존비속, 계열사의 임직원이나 그 가족, 2개 이상의 기업에서 사외이사로 선임된 자 등 경영진과 이해관계가 얽힐 수 있는 외부인사는 사외이사로 선임할 수 없다.

선행교육 규제법 학교 정규 교육과정에 앞서는 교육과 평가를 규제하는 '공교육 정상화 촉진 및 선행교육 규제에 관한 특별법'. 학교에서 공식 교육과정을 앞지르는 내용을 가르치거나 시험에 출제하는 행위, 고입·대입 선발에서 정상적인 교육과정 범위와 수준을 넘어서는 문항을 출제하는 행위, 학원이나 과외교습자의 선행교습 광고 행위 등을 규제하는 법안이다. 2014년 2월 20일 이 법안이 국회를 통과해 2014년 2학기부터 선행교육이 규제된다.

설계수명 원전을 설계할 때 해당 원전이 안전하게 제 성능을 발휘할 수 있을 것으로 예측되는 기간. 원전의 수명은 보통 30~40년이나 안전성 평가 후 수명을 연장하는 것이 일반적이다.

설리번 판례 미국 일간지 〈뉴욕타임스〉와 앨라배마 주 몽고메리의 시의원 설리번 사이에 벌어진 명예훼손 소송에 관한 판결. 1960년, 인권운동가 마틴 루터 킹 목사가 체포되자 그의 지지자들이 변호사 비용 마련을 위한 광고를 〈뉴욕타임스〉에 게재했는데 이 광고가 경찰의 명예를 훼손했다며 설리번 시의원이 광고주와 〈뉴욕타임스〉를 상대로 소송을 제기한 사건이다. 치열한 법정논쟁 끝에 1964년 미국연방대법원이 광고주와 〈뉴욕타임스〉의 승소를 결정함으로써 언론의 자유, 표현의 자유가 공직자의 명예보다 중요하다는 역사적인 판례를 남겼다.

성별정정청구　성전환자가 남성에서 여성, 또는 여성에서 남성으로 성별을 법적으로 변경하기 위해 법원에 심판을 제기하는 절차. 우리나라 법률에는 성별정정의 요건과 절차에 관한 명시적 조항이 없어 극히 예외적인 경우에 한해 성별정정이 가능하지만 성별정정을 허용하는 판례가 점차 확대되는 추세를 보이고 있다. 단, 한쪽이 성별정정을 할 경우 결과적으로 동성결혼이 될 수 있는 혼인 중의 부부, 부모의 성별정정으로 인해 미성년자인 자녀에게 정신적 혼란과 사회적 피해를 줄 수 있는 경우에 한해서는 성별정정이 허용되지 않는다.

세액공제　과세대상자의 연간 총 소득을 우선 과표 구간에 적용해 소득세율을 계산한 후 산출된 세액에서 비용을 공제함으로써 납부세액을 계산하는 방식. 보장성 보험, 의료비, 교육비 등 공제항목도 비용이 아닌 세액공제율을 적용해 계산한다. 소득이 많을수록 세율이 높은 과표 구간의 적용을 받기 때문에 고소득자에게 상대적으로 불리하다.

소득공제　과세대상자의 연간 총 소득에서 보장성 보험, 의료비, 교육비 등에 사용한 금액을 빼고 나머지 소득액에 대해서만 세금을 부과하는 방식. 1000만 원을 벌어 공제가 가능한 비용으로 500만 원을 썼으면 나머지 500만 원에 대해서만 과표 구간에 해당하는 소득세율을 적용해 계산한다. 많이 벌어 많이 쓸수록 소득세율이 낮은 과표 구간의 적용을 받기 때문에 고소득자에게 상대적으로 유리하다.

소송가액　재판에서 승소할 경우 받게 될 소송청구금액. 소송가액에 따라 인지대와 송달료 등이 결정되므로 소송가액이 높을수록 수수료도 증가한다.

소형 평형 의무비율　공동주택 재건축시 전체 세대 중 일정비율의 소형주택을 짓도록 의무화한 규정. 300세대 이상 재건축 단지는 소형주택(전용면적 60m²이하)을 20% 이상, 국민주택규모(전용면적 85m²이하)를 40% 이상 의무적으로 지어야 한다. 2014년도 들어 정부는 소형 평형 공급비율은 폐지하고 국민주택규모 이하의 건설비율만 60%로 제한하는 개정안을 추진 중이다.

송 · 변전 시설　발전소에서 생산되는 전력을 멀리 떨어진 지역으로 운반하기 위한 송전시설(송전선로와 송전탑)과 전압의 크기를 조절하기 위한 변전시설. 대용량의 전력을 손실을 최소화하면서 멀리까지 운반하려면 전압을 최대한 높여야 하므로 발전소 근처 변전소에서는 초고압 전력을 송전선로를 통해 송전한다. 이 초고압 전력은 각 지역의 1차 변전소, 2차 변전소를 거치며 적절한 전압으로 변압돼 전력사용자에게 공급된다.

수사의 독립성　사건을 수사하는 과정에서 정치적 외압이나 상부의 부당한 압력을 받지 않을 권리. 수사기관이 법과 원칙에 근거해 자율적이고 양심적으로 사건을 처리할 수 있도록 보장하기 위한 지침이다.

수서발 KTX　강남구 수서에서 출발해 동탄과 평택을 거쳐 영호남으로 내려가는 고속철도. 개통 예정 시기가 몇 차례 연기돼 2014년 4월 현재는 2016년 초에 개통될 것으로 전망되고 있다.

순환정전사태　전력수급난에 대처하기 위해 지역 또는 시설별로 돌아가면서 강제단전을 실시하는 것. 2011년의 순환정전사태는 단전순서와 일시를 정확히 고지하지 않아 혼란을 초래한 데다 전력사용량이 많은 산업체나 대규모 상업시설보다 일반가정을 1순위 단전대상으로 지정해 일반국민에게만 고통을 지나치게 전가한다는 비난을 샀다.

시간선택제 일자리　박근혜 정부가 고용률 70% 달성을 위해 도입한 일자리 유형으로 주당 15시간 이상, 30시간 이하 시간제로 근무하는 일자리. 전일제 일자리에 비해 근무시간은 짧지만 임금 및 복리후생에서 부당하게 차별받지 않으며 근로자들이 자발적으로 선택하는 일자리를 말한다.

신용카드 정보유출사태　2014년 1월 초, 신용평가업체 직원이 KB국민카드, 롯데카드, NH농협카드, 신한카드, 삼성카드 등 카드사의 고객정보를 빼내 유통시킨 사실이 드러난 사건. 과거에도 고객정보 유출사건은 심심치 않게 일어났으나 이 사건은 1억 건 이상의 개인정보가 유출된 사상최대 규모의 정보유출 사건인데다 유출사실이 6개월 넘어서야 적발됐다는 점이 국민의 분노를 샀다.

실체법　민법·상법·형법 등 권리와 의무의 발생 및 변경, 소멸에 관해 규정한 법.

ㅇ

아베노믹스　아베 신조(安倍晋三) 일본 총리가 집권 자민당 총재로 선출된 2012년부터 시행한 경제정책. 오랜 경기침체로 인한 저성장 국면을 타개하기 위해 시중에 통화량을 늘리는 양적완화 정책을 추진하는 것이 아베노믹스의 핵심이다. 시중에 통화량이 늘면 소비와 투자가 증가하고 엔화 가치가 절하돼 일본 물품을 해외시장에 저렴한 가격에 팔 수 있어 수출증가 효과도 기대할 수 있다.

양적완화　시중의 통화량을 늘리기 위해 중앙은행이 채권이나 금융자산을 사들여 돈을 푸는 경기부양책의 일종. 금리를 낮춰 시중의 돈이 은행으로 몰리지 않도록 조치해도 효과가 없을 정도로 경기가 위축될 때 추진하는 보다 적극적인 경기부양책이다. 양적완화 조치는 자국의 통화가치를 하락시켜 수출경쟁력을 향상시키고 유동자금이 풍부해지면서 경기를 활성화하는 등의 이점이 있는 반면 물가상승과 자산거품현상 등을 초래할 위험이 있다.

역내 포괄적 경제동반자협정(RCEP)

Regional Comprehensive Economic Partnership의 약자로 아시아·태평양 지역의 경제협력관계를 구축하기 위한 다자간 자유무역협정. 아시아·태평양 지역 국가 간의 관세를 철폐하고 원산지 규정을 통일하는 것을 주요 목표로 한다.

외국 국적 불행사 서약서　복수국적자가 개인의 유·불리에 따라 국적을 바꿀 수 없도록 국내에서는 외국인으로서의 권리를 행사하지 않을 것을 서약하는 문서. 우리나라는 복수국적을 원칙적으로 인정하지 않지만 선천적 복수국적자나 외국인 우수인재, 결혼이민자, 외국입양인, 영구 귀국한 65세 이상 재외동포 등에 한해 제한적으로 복수국적을 허용하는데 이 경우 법무부에 '외국 국적 불행사 서약서'를 제출해야 복수국적을 유지할 수 있다.

외규장각도서　정조가 강화도에 설치한 외곽서고인 외규장각의 도서. 역대 왕의 글과 글씨, 의궤, 지도 및 주요서적과 함께 왕실관련 물품 등을 보관하기 위해 즉위 직후 창덕궁에 규장각을 설치한 정조는 규장각도서 중 보존가치가 높은 도서들을 보관하기 위해 1782년 외규장각을 설치했다. 외규장각에는 약 6000권에 이르는 도서가 소장돼 있었으나 병인양요 당시 약 340여 권이 약탈돼 그중 297권이 프랑스국립도서관에 보관돼 오다가 20년에 걸친 외교교섭 끝에 2011년 모두 반환됐다.

요양기관 강제지정제　병원, 약국 등 모든 의료기관을 보험급여 의무가 있는 요양기관으로 강제 지정하는 제도. 의료기관의 보험급여 의무를 강제하지 않을 경우 수가가 낮은 보험적용 진료나 국민의료보험 환자의 진료는 꺼리고 상대적으로 비싼 의료비를 청구할 수 있는 비보험 진료 또는 사보험 환자 위주로 병원이 운영될 가능성이 높다. 요양기관 강제지정제는 이와 같은 폐단을 방지하고 전 국민의 의료보험수급권을 보장하기 위해 도입됐다.

운송비용 전가 금지　유류비, 세차비, 차량수리비 등 택시운송에 필요한 비용을 택시회사가 운전자에게 떠넘기지 못하도록 하는 규정. 택시운송에 필요한 비용을 택시회사가 부담하도록 함으로써 택시운전사의 소득수준을 높이기 위한 규정으로 이를 위반하는 경우 과태료 부과 등의 제재조치가 따른다.

원격진료제　의사와 환자가 직접 대면하지 않고 멀리 떨어져 있는 장소에서 통신수단을 이용해 진료하는 제도. 환자가 병원을 방문할 필요 없이 청진기, 온도계, 혈압계 등 진단기기를 사용해 직접 측정한 신체데이터를 인터넷 등을 이용해 의료진에게 전송하면 의료진이 이를 근거로 진단하고 처방을 내리는 제도라고 할 수 있다.

위헌정당해산심판 정당의 목적이나 활동이 헌법에 위배될 때 정당을 강제로 해산시키기 위한 법적 절차. 정당해산에 대한 법적 판결을 법원에 의뢰할 수 있는 권한은 정부에 있고 정부는 국무회의의 의결을 거쳐 헌법재판소에 정당해산심판을 청구할 수 있다. 위헌정당 여부 및 정당의 해산 여부는 헌법재판소에서 결정한다.

의료민영화 국가나 지방자치단체가 운영하던 병원을 민간에 이양해 운영케 하는 것. 국내 의료기관의 대부분이 민간에 의해 운영되고 있으므로 의료영리화라는 표현이 더 적합하다는 의견이 지배적이다. 박근혜 정부가 영리목적의 자법인을 의료법인이 설립할 수 있도록 허용하는 안을 추진하면서 의료민영화 또는 의료영리화 논란에 휩싸였다.

입학사정관제 입시전형 전문가인 입학사정관이 지원자의 성장환경이나 적성, 자질 등을 평가해 대학이 추구하는 인재상에 맞는 신입생을 선발하는 제도. 대학이 입학사정관을 채용, 육성한 다음 이들로 하여금 신입생을 공정하게 선발토록 하는 제도로 주로 학생부와 자기소개서, 포트폴리오 등을 검토하고 심층면접을 통해 선발하는 과정을 거친다.

ㅈ

자사고 자율형 사립고등학교. 기존 자립형 사립고등학교를 발전적으로 전환시킨 형태의 사립고로 교육과정, 교원인사, 학사관리 등을 학교가 자율적으로 계획, 시행한다. 공통교육과정의 50%만 이수하면 나머지 교육과정은 학교에서 자율적으로 구성할 수 있다.

재건축 초과이익환수제 재건축 후 집값이 일정 수준 이상 오를 경우 규정보다 초과하는 시세차액을 정부가 거둬들이는 제도. 주택시장이 과열된 2006년 5월 투기 억제 및 집값 상승 방지를 위해 도입한 제도로 재건축 추진위원회 구성 시점부터 입주 시점까지의 평균 집값 상승분에서 공사비, 조합운영비 등 개발비용을 빼고 3000만 원 이상 초과이익이 있는 경우 0~50%의 누진율로 이익 환수금을 부과한다.

재판소원 법원의 재판에 대한 헌법소원 구제절차. 법원의 재판권 행사 또는 불행사로 인해 청구인의 기본권이 침해당한 경우 헌법재판소에 심판을 청구할 수 있는 제도다. 우리나라는 헌법소원 대상에서 법원의 판결을 제외하고 있으나 헌법재판소에서는 법원의 판결이나 결정도 헌법정신에 위배될 수 있으므로 재판소원이 도입돼야 한다고 주장하고 있다.

전두환 특별법 공무원이 불법으로 취득한 재산을 끝까지 환수할 수 있도록 추징시효를 늘리고 추징대상을 가족 등 제3자로까지 확대하는 내용의 공무원범죄에 관한 몰수

특례법 개정안. 전두환 전 대통령의 미납추징금 환수시효를 연장하고 추징대상을 확대하기 위해 마련된 법안이어서 '전두환 특별법' 또는 '전두환 추징법'으로도 불린다.

전매기간 주택을 분양받은 후 일정기간 타인에게 분양권을 팔지 못하도록 제한하는 기간. 주택을 분양받아 웃돈을 받고 되파는 투기행위를 방지할 목적으로 도입된 규제 조치다. 현재 수도권 민간택지에 지어진 주택의 경우 1년간 전매행위를 제한하고 있으나 이를 6개월로 단축하는 규제완화 방침이 추진되고 있다.

전술핵무기 개별 전쟁터에서 사용할 수 있도록 소형화, 경량화한 핵무기. 적국의 영토 혹은 산업시설을 파괴할 목적으로 개발된 전략핵무기에 비해 위력이 약한 대신 운반이 쉬워 군사적 목표물을 타격하는 용도로 개발됐다. 핵배낭, 핵지뢰, 핵어뢰, 핵기뢰 등이 대표적이나 핵전쟁을 촉발할 가능성이 높아 1990년대 이후 대부분 철거, 혹은 폐기되는 추세에 있다.

전자투표제 주주가 주주총회에 참석하지 않고도 의결권을 행사할 수 있도록 온라인을 통해 투표하는 제도. 주주총회 참석에 소극적인 소액주주들의 참여도를 높이기 위한 방안이다.

절차법 실체법을 운용하기 위한 절차, 즉 실체법에서 다루고 있는 법조항을 실현하기 위해 어떤 법적 절차를 거쳐야 하는지를 규정하는 법. 민사소송법, 형사소송법, 행정소송법, 부동산등기법, 호적법 등이 대표적이다.

정당활동 정지 가처분 위헌정당해산심판 청구가 제기된 정당의 활동을 헌법재판소의 선고 때까지 정지시키는 법적 절차. 헌법재판소에서 직권으로 결정하거나 청구인의 신청을 받아들여 정당활동 정지를 결정할 수 있다.

정치적 중립성 정치에 개입하거나 업무를 처리함에 있어 정치적 판단을 하는 등의 행위를 제한하는 것. 자신의 정치적 소신이나 이해관계를 공직수행에 결부시키지 않아야 한다는 지침으로 공무원에게 부여된 일종의 의무라고 할 수 있다.

제한상영가 등급 영상물등급위원회에서 심의하는 등급분류(전체관람가, 12세관람가, 15세관람가, 18세관람가, 제한상영가) 가운데 가장 수위가 높은 등급. 제한상영가 등급을 받은 영화는 제한상영관에서만 상영할 수 있으나 국내엔 제한상영관이 단 한 곳도 없어 사실상 상영불가 등급이나 마찬가지다.

조봉암 사건 1959년 이승만 정권이 유력한 대통령 후보였던 죽산 조봉암을 제거하기 위해 간첩죄와 국가보안법 위반혐의를 씌워 사형시킨 사건. 조봉암이 창당한 진보당도 이때 해산됐다. 2011년 유족이 청구한 재심에서 대법원은 조봉암의 간첩죄와 국가보안법 위반혐의에 대해 무죄를 선고하고 국가가 배상할 것을 판결했다.

중층 연금(multi-pillar pension) 소득과 직업유형에 맞춰 복수의 연금에 가입하는 것. 국민연금과 기초연금만으로는 안락한 노후생활을 보장할 수 없으므로 퇴직연금이나 개인연금 등 제2, 제3의 연금에 가입해 노후생활의 안전망을 구축하고 연금의 사각지대도 해소할 수 있는 방안으로 제시되는 연금구조다.

지주회사제도 지배회사 또는 모회사가 산하에 자회사를 두고 자회사의 주식을 소유함으로써 자회사 지배권한을 갖는 제도.

지하경제 양성화 정부의 과세 대상에서 벗어나 세금을 내지 않고 합법적, 비합법적 경제활동을 하는 숨은 경제를 지하경제라고 한다. 불법사채업, 부동산 투기, 상가권리금, 과세체납자의 은닉재산, 역외탈세 등이 대표적이다. 지하경제 양성화란 이처럼 숨어있던 경제활동을 찾아내 세금을 부과함으로써 음성적인 경제활동을 양성화하는 정책이다.

집단소송제도 정부나 기업의 비도덕적 또는 불합리한 처사로 인해 다수의 피해자가 발생했을 때 피해자 중 한 사람이나 일부가 소송을 하면 다른 피해자들도 별도의 소송 없이 그 판결에 따라 피해를 구제받을 수 있는 제도. 현재 우리나라는 소액주주의 권익을 보호하기 위한 증권관련 집단소송법만 제정돼 있으나 최근 카드사의 개인정보 대량유출 등의 사건으로 인해 보다 현실적인 소비자 집단소송제도가 도입돼야 한다는 여론이 높아지고 있다.

집중투표제 1주의 주식에 대해 선임하는 이사의 수만큼 복수의 의결권을 부여하는 제도. 주주총회에서의 의결권은 보유주식 1주당 1개의 의결권이 부여되기 때문에 보유주식이 많은 대주주의 의결권만 관철돼 상대적으로 소액주주의 의사가 경영에 반영되기 어려운 구조를 띠고 있다. 이를 개선하려는 것이 집중투표제로 선임하는 이사의 수만큼 의결권을 행사할 수 있도록 하면 3명의 이사를 선임하는 경우 단 1주만 보유한 주주도 3개의 의결권을 행사할 수 있게 된다. 따라서 특정후보에게 3개의 의결권을 집중적으로 행사해 소액주주가 원하는 이사를 선임할 가능성이 높아진다.

집행임원제 업무집행만을 전담하는 임원을 따로 두는 것으로 집행임원이 회사의 업무집행을 전담하고 이사회는 업무집행에 관한 감독권만 행사하게 하는 제도. 회사대표 또는 지배주주가 곧 경영진인 기업의 경우 이사회가 감독권을 제대로 행사하지 못할 가능성이 높아 독단적인 경영을 견제할 수 없다는 문제의식에서 출발한 제도다. 이사회와 분리된 집행임원을 따로 두면 감독기관인 이사회는 업무집행 임원의 감독에만 전념할 수 있어 이사회 고유의 견제기능이 강화되는 효과가 있다.

차명거래 사전등록제도　거래 명의자와 돈의 실제 주인이 다른 차명거래 가운데 선의의 차명거래를 사전에 등록해 관리하는 제도. 금융실명제를 실시하면서 차명거래는 원칙적으로 금지돼 있으나 차명거래 자체를 범죄시하는 대신 등록되지 않은 차명거래를 재산권 보호 및 피해구제 대상에서 제외하고 등록된 차명거래가 범죄에 연루되는 경우 가중 처벌하는 방법으로 선의의 차명거래를 허용하려는 것이 이 제도의 핵심이다.

최장 근로시간 단축　주당 최장 68시간까지 가능한 근로시간을 최장 52시간으로 단축하는 것. 현 법정근로시간은 주당 40시간, 주중 연장근로 12시간과 토·일요일 등 휴일근로 16시간을 포함해 최장 68시간까지 근로가 가능하지만 최장 근로시간 단축안을 담은 근로기준법 일부 개정안이 국회를 통과하면 휴일근로가 연장근로에 포함돼 주당 최장 52시간까지만 근로가 가능해진다.

최저생계비　식료품비, 주거비, 교육비, 보건의료비 등 생계를 유지하기 위한 최소한의 비용. 고용노동부에서 담당하는 최저임금과 달리 최저생계비는 보건복지부에서 담당한다. 보건복지부에서는 매년 물가수준, 소득수준 및 지출수준, 가구유형 등 국민 생활실태를 등을 고려해 최저생계비를 결정하고 이에 따라 기초생활수급자나 취약계층을 구분해 복지정책을 추진한다.

최저임금　임금의 최저수준을 법적으로 보장하는 제도. 노동력을 제공하고도 생계곤란을 겪지 않도록 생활안정에 필요한 최소한도의 임금을 지급하도록 강제하는 제도로 1인 이상 근로자를 고용하는 모든 사업 또는 사업장에 적용되는 헌법규정이다. 최저임금제는 저임금 구조를 개선하기 위해 대부분의 나라에서 시행하고 있으며 우리나라는 고용노동부 최저임금위원회에서 매년 8월, 시간당 최저임금을 결정한다.

최진실법　이혼 등의 사유로 양육권을 지정받은 단독 친권자가 사망할 경우 상대 부모의 친권이 자동 부활하지 못하도록 하는 법으로 정식명칭은 '친권 자동부활 금지법'이다. 배우 최진실이 사망했을 때 자녀들의 친권이 외할머니가 아닌 친부 조성민에게 넘어가는 것을 우려하는 여론이 팽배하자 개정된 민법 조항이다. 이 법의 시행으로 단독 친권자가 사망할 경우 상대 부모는 가정법원으로부터 친권자로 인정받아야만 친권을 행사할 수 있게 됐다.

추징　몰수당사자가 물건 또는 재산을 써버리거나 은닉해 몰수가 어려울 때 몰수해야 하는 금액만큼 추가적으로 징수하는 조치.

ㅋ ㅌ ㅍ

퀴어(queer)문화축제 성소수자들의 존재를 알리고 자긍심을 높이기 위해 매해 6월경 개최하는 축제로 퍼레이드, 영화제, 전시회, 토론회 등 다양한 행사가 열린다. 퀴어축제는 1969년 미국 뉴욕 맨해튼의 스톤월이라는 게이바 단속에 저항한 스톤월 항쟁을 기념하기 위해 시작됐으며 1970년 뉴욕에서 열린 게이 퍼레이드를 필두로 현재는 세계 여러 나라에서 매해 개최되고 있다. 우리나라의 퀴어문화축제는 2000년부터 시작됐다.

택시 총량제 인구수에 비례하는 택시 대수를 산출해 이 수준이 유지되도록 하는 것. 각 지방자치단체별로 적정 수준의 택시 대수를 산출한 후 증차 또는 감차를 단계적으로 추진함으로써 택시의 총량을 조절하는 것이 택시 총량제의 개념이다.

토빈세 노벨경제학상 수상자인 제임스 토빈이 주장한 금융거래세로 Tobin's Tax로 불린다. 국제 투기자본의 유출입으로 외환시장이 불안해지는 것을 방지하기 위해 모든 단기성 외환거래에 일정 비율의 세금을 부과하는 개념이다.

통상임금 근로자에게 소정근로의 대가로 정기적·일률적으로 지급하기로 정해진 임금. 통상임금에 기초해 시간외근로수당과 퇴직금 등이 결정되기 때문에 각종 상여금과 복리후생비 등의 통상임금 포함 여부를 두고 재계와 노동계가 오랜 신경전을 벌여왔다. 과거에는 상여금과 복리후생비 등을 통상임금으로 보지 않는 것이 일반적이었으나 최근 법원 판결은 이들 급여를 통상임금에 포함시키는 등 통상임금의 산정범위를 점차 확대하는 추세를 보이고 있다.

통신비밀보호법 통신 및 대화의 비밀을 보호하고 통신의 자유를 신장하기 위해 1993년 제정됐다. 누구든 정당한 법적 절차 없이는 다른 사람의 우편물을 검열하거나 전화통화를 녹음 또는 감청하거나 타인간의 대화를 녹음 또는 청취하지 못하는 등 엄격하게 규제하고 있다. 통신비밀보호법에 위배되는 불법검열이나 불법감청에 의해 취득한 정보 및 자료는 재판에서 증거능력이 인정되지 않는다.

투기자본 투자와 투기 자본을 엄격하게 구분하기는 어려우나 기업의 성장잠재력을 내다보고 투자하는 자본이 아닌 단기적 이익실현만을 추구하는 일종의 악성자금을 투기자본이라고 부른다. 투기자본은 기업이 이윤을 창출할 때마다 고액배당을 요구하거나 자금을 회수함으로써 기업이 연구개발이나 시설확장, 인력개발 등에 투자할 기회를 차단해 기업의 성장잠재력을 약화시키고 최악의 경우 기업의 존립마저 위태롭게 만들기도 한다.

특목고　과학고, 외국어고, 국제고, 체육고, 예술고, 마이스터고 등 특수 목적의 전문적인 교육을 하는 고등학교. 자사고처럼 일정 수준의 공통교육과정만 이수하면 교육과정의 자율운영이 허용된다.

특수관계인　기업의 대주주와 특수관계에 있는 사람을 말한다. 기업경영에 실질적 영향력을 행사하는 사람과 그 친족, 주요주주와 그 친족, 해당기업 임원과 그 친족, 해당 법인에 30% 이상을 출자하고 있는 법인에 30% 이상을 출자한 법인이나 개인, 같은 기업집단에 속하는 계열회사 및 그 계열회사의 임원 등이 법인세법상 특수관계인에 해당한다. 한마디로 대주주와 이해관계를 함께 할 가능성이 높아 공정한 의결권을 행사하기 어려운 범주의 사람을 일컫는다고 할 수 있다.

편수조직　교육부가 교과서를 편집하고 수정하기 위해 설치하는 전담 조직. 편수조직은 과거 국정교과서의 편찬부터 발행, 공급까지 전반적인 과정을 진두지휘하던 조직이어서 편수조직 부활을 현 검정교과서에서 국정교과서로의 전환으로 해석하는 시각이 많다.

ㅎ

한정위헌　헌법소원의 대상이 된 법률조항이 일정범위 내에서 위헌요소가 있다고 판단하는 것. 법률조항 자체가 위헌은 아니지만 특정사건과 관련해 해석할 때 위헌이라고 볼 여지가 있는 경우 한정위헌 결정을 한다. 법률조항의 위헌이 아닌 합헌여부를 판단하면서 일정범위 내에서 합헌이라고 볼 수 있을 때는 한정합헌이라고 한다.

합의제 민간행정기구　정부의 특정 행정기능을 공무원 조직이 아닌 민간인에게 위탁해 민간전문가들이 각 사안에 대해 합의하는 방식으로 행정기능을 수행토록 하는 기구. 공무원의 획일적인 업무처리방식을 지양하고 정부의 간섭을 줄이는 장점이 있으나 정부가 위원을 위촉하는 행정기구인 이상 정치권의 입김으로부터 완전히 자유롭다고는 할 수 없다.

핵우산　핵무기가 없는 국가가 핵무기를 보유한 국가의 핵전력에 의존해 안전을 보장받는 것. 핵무기가 없는 국가가 핵공격을 당할 경우 우방국이 대신 핵공격을 감행할 수 있기 때문에 적국의 핵 도발을 예방하는 효과를 지닌다.

핵확산금지조약(NPT)　핵무기를 보유하지 않은 국가가 새로 핵무기를 갖는 것, 그리고 이미 핵무기를 보유한 국가가 다른 국가에 자국의 핵무기를 제공하는 것을 금지하는 조약. 2013년 현재 190개국이 가입돼 있으며 핵 보유국가로 추정되는 북한과 이스라엘, 인도, 파키스탄은 비회원국이다.

행정소송　국가기관의 행정처분에 대해 이

의를 제기하는 법적 절차. 영상물등급위원
회의 등급판정, 면허취소 처분, 국세와 관
련된 처분, 음식점에 대한 영업정지 처분 등
국가기관의 행정처분이 부당하거나 과하다
고 판단될 때 제기할 수 있는 소송이다.

허위공시　주식을 발행하는 상장회사는 투
자자가 기업의 내부사정을 파악해 안전한
투자를 할 수 있도록 경영현황과 영업성과,
재무상태 등을 투명하게 공개해야 하는데
이를 공시라고 한다. 허위공시란 투자자가
꼭 알아야 할 기업정보를 고의로 누락하거
나 속이는 행위로 법적 처벌대상이 된다.

헌법소원　공권력 행사 또는 불행사로 인해
헌법상의 기본권이 침해당한 경우 이에 대
한 구제를 요청하는 헌법재판 절차. 법원의
재판은 헌법소원의 대상이 되지 않는다.

헌법재판소　국회에서 제정한 법률과 행정
부에서 제정한 명령, 지방자치단체의 조례,
규칙 등 모든 법령의 위헌 여부를 판단하는
사법기관. 법률의 위헌 여부 심판, 탄핵 심
판, 정당 해산 심판, 국가기구 간 또는 국가
기관과 지방자치단체 간의 권한쟁의에 관
한 심판, 헌법소원에 대한 심판 등을 관장
하며 헌법재판소의 재판관 9명은 대통령과
국회, 대법원장이 각각 3명씩 지명해 대통
령이 임명한다.

현금성 유보금　기업이 이익을 내고도 재투
자에 사용하는 대신 현금으로 쌓아두고 있
는 돈. 기업이 설비 개선이나 기술 향상에
재투자해야 고용창출이 가능해 시중에 돈
이 돌지만 기업의 유보금이 증가하면 국민
에게 돌아가는 돈이 줄어들어 소비여력이
떨어진다. 이는 곧 성장잠재력 저하로 이어
져 경제악화의 원인이 된다.

환태평양경제동반자협정(TPP)

Trans-Pacific Partnership의 약자. 협정
상대국과의 협상을 통해 무역특혜를 주고
받는 자유무역협정(FTA)보다 강도 높은 무
역협정으로 시장의 완전개방을 목표로 한
다. TPP 참여를 위해서는 현 TPP 참여국들
과 일대일 협의를 거쳐 참여국 전체의 동의
를 얻어야 한다.

훈시규정　법원 또는 행정청에 내리는 명령
이지만 지키지 않아도 법률위반은 아니며
효력에도 영향을 끼치지 않는 권고 수준의
규정.

한국의 논점 2014

1판 1쇄 인쇄 2014년 4월 16일 | 1판 1쇄 발행 2014년 4월 25일

발행인 김재호 | **출판편집인 · 출판국장** 권순택 | **출판팀장** 이기숙

아트디렉터 김영화 | **교정 · 자료정리** 문영숙 | **마케팅** 이정훈 · 정택구 · 박수진

펴낸곳 동아일보사 | **등록** 1968.11.9(1–75) | **주소** 서울시 서대문구 충정로 29(120–715)
마케팅 02–361–1030~3 | **팩스** 02–361–1041 | **편집** 02–361–0992
홈페이지 http://books.donga.com | **인쇄** 코리아프린테크

ISBN 979–11–85711–03–4 13320 | **값** 16,800원

여러분을 저자로 모십니다
독자 여러분의 원고를 기다리고 있습니다.
좋은 책이 될 기획 아이디어나 원고를 메일(bookpd@donga.com)로 보내주세요.

모두가 탁월한 혁신가가 될 수는 없지만
탁월한 혁신은 어디에서든 나올 수 있다!

The Transformative Power of Service Innovation

성공적인 혁신 기업이 끊임없이 되물었던 세 가지 질문

- 미래 비즈니스 모델은 무엇인가?
- 기업의 진정한 고객은 누구인가?
- 지식은 어떻게 혁신을 만드는가?

★★★★★ 시장 속의 경쟁을 넘어 독보적 수월성을 지속적으로 확보하려는 모든 기업인이 숙독해야 할 역저이다. _ **차인혁** 삼성SDS연구소 상무

★★★★★ 원가 절감보다 가치 창출이 중요해지는 창조경제는 서비스 이노베이션이 주도한다. 가치사슬 파괴와 융합의 비밀을 설명하는 이 책을 강력히 추천하는 이유다. _ **이민화** 창조경제연구회 이사장

탁월한 혁신은 어떻게 만들어지는가

윤태성 지음 | 값 13,000원 | 레인메이커

8 년 연속 세계판매 1 위
2006년~2013년 디스플레이서치 기준
세계TV 점유율 1위
곡선으로 인해
디테일은 경이로워지고
입체감은 완벽에 가까워지고
디자인은 더 아름다워지며
컬러는 더 강렬해진다
곡면화질이 만든 압도적 몰입감
삼성 커브드 UHD TV
삼성 커브드 UHD TV 모델
홍명보
삼성 UHD TV Curved
Ultra High Definition 4K
실제와 같은 몰입감을 선사하는 커브드 스크린
생생한 입체감을 더해주는 원근 강화 엔진
일반 영상도 UHD급 화질로 표현하는 UHD 업스케일링
자연에 가까운 리얼 컬러를 재현하는 퓨어 컬러
에너지 소비효율등급 4등급 | 모델명 : UN65HU9000F
삼성전자   SAMSUNG